独立行政法人国立文化財機構
奈良文化財研究所
奈良市教育委員会
編

春日大社
常住神殿守

大宮家文書目録

法藏館

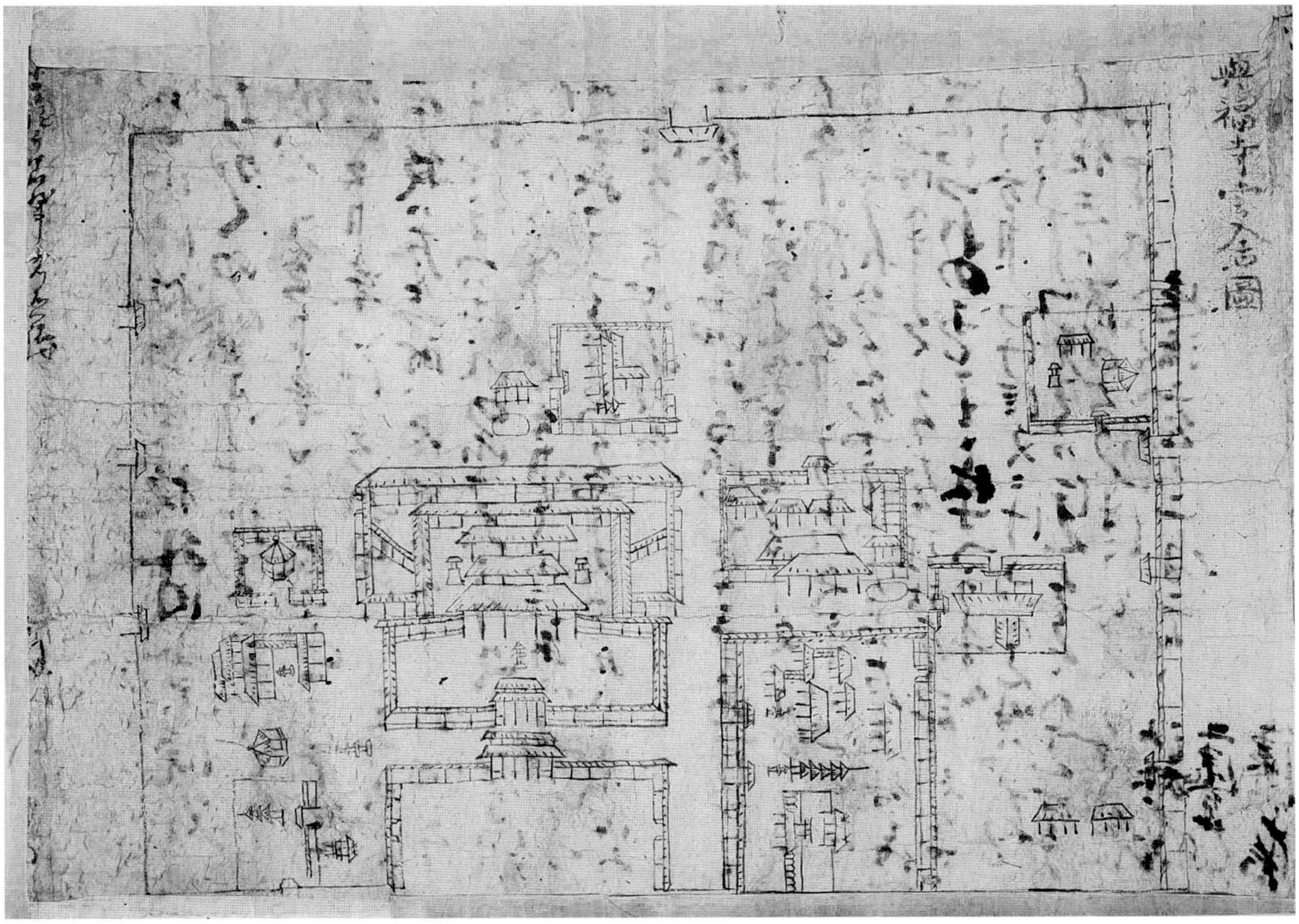

1　興福寺堂舎図　成巻第６巻13号紙背

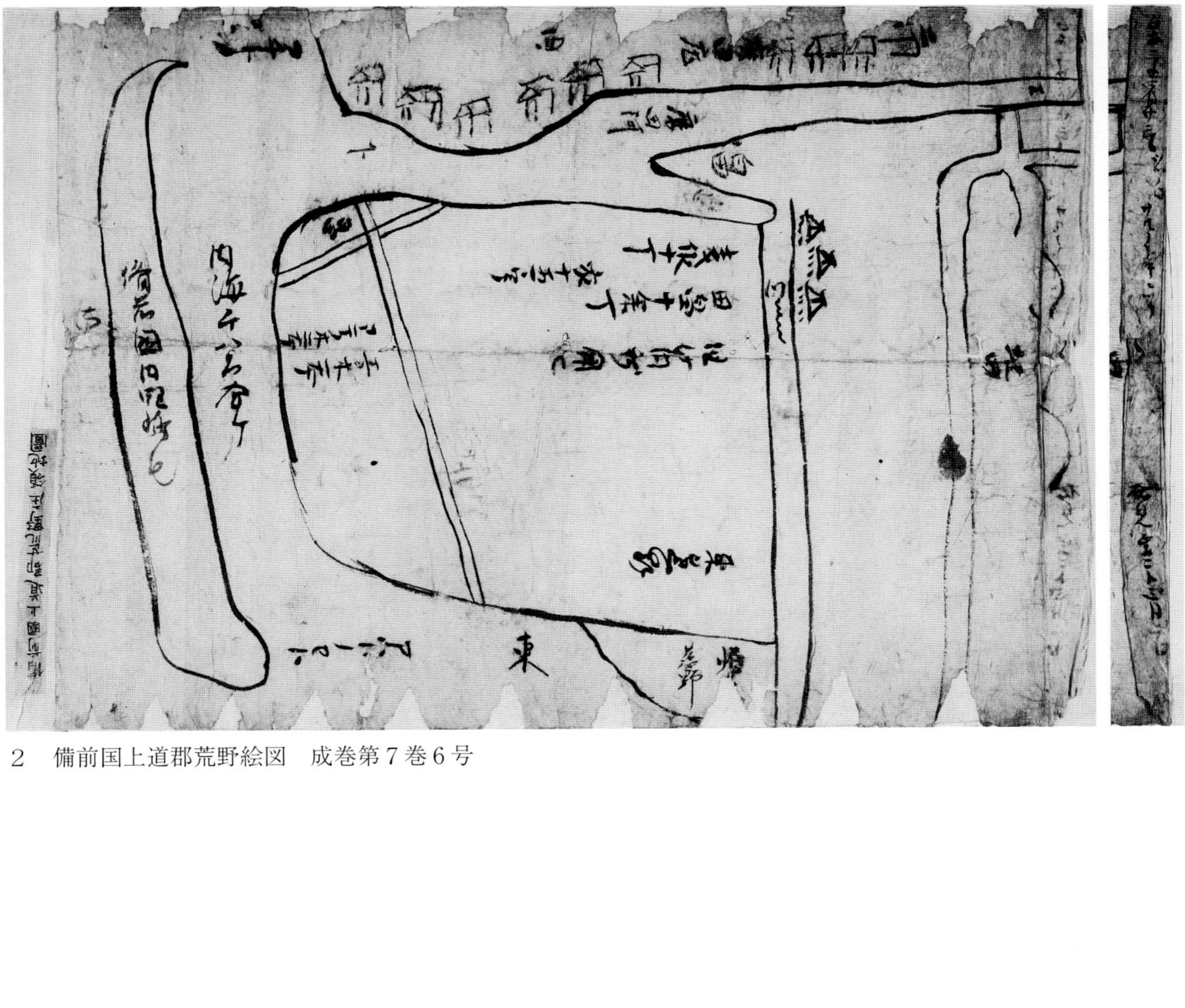

2　備前国上道郡荒野絵図　成巻第７巻６号

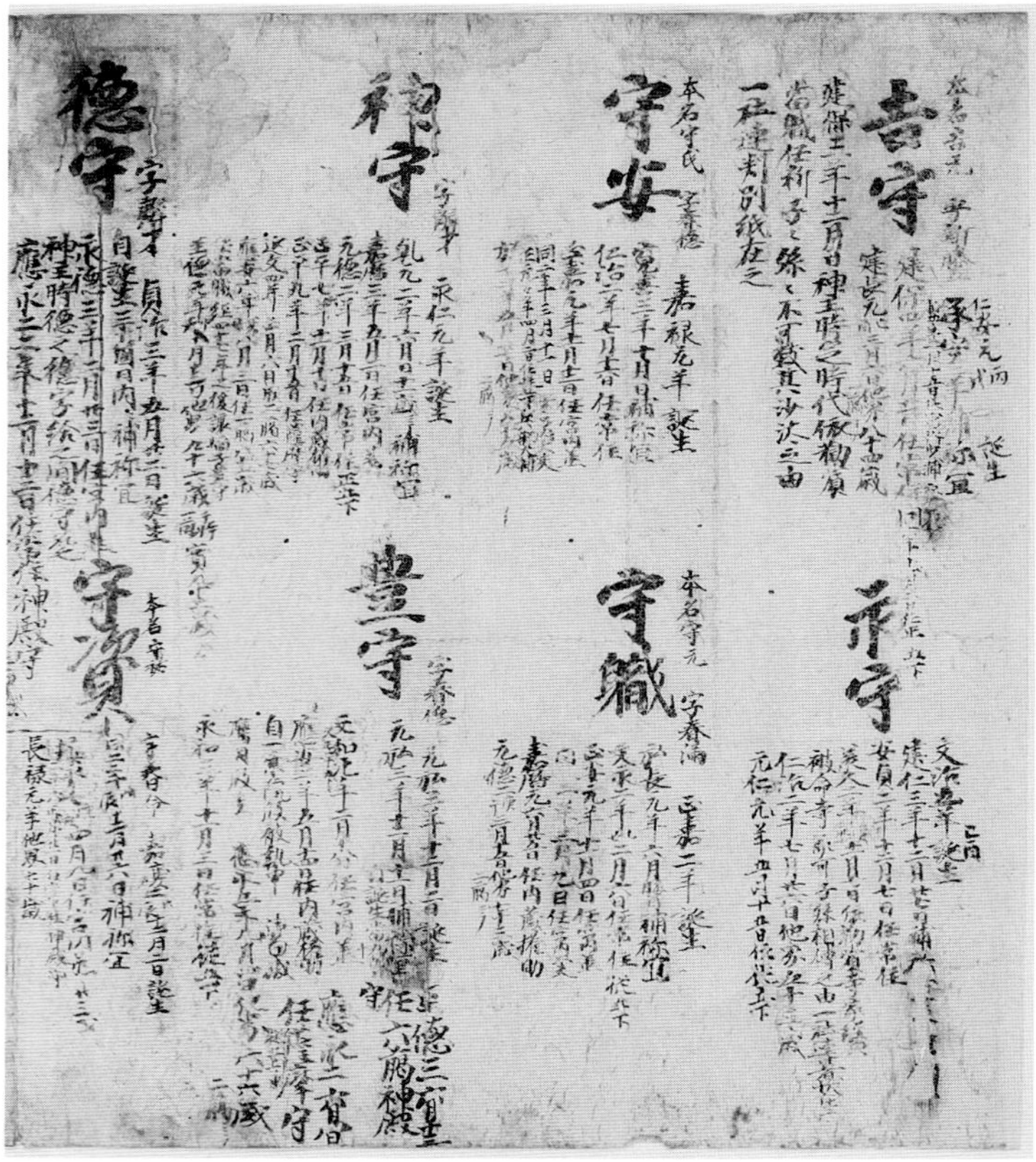

成巻第１巻２号

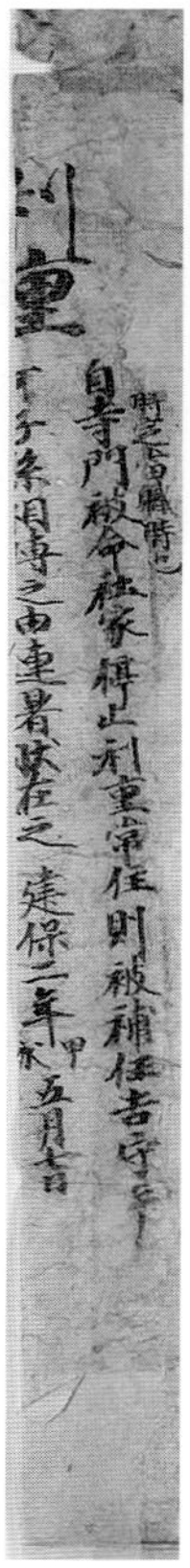

成巻第21巻裏９号

成巻第16巻裏15号

（内題）

（外題）

第103括10号

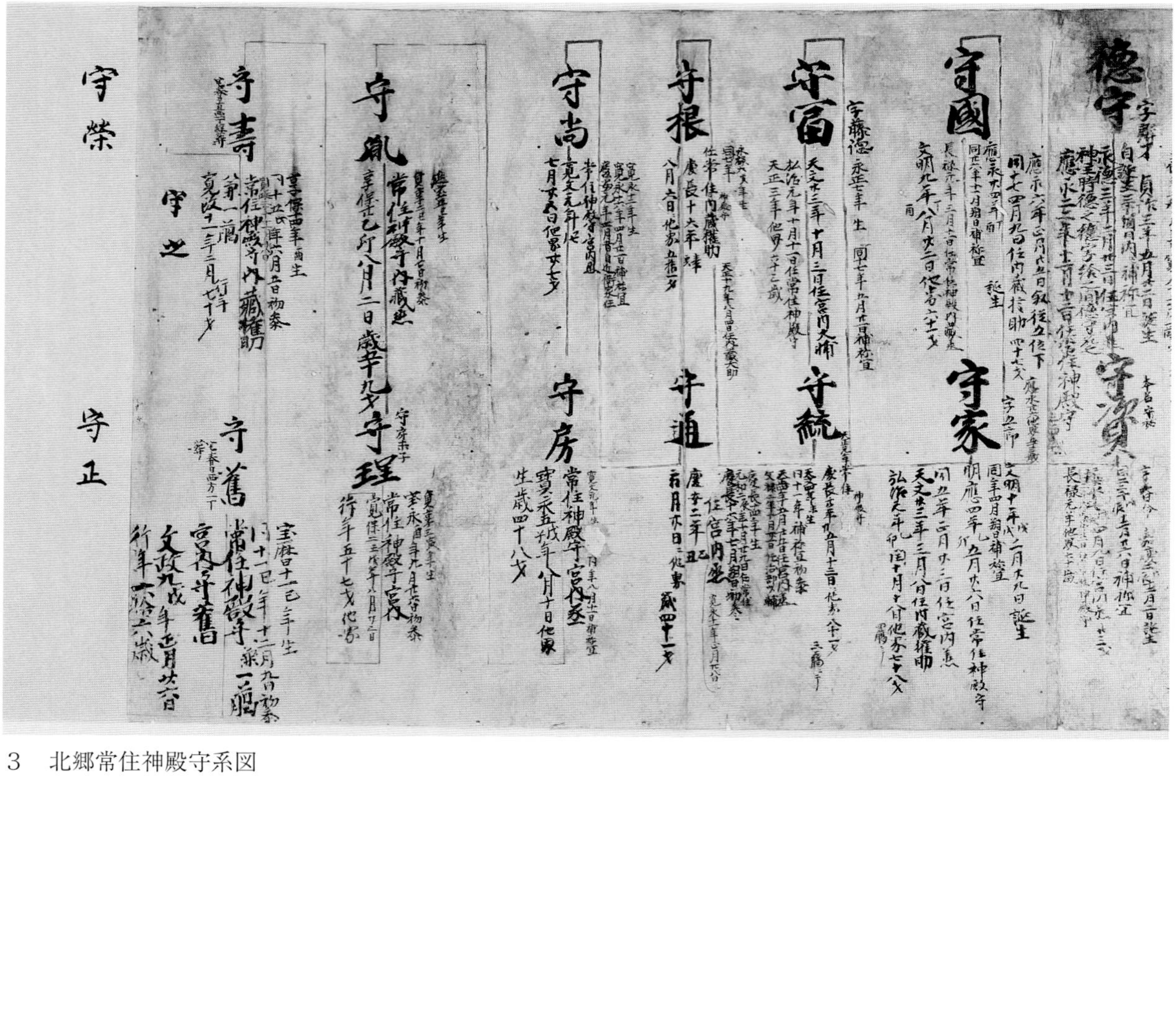

3　北郷常住神殿守系図

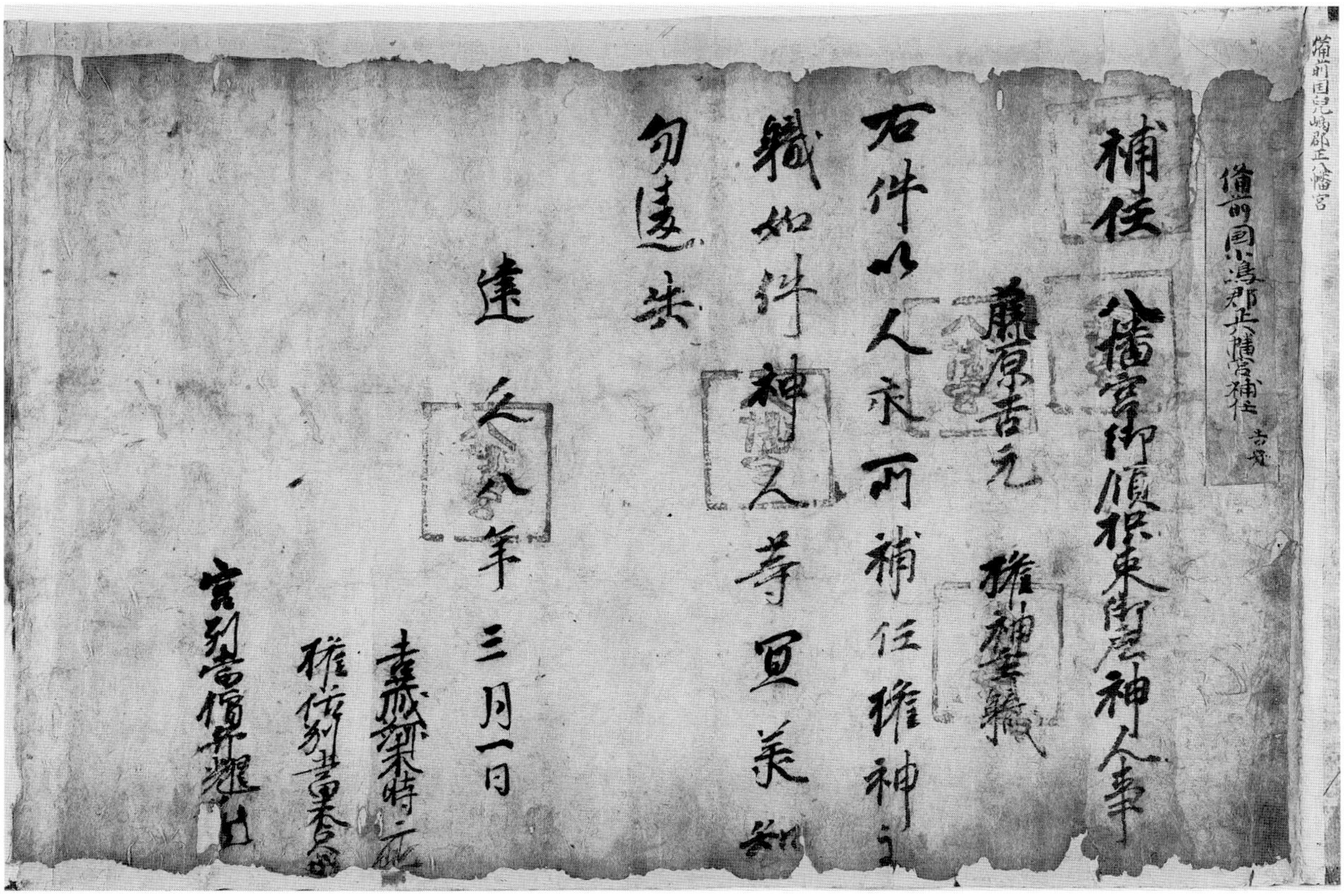

4　八幡宮権神主職補任状　成巻第４巻１号

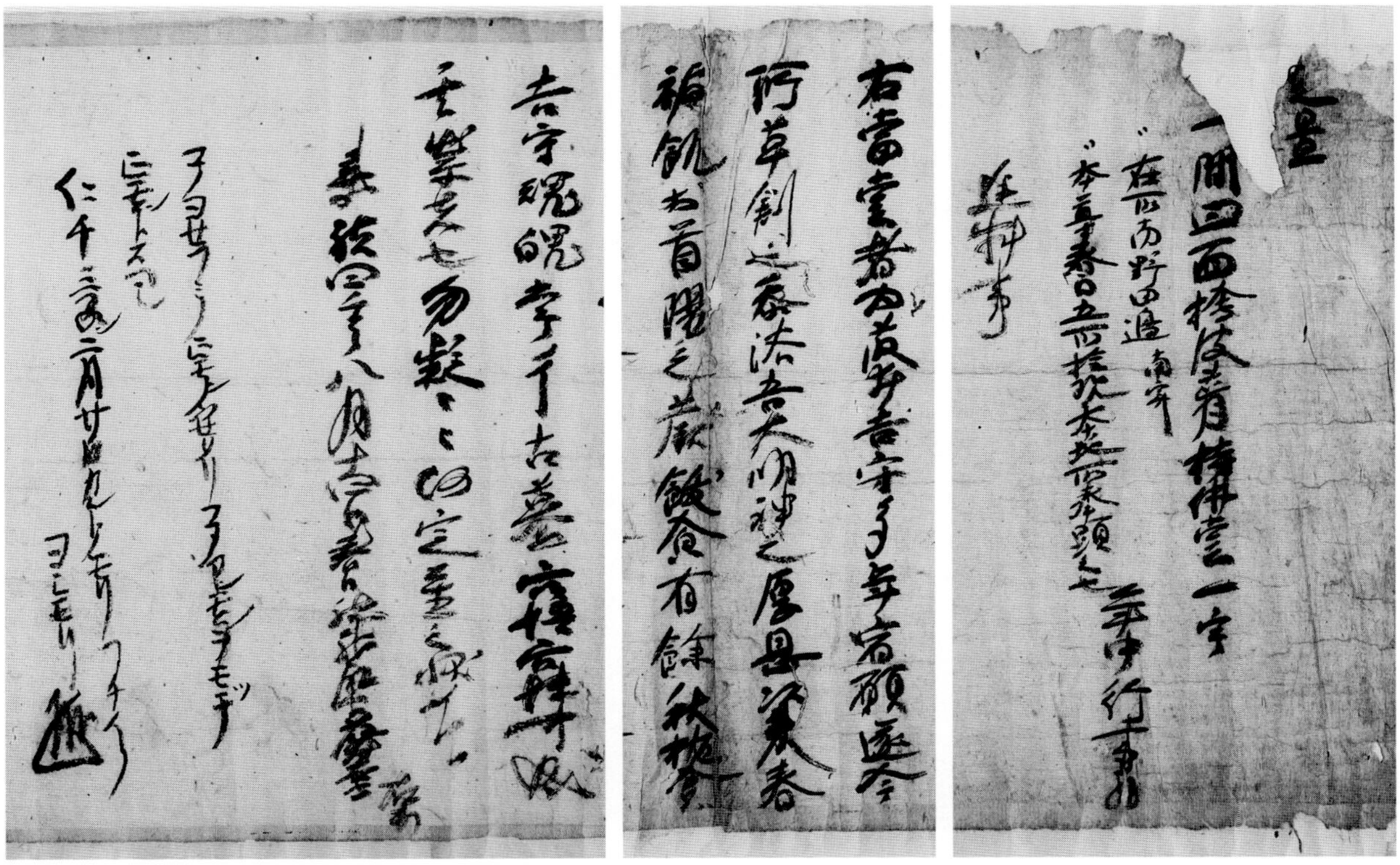

5　大宮吉守置文案(書出・文中・末尾)　成巻第５巻３号

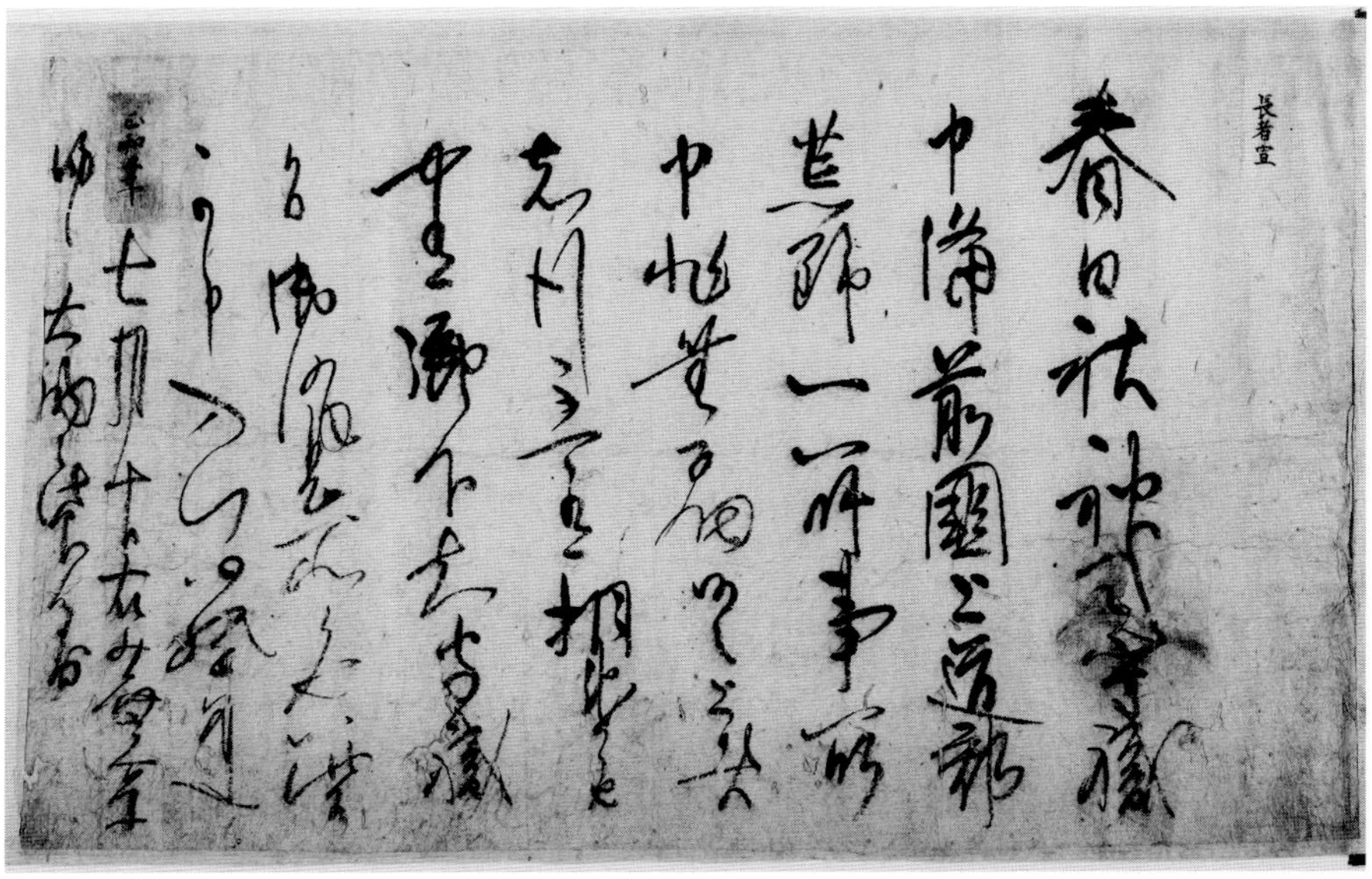

6　藤氏長者鷹司冬平宣　成巻第８巻１号

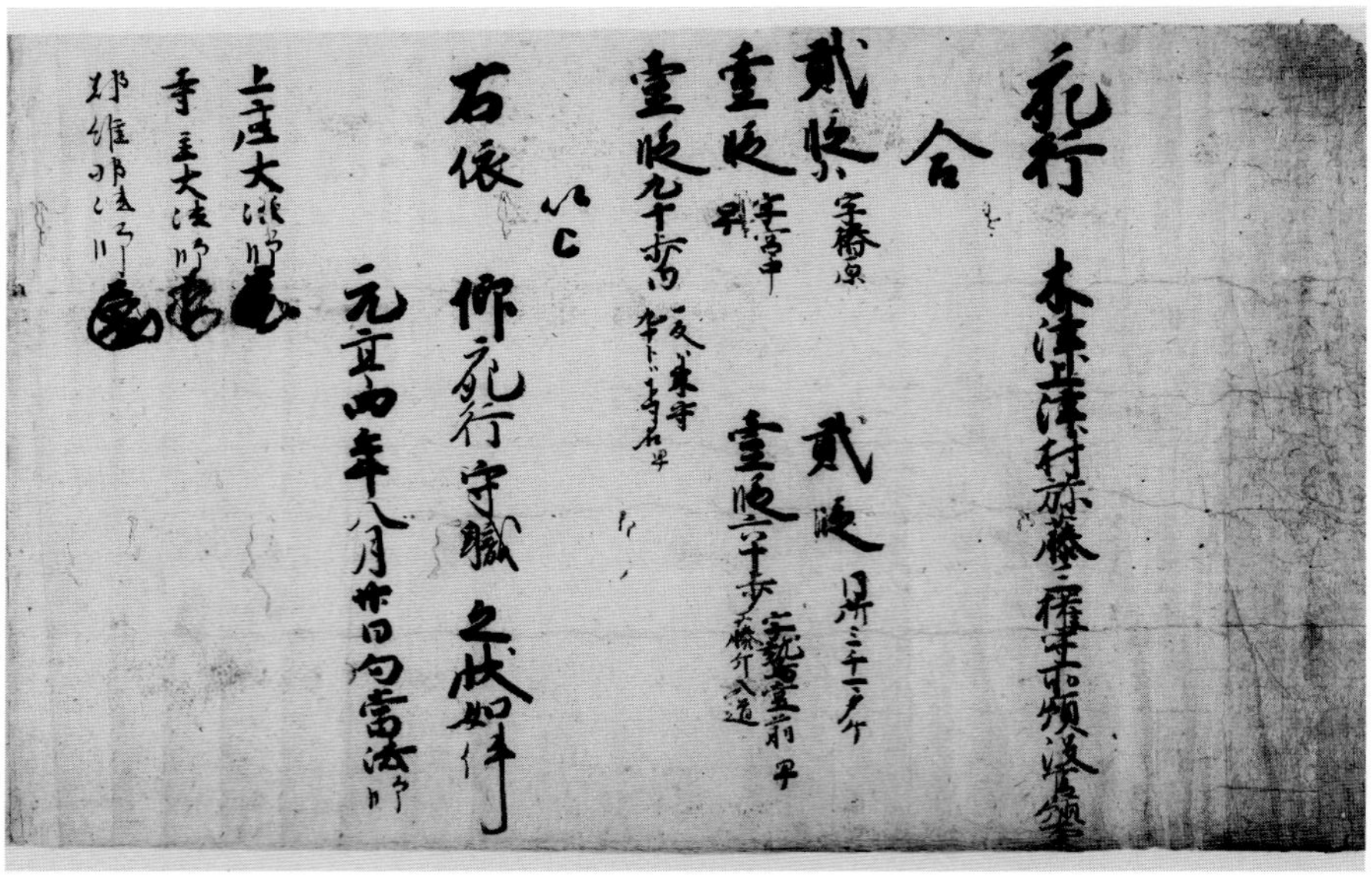

7　興福寺三綱没官領充行状　成巻第８巻３号

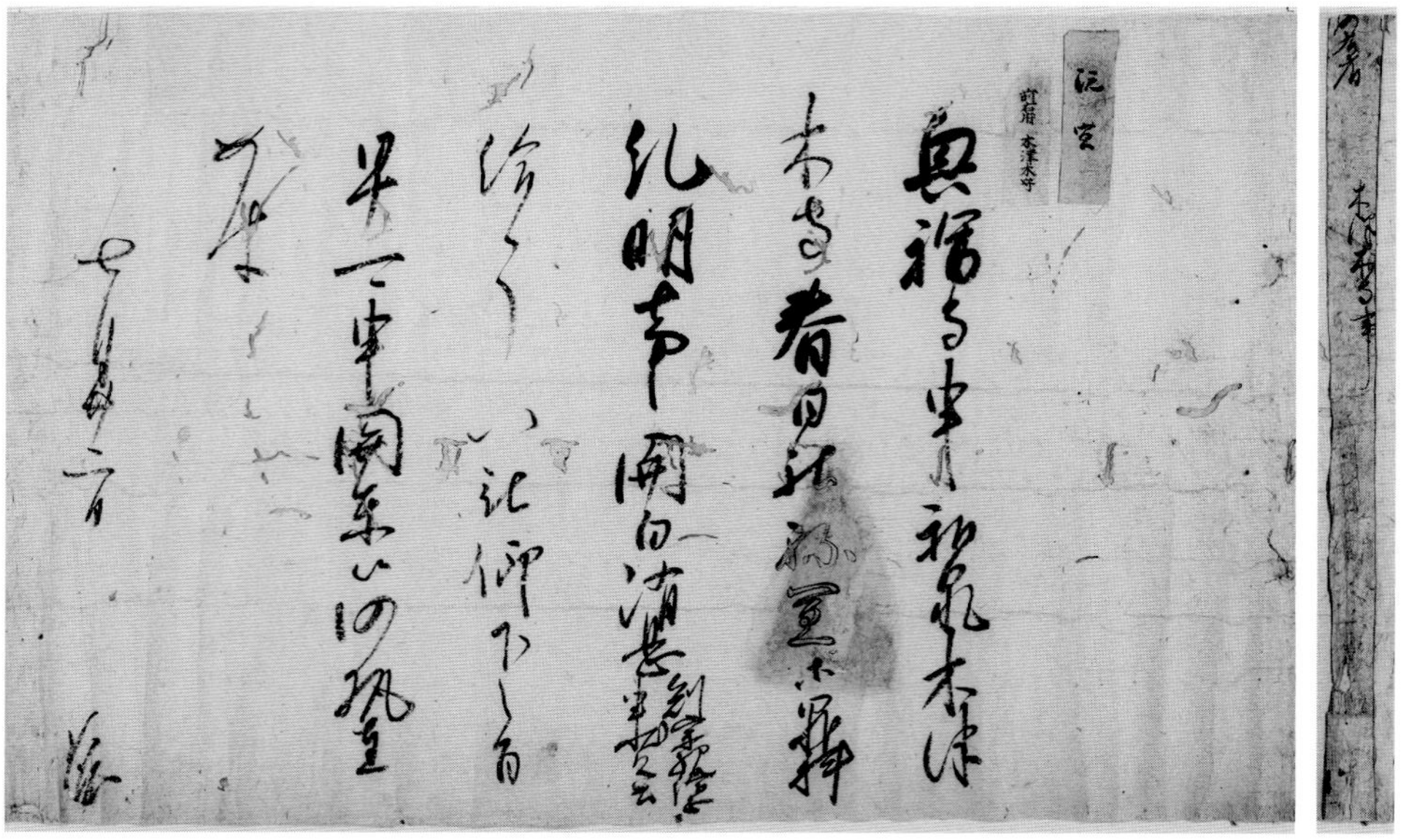

8　関東申次西園寺公衡施行状　成巻第14巻２号

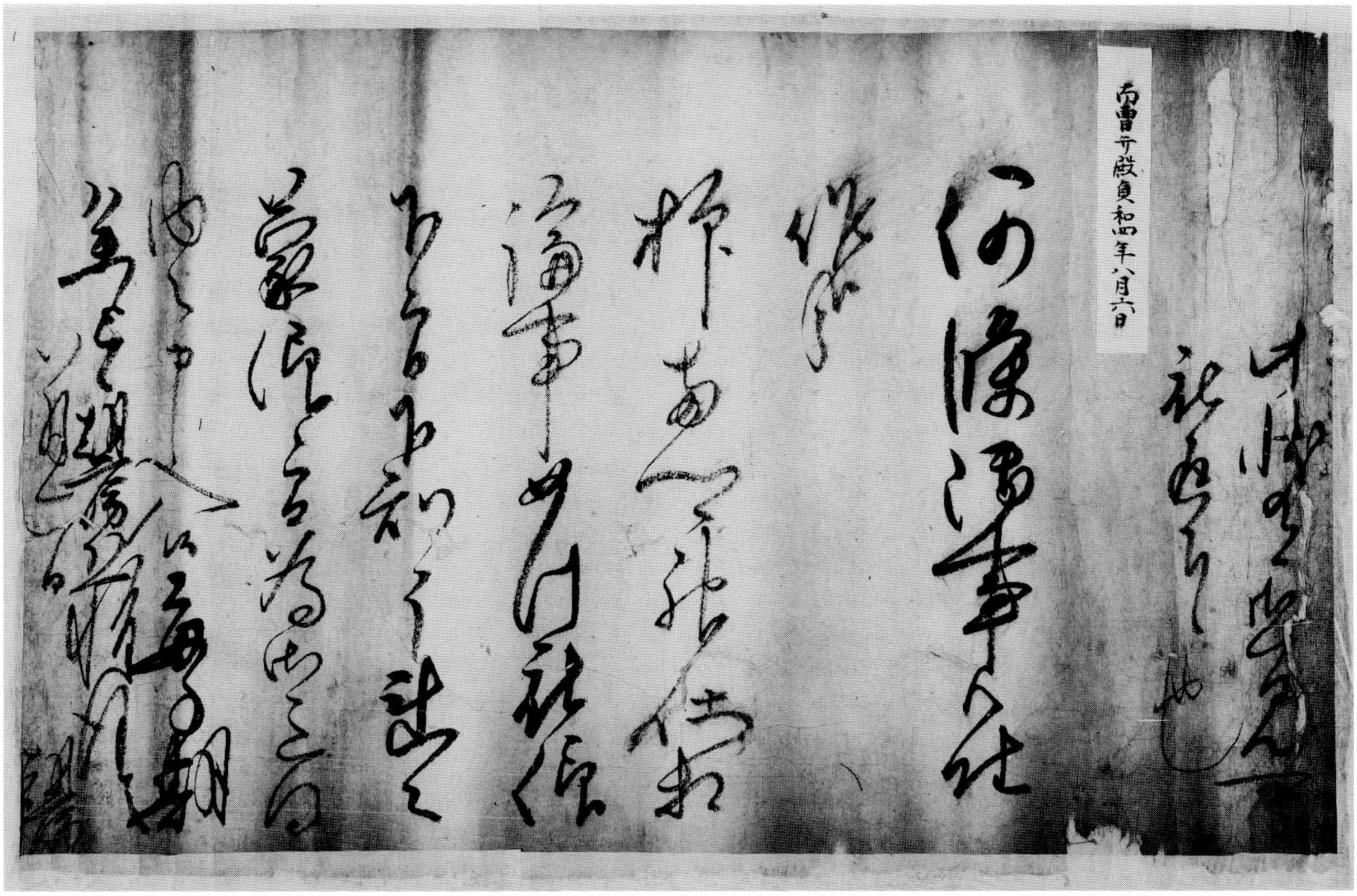

9　右中弁九条朝房書状　成巻第11巻６号

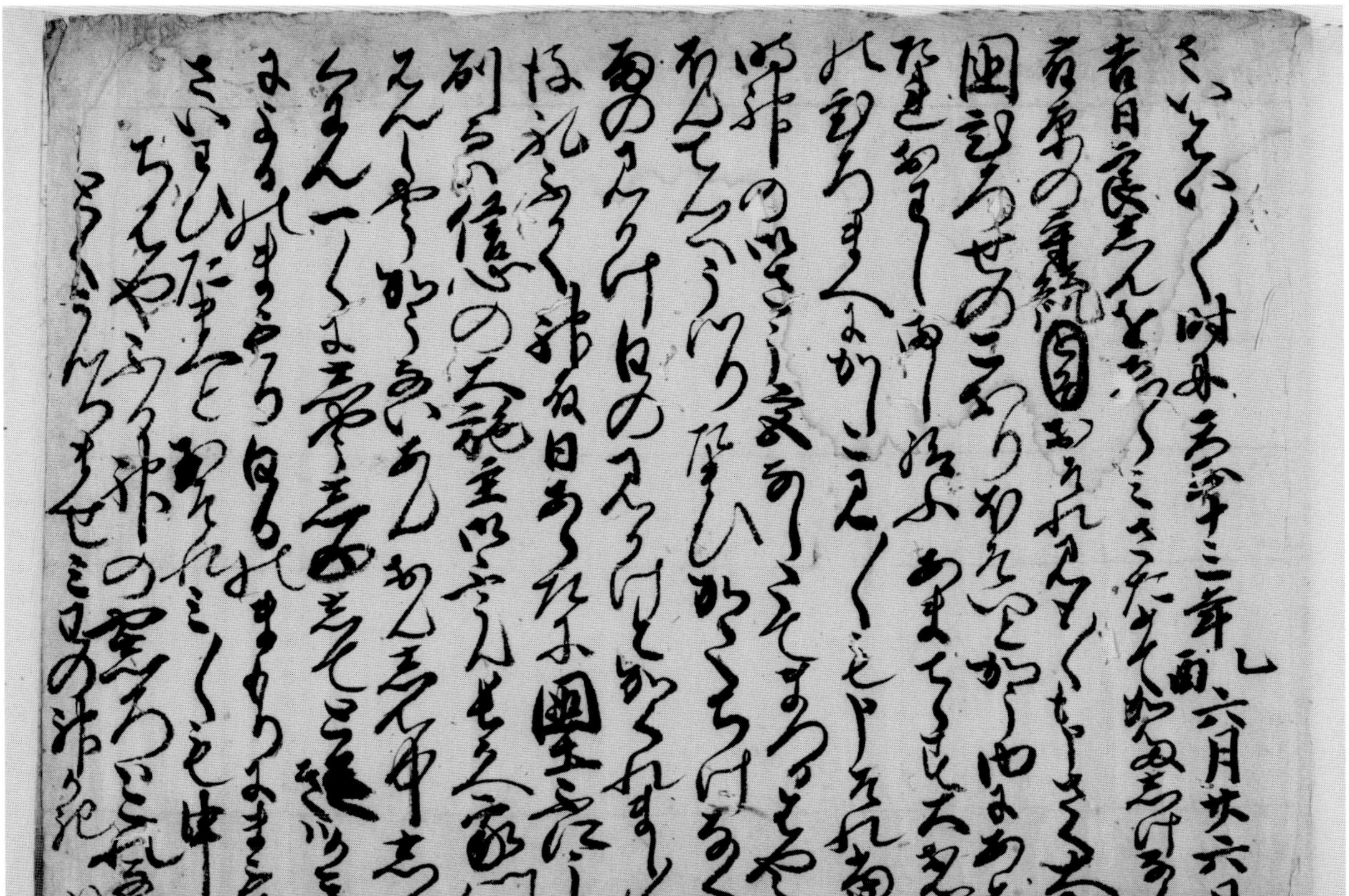

10　細井戸郷天照大神正遷宮祝詞　第39括３号

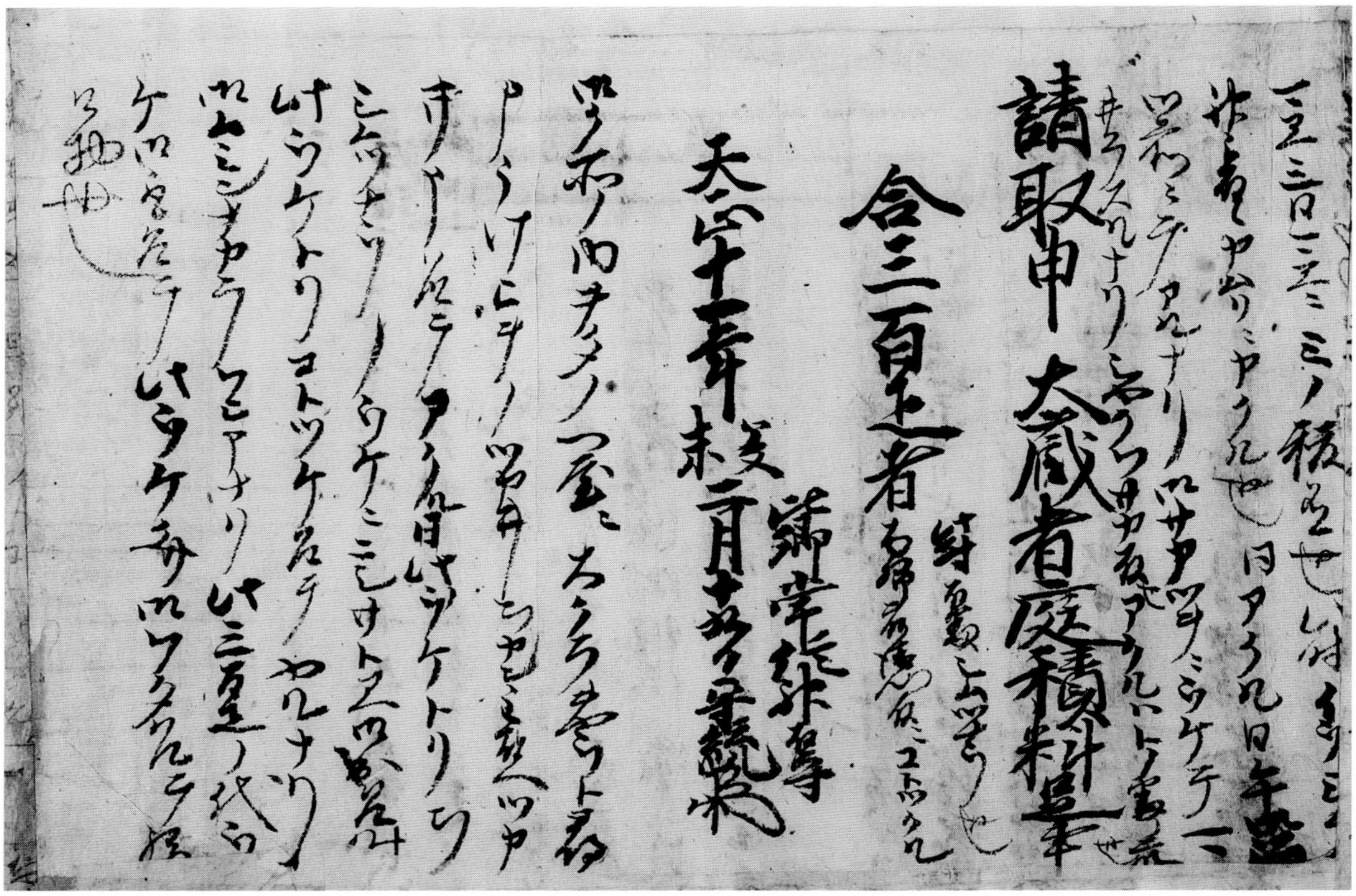

11　大宮守統料足請文　成巻第20巻５号

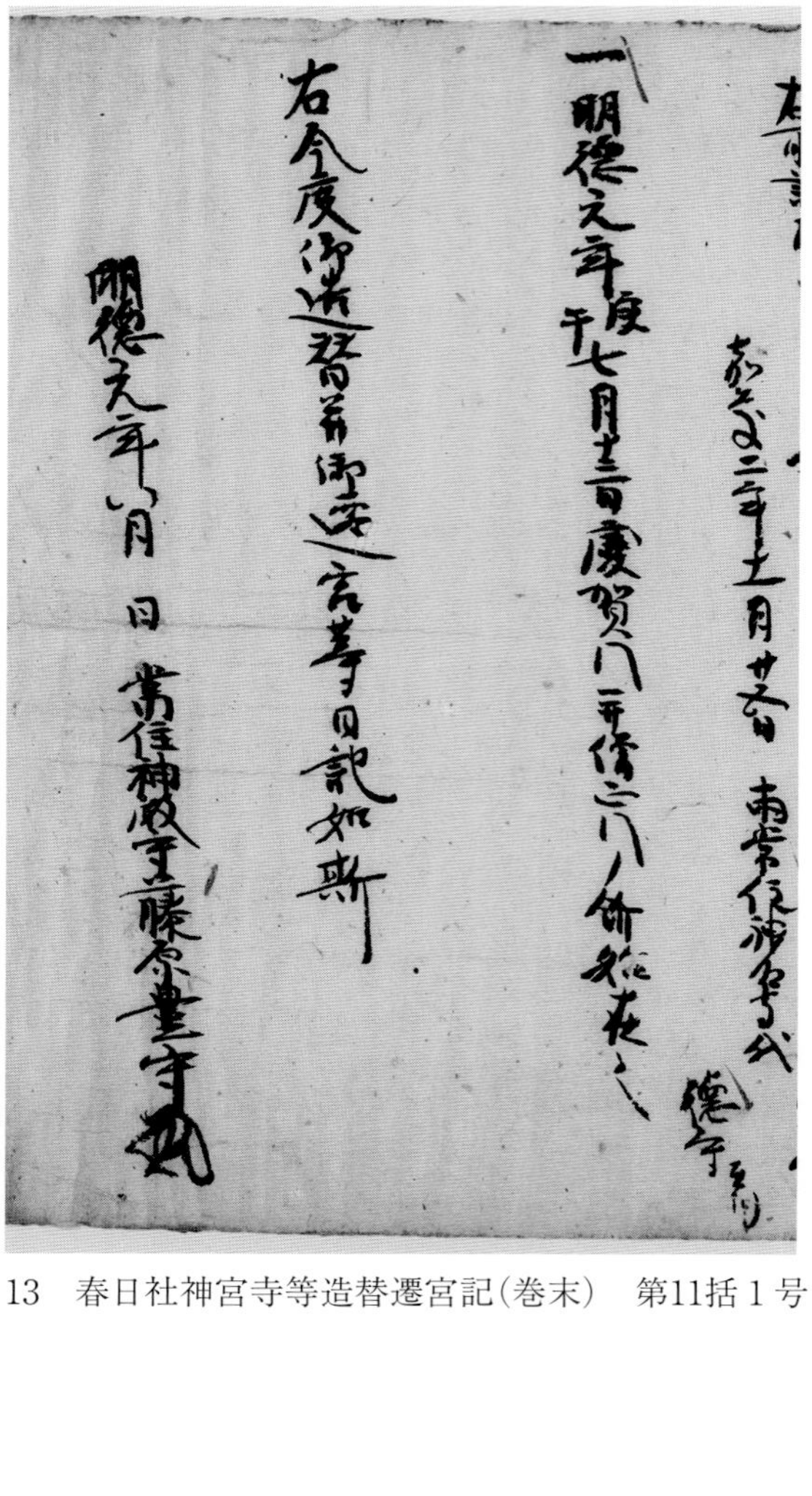

13　春日社神宮寺等造替遷宮記（巻末）　第11括１号

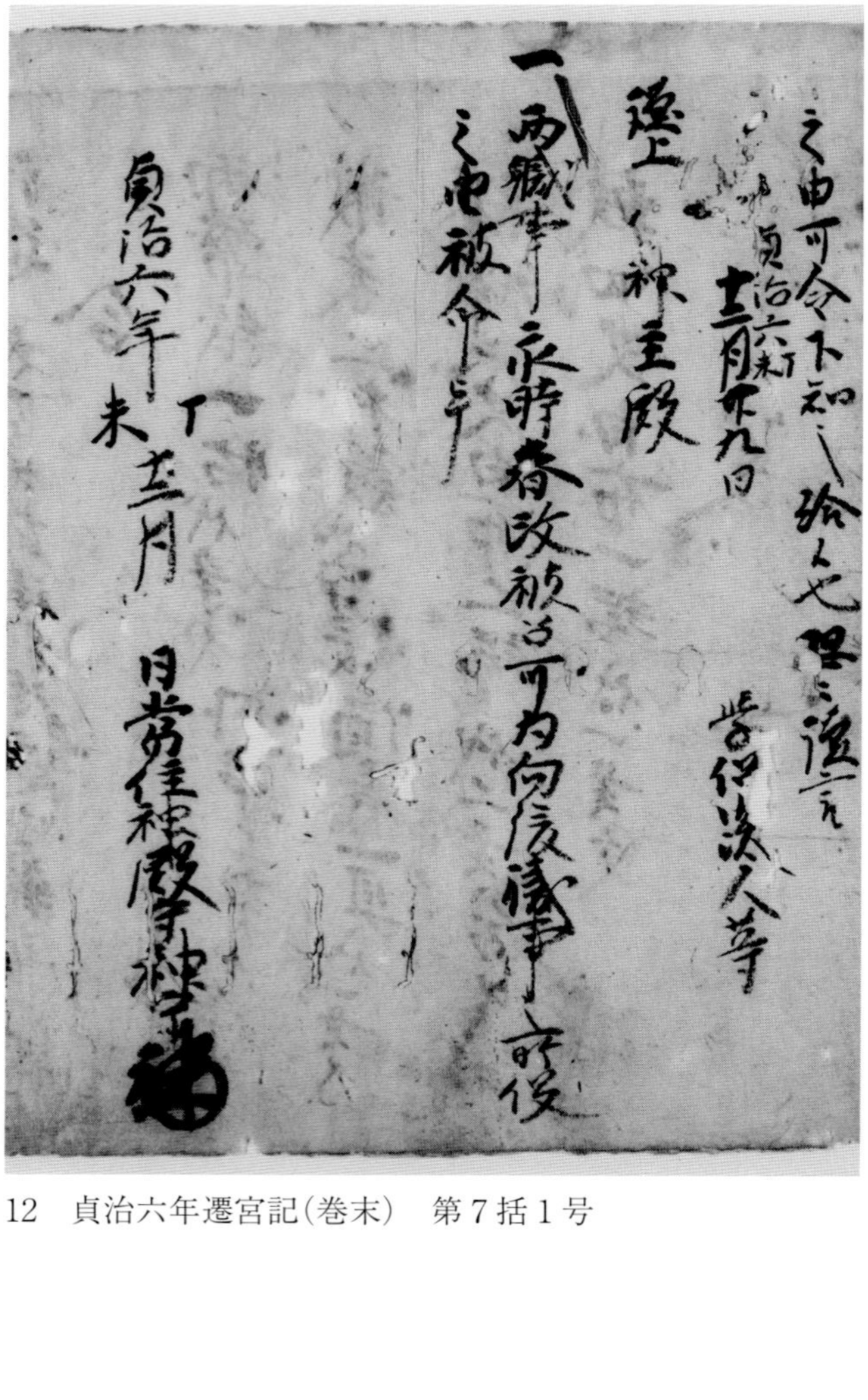

12　貞治六年遷宮記（巻末）　第７括１号

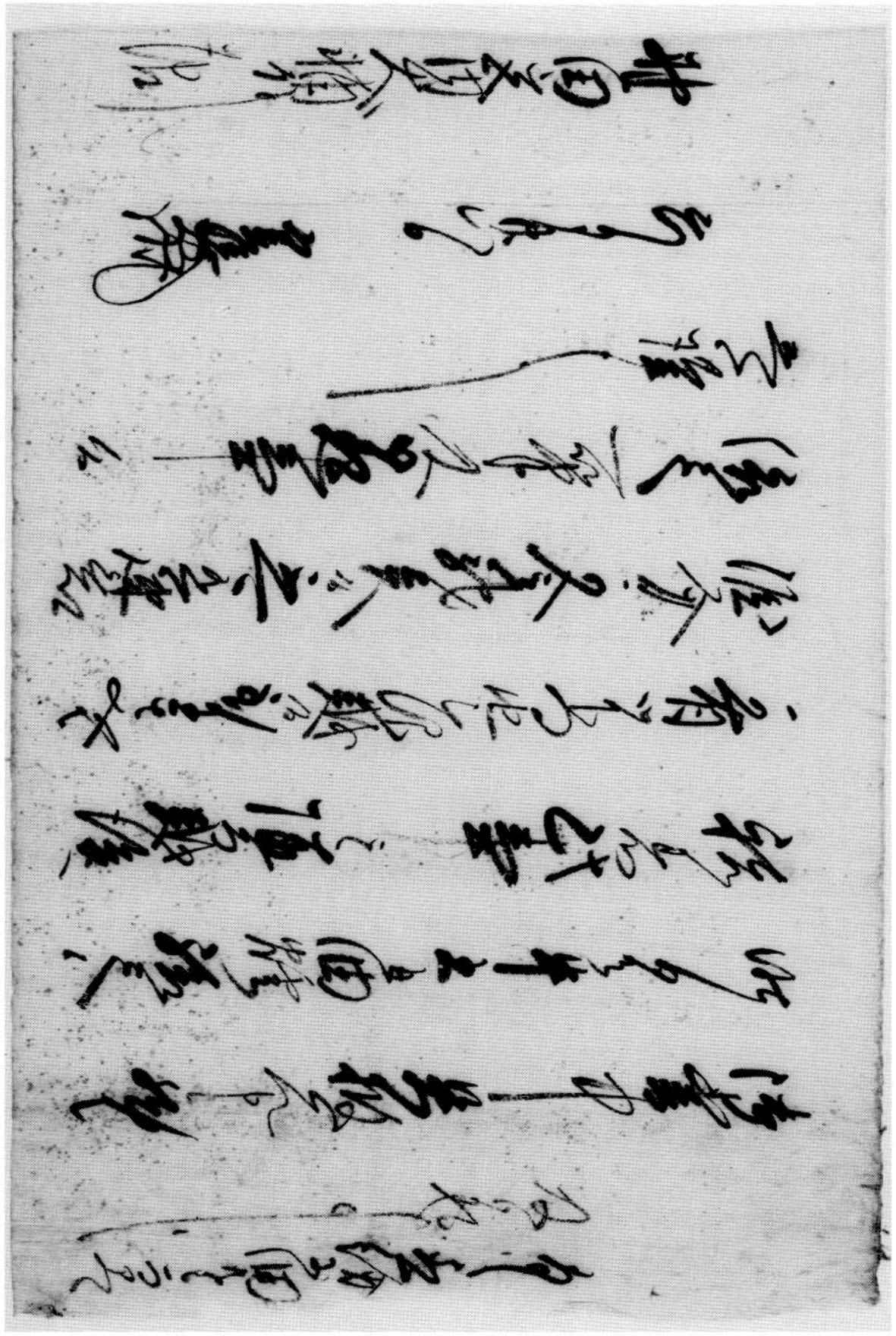

15　直江実綱書状　第85括７号

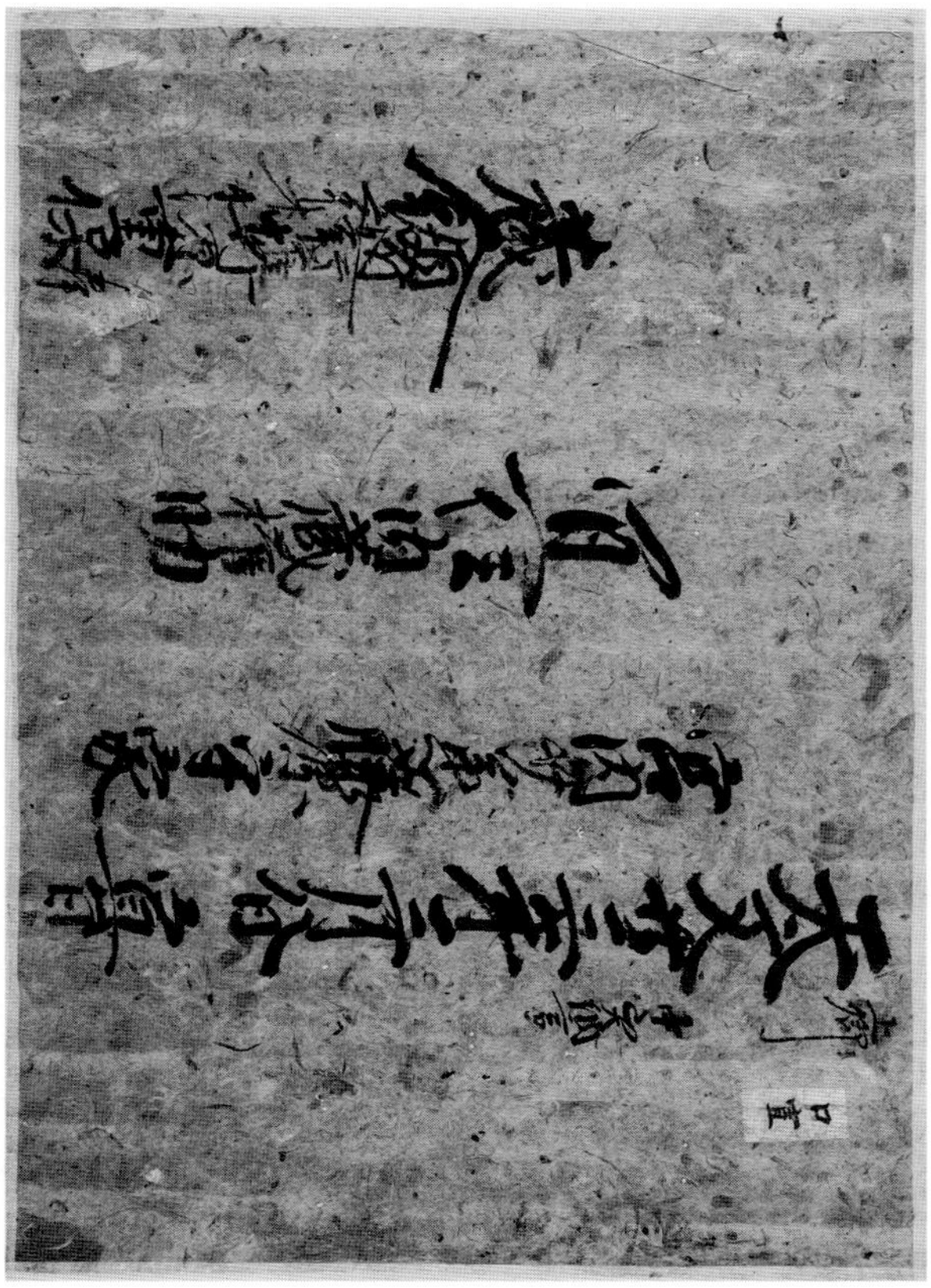

14　蔵人頭庭田重保奉口宣案　成巻第19巻８号

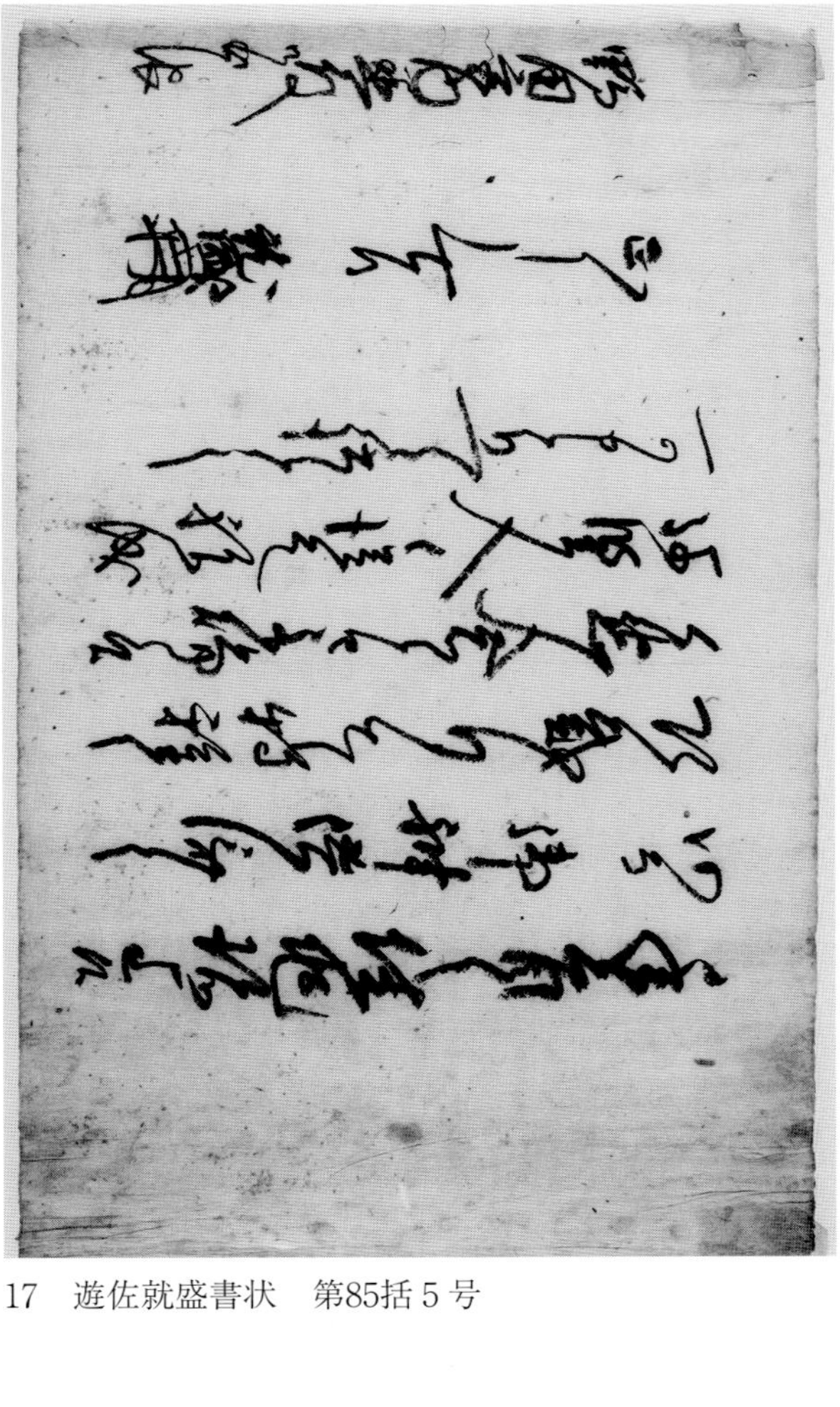

17　遊佐就盛書状　第85括５号

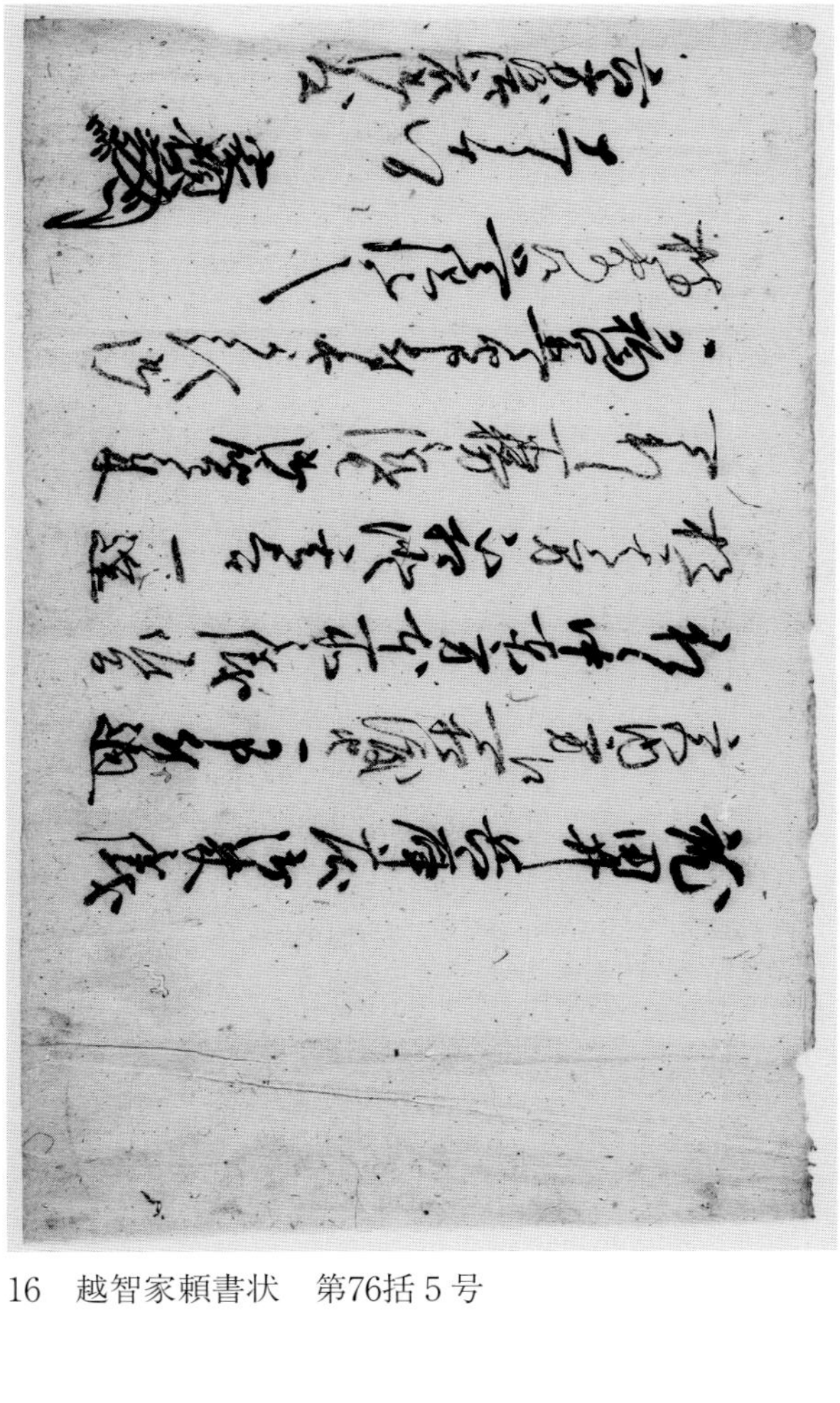

16　越智家頼書状　第76括５号

18　北郷座衆連署加判状　第53括２号

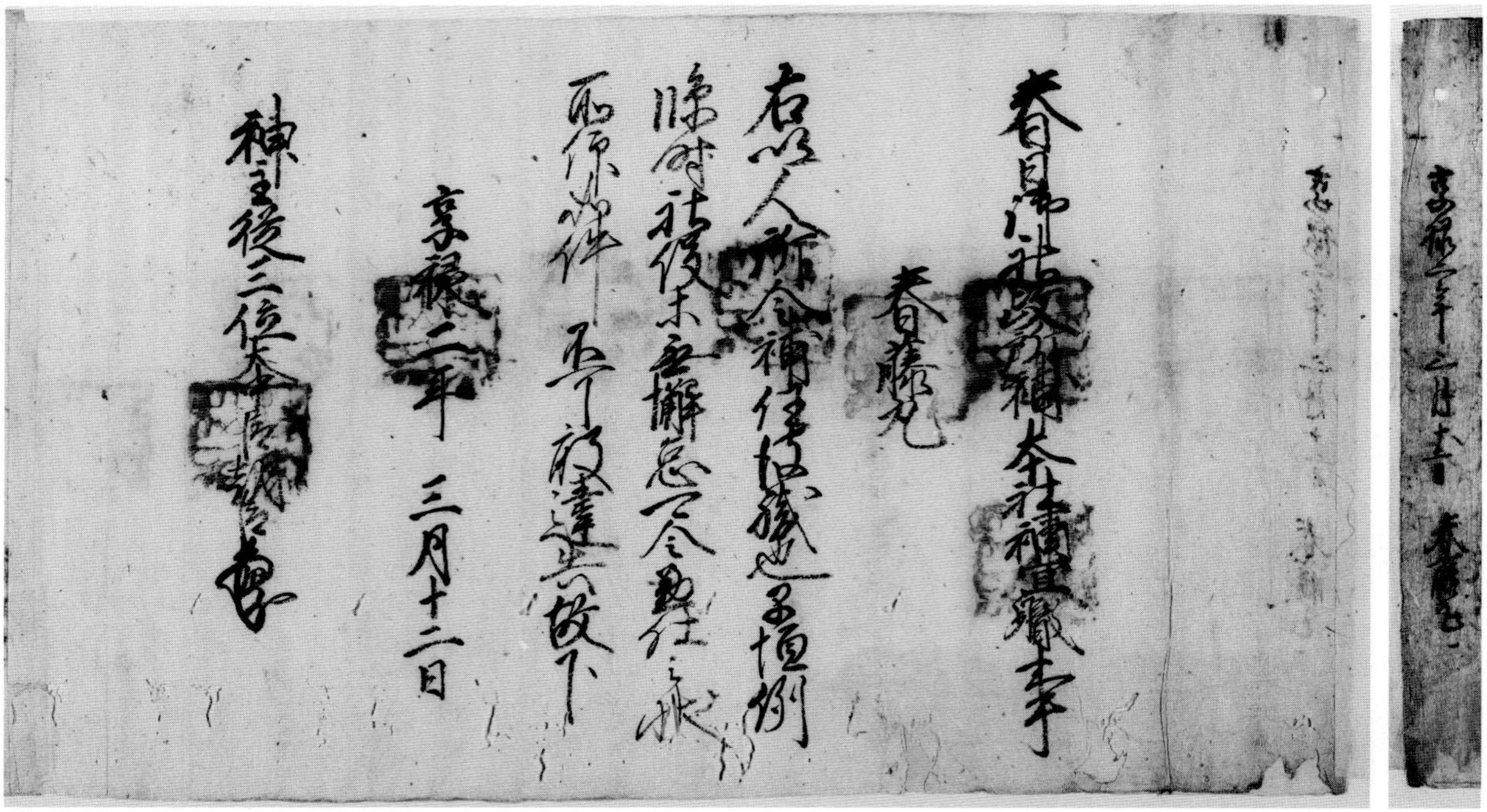

19　春日社神人職補任状　成巻第25巻９号

序

本書は、明治初年まで春日大社の神官をつとめ、現在は氷室神社の宮司家である大宮家に伝わる史料の調査報告書です。大宮家は春日社で社務の要となる「常住《じょうじゅう》神殿守《かんどのもり》」の重職を担った旧家で、平安時代院政期以来の多くの史料が伝えられています。その内容は、春日社領の荘園関係記録や春日社社殿の遷宮に関する記録、あるいは祈禱の取り次ぎや摂末社の祝詞など、実にさまざまです。

この史料群は近年、奈良市に寄託されました。そこで奈良市教育委員会が調査を始めましたが、平成十九年度からは、独立行政法人国立文化財機構奈良文化財研究所と奈良市教育委員会の両者による、共同研究・連携研究として、二機関が協力して調査をおこなうことになりました。以来調査を続けた結果、ここに、二機関の共編で報告書を公刊する運びとなりました。異なる性格を持つ二つの機関が、お互いの長所を生かして調査研究をおこない、報告書の刊行にまで至ったことは、今後の調査研究のあり方を考える上でも、重要な試みとなったと自負しています。

本書を今後の文化財保護の基礎資料として活用するとともに、奈良、さらには日本の歴史や文化を調査・研究するうえでも役立てていただければ幸いです。

本調査の実施及び報告書作成にあたり、史料の所蔵者である大宮守人様には、調査の趣旨をご理解いただき、終始多大なご協力を賜りました。また、弟様の大宮守友様には、奈良市の調査員として調査に参加していただきました。調査を支えていただきました大宮家の皆様に、この場をかりまして、心から御礼申し上げる次第です。

平成二十六年三月

独立行政法人国立文化財機構
奈良文化財研究所　所長　松村恵司
奈良市教育委員会　教育長　中室雄俊

目次

解説

巻頭図版目次

大宮家文書目録

成巻文書　成巻第一巻～成巻第二十五巻
括文書　第一括～第百三十一括

凡例

一、大宮家文書は、明治初年まで奈良市の春日大社の常住神殿守をつとめ、現在は氷室神社の宮司に任じている、大宮家に伝わる史料である。そのうち、文書を貼り継いで成巻してある巻子本二五巻を成巻文書と名づけ、それ以外の史料を括文書とした。本書には、成巻文書の全二五巻と、括文書の一部の一三一括分の目録を収録した。括文書には調査未了分が存在し、それらの目録は本書には掲載していないが、それらの整理公表は他日を期したい。

一、本目録は、巻別・括別に、各文書の文書名・日付・形状・法量ならびに本文の一部などについて記載したものである。

一、当該文書には、紙背文書も多い。また、修補の裏打紙に文書を使用してある事例が多く見られる。それらもできる限り目録に収録した。ただし、文字がほとんど読み取れない史料は、割愛したものもある。紙背文書は、それぞれのオモテ面の文書の次行に掲載し、裏打紙文書は、それぞれの巻・括の末尾に一括して掲載した。

一、目録記載内容は、次の順序によることを原則とした。ただし、☆を付けた項目は、記録・典籍には記載したが、文書の場合は記載していない。また、該当事項に当たる事実が認められない場合には原則として無記載とした。

〈1〉番号〈2〉文書名〈3〉日付〈4〉員数〈5〉巻頭図版番号(改行)
〈6〉書写の時代、〈7〉☆筆者、〈8〉形状、〈9〉完欠(欠損の場合にのみ記す)、
〈10〉料紙、〈11〉紙背文書・裏書など、〈12〉印記・紙継目花押など、〈13〉界線、
〈14〉☆一頁行数・一行字数(不揃いな場合は記載を省略)、〈15〉本文に関する事項、
〈16〉☆訓点、〈17〉表紙・軸・紐、〈18〉法量、〈19〉紙数、〈20〉特記すべき書誌事項
(包紙の有無・界高界幅など)、(改行)
〈21〉端裏書・端書〈22〉書出・文首・首〈23〉書止・文末・尾〈24〉差出〈25〉充所
〈26〉上書・奥書・封式など(改行)
〈27〉その他注記すべき事項(文頭に○を付けた)、
(脚注)〈28〉キーワード、『平安遺文』『鎌倉遺文』『南北朝遺文』の番号

一、〈1〉番号は、各巻・括内における文書番号を示す。子番号は〔1〕、紙背文書は〔紙背〕、裏打紙文書は裏1などと表記した。また、案文を書き継いである場合は、記載順に個々の文書の上に、①②と番号を付けた。

一、〈3〉日付は、文書末尾の日付記載を優先して記した。付年号は〈応永五年〉などと表記した。付年号が別筆である場合は〈応永五年〉(別筆)とした。また本来日付を書く位置には記載が無く、端裏書などによって知り得るものは〔応永五年〕として示した。また、編者が推定を加えた場合は(応永五年)とした。

一、〈4〉員数の表示は、おおむね次の方針に従った。

一紙もの・数紙を横に継いだもの(竪紙・折紙・切紙・続紙)	通
巻子本	巻
絵図(貼継・竪紙・切紙など)	鋪
袋綴装・横本・横帳	冊
仮綴	綴
断簡	葉

包紙などは員数に数えないが、包紙のみが現存する場合には枚とした。

一、〈5〉巻頭図版を掲載している場合は、員数の下に「＊1」などと表記して、巻頭図版番号を表示した。

一、〈6〉書写の時代は、次の区分にしたがって記載した。無年紀文書・書写年代の明確でない場合には、内容などにより推定した。

平安前期	延暦～昌泰	平安中期	延喜～長保
平安後期	寛弘～応徳	平安院政期	寛治～元暦
鎌倉前期	文治～承久	鎌倉中期	貞応～弘安
鎌倉後期	正応～正慶・元弘	南北朝	建武～明徳
室町前期	応永～嘉吉	室町中期	文安～延徳
室町後期	明応～永禄	桃山	元亀～慶長
江戸前期	元和～延宝	江戸中期	天和～安永
江戸後期	天明～慶応	明治	明治

一、〈8〉形状の分類は、おおむね次の方針に従った。

竪紙　通常の一紙の料紙形態。二紙以上でも、貼り継いだり綴じたりしていなければ竪紙とした。後世に貼り継いだ場合には（現装貼継）と注記した。

折紙　竪紙を横方向に二つ折りしたもの。

切紙　竪紙を切って小さくしたもの。横に切ったものを横切紙、縦に切ったものを縦切紙、縦横共に切ったものを小切紙と称した。

続紙　二紙以上の横長の料紙を横に貼り継いだもの。

貼継　続紙以外で、貼り継いである場合。貼り継いである方向により、縦貼継・横貼継・縦横貼継などとした。

巻子本　続紙の四紙以上にわたる長大な典籍などで、独立して一巻に巻かれているもの。表紙・軸を有することもある。

袋綴装　竪紙・切紙などを縦方向に折って重ね、紐で綴じたもの。

横帳　折紙など、横長の紙を紐で綴じたもの。

仮綴　種々の料紙を、紐で簡便に綴じたもの。

断簡　欠損により、本来の形状が不明なもの。

一、〈9〉完欠は、断簡の場合は通常は首尾欠なので、断簡の「首尾欠」記載は原則として省略した。ただし断簡でも、例えば尾が原形を保っている場合は、「首欠」と表記した。

一、〈18〉法量は、縦、横の順に記した。二紙以上にわたる場合で各紙の縦の法量が多少異なる場合もあるが、このような場合は原則としては最大法量のみを記し、他は省略した。折紙の縦は開いた状態で、また、続紙は原則として貼り継いだ状態での全長を示した。二紙以上にわたるもので、本来竪紙のままで貼り継がれなかったものなどについては、一紙毎の寸法を記した。

一、〈22〉本文の文頭引用に際し、文書の書出文言を有する場合は（書出）、有さない記録・典籍などの場合は（文首）とし、初行を欠損している場合には現存首部を（首）として引用した。〈23〉また末尾については、文書の書止文言を有する場合は（書止）、有さない場合は（文末）とし、最終行を欠損している場合には現存の末尾を（尾）とした。

一、〈24〉差出は、連署者が多い場合には若干名を示し、連署者の合計人数を「以下全○名連署」として示した。また、差出者の下に（日下）（奥上）（奥下）などと署判位置を示した。日下より始めて奥に数名連署している場合にはすべて（日下）とし、日下に署判がなく、日付次行より署判を始めている場合のみ（奥下）とした。数名連署を引用する場合には右より順次記載し「／」をもって改行を示した。また差出を文中より推定した場合には、「○○○差出」と記した。

一、〈25〉充所も、（奥下）などとその位置を注記した場合がある。ただし、奥上の場合は注記を省略した。また充所を文中より推定した場合には、「○○○充」と記した。

一、差出・充所・日付が記載されて然るべきであるのに存在しない場合は、「差出書ナシ」「充所ナシ」「日付ナシ」と記載した。

一、〈28〉脚注には、荘園名・神社名などのキーワードを適宜掲出した。その際、原文にのみ見え、目録には引用していない内容を掲出する場合には、語句の後に（文中）と注記した。または「○○ニ付」と表記した。

一、『平安遺文』『鎌倉遺文』『南北朝遺文』所収の古文書は、〈28〉脚注欄にその書名・巻号（丸数字）・文書番号（漢数字）を注記した。ただしそれら諸書は、大宮家文書以外の案文などによって翻刻している場合がある。そのような場合には注記の末尾に＊を付けた。

一、漢字は原則として現在の通用字体としたが、「佛・燈・堯・龍」などの文字は正字を用いた。また、原文引用部分については「尓（爾）・个（箇）・季（年）・祢（禰）・嶋（島）・扣（控）・柒（漆）・𦬆（菩提）・𦬇（菩薩）」など、一部の異体字を残した。

一、史料原文の引用は下記の原則によった。

（イ）欠損・摩滅・虫損などの箇所には、字数に応じて□を入れ、字数が審らかでない場合には［　］を入れた。抹消して判読不可能な箇所は▨で示した。

（ロ）原文の改行箇所は追い込み、「／」で示した。ただし上書・奥書などで、原文の字配りを示したい場合には、その項目を改行した上で、原文どおりに改行した。

（ハ）本文などの引用に際し、編者が記入した傍注は〔　〕及び（　）の二種を用いた。前者は校訂に関するもので、括弧内の文字は本文に置き換わるべきことを示し、後者は上記以外の校訂又は説明注である。また、〔×　〕は文字の上に重ね書により原字を訂正していることを示す傍注であり、〔×　〕内は訂正された文字を示し、左傍「・」を施した文字に改められたことを示した。

(ニ)朱書、別筆などには「　」を付して、その首尾を示した。

(ホ)原文と同筆であり、追加して書写したと認められる場合には(追筆)とした。

一、大宮家文書には、江戸後期〜明治頃の筆による注記・改変があるものがある。それらは後筆と称した。

一、江戸後期〜明治頃の後筆の注記などを、他と区別する場合には『　』でくくった。その時代に原文の文字を抹消して改変した場合には、抹消した文字の左傍にゝゝを付し、右傍に『　』で改変後の文字を示した。

一、竪紙の書状の第二紙をどう呼ぶかは議論があるところであるが、本書では便宜上、礼紙と称した。

一、大宮家は、鎌倉時代には藤井を姓としているが、鎌倉後期に藤原に改姓している。また家名は、室町後期から安土・桃山頃には野田を、江戸時代には北郷・大宮を名乗る例がある。本報告書では便宜上、全体を大宮姓で統一した。解説第二章参照。また大宮家の人名については、解説第五章に大宮家の系図を翻刻・掲載したので、適宜参照されたい。

大宮家文書　成巻文書

自成巻第一巻
至成巻第二十五巻

大宮家文書　成巻第一巻

巻子本、金銀草花紋雲紙表紙（縦三二・〇cm、横一六・〇cm）、合七軸、

○ラベル「巳函／第壱巻／共壱巻」アリ、成巻第一巻ハ吉川聡・桑原文子「大宮家文書の原本調査から」（『奈良文化財研究所紀要二〇〇七』、二〇〇七年）参照、

1　大宮家系図　　一通

室町後期写、続紙、尾欠、楮紙打紙（第一紙）・楮紙（第二紙）、紙背文書アリ、付箋アリ（明治写）、縦二五・〇cm、全長四五・八cm、二紙、

（文首）「孝元天皇／彦太忍信命《第三皇子》―屋主忍雄命」（尾）「利国―利良―利重」

○末尾ハ第百三括9号ニ接続スル、解説第五章「大宮家系図について」ニ全文ヲ翻刻スル、

〔紙背1〕八幡神関係典籍断簡　一通

室町前期写、続紙、首尾欠、楮紙打紙、一行二二字前後、墨書校合アリ、墨点（仮名、室町前期）、縦二五・〇cm、横四〇・五cm、一紙、

（首）「又云大多羅子女我母竈門明神職沙謁羅龍王夫人也／龍女者我妹也是則十一面観音変身也」（尾）「以後水器無余潤云々」

○成巻第五巻裏1号ト同一文書カ、

〔紙背2〕高田為政書状断簡　正月廿三日　一葉

室町後期写、断簡、首欠、楮紙、縦二五・〇cm、横五・八cm、一紙、

（全文）「正月廿三日　為政（花押）／野田宮内丞殿　御返事」

○第二紙紙背ナリ、首部ハ第百三括9号紙背ヨリ接続スル、

2　北郷常住神殿守系図　一通＊3

南北朝～明治写、続紙、首欠、楮紙打紙、裏書アリ、後筆ノ墨書注記アリ、縦三二・〇cm、全長二一六・二cm、五紙、

（首）「吉守―永守」（書止）「守栄　守正／守長」

○「神人」ヲ後筆ニテ「祢宜」ニ改変スル、各紙ノ横法量ハ、第一紙二八・三cm、第二紙四〇・〇cm、第三紙四六・七cm、第四紙五四・七cm、第五紙四六・五cm、第四紙・第五紙ニハ文字ナシ、左奥ニ軸ヲ付ケタ痕跡アリ、成巻第六巻裏9号・第十六巻裏15号・第二十一巻裏9号・第百三括10号ト同一文書ナリ、解説第五章「大宮家系図について」ニ全文ヲ翻刻スル、

3　神主職任系　一通

南北朝写、続紙、楮紙打紙、紙背文書アリ、裏書アリ、縦三二・一cm、全長六三・八cm、二紙、

（端裏書）「（朱書）時定泰宗自以下神主職任系」（文首）「自建久八二十二時定用職三十二年也／時定―泰宗―親泰」（文末）「経康」

○右端ニ紙継ノ痕跡アリ、

〔紙背〕某仮名消息　一通

南北朝写、竪紙、首欠、楮紙、縦三二・一cm、横一八・〇cm、一紙、

（首）「人をまいらせ候も」

○第二紙紙背、

第一巻裏打紙文書

裏1　正和四年具注暦断簡　一葉

鎌倉後期写、断簡、楮紙打紙、（第一紙）縦二八・五cm、横七・二cm、（第二紙）縦一七・〇cm、横七・四cm、（第三紙）縦五・三cm、横二・九cm、三紙、

（首）「七日壬子木建」（第一紙尾）「納徴移徙」（第二紙首）「十一日丙辰土定」（尾）「大歳位□」（第三紙全文）「裁衣」

○第1号ノ裏打紙（下）ナリ、第二紙下部ハ成巻第十六巻裏14号ニ接続スル、第三紙ハ第1号右上ノ小片ニテ紙質ヨリ同一文書ト推定シタ、或ハ第二紙首行ノ下ニ位置スベキ断簡ヵ、

大宮家文書　成巻第二巻

巻子本、茶麻布表紙（縦三一・四cm、横一五・五cm）、組紐、棒軸、
（題簽）「第弐号清国」（雲紙）
（見返）「明治廿弐年霜月修之「藤浪（方朱印）／屋印」」

1　**文書目録**　一通
江戸中期写、竪紙、楮紙、縦一九・八cm、横三八・八cm、一紙、
（書出）「覚／嘉暦年中綸旨　二通内弐通充有」（書止）「長者宣
一通／以上」

2　**新井勘解由書状**　〔宝永七年〕十二月十九日　一通
江戸中期写、竪紙、楮紙、縦一七・五cm、横三〇・〇cm、一紙、
（奥端裏書）「宝永七歳とらノ十二月十九日」（書出）「御手紙殊先日
被仰候／大宮内蔵家蔵之古文／書数通」（書止）「是又辱次／第奉
存候万謝之内／奉期拝謁候已上」
（端裏切封上書）「進藤刑部大輔様（長之）　新井勘解由」

3　**中川宮内少輔書状写**　〈嘉永六年（別筆）〉正月廿九日　一通　古文書預リニ付
明治写、横切紙続紙、三椏紙、籠字、縦一五・六cm、全長六四・
三cm、二紙、
（書出）「去十四日御状昨廿四日ニ従／進藤家相達致拝見候」（書
止）「則諸大夫／中申達御大□候／恐惶謹言」（差出）「中川宮内少
輔（花押影）」（日下）（充所）「大宮内蔵殿」
○付年号ハ墨書、他ハ籠字ナリ、第3号ト第4号ハ上下二段ニ
貼リ付ケラレル、

4　**刑部権少輔某書状写**　〈安政二卯（別筆）〉九月八日　一通　書類返却ニ付
明治写、横切紙続紙、三椏紙、籠字、右袖ニ追而書アリ、縦一
六・〇cm、全長六四・三cm、三紙、
（書出）「御芳札致拝見候／如来教　殿下倍御／安静被為成御座
候」（書止）「可致／御返却候也恐々／謹言」（差出）「大□（民カ）□□部
権少輔（花押影）」（日下）（充所）「大宮内蔵様」
○付年号ハ墨書、他ハ籠字、

5　**文書借用目録**　〔明治二年〕　一通
明治写、竪紙、楮紙、縦二四・三cm、横三〇・三cm、一紙、
（書出）「午十二月十日朝五ツ半時／一備前国上道郡荒野事貞和五九
月五日左兵衛資殿（ママ）」（書止）「「（朱書）神祇官為仰言ニ依仲間惣代右古書渡ス」
／丸山古代相渡ス」

6　**丸山守興古書類請取状**　（明治二年）十二月十日　一通
明治写、縦切紙、楮紙、縦二四・〇cm、横一〇・一cm、一紙、
（本文）「謹請／一御古書類／合　十通／右慥ニ奉預候依而御請申
上候以上」（差出）「丸山古代（花押）／「（朱書）丸山伊豆后古代実名守
興」」（日下）

7　**借用文書覚書**　（明治三年）　一通　書類焼亡ニ付
明治写、罫紙、楮紙、縦一二・二cm、横六・七cm、一紙、
（書出）「□（扣カ）書／一明治三年東京神祇官炎上ノ際」（書止）「後世ニ
至テ其名称而已タリトモ模写有タ／キ現記同証タルヘシト云々」

第二巻裏打紙文書

裏1　**北郷方小神供配分覚書**　文久二壬戌年三月　一通
江戸後期写、竪紙、楮紙、縦三〇・九cm、横三八・五cm、一紙、
（書出）「北郷方小神供配分之事／一毎日八膳之内初日神殿守六

人」（書止）「併此度者御神役遠他／行之体迄差下之間神供可曳之／事」

○第1号ノ裏打紙、

裏2

補任状懸紙　一通

江戸後期写、竪紙、楮紙、縦二七・三cm、横三一・八cm、一紙、

（全文）「補任」

○第2号ノ裏打紙、

裏3

北郷座衆連署加判状　宝永二乙酉年九月廿六日　一通

江戸中期写、続紙、尾欠、楮紙、縦二九・〇cm、全長六四・四cm、二紙、

（本文）「春日社北郷方祢宜藤松／於恒例社役等者不残一／事可令勤仕者也仍座衆／等各列着判形如件」（差出）「一臈神殿守木工兵衛尉守清」（奥下）以下計一五名連署、

○第3号・第4号ノ裏打紙、

裏4

文書包紙　一通

江戸後期写、竪紙、楮紙、縦二七・〇cm、横二七・九cm、一紙、

（全文）「北郷常住家／系図弐通／内一本者勘例」「進藤氏添状」

○第5号ノ裏打紙、

裏5

文書包紙　一通

江戸後期写、竪紙、楮紙、縦三〇・一cm、横一〇・二cm、一紙、

（全文）「北郷常住元祖清貞ヨリ歴代／由緒書勘例也」

○第6号ノ裏打紙、

大宮家文書　成巻第三巻

巻子本、茶麻布新補表紙（縦三一・七cm、横一五・五cm）、組紐、棒軸、

（題簽）「第参号自利国至利重」（雲紙）

（見返）「明治廿二年霜月修之　「（方朱印）藤浪／屋印」」

1

紀守助田地曳進券案　久寿二年十二月廿五日　一通

平安遺文⑥ 二八二七　大和国坂原郷

鎌倉中期写、続紙、楮紙、縦二六・五cm、全長四八・六cm、二紙、

（書出）「紀守助謹曳進田立券文事／合壱段者在坂原郷内字長沢」（書止）「他妨於本券者依有類地不副相仍／注状以解」（差出）「紀在判」（日下）　橘助元充、

（奥書1）「七月十七日ニ書」

（奥書2）「「（題簽軸写）坂原

長沢」

已上本券数五通則紙五枚也」

○本号ハ書継案文ノ末尾文書カ、

2

摂津国垂水牧重書案　一通

平安遺文⑦ 三一一七　摂津国垂水牧中条寄人中時枝

室町中期写、続紙、尾欠、楮紙、紙背文書アリ、縦二八・五cm、横四五・九cm、一紙、

①摂津国垂水牧中条寄人中時枝解案　永暦元年十二月六日

（書出）「摂津国垂氷御牧中条寄人中時枝解　申進　申文事／請殊蒙　恩裁任先例被裁許為御随身武安以非道令収公田畠／六町余子細愁状」（書止）「仍勒状以解」（差出）「垂氷御牧中条寄人中時枝名」（日下）

○右袖ニ藤原忠通ノ施行ノ外題写アリ（別当少納言奉）、

②藤原基道家政所下文案

（端書）「普賢寺殿御下文」（本文）「政所下　垂氷東牧司等／可

早任沙弥信蓮譲以散位藤原重基領掌中時」

〔紙背〕某書状　六月八日　一通
室町中期写、折紙、楮紙、縦二八・五cm、横四五・九cm、一紙、
（書出）「其後久不参会／申候」（書止）「可申承候／恐惶謹言」（差出）「ならのたくらの□□／（花押）」（日下）（充所）「御宿所／進之」

3 橘三子等連署田地曳進状案　建久三年十二月十五日　一通　鎌倉遺文②六四六　大和国坂原郷
鎌倉前期写、続紙、楮紙、縦二六・五cm、全長四〇・三cm、二紙、
（書出）「謹解　曳進田立券文事／合壱段者在坂原郷内字長沢」（書止）「四代相伝之間無他妨仍為後日沙汰注券文／以解」（差出）「橘三子在判」（日下）以下計七名連署、東金堂衆蓮行房充、（裏書）「田半コリヤウ也／タ、シこの内クロちハノソク」

4 大法師済春田地譲状案　建久四年二月廿三日　一通　鎌倉遺文②六五八　大和国坂原郷
鎌倉前期写、縦切紙、楮紙、縦二九・一cm、横二三・五cm、一紙、
（書出）「返譲与　田地半段事／在坂原郷内田半字長沢」（書止）「後代不可有妨之状／如件」（差出）「大法師在判」（日下）助弘充、

5 沙弥某私領譲状　建久五年七月　日　一通　鎌倉遺文②七三五　摂津国中時枝　垂水東御牧加納
鎌倉前期写、竪紙、楮紙、縦三二・一cm、横五三・六cm、一紙、
（書出）「摂津国嶋下郡内中時枝私領事／垂氷東本御牧加納」（書止）「可令知行之状／如件」（差出）「沙弥（花押）」（日下）豊前右衛門大夫重基充、
○紙継目裏花押断簡アリ（端裏ニ二顆、左奥端裏ニ三顆）、モト連券、

6 白錦姉子田地売券　建久五年甲寅十二月十六日　一通　鎌倉遺文②七六一　右京二条一坊六坪西大路
鎌倉前期写、竪紙、楮紙、縦二九・一cm、横四七・一cm、一紙、
（書出）「沽却　私領田地新券文事／合弐佰肆拾歩者」（書止）「勒新券文沽却之状／如件」（差出）「売人白錦氏（花押）」（日下）僧隆禅充、
○左奥ニ甥僧忠実ノ証判アリ、

7 比丘尼普光田畠相博状　建久七年二月　日　一通　鎌倉遺文②八三三　摂津国垂水東御牧内中時枝
鎌倉前期写、竪紙、楮紙、縦三二・〇cm、横五四・六cm、一紙、
（端裏書）「建久五年／□□年」（書出）「相博　私領壱所事／在摂津国管嶋下郡垂氷東御牧内中時枝」（書止）「永渡進右衛門大夫藤原朝臣／重基之状如件」（差出）「比丘尼普光／沙弥（花押）」（奥下）右衛門大夫藤原朝臣重基充、
○紙継目裏花押断簡アリ（端裏ニ二顆、左奥端裏ニ二顆）、モト連券、

8 沙弥某垂水東牧文書置文　建久七年三月廿日　一通　鎌倉遺文②八三六　摂津国垂水東御牧内中時枝名
鎌倉前期写、竪紙、楮紙、縦三二・二cm、横五四・七cm、一紙、
（書出）「摂津国垂氷東御牧内中時枝名／本文書事／右件所領任相伝之道理」（書止）「仍為後代証験令注申之状如件」（差出）「沙弥（花押）」（日下）
○紙継目裏花押断簡アリ（端裏ニ四顆、左奥端裏ニ一顆）、モト連券、

9 某譲状　建久十年二月十二日　一通　鎌倉遺文②一〇三七　時枝領
鎌倉前期写、竪紙、楮紙、紙背ニ伽藍略図（興福寺図ヵ）アリ、縦三二・一cm、横五三・七cm、一紙、
（端裏書）「右衛門大夫殿　けんゆつりたふ切文」（書出）「時枝領の文書もくろくをあゐくして／まいらすこれはこその八月にまい

らせん」（書止）「おこりてふてのたちところもおほへ／す候へは
ひかことなとや申候はん歟」（差出）「（草名）」（日下）（充所）「木
工允殿」
（端裏切封上書）「木工允殿　（墨引）　□□□」
○紙継目裏花押断簡アリ（左奥端裏二三顆）、モト連券、

第三巻裏打紙文書

裏1
用具目録断簡　一葉
江戸後期写、袋綴装断簡、楮紙、縦二六・七cm、横四〇・四cm、
一紙、
（書出）「御キテウ　権十郎／御長柄傘　善七」（書止）「同外
二人主膳同内記／大宮」
○第1号ノ裏打紙、

裏2
書付断簡　一葉
明治写、断簡、楮紙、縦一一・二cm、横二・六cm、一紙、
（全文）「□のうつし也」
○第2号ノ裏打紙（左上）、

裏3
書付断簡　一葉
明治写、断簡、楮紙、縦三四・八cm、横三・一cm、一紙、
（全文）「東大寺正倉院印鑰　正倉院印鑰御封掛禄図」
○第2号ノ裏打紙（右上）、

裏4
書付断簡　一葉
明治写、断簡、楮紙、縦九・〇cm、横四・三cm、一紙、
（全文）「明治十四年春」

○第2号ノ裏打紙（左下）、

裏5
書付断簡　一葉
明治写、断簡、楮紙、縦一三・六cm、横三・八cm、一紙、
（全文）「御封掛様之図」
○第2号ノ裏打紙（中下）、

裏6
書付断簡　一葉
明治写、断簡、楮紙、縦二五・三cm、横四・〇cm、一紙、
（全文）「大宮守広」
○第2号ノ裏打紙（右下）、

裏7
太政官符写　安政元年十二月廿三日　一通
江戸後期写、竪紙、楮紙、墨点（返点、江戸後期）、端書アリ、縦
二三・八cm、横三二・二cm、一紙、
（書出）「大〔太〕政官符　五幾〔畿〕内七道諸国司／応以諸国寺院之梵鐘鋳造
大炮小銃事」（書止）「不可存異議者諸国承知依／宣行之符到奉行
之旨被　仰出候事」（差出）「権右中弁正五位〔ママ〕　兼左衛門権佐藤原
朝臣判」（日付前行）
○第3号ノ裏打紙、

裏8
神供米等条々覚書控　一通
江戸中期写、竪紙、尾欠、楮紙、縦二三・三cm、横三一・三cm、
一紙、
（書出）「覚／一御神供米下行納所米にて可請取事」（書止）「御尋
候間あくたとられて可被下事／以上」（差出）「□□□□〔出納六人カ〕」（奥下）
○第4号ノ裏打紙、

裏9

北野小学校竣工記稿　　一通

明治写、罫紙、首欠、楮紙、縦二二・一cm、横三一・三cm、一紙、

(首)「刀礪ニ就バ則チ利器トナリ木縄ヲ受レバ良材トナル夫レ／人モ父生テ而シテ之ヲ学ニ就ザレハ即チ無智文盲蒙昧」(書止)「ヲ許サレ美仰ノ意ニ堪ヘズ録シテ以テ祝トス恐／惶誠懼稽顙百拝」

○第6号ノ裏打紙(左側)、

裏10

拝殿常住料納状　　文明七年三月廿九日　　一通

室町中期写、竪紙、楮紙、縦二五・七cm、横三一・〇cm、一紙、

(本文)「納　拝殿常住豆春菊女大座并酒肴事／合壱石参百文者／右所納状如件」(差出)「若宮神主中臣連(花押)」(奥上)

○第6号ノ裏打紙(右側)、

大宮家文書　成巻第四巻

巻子本、茶麻布新補表紙(縦三三・〇cm、横一六・九cm)、組紐、棒軸、

(題簽)「第肆号吉守」(雲紙)

(見返)「明治廿二年霜月加修畢　藤浪之舎大宮家」「藤浪(方朱印)／屋印」

1

八幡宮権神主職補任状　　建久八年三月一日　　一通＊4

鎌倉遺文② 九〇四 八幡宮 枳束荘 藤原吉元

鎌倉前期写、竪紙、楮紙、「八幡宮」朱方印六顆、縦三〇・五cm、横四七・五cm、一紙、

(本文)「補任　八幡宮御領枳束御庄神人事／藤原吉元　権神主職／右件以人永所補任権神主／職如件神人等宜承知／勿違失」(差出)「吉蔵跡末時(花押)／権俗別当末貞(花押)／宮別当僧弁耀(花押)」(奥下)

○貼紙ニ「備前国小島郡正八幡宮補任吉守」(右端)、「備前国児島郡正八幡宮」(表紙見返)トアリ、成巻第二十一巻裏17号ハ本号ノ包紙カ、又、第六十二括裏1号ハ本号ノ写ナリ、

2

興福寺官符衆徒群議状　　□永八年十月　日　　一通

鎌倉遺文③ 一六四三 摂津国垂水西牧

鎌倉中期写、竪紙、楮紙、縦三二・八cm、横五〇・八cm、一紙、

(書出)「興福寺官符衆徒『群議曰』(影写)／春『日』(補筆)社領摂津国垂水西牧者『為(影写)　本所鄭重御願□□』／寄附日次神供料所」(書止)「之由被成下御下知者天下安全武運長久之御祈禱／何事如之哉之旨群議如斯」

○表ニモ一部修補紙ヲ貼リ修補紙上ニ文字ヲ影写スル、又破損部ニ後世ノ補筆アリ、日付ハ「『建』(補筆)永八年」トアルガ当該年ハ存在セズ、文永八年ノ可能性モアルガ応永八年カ、

3

某水田売券　　建暦元年十二月　日　　一通

鎌倉遺文④ 一九〇四 大和国十市郡東郷

鎌倉前期写、竪紙、楮紙、縦三一・七cm、横五六・二cm、一紙、

（書出）「沽却　水田事／合伍段者／在大和国十市郡東郷廿条四里四坪内字宮□／四至限東越中津道東溝 限南類地 限西類地 限北類地」（書止）「但於本券文／者依為連券不能副渡仍毀其面／放新券文之状如件」（差出）「（花押）」（日上）　春日神主時定朝臣充、　南之今南荘（文中）

4
僧禅智水田売券　建暦参年三月十三日　一通
鎌倉前期写、竪紙、楮紙、縦二九・三cm、横四四・〇cm、一紙、（端裏書）「□一段地子七斗五升」（書出）「沽却　水田事／合壱段大者／四至在本券面／□件水田者僧禅智相伝之私領也」（書止）「仍為後日証験放新／文相副本券之状如件」（差出）「売人僧（花押〔禅智〕）／敵〔嫡〕男僧（花押）／橘中子（花押）／藤原中子（花押）／同中子（花押）」（日下）　僧観西院充、（袖書）「直米慥六石請納了／僧禅智（花押）請使広福」　鎌倉遺文④ 一九九二

5
坂上中子等田地処分状案　〔養和二年正月十七日〕　一通
平安院政期写、続紙、尾欠、楮紙、縦二七・五cm、横一八・〇cm、一紙、　大和国坂原
（端裏書）「坂原田券文サムマイ内／――――――ツキ文」
（書出）「永処分渡〔田〕新立券文事／合弐段者／字三間田上切　四至限東際目 限南溝河 限西山 限北岸」（尾）「不〔相〕副本券文」　僧三覚充、
○裏書ニ「下瀬壱段法進於神主殿畢」トアリ、裏書ヲ貼紙ニ転写シテアリ、末尾ハ成巻第二十一巻裏11号ニ接続スル、吉川聡・桑原文子「大宮家文書の原本調査から」（『奈良文化財研究所紀要二〇〇七』、二〇〇七年）参照、

6
僧弁覚田地売券案　建保二年三月四日　一通
鎌倉前期写、竪紙、楮紙、縦二七・五cm、横二五・〇cm、一紙、（書出）「沽却渡　私領田事／合壱段者／在大和国添上郡春日本神戸坂原郷之内字三間田上切」（書止）「更以不可有他妨仍為備後代証券放新券文／状如件」（差出）「売人僧在判」（日下）　日置重国充、　鎌倉遺文④ 二〇九〇　大和国春日本神戸坂原郷

7
日置重国田地相博状案　建保五年四月十八日　一通
鎌倉前期写、竪紙、楮紙、縦二七・三cm、横二六・三cm、一紙、（端裏書）「坂原三間文也」（書出）「賛（ママ）渡私領田事／合壱段者／大和国添上郡坂原郷之内字三間田上切」（書止）「仍為後日沙汰〔本〕券文相具放新券文／状如件」（差出）「日置重国入道在判／嫡男同国友在判」（日下）　秦三子充、（奥端裏書）「ツキ文」　鎌倉遺文④ 二三〇七　大和国坂原郷

8
僧慶尊田地売券案　建保六季歳次戊寅七月十八日　一通
鎌倉前期写、続紙、楮紙、縦二七・八cm、全長二六・六cm、二紙、（端裏書）「シヤウト一段大ヤキウノフセシヤウノウリ アタイ六石 チシ左ニ六石ハカリナリ」（書出）「沽却　私領田事／合壱段者／在大和国添上郡春日本神戸坂原郷之内字／三間田上切」（書止）「仍為後代証／券文相具代々相伝手次本券兼又放／新券状如件」（差出）「僧慶尊在判」（奥下）　藤原姉子充、　鎌倉遺文④ 二三八五　大和国春日本神戸坂原郷

9
信貴山公文頼賢等重紀定状　嘉禄元年十一月廿六日　一通
鎌倉中期写、竪紙、楮紙、縦三三・〇cm、横五三・一cm、一紙、（書出）「重紀定／当山与勢野郷堺事／右東堺内依新開発田畠等出来及相論之／間」（書止）「於自今以後／者山僧云郷民云守此際目相互不可有新／議違濫之旨為向後成契約之状如件」（差出）「信貴山公文頼賢（花押）／一和上阿闍梨大法師有憲（花押）」（日下）　鎌倉遺文⑤ 三四三五　信貴山 勢野郷

10
藤原姉子田地売券案　嘉禄弐年丙戌十二月七日　一通
鎌倉中期写、竪紙、楮紙、縦二七・五cm、横三三・五cm、一紙、（端裏書）「□ノシヤウト一段フ□□ウ□□ チヤウタノ アタイ六石一斗〆十二マイ」　鎌倉遺文⑤ 三五五二　大和国本神戸坂原郷

（書出）「□却渡進　私領田事／合壱段者／在大和国添上郡本神戸坂原郷之内字三間田上切」（書止）「更以不可／有他妨仍為後代証券新券文放状如件」（差出）「買〔ママ〕人藤原姉子在判／一男日景〔置〕長寿丸□□」（日下）　神殿守吉守充、
（奥書）「件直米如数請取畢使者日置国友」
（裏書）「嘉禄乙酉天下大疫大旱魃／本年太平〱〱（以下略）」
○裏書ヲ貼紙ニ転写シテアリ、

11
藤原姉子山畠地売券　寿〔嘉〕禄弐年丙戌十二月八日　一通

鎌倉遺文⑤ 三五五六
大和国本神戸 坂原郷

鎌倉中期写、竪紙、楮紙、縦二八・二cm、横三八・○cm、一紙、
（端裏書）「□ワウ　ワタカクホノケン／□□カクホノケン」（書出）「沽却渡進　私領山畠地事／合壱所者／在大和国添上郡本神戸坂原郷内字ワタカクホ」（書止）「更以不可有他妨仍為後代証／文新券文放之状如件」（差出）「売人藤原姉子（花押）／一男日景〔置〕長寿丸（花押）」（日下）　神殿守吉守充、
（奥書）「件直米如数請取了　使者日景〔置〕国友（花押）」
○端裏書ハ裏打紙上ヨリ影写シテアリ、貼紙ニ「嘉ヵ寿禄トハナシ」（日付横）トアリ、

12
大法師慶尊田地譲状案　寛喜二年七月九日　一通

鎌倉遺文⑥ 三九九九
坂原長沢

鎌倉中期写、続紙、楮紙、縦二七・○cm、全長二二・八cm、二紙、
（端裏書）「春石殿」（書出）「譲与　田地事／合／坂原長沢田壱所者／同池植内壱処者」（書止）「仍為後代証文／放処分帳之状如件」（差出）「大法師在判」（日下）　春石丸充、（裏書）「於畠者僧慶善沽却了」

13
春石丸田地売券案　天福二年歳次甲午三月十三日　一通

鎌倉遺文⑦ 四六三○
大和国坂原

鎌倉中期写、竪紙、楮紙、縦二七・三cm、横二四・四cm、一紙、
（端裏書）「□サヲラモサカハラアタイ一石チシ二斗□□」（書出）「沽却田地事／合半者字長沢／四至在本面／在大和国秦〔添〕上郡坂原郷之内」（書止）「仍為後代証文放新券／文状如件」（差出）「売人□□（裏書ニ「春石丸」トアリ）／母（裏書ニ「四郎□□」トアリ）」（日下）

14
大法師重尊水田売券案　嘉禎四年三月廿六日　一通

鎌倉遺文⑦ 五二二二
大和国小泉荘

鎌倉中期写、続紙、楮紙、縦二八・○cm、全長四二・○cm、二紙、
（書出）「沽却　水田新券文事／合壱町玖段者小泉庄内／在大和国添下郡六条六里卅四坪壱町」（書止）「仍為後日証験放新券文之状如件」（差出）「大法師重尊在判／預所在判」（日下）　藤井吉守充、（裏書）「侍従公兼春／此処以下□□」（差出「大法師重尊」ノ裏）
○裏書ハ裏打紙上ヨリ影写シテアリ、

15
大和国小泉荘預所請文案　嘉禎四年卯月七日　一通

鎌倉遺文補② 一二三五
大和国小泉荘

鎌倉中期写、竪紙、楮紙、縦二八・○cm、横三三・三cm、一紙、
（書出）「御季頭物不足之間少泉〔ママ〕／庄水田一町九段被沽却藤井／吉守」（書止）「実々不可有相違之状／如件」（差出）「預所在判」（日下）（裏書ニ「侍従公兼春」トアリ）「御判」（奥上）　藤井吉守充、
○左奥ニ「御判」トアリ、

第四巻裏打紙文書

裏1
大宮家略系図　一通

江戸後期写、竪紙、楮紙、縦二一・一cm、横二一・三cm、一紙、
（文首）「元祖清貞／守寿――常住神殿守　寛政十□〔一〕未年卒／文政九戊年」（文末）「藤原守和文政七年二月五日生／文政九年五月十一日初参／弘化四年二月分□」
○第2号ノ裏打紙（左側）、

裏2

春日社略年譜書付　一通

江戸後期写、竪紙、楮紙、縦二三・〇cm、横三一・四cm、一紙、

（文首）「百将伝《ママ》曰一人王六代孝安天皇孫武内宿祢」（文末）「併花形御正体五面ト在故五社□□ニ不足ノ三面ハ同奉仕之内ニモ外姓ノ者／奉求故ニ此由諸《ママ》書ニ不載者歟」

○第2号ノ裏打紙（右側）、

裏3

断簡　一葉

江戸写、断簡、楮紙、縦二三・九cm、横一一・七cm、一紙、

○第2号ノ裏打紙（左下）ナリ、行ノ文字ノ右側ノミ存スルモ釈読不能、

裏4

備前国上道郡荒野神供燈明田関係文書包紙断簡　一枚

江戸前期写、断簡、楮紙、「済」小円朱印、縦二八・九cm、横九・六cm、一紙、

（全文）「備前国上道郡荒野領始神供燈明田／諸公教書挙状色々」

○第4号ノ裏打紙（左上）、

裏5

断簡　〔天明三卯年〕　一葉

江戸後期写、断簡、楮紙、縦一四・六cm、横九・一cm、一紙、

（全文）「大宮内蔵との／天明三卯年就」

○第4号ノ裏打紙（右上）、

裏6

私領地券文巻包紙　一通

江戸写、竪紙、尾欠、楮紙、「済」小円朱印、縦三三・一cm、横一八・五cm、一紙、

（全文）「沽却　私領地券文巻　藤浪之舎／□　□」

○第5号ノ裏打紙、

裏7

包紙　一枚

江戸写、竪紙、楮紙、縦三三・〇cm、横二一・四cm以上、一紙、

（全文）「口宣」

○第6号ノ裏打紙、

裏8

珠算階梯凡例　〔明治十年十月〕　一通

明治写、折紙、楮紙、縦二七・〇cm、横三三・〇cm、一紙、

（文首）「珠算楷梯／凡例／一此書ハ小学児童ニ授与スル楷／梯ナレハ勉メテ簡易ヲ旨トシ」（文末）「決シテ通常／ノ算盤ト違ヒアルニ非ス繁雑ヲ／圧《厭》フテナリ」

（奥書）「明治十年十月和洲鳴海春昌誌」

○第7号ノ裏打紙、

裏9

コマ笛・神楽笛・篳篥図　一通

明治写、竪紙、楮紙、縦二三・七cm、横三一・八cm、一紙、

（首）「コマ笛／惣長サ一尺弐寸一歩／（笛ノ図）」（尾）「篳篥　惣長サ六寸／（篳篥ノ図）」

○第8号ノ裏打紙、

裏10

清貞以下系図　一葉

江戸後期写、竪紙、尾欠、楮紙、縦二七・二cm、横七・二cm、一紙、

（文首）「清貞（藤浪祢宜之祖）———清光」（尾）「利貞—利長—」

○第10号ノ裏打紙（上）、

裏11

野田阿弥堂一件包紙　一通

室町後期写、竪紙、楮紙、縦三一・三cm、横二二・九cm、一紙、

（全文）「　藤浪氏

野田阿弥堂一件事
通　」
○第10号ノ裏打紙（下）ナリ、コノ紙ノ裏打紙アリ、

裏12
包紙断簡　一枚
江戸写、断簡、楮紙、縦三八・一cm、横五・四cm、一紙、
（全文）「北郷常住物領悴初参」
○第11号ノ裏打紙、

裏13
包紙断簡　一枚
江戸後期写、断簡、楮紙、縦二二・九cm、横一〇・七cm、一紙、
（全文）「東宮様　御行烈／森姫君様　関東江被為成事」
○第12号ノ裏打紙、

裏14
重恒祭物分配書付　一通
室町後期写、竪紙、楮紙、縦二八・四cm、横四〇・四cm、一紙、
（書出）「重恒祭物一石之内／神殿守　一斗／神主殿　二斗二升五合」（書止）「神人但南郷重御ウシロニシテイタシキノウエニ／福ヲ〔ロヨリ〕ツクニヨテノハラエナリ」
○第14号ノ裏打紙、

裏15
本郷小弥太・瓜生平馬連署書状　六月朔日　一通
江戸中期写、竪紙、首欠、楮紙、縦二七・一cm、横三三・二cm、一紙、
（書出）「御紙面拝見致し候」（書止）「御願被成候／様宜敷奉存候先者右御答迄／如此御座候以上」（差出）「本郷小弥太／瓜生平馬」（日下）（充所）「大宮内蔵様」
○第15号ノ裏打紙、

大宮家文書　成巻第五巻
巻子本、茶麻布表紙（縦三二・八cm、横一五・九cm）、組紐、棒軸、
（題簽）「第伍号吉守ニ〔永守〕」（雲紙）
（見返）「明治廿二年霜月加修畢　藤浪之舍大宮家「藤浪／屋印」（方朱印）」

1
大和国小泉荘預所等請文　嘉禎四年五月六日　一通　大和国小泉荘 春日御供田
鎌倉中期写、竪紙、楮紙、縦三三・一cm、横五三・五cm、一紙、
（書出）「所令沽却水田壱町之内一段者／春日御供田也」（書止）「此二ヶ条事雖経永代／不可有違乱之状如件」（差出）「預所（花押）」（日下）（裏書ニ「兼春侍従公」トアリ）「大法師（花押）」（奥上）
○左奥裏下ニ花押アリ、

2
大宮吉守田地寄進状案　嘉禎四年八月十一日　一通　春日社神殿守 藤井吉守 音楽酒肴料田 山城国賀茂郷（文中）
鎌倉中期写、続紙、楮紙、縦二九・二cm、全長一二四・四cm、四紙、
（書出）「春日御社神殿守藤井吉守敬白／『奉寄進相伝私』（補筆）領田事」
（書止）「但如此寄進状者吉守一期之生前〔×後〕之後閉眼之時／儀也仍謹寄進之状如件」（差出）「神殿守藤井吉守敬白」（日下）
○奥判アリ「寄進状明白之上者依申請社司加判」、「権預中臣連□」（裏書アリ「祐氏」）以下計六名連署、次ニ「依座次相論別加判」トアリ、「権預中臣連□」（裏書アリ「祐公」）以下計四名連署、付箋ニ「本寄進状中間脱簡アルカ如シ段別内容／不相合断片整理之際注意ヲ要ス（花押）」トアリ、成巻第十二巻16号ハ本号ノ包紙カ、

3
大宮吉守置文案　嘉禎四年八月十四日　一通＊5　持佛堂 春日社神殿守 藤井吉守
鎌倉中期写、続紙、楮紙、縦三一・一cm、全長一二四・五cm、三紙、

（書出）「定置／一間四面檜皮葺持佛堂一宇／同在所南野田辺南寄」（書止）「勿疑々々仍定置之状如件」（差出）「春日社神殿守藤井吉守在判」（日下）
（奥書）「コノヨセフミノ正モンウセタリコノアンモンヲモッテ正モットスヘシ
仁チ三子ン二月廿日カントノモリフチイノ
ヨシモリ（花押）」

4　継乗書状　（仁治三年）七月十九日　一通
鎌倉中期写、竪紙、楮紙、紙背文書アリ、縦二八・六cm、横四四・七cm、一紙、
（書出）「見参之時令申候」（書止）「案文ヲ令／か、給候てか様候也恐々謹言」（差出）「継乗（花押）」（日下）
（端裏上書）「永預御房　□□〔乗カ〕」
○左奥ニ継乗利銭借券案ヲ書キ継グ、
継乗利銭借券案　仁治参年五月十九日
（書出）「借請　利銭事／合壱貫文者」（書止）「但質物太和／参段券置差之状如件」（差出）「継乗（花押）」（日下）
〔紙背〕河内遊佐殿方状書付　一通
室町後期写、竪紙、楮紙、縦二八・六cm、横四四・七cm、一紙、
（文首）「かわち遊左殿方状」（文末）「畠三段歩分」

5　大宮吉守方寄進処分等物目録状抜書　〔寛元四年〕　一通
鎌倉中期写、切紙、楮紙、縦二八・四cm、横二二・四cm、一紙、
（全文）「吉守方之寄進処分等物目録状云／正モムクワム元四年ヒノエウマノトシ三月日カムトノモリサノヨシモリ／ニタウノ五丁大内／一丁八石コイツミノヤマサキ六テウ六ノリ一ノツホ／以上」

6　某書状　一通
鎌倉中期写、竪紙、楮紙、縦三一・一cm、横四四・二cm、一紙、
（全文）「春宮御祈南円堂御百度用途／今月分三百疋為因幡国沙汰遣／云々殊可祈申者也」
○貼紙ニ「一乗院宮并／東北院殿」（右袖）トアリ、

第五巻裏打紙文書

裏1　典籍断簡　一葉
室町後期写、断簡、楮紙打紙、縦四・二cm、横一・五cm、一紙、
（全文）「□不知己」
○第4号ノ裏打紙（中）ナリ、成巻第一巻1号紙背1ト同一文書カ、

裏2　大宮守胤襷襷料請取状案　宝永四年丁亥九月廿七日　一通
江戸中期写、竪紙、楮紙、縦二八・八cm、横二四・一cm、一紙、
（端書）「神殿守加常住神殿守七人分襷襷料之事（後略）」（書出）「謹請下遷宮御時北郷方神殿守襷襷料事」（書止）「右七人分加常住神殿守謹請取所如件」（差出）「常住神殿守／守胤（円黒印）」（奥下）
○第4号ノ裏打紙（右側）、

裏3　包紙カ　一枚
江戸写、竪紙、楮紙、縦三一・六cm、横二二・七cm、一紙、
（全文）「名乗并華押」
○第5号ノ裏打紙、

大宮家文書　成巻第六巻

巻子本、金銀緑糸花鳥苑紋紺絹布表紙（縦三四・二cm、横二二・五cm）、組紐、棒軸、

（題簽）「第陸号豊守守安」（金散）

（見返）「明治廿二年霜月修畢　藤浪舎大宮家「藤浪／屋印」（方朱印）」

1

興福寺別当円実御教書　〈正嘉□(三)(未)〉正月廿七日　一通　守安

鎌倉中期写、竪紙、楮紙、縦二六・七cm、横四一・六cm、一紙、　神殿守

（書出）「神人守安申北郷定任(住)神殿□(守カ)」（書止）「者依　寺家御気色執達如件」（差出）「公文目代」（日下）（充所）「□□□□房得業御房」　永守 相伝職（文中）

〇裏花押アリ、貼紙ニ「讃岐法眼御判也」（裏花押横）トアリ、

2

興福寺別当良盛書下案　正嘉二年十月七日　一通

鎌倉中期写、竪紙、首欠、楮紙、縦二八・六cm、横八・八cm、一紙、

（本文）「所申非無謂自今以後宜任／相伝之理令停無道之妨之状如件」（差出）「(追筆)「寺家佛地院殿良盛」別当権僧正法印大和尚、、御判」（奥下）

3

僧慶賢田地処分状　弘長元年辛酉九月二日　一通

鎌倉中期写、竪紙、楮紙、縦二八・八cm、横四三・二cm、一紙、

（端裏書）「処分帳　宮一前　ツルマツトノ、分」（書出）「処分渡水田新券文事」（書止）「仍為後代謹文放新券文／之状如件」

（差出）「僧慶賢（花押）」（日付前行下）「僧慶俊（花押）」（奥下）「僧栄智（花押）」（奥裏下）　禅林房充、

〇端裏書ヲ表ニ折リ返シテアリ、

4

大宮守安私領処分状　文永二年乙丑二月　日　一通

鎌倉中期写、竪紙、楮紙、縦三一・七cm、横五一・八cm、一紙、

（書出）「処分　私領事／合弐町五段三百歩又一処者」（書止）「仍為後日証文禄(録)子細之状如件」（差出）「守安（花押）」（日下）　藤井守職充、

5

大宮守安堂舎堂田譲状　文永二年乙丑二月六日　一通　野田堂舎・堂田

鎌倉中期写、竪紙、楮紙、縦二九・六cm、横四〇・七cm、一紙、　祖父吉守

（端裏書）「タウ田ノユツリフミ」（書出）「譲与　野田堂舎并堂田事／合／右件堂并堂田者粗(祖)父吉守」（書止）「且訪／本願之菩提且資一家之／安寧仍譲与之状如件」（差出）「守安（花押）」（日下）　女子益御前并子息守職充、

〇端裏書ヲ表ニ折リ返シテアリ、

6

大宮守安家地処分状　文永二年乙丑二月六日　一通　南野田北辺

鎌倉中期写、竪紙、楮紙、縦三二・〇cm、横四七・七cm、一紙、

（書出）「『処(籠字)』分　家地事／合／地東西五間」（書止）「勢仁以後見性稟二人子之中雖／何輩相計可譲与之状如件」（差出）「守安（花押）」（日下）　母惟宗氏女充、

7

僧舜重畠地売券　文永三年二月二日　一通

鎌倉中期写、竪紙、楮紙、縦二九・八cm、横四〇・八cm、一紙、

（書出）「ウリワタス　ハタケノコト／合三段　シ、ホンケンニアリ」（書止）「コニチノ　セウモンノ／タメニ(×タ)　シンケンモンヲハナツナリ」（差出）「ウリ人（花押）」（日下）　ハタノナカノコ充、

8

僧良実請文　文永三年二月二日　一通

鎌倉中期写、竪紙、楮紙、縦二九・五cm、横三〇・三cm、一紙、

(本文)「請乞　字宮一前水田直米事／右件証文元者若此田付違乱／事出来候者雖経未来際可／奉彼田直米壱斛陸斗返進之／状如件」(差出)「僧良実(花押)」(日下)
○差出ノ花押ハ第9号ト同一ナリ、

9 禅林房良実田地売券　文永三年二月二日　一通　大和国山辺郡拾肆条陸里廿弐坪
鎌倉中期写、竪紙、楮紙、縦二九・六cm、横四一・〇cm、一紙、(書出)「沽却　水田新券文事／合壱段者字宮一前」(書止)「仍／為後代証文放新券文之状如件」(差出)「売人(花押)」(日下)　秦仲子充、

10 若狭国司庁宣案　文永六年十月　日　一通　若狭国岡安名
鎌倉中期写、竪紙、楮紙、縦三一・一cm、横四三・一cm、一紙、(書出)「庁宣　留守所／定遣岡安名司事」(書止)「之状所宣如件／留守所宣承知依件用之以宣」(差出)「大介藤原朝臣在御判」(奥上)

11 某奉書　(貼紙)〔文永三年〕十二月三日　一通　堂
鎌倉中期写、竪紙、楮紙、縦三四・四cm、横五五・二cm、一紙、(書出)「吉守并尼真阿等遺跡堂間事就／尼成真守安等之所帯之証文并／長者宣等」(書止)「之由所被／仰出也可被存知此旨状如件」(差出)「(花押)奉」(日下)(裏書)「文永六年」

12 興福寺別当御教書　十月廿一日　一通　維摩会
鎌倉中期写、竪紙、楮紙、縦三〇・七cm、横四一・七cm、一紙、守安申状(文中)(書出)「維摩会社家□□□／両方申状具被御覧了」(書止)「之由所候也／仍執達如件」(差出)「厳□」(日下)(充所)「春日神主殿」

13 沙弥某等連署譲状　建治二年二月二日　一通　摂津国垂水御牧西条牧外内小薬院名
鎌倉中期写、竪紙、楮紙、紙背文書アリ、縦三〇・二cm、横四二・二cm、一紙、(端裏書)「小薬院号御沙汰事左衛門尉へ譲状」(書出)「垂水御牧西条牧外内小薬院名／なかくゆつまいらす」(書止)「為使とて／みせられ候へく候あなかしこ」(差出)「沙弥(花押)／康有(花押)／康秋(花押)」(日下)
○紙継目裏花押断簡アリ(端裏二二顆)、モト連券ナリ、

〔紙背〕興福寺堂舎図　一鋪＊1
鎌倉中期写、竪紙、楮紙、縦三〇・二cm、横四二・二cm、一紙、(内題)「興福寺堂舎図」

14 尼真阿弥陀佛堂舎田園譲状　建長五年三月　日　一通　南野田郷
鎌倉中期写、竪紙、楮紙、縦三〇・四cm、横四八・五cm、一紙、(端裏書)「□□ノユツリフミ」(書出)「譲与　堂舎并田園等事」(書止)「仍為向／後証験記録事之由之状如件」(差出)「いやます女(花押)／実寛(花押)」(日付前行下)「尼真阿弥陀佛(花押)」(日下)　藤井守安・藤井姉子充、

第六巻裏打紙文書

裏1 手向山八幡神絵小図断簡〔版〕　一葉
江戸後期刊、断簡、楮紙、児ヲ抱ク翁ノ図アリ、縦三四・四cm、横一六・五cm、一紙、(全文)「知波能加豆の／塢弥例摩(ママ)／もゝちたる／やにはもみゆ／区珥能朋も弥喩」
○第1号ノ裏打紙(左側)ナリ、裏2号・裏3号・裏13号・裏14号・裏17号・成巻第十八巻裏22号・裏25号ト同版ナラン、又

成巻第十六巻裏10号ハ本号ト同図ノ墨書画ナリ、識語ハ『日本書紀』応神天皇六年二月条ニホボ同文アリ、

裏2
手向山八幡神絵小図断簡（版） 一葉
江戸後期刊、断簡、楮紙、縦二〇・五cm、横七・〇cm、一紙、
○第1号ノ裏打紙（中下）ナリ、裏1号等ト同版ナラン、

裏3
手向山八幡神絵小図断簡（版） 一葉
江戸後期刊、断簡、楮紙、縦三三・四cm、横一八・五cm、一紙、
（文首）「知波能加豆の」（文末）「区珥能朋も弥喩」
○第1号ノ裏打紙（右側）ナリ、裏1号等ト同版ナラン、

裏4
書状断簡 一葉
江戸後期写、断簡、楮紙、縦一五・三cm、横五・三cm、一紙、
（首）「気ふし宜敷」（尾）「御家内様にも」
○第3号ノ裏打紙（左下）、

裏5
習書断簡 一葉
明治写、断簡、楮紙、縦二四・三cm、横五・八cm、一紙、
（首）「相／反」
○第3号ノ裏打紙（右下）、

裏6
文書断簡 一葉
江戸後期写、断簡、楮紙、縦四・八cm、横三〇・七cm、一紙、
（書出）「今／付／□て／二三」
○第4号ノ裏打紙（左下）、

裏7
書付断簡 一葉
明治写、断簡、楮紙、縦四・五cm、横二二・四cm、一紙、
（全文）「大□／小／大／守」
○第4号ノ裏打紙（右下）、

裏8
文書断簡 一葉
江戸写、断簡、楮紙、縦五二・〇cm、横二・四cm、一紙、
（全文）「貞和六年二月廿一日左馬頭義詮」
○第4号ノ裏打紙（下）、

裏9
北郷常住神殿守系図断簡 一葉
南北朝写、断簡、楮紙打紙、縦三一・七cm、横四・四cm、一紙、
（全文）「代々藤井姓也而□□□年被補□□□助之時改本姓被成藤原畢／口宣在之」
○第6号ノ裏打紙ナリ、成巻第一巻2号等ト同一文書ナラン、後世ノスリ消シアリ、

裏10
書付断簡 一葉
明治写、断簡、楮紙、縦一二・八cm、横七・四cm、一紙、
（全文）「后／日」
○第7号ノ裏打紙（左下）、

裏11
習書断簡 一葉
明治写、断簡、楮紙、縦二六・七cm、横六・〇cm、一紙、
（首）「氷室」
○第7号ノ裏打紙（右下）、

裏12
書状断簡 一葉
江戸後期写、断簡、楮紙、縦六・一cm、横二九・九cm、一紙、

(首)「に入用と」　(尾)「大宮／□」
○第8号ノ裏打紙、

裏13

手向山八幡神絵小図断簡(版)　一葉
江戸後期刊、断簡、楮紙、縦五・三cm、横一七・三cm、一紙、
○第9号ノ裏打紙(左上)ナリ、裏1号等ト同版ナラン、

裏14

手向山八幡神絵小図断簡(版)　一葉
江戸後期刊、断簡、楮紙、縦九・四cm、横二五・〇cm、一紙、
○第9号ノ裏打紙(右上)ナリ、裏1号等ト同版ナラン、

裏15

書付断簡　一葉
明治写、断簡、楮紙、縦七・三cm、横五・〇cm、一紙、
(首)「高天神皇高御魂」
○第11号ノ裏打紙、

裏16

文書断簡　一葉
江戸写、断簡、楮紙、縦一一・四cm、横一三・二cm、一紙、
(首)「まい□／かま」
○第14号ノ裏打紙(左下)、

裏17

手向山八幡神絵小図断簡(版)　一葉
江戸後期刊、断簡、楮紙、縦二一・五cm、横四・五cm、一紙、
(全文)「区珥能朋も弥喩」
○第14号ノ裏打紙(中下)ナリ、裏1号等ト同版ナラン、

裏18

書状断簡　一葉
江戸後期写、断簡、楮紙、縦一四・八cm、横八・五cm、一紙、
(首)「御□□雨中にて」
○第14号ノ裏打紙(右下)、

大宮家文書　成巻第七巻

巻子本、茶麻布表紙（縦三一・九cm、横二二・二cm）、組紐、棒軸、
（題簽）「第柒号守職」（雲紙）
（見返）「明治廿二年霜月加修畢　藤浪之舎「藤浪／屋印」（方朱印）」

1　興福寺別当尊信御教書　〈弘長元年〉（別筆）六月晦日　一通

鎌倉中期写、竪紙、楮紙、縦三〇・六cm、横三八・三cm、一紙、
（端裏書）「モリモト、ノヘ」（書出）「守職神人所望事」（『仕』）（書止）「之由被／仰出候也仍執達如件」（差出）「権寺主良舜奉」（日下）
○端裏書ヲ表ニ折リ返シテアリ、

鎌倉遺文⑫八六七五　守職、神人ヲ所望

2　藤氏長者鷹司兼平宣案　弘安五年正月廿五日　一通

鎌倉中期写、竪紙、下部欠損、楮紙、縦二七・七cm、横三二・二cm、一紙、
（書出）「神木御坐洛中己覃両□［　」（書止）「長者□［（宣カ）／悉之以状」（差出）「権［　」（日下）（充所）「春日神□□」

鎌倉遺文⑲一四五四七　神木洛中ニ御坐

3　邑地一郎出挙米請状　延慶三年二月十日　一通

鎌倉後期写、縦切紙、楮紙、縦二六・一cm、横一九・九cm、一紙、
（端裏書）「邑地一郎請文」（書出）「『請取』（籠字）申　出挙米事」（書止）「仍為後日請文状如件」（差出）「邑地一郎（略押）」（日下）

出挙米

4　興福寺使者連署請取状案　嘉元元年八月廿八日　一通

鎌倉後期写、竪紙、楮紙、縦三〇・二cm、横四一・五cm、一紙、
（端裏書）「興福寺使者請取案」（書出）「請取　山僧点定物事」（書止）「右河口坂田両庄分高二位入道家雑掌之沙汰所／請取如件」（差出）「興福寺使者下所司幸尊／下所司幸忍／下所司琳賢」（日下）

鎌倉遺文㉘二一六三四　山僧点定物　河口・坂田両荘

5　僧良算水田処分状　正安四年十月十五日　一通

鎌倉後期写、竪紙、楮紙、縦二九・七cm、横二八・八cm、一紙、
（端裏書）「けんりやうはうのふん」（書出）「処分　水田事」（書止）「仍為後代証文処分帳如件」（差出）「僧良算（花押）」（日下）僧顕良房充、
○端裏書ヲ表ニ折リ返シテアリ、

鎌倉遺文㉘二一二六三　多武峯悪党本券等ヲ盗取ル　長者宣（文中）

6　備前国上道郡荒野絵図　〔正安二年四月二十三日〕　一鋪＊2

鎌倉後期写、竪紙、楮紙、縦三一・四cm、横四五・三cm、一紙、
（端裏書）「正安二年四月廿三日ヲツノ日サルノトキニツク　検見正安二年三月二日」
○貼紙ニ「備前国上道郡荒野庄領地図」（右端）トアリ、成巻第十一巻裏1号ハ本号ノ懸紙、

備前国上道郡荒野

7　国依等連署畠地売券　正応五年十二月十八日　一通

鎌倉後期写、竪紙、楮紙、縦二九・五cm、横三八・一cm、一紙、
（書出）「沽却　私領畠地新券文事／合壱所者／右邑地上村河原畠西ノソイ」（書止）「雖後々代々不可有他／妨之状如件」（差出）「子息国依（略押）／上総（略押）／弥四郎（略押）／京識（花押）／尼戒心（略押）」（日下）「僧澄実（花押）」（奥上）紀利国充、

鎌倉遺文㉓一八〇七三　大和国邑地上村　沙弥願佛ノ子息等（文中）

8　某書状　〈正□五〉（別筆）（応カ）六月六日　一通

鎌倉後期写、竪紙、首欠、下部欠損、楮紙、縦三〇・八cm、横五三・七cm、一紙、
（首）「職者好闘□［／弘安五年神木御帰坐」（書止）「恐々謹言」（差出）「□□［（執カ）」（日下）（充所）「□五師御房」

鎌倉遺文㉓一七三六〇　弘安五年神木御帰坐

9　藤原康助所領譲状　正応三年二月五日　一通

鎌倉遺文㉒一七二六三

鎌倉後期写、竪紙、楮紙、縦三二・二cm、横五一・八cm、一紙、
（書出）「譲渡／摂津国垂水東御牧中条内中時枝名」（書止）「更不可有他妨之状如件」（差出）「左衛門少尉藤原康助（花押）」（奥下）
嫡子左衛門尉康久充、
○紙継目裏花押アリ（左奥端裏ニ二顆）、モト連券、

摂津国垂水東御牧中条内中時枝名

10

沙弥願佛畠地売券

弘安九年十二月廿五日　一通

鎌倉中期写、竪紙、楮紙、縦二九・〇cm、横三二・一cm、一紙、
（端裏書）「□ウチノサクワムトノ《ナシモト》、フミセウ□□」（書出）「処分渡　畠地新券文事」（書止）「仍雖後々代／不可有他人妨之状如件」（差出）「沙弥願佛（略押）／尼真戒（略押）」（日下）　字サクワ殿充、

鎌倉遺文㉑一六〇七九
大和国邑地郷

11

官宣旨案

弘安六年六月廿六日　一通

鎌倉中期写、竪紙、楮紙、縦二八・二cm、横三三・八cm、一紙、
（書出）「左弁官下　大和国／応任長者宣令神主大中臣経□□〔世〕子々孫孫進退領掌春日社領当国管葛下／郡内稲梁庄事」（書止）「奉／勅依請者国宣〔宜〕承知依宣行之」（差出）「右大史中原朝臣在□」（日下）「権右少弁藤原朝臣」（奥上）

鎌倉遺文⑳一四八八一
大和国稲梁荘
神木御入洛（文中）

第七巻裏打紙文書

裏1

某口上書写

一通

江戸中期写、竪紙、楮紙、縦三二・二cm、横三一・七cm、一紙、
（書出）「乍恐奉願上候口上書」（書止）「乍恐／如前釣被戻候様被為／仰付被下候者難有可／奉存候以上」（充所）「御寺務一乗院宮様／御奉行様」　差出書・日付ナシ、
○第1号ノ裏打紙、

社頭釣燈呂ニ付

裏2

書状断簡

十一月　一葉

江戸写、断簡、楮紙、縦六・九cm、横一五・九cm、一紙、
（充所）「□内殿」
○第4号ノ裏打紙（左側）、

裏3

書付断簡

一葉

江戸後期写、断簡、楮紙、縦一一・五cm、横五・〇cm、一紙、
（全文）「午十二月三日夜／村主左清衛門尉幸重寄進状／系図共此内系図バカリ戻リ／寄進状ハ未不戻」
○第4号ノ裏打紙（右上）、

裏4

書付断簡

一葉

江戸後期写、断簡、楮紙、縦二〇・二cm、横七・六cm、一紙、
（全文）「祢宜成之儀一乗院宮様江願□／数通有之書状も□」
○第4号ノ裏打紙（右下）、

裏5

春日社参記録

（寛永二年）三月十九日　一通

江戸前期写、守通筆、竪紙、楮紙、縦三〇・二cm、横二八・五cm、一紙、
（文首）「寛永弐年乙丑三月十七日関東ヨネサワ《米沢》ケ様内直江山城殿（兼続）／後家様春日へ御社参有之」（書止）「初瀬ヨリ高野へ御参有テ帰国可有者也仍／如件」（差出）「北郷宮内丞　守通（花押）」（日下）
○第5号ノ裏打紙、

直江兼続後家

裏6

年表断簡

一葉

明治写、断簡、楮紙、墨界（天二条、地二条）、縦二四・七cm、横一六・二cm、一紙、界高一九・六cm、界幅二・五cm、
（首）「二／三／宝暦」

○第7号ノ裏打紙、

裏7

書付断簡　一葉

鎌倉中期写、断簡、楮紙、縦二八・五cm、横四・〇cm、一紙、
（全文）「物ハイ□□ノヒハ建長元年八月廿一日」
○第9号ノ裏打紙、

裏8

書付断簡　一葉

江戸写、断簡、楮紙、縦八・九cm、横三・六cm、一紙、
（全文）「尓」
○第10号ノ裏打紙（上）、

裏9

燈呂祝儀ニ付書付　（元禄十三年十一月二十五日）　一通　燈呂

江戸中期写、竪紙、首欠カ、楮紙、縦二四・四cm、横三一・九cm、一紙、
（文首）「元禄十三年十一月廿五日若宮殿」（文末）「五つわり候へし」
○第10号ノ裏打紙（下）、

裏10

大宮家由緒書　一通　御堂関白道長

江戸後期写、切紙、尾欠、楮紙、縦一九・三cm、横一〇・九cm、一紙、
（文首）「大宮家之事／一春日社北郷祢宜之始自四代」（尾）「御堂関白道長公備前国」
○第11号ノ裏打紙（左側）、

裏11

遷宮料米ニ付書付　一通

江戸中期写、切紙、尾欠、楮紙、縦一八・〇cm、横一一・一cm、一紙、
（文首）「応永十九壬辰八月十一日／宝徳二庚午七月廿一日／慶長十七壬子六月三日」（尾）「尤山内御社」
○第11号ノ裏打紙（中）、

裏12

書付断簡　一葉

江戸写、断簡、楮紙、縦一三・三cm、横四・〇cm、一紙、
（首）「弁殿」
○第11号ノ裏打紙（右側）、

大宮家文書　成巻第八巻

巻子本、四弁花菱文萌黄紗新補表紙（縦三一・九cm、横一九・六cm）、組紐、棒軸、
（題簽）「第捌号守職二」（雲紙）
（見返）「明治廿二年霜月修之　藤浪舍大宮「藤浪／屋印」（方朱印）」

1　藤氏長者鷹司冬平宣　（貼紙）〔正和五年〕七月十日　一通＊6　春日社神人守職

鎌倉後期写、竪紙、楮紙、縦三一・二cm、横五二・六cm、一紙、（書出）「春日社神人『司』守職／申備前国上道郡／荒野一所事」（書止）「御消息所候也以此旨／可申入候仍執達如件」（差出）「右少弁光業」（日下）（充所）「謹上　大納言法印御房」

○貼紙ニ「長者宣」（右端）トアリ、成巻第十二巻裏1号ハ本号ノ案文、

備前国上道郡荒野一所

2　藤原康季田畠流文　正和五年十月廿一日　一通　摂津国垂水東御牧中時枝名

鎌倉後期写、竪紙、楮紙、縦二八・五cm、横四〇・五cm、一紙、（端裏書）「□カトノヘナカシフミ」（書出）「奉流　摂津国垂水東御牧内中時枝名田畠事」（書止）「更不可有他妨仍為後日代亀／鏡勒状如件」（差出）「康季（花押）」（日下）

○紙継目裏花押断簡アリ（左奥端裏二顆）、モト連券、

3　興福寺三綱没官領充行状　元亨四年八月廿日　一通＊7　木津上津村没官領

鎌倉後期写、竪紙、楮紙、縦三一・八cm、横五二・六cm、一紙、（書出）「充行　木津上津村弥藤三権守所領没官領事」（書止）「右依　仰充行守職之状如件」（差出）「勾当法師」（日下）・「上座大法師（花押）／寺主大法師（花押）／都維那法師（花押）」（奥上）　守職充、

4　興福寺三綱没官領充行状　元亨四年十一月三日　一通　木津上津没官領

鎌倉後期写、竪紙、楮紙、縦三二・六cm、横五二・五cm、一紙、（書出）「充行　木津上津弥藤三権守所領没官領／事」（書止）「右依　仰充行神人『祢宜』守職之状如件」（差出）「勾当法師（花押）」（日下）・「上座大法師（花押）／寺主大法師（花押）／都維那法師（花押）」（奥上）　守職充、

5　興福寺三綱没官領充行状　元亨四年十一月十八日　一通　木津没官領

鎌倉後期写、竪紙、楮紙、縦三二・六cm、横四六・〇cm、一紙、（書出）「充行　木津弥藤三権守没官領事」（書止）「右依　仰充行神人『祢宜』守職之状如件」（差出）「勾当法師」（日下）・「上座大法師（花押）／寺主大法師／都維那法師（花押）」（奥上）　守職充、

6　興福寺三綱没官領充行状　正中二年十月十八日　一通　木津没官領

鎌倉後期写、竪紙、楮紙、縦三二・八cm、横五一・〇cm、一紙、（書出）「充行　木津弥藤三権守入道没官／領事」（書止）「右依　仰充行守職之状如件」（差出）「勾当法師（花押）」（日下）・「上座大法師（花押）／寺主威儀師（花押）／都維那法師（花押）」（奥上）　守職充、

7　尼妙一譲状案　正中二ねん十二月三日　一通　つちみかとまてのこうち（土御門万里小路）

南北朝写、縦切紙、下部欠損、楮紙、縦二二・〇cm、横一七・六cm、一紙、（端書）「尼妙一譲状」（書出）「つちみかとまてのこうち南は□／ほう四町の地の事」（書止）「よてのちのためゆつり状□」

○成巻第十巻7号・12号ト同一文書ナラン、

8　賢清春日御供田充行状　嘉暦二年卯月廿一日　一通　をやきうのかう（小柳生郷）

鎌倉後期写、竪紙、楮紙、縦二九・一cm、横三七・三cm、一紙、（書出）「アてをこなう　春日御供田事／合弐段をやきうのかうのう

ち」（書止）「ことなるちかいめ候はす候かつて子細を／申ましく候状如件」（差出）「賢清（花押）」（日下） かもんのすけとの充、

9 後醍醐天皇綸旨案 嘉暦二年後九月九日 一通 備前国上道郡荒野

鎌倉後期写、竪紙、楮紙、縦三一・四cm、横四一・〇cm、一紙、（書出）「論〔綸〕旨／備前国上道郡荒野事」（書止）「之旨可令下知守職給／者／天気如此仍上啓如件」（差出）「勘解由次官判奉」（日下）

10 伊賀光幸請文 嘉暦三年四月六日 一通 備前国上道郡荒野

鎌倉後期写、竪紙、楮紙、縦三二・九cm、横五二・四cm、一紙、（書出）「春日社常住神殿守内蔵権助守職申備前国／上道郡荒野事」（書止）「以此旨可有御披露候恐惶謹言」（差出）「藤原光幸請文（裏花押）」（日下）

第八巻裏打紙文書

裏1 光厳上皇院宣案包紙断簡 〔貞和五年七月〕 一枚

南北朝写、断簡、楮紙、縦三二・〇cm、横五・二cm、一紙、（全文）「院宣（朱書）写」 貞和五年七月 荒野□□」

○第2号ノ裏打紙ナリ、成巻第十二巻1号ノ包紙、

裏2 春日社出納雑司願書控 慶長弐拾年乙卯閏六月吉日 一通 御神供

江戸前期写、竪紙、楮紙、縦三一・六cm、横四二・五cm、一紙、（端裏書）「左近様へうつし」（書出）「春日社御神供之儀付／条々」（書止）「右之通聞召わけられ有様に／被 仰付候て可被下候」（差出）「出納六人／雑司」（日下）（充所）「中坊左近様御中／御奉行衆」

○第8号ノ裏打紙、

大宮家文書 成巻第九巻

巻子本、四弁花菱文萌黄紗表紙（縦三一・九cm、横一六・六cm）、組紐、棒軸、

（題簽）「第玖号守職三」（雲紙）

（見返）「明治廿二年霜月謹修之 藤南之舎（ママ）「藤浪（方朱印）／屋印」」

1 後醍醐天皇綸旨案 〈嘉暦三〉七月廿九日 一通 備前国上道郡荒野

鎌倉後期写、竪紙、楮紙、縦三二・五cm、横三七・三cm、一紙、（書出）「春日神人『祢宜』守職申備前国／上道郡荒野事」（書止）「之由／天気所候也仍執達如件」（差出）「勘解由次官冬長」（日下）（充所）「謹上 三位法印御房」 覚法以下輩ノ濫妨

○貼紙ニ「嘉暦三年綸旨〔×院宣〕」（右端）トアリ、

2 後醍醐天皇綸旨案 〈嘉暦三年〉九月廿一日 一通 備前国上道郡荒野

鎌倉後期写、竪紙、楮紙、縦三二・七cm、横四四・八cm、一紙、（書出）「春日神人『司』守職申備前国上道郡／荒野覚法以下輩濫妨事」（書止）「之由／天気所候也仍執達如件」（差出）「勘解由次官冬長」（日下）（充所）「三位法印御房」

○貼紙ニ「綸旨」（右端）トアリ、

3 備前国上道郡荒野重書案 一通

鎌倉後期写、竪紙、楮紙、縦三一・七cm、横四五・六cm、一紙、

（端裏書）「嘉暦四年／荒野之事」

①後醍醐天皇綸旨案 〈（朱筆）嘉暦三〉十二月廿五日 備前国上道郡荒野

（端書）「（朱書）□□□□□（綸旨案カ）」（書出）「春日社神人『祢宜』守職申備前国上道郡荒野覚法以下輩濫妨／事」（書止）「之由／天気所候也仍言上如件冬長謹言」（差出）「勘解由次官冬長奉」（日下）（充所）「進上 春宮大夫殿」

②関東申次西園寺公宗綸旨施行状案　（嘉暦三年）十二月廿六日

（端書）「西園寺家御（朱書）「施行案〔×挙状案〕（墨書）」」（書出）「春日社神人〔『祢宜』〕守職申備前国上道郡荒野覚法以下／輩濫妨事」（書止）「之由／春宮大夫殿可申旨候也恐々謹言」（差出）「沙弥静悟」（日下）（充所）「謹上　武蔵守殿」

③六波羅御教書案　嘉暦四年正月廿日　守職ニ沙汰付

（端書）「（朱書）六波羅殿御教書案」（書出）「春日社神人〔『祢宜』〕守職申覚法以下輩濫妨備前国／上道郡荒野由事」（書止）「早沙汰付守職於彼所載起請詞可被進／請文也仍執達如件」（差出）「越後守在判／武蔵守在判」（日下）（充所）「伊賀左衛門二郎殿／頓宮六郎三郎入道殿」

4

伊賀光幸請文　元徳二年二月廿四日　一通

備前国上道郡荒野守職ニ沙汰付（文中）

鎌倉後期写、堅紙、楮紙、縦三一・六cm、横五二・一cm、一紙、

（書出）「春日社神人〔『司』〕守職申覚法以下輩／濫妨備前国上道郡荒野由事」（書止）「以此旨可有御披露候恐惶謹言」（差出）「藤原光幸請文（裏花押）」（日下）

○貼紙ニ「御使請文」（右端）トアリ、

5

頓宮清観請文　元徳二年三月廿日　一通

備前国上道郡荒野守職ニ沙汰付（文中）

鎌倉後期写、堅紙、楮紙、縦三〇・八cm、横四八・六cm、一紙、

（書出）「春日社神人〔『司』〕守職申覚法以下／輩濫妨備前国上道郡荒野／由事」（書止）「以此／旨可有御披露候恐惶謹言」（差出）「沙弥清観請文（裏花押）」（日下）

○貼紙ニ「于時藤野地頭／御使請文」（右端）トアリ、

6

大宮守職屋地等譲状　元徳二年三月十一日　一通

鎌倉後期写、堅紙、楮紙、縦二九・九cm、横四一・九cm、一紙、

（書出）「ゆつりあたふ所分事」（書止）「ふち丸をはくないとのきくいちこせん／にてはく、むへし／状くたんのことし」（差出）「守職（花押）」（日下）くないのせう神守充、

○紙継目裏花押断簡アリ（奥端裏ニ三顆）、モト連券、

7

大宮守職堂舎堂田譲状　元徳弐年庚午三月十三日　一通

野田堂舎・堂田　先祖吉守・尼真阿（文中）

鎌倉後期写、堅紙、楮紙、縦二八・七cm、横三九・六cm、一紙、

（書出）「譲与　野田堂舎并堂田等事」（書止）「仍為後日証文所令譲与之状如件」（差出）「守職（花押）」（日下）女子菊市御前并子息神守充、

8

南野田敷地寄進請文案　元亨三年九月廿七日　一通

南野田敷地

鎌倉後期写、堅紙、楮紙、縦二八・一cm、横三二・一cm、一紙、

（書出）「南野田敷地壱間御寄進状返々／かしこまり入候て給候ぬ」（書止）「しかるへきやうにうかゝい申／入させ給候へく候」（差出）「、、」（日下）

9

給田充行状案　一通

大和国興富荘御佃　神人守職ニ充行

鎌倉後期写、堅紙、尾欠、楮紙、縦二八・五cm、横二四・六cm、一紙、

（端裏書）「興富佃ノ里坪付ノ御充文案也」（書出）「□□〔ヽヽ〕　興富御給事／興富庄御佃」（書止）「右依　仰充行神人〔ヽヽ〕守職之状如件」守職充、

第九巻裏打紙文書

裏1

正遷宮之時北郷常住配領分書上　一通

江戸前期写、縦切紙、楮紙、縦二五・九cm、横一六・九cm、一紙、

（書出）「正遷宮之時北郷常住配領分」（書止）「合弐石五斗五升五

合」

○第8号ノ裏打紙（左側）、

裏2

春日神供等覚書　一通

江戸前期写、永通筆、縦切紙、楮紙、縦二九・六cm、横一六・四cm、一紙、

（書出）「覚／一後朱雀院　長暦元年丁丑神戸御供初備進之」（文末）「一春日若宮殿御出生丞平（ママ）二年口伝」

（奥書）「古記ヲ以テ写置者也北郷内記永通（花押）」

○第8号ノ裏打紙（右側）、

大宮家文書　成巻第十巻

巻子本、草花紋緑紗表紙（縦三三・〇cm、横二七・〇cm）、組紐、棒軸、

（題簽）「第拾号神守壱」（雲紙）

（見返）「明治廿二年霜月加修畢　藤浪之舎（方朱印）「藤浪／屋印」」

1

僧長弘等田地寄進状　元徳参年七月　日　一通

淄州会倶舎番論義布施料田

鎌倉後期写、竪紙、楮紙、縦三三・三cm、横五三・〇cm、一紙、

（書出）「奉寄進　淄州会倶舎番論義布施料田事」（書止）「以此状／可有御沙汰候仍為後日亀鏡状如件」（差出）「僧長弘／尼浄妙（花押）／阿具里女（花押）／弁才女（花押）／春日女（花押）／悲々女（花押）／阿悲女（花押）」（日下）

2

藤氏長者一条経通宣　〔建武五〕七月一日　一通

常住任料正嘉成敗（文中）

南北朝写、竪紙、楮紙、縦三一・五cm、横四八・〇cm、一紙、

（書出）「□□『祢宜』神守申北郷定任〔常住〕／任料等事」（書止）「之旨　長者宣所候也仍執達／如件」（差出）「左中弁為治」（日下）（充所）「謹上　中納言法印御房」

○貼紙ニ「長者宣一乗□□」「長者宣一乗殿御代経通」（右端）、「建武五」「建武元年七月一日」（日付上）トアリ、成巻第二十一巻裏10号ハ本号ノ包紙カ、

3

某願文　建武三年三月十六日　一通

足利殿御両人御上洛上椙入道（文中）

南北朝写、竪紙、楮紙、縦三一・五cm、横四四・八cm、一紙、

（書出）「奉祈念　立願事」（書止）「可申／沙汰状如件」（差出）「□□／（花押）」（日下）

4

室町将軍家春日社祈禱重書案　一通

室町中期写、縦切紙、楮紙、本文紙背ニ及ブ(第二紙・第三紙裏)、縦二七・一cm、全長三四・〇cm、三紙、
(端書)「一山城国長井庄二三□」
○第一紙ニ①②、第二紙ニ③(紙背ハ⑦)、第三紙ニ④⑤(紙背ハ⑥)アリ、第14号・成巻第十二巻6号～8号・10号・13号・15号ト同一文書ヵ、

①足利尊氏御判御教書案　建武三年三月廿日
(端書)「将軍家御教書案／一」(本文)「春日社御祈禱事□□□／状如件」(差出)「御判尊□」(袖判)(充所)「宮内丞殿」

②足利尊氏御判御教書案　建武三年七月六日
(端書)「同／二」(本文)「祈禱事重可致精誠之状如件」(充所)「野田宮内少輔殿」(差出)「□」(日下)

③足利尊氏御判御教書案　建武三年十月五日
(端書)「□／三」(本文)「祈禱事可致精誠之状如件」(差出)「御判」(日下)(充所)「宮内殿」

④足利尊氏御判御教書案　建武三年十月十日
(端書)「同／四」(本文)「祈禱事可令致精誠之状如件」(差出)「御判」(日下)(充所)「宮内丞殿」

⑤修理亮某書状案　〈建武三〉十二月廿八日
(端書)「五／同」(本文)「歳末巻数一枝令披露候了仍執達如件」(差出)「高藤修理助(ママ)御判」(日下)(充所)「春日社祢宜殿」

⑥上杉憲将書状案　〈観广(応)元〉二月十一日
(端裏書)「関東執事殖杉民部大夫(ママ)御状」(本文)「祈禱事殊被致精誠候者為悦候／恐々謹言」(差出)「兵庫助憲明(将)御判」(日下)(充所)「謹上神殿守宮内丞殿」

⑦書付断簡
(全文)「五トウツシマトノイマソチクマノカミト申也貞治三年三月廿七日ニ／キタウノヲ、セアリムマ一ヒキタフ別ノフミア□□リ」

5 後醍醐天皇綸旨案　延元々年四月廿日　一通
南北朝写、竪紙、楮紙、縦三三・〇cm、横四三・五cm、一紙、
(端書)「綸旨」(本文)「備前国上道郡荒野／事任嘉暦二年勅裁／神守知行不可有相違者／天気如此悉之以状」(差出)「勘解由(光任)／次官判」(日下)
○貼紙ニ「此判者花押ニハ不在願面ノ趣意ヲ判ス／者故中ニ判奉トモ多ク在両願ノ一ヲ判シ下給ナル者也」(奥下)トアリ、

南北朝遺文中国四国編①三二七
備前国上道郡荒野

6 後醍醐天皇綸旨案　延元々年五月五日　一通
南北朝写、竪紙、楮紙、縦三三・二cm、横四五・五cm、一紙、
(書出)「備前国上道郡荒野事」(書止)「永代神領不可有相違之旨(間)／可令下知神守給旨／天気所候也仍執達如件」(差出)「勘解由次官判」(日下)(充所)「謹上中納言法印御房」
○貼紙ニ「綸旨」(右端)トアリ、

南北朝遺文中国四国編①三四五
備前国上道郡荒野

7 某譲状案　ゑんきやう二ねん十一月三□(日)　一葉
南北朝写、縦切紙、首欠、下部欠損、楮紙、縦二〇・七cm、横一三・八cm、一紙、
(書出)「こう地四ちやうまちの北の□／右の地はたい〳〵のきうせき」(書止)「よつてゆつりしやう□」
○成巻第八巻7号等ト同一文書ナラン、

こう地四ちやう

8 興福寺別当覚実御教書　〔建武五〕(貼紙)三月十三日　一通
南北朝写、竪紙(現装貼継)、楮紙、縦三一・八cm、横(第一紙)四九・三cm(第二紙)四七・〇cm、二紙、
(書出)「神人(『祢宜』)神守申北郷定任(〔常住〕)／神殿守任料等間事」(書止)「之旨

北郷常住神殿守任料

可被仰／含神守之由可申旨所候也／恐惶謹言」（差出）「□□」（日下）（充所）「相厳院僧都御房」
○貼紙ニ「御寺務一乗院殿御教書喜光寺殿覚実」（右端）トアリ、

9
大法師賢実田畠譲状　暦応三年八月五日　一通　摂津国垂水東御牧内小薬院中時枝名
南北朝写、竪紙、楮紙、縦三〇・五cm、横四九・三cm、一紙、
（書出）「譲与　摂州垂氷東御牧内小薬院中時枝名田畠／事」（書止）「以此旨可被領知仍為後代亀鏡／所書進譲状如件」（差出）「大法師賢実（花押）」（日下）　星王丸充、

10
星王丸田畠寄進状　康永弐年三月三日　一通　摂津国垂水東御牧内小薬院中時枝名
南北朝写、竪紙、楮紙、縦二九・三cm、横四五・〇cm、一紙、
（書出）「奉寄進　春日社水屋榎本祓殿燈油料所／摂州垂氷東御牧内小薬院中時枝名田畠事」（書止）「任此旨無退転／可被備進御明矣仍為後代録志趣寄進／状如件」（差出）「星王丸（花押）」（日下）
水屋等三社充、

11
右少弁九条朝房書状　〈貞和二〉〔別筆〕十一月廿九日　一通
南北朝写、竪紙（現装貼継）、楮紙、端裏書アルモ釈読不能、縦三〇・八cm、全長九二・三cm、二紙、
（端書）「南〔曹〕奏弁殿御筆」（書出）「仰旨畏以奉候畢／年内不幾候明／春可令参仕言上／候／抑社頭納蔵事」（書止）「毎事可／参入言上仕候朝房恐惶／謹言」（差出）「朝房上」（日下）
（礼紙切封上書）「（墨引）朝房上」

12
光厳上皇院宣案　〈貞和三〉〔別筆〕八月十八日　一通　土御門万里小路南鷹司東
南北朝写、続紙、下部欠損、楮紙、縦二二・〇cm、全長四七・三cm、二紙、
（端書）「院宣案」（書出）「土御門万里小路南鷹司東□□」（書止）「御気色所候也仍執達如件」（差出）「□□」（日下）（充所）「謹上　小倉三位殿」
○左奥ニ土御門万里小路敷地伝領系図ヲ書キ継グ、成巻第八巻7号等ト同一文書ナラン、
土御門万里小路敷地伝領系図
（内題）「土御門万里小路方四町敷地□」（文首）「土御門大納言通行卿」（文末）「孫子□□」

13
某書状案（土代）　一通
南北朝写、竪紙、下部欠損、楮紙、紙背文書アリ、書キサシ、縦二八・〇cm、横四四・〇cm、一紙、
（書出）「円良訴事高倉□〔中〕／納言之状謹加一見／候了」（尾）「資財事」
○貼紙ニ「高倉中納言挙伏（ママ）」トアリ、余白ニ左ノ文書ヲ書写シテアリ、
頼藤書状案　〈観応元〉十一月廿一日
（本文）「軍陣之祈禱事就公私被致精誠候者尤為悦候恐々謹言」
（差出）「頼藤御判」（日下）（充所）「宮内丞殿」
頼藤書状案　〈文和元〉十月五日
（本文）「軍陣祈禱事就公私殊被致精誠候者尤為悦候恐々謹言」
（差出）「頼藤御判」（日下）（充所）「内蔵権助殿」
某書下案　貞和四年正月六日
（本文）「武家祈禱事可被致精誠之状如件」
〔紙背〕春日社領田重書案　一通
鎌倉中期写、続紙、尾欠、楮紙、縦二五・三cm、横四三・五cm、
○裏打紙ニ覆ワレル部分等ハ籠字ニテ影写スル、
①若狭国春日社領吉末名田注文案　寛元々年十月　日　若狭国吉末名

（書出）「□〔若〕狭国　春日社領　彼ニ名ハ神□仰之相伝知行之事」
（書止）「所当米十九石三斗三升三合三勺四才」（差出）「散位□」
（日下）

②若狭国春日社領吉末名田注文案　建長三年十一月　日　東郷内吉末名

（端書）「正文ミ□□□」（書出）「東郷内吉末名取立事」（書止）
「定田弐町肆段陸拾歩」（差出）「書〔主イ〕生在判／使頭在判」（日下）

○左奥ニ「若狭国岡安名／正文アリ」トアリ、

③春日社領山城国菱河荘文書断簡　山城国菱河荘

（書出）「一 山城国春日社領菱河御庄衾手里八坪壱丁事」（尾）「沙汰人兵衛入□／紹覚年□□〔来令カ〕押領」

14

室町将軍家春日社祈禱重書案　一通

室町中期写、縦切紙、楮紙、本文紙背ニ及ブ、縦二七・〇cm、横八・五cm、一紙、

○②ハ紙背ニアリ、第4号等ト同一文書カ、

①高師直書下案　貞和四年正月廿四日

（端書）「前執事状案」（本文）「武家祈禱事可被抽精誠之状如件」
（差出）「武蔵守判」（日下）（充所）「春日宮内丞殿」

②足利義詮御判御教書案　貞和六年二月廿一日

（端書）「宰相中将殿御教書／六」（書出）「天下静謐祈禱事」（書止）「一二部殊可被致精誠之状如件」（差出）「左馬頭御判義詮」（日下）（充所）「春日社祢宜殿」

第十巻裏打紙文書

裏1

春日社神事差配書付　慶安三年二月拾六日　一通

江戸前期写、横切紙、尾欠、楮紙（黄蘗染）、縦一七・〇cm、横二七・五cm、一紙、

（書出）「春日社　常住」（書止）「三方蔵有今サハイ仕」（差出）
「北郷神殿守　祢宜守尚」（奥下）

○第4号ノ裏打紙（左側）ナリ、左奥ニモ文字アリ、

裏2

公物方清祓米注文　〔寛政二年九月〕　一通

江戸後期写、続紙、楮紙、縦二三・八cm、全長五〇・〇cm、二紙、

（書出）「公物方清祓米／一合壱石五計〔斗〕也」（書止）「〆　壱石四斗五升五合六勺／寛政二庚戌年九月書改者也」

○第9号ノ裏打紙、

裏3

大乗院御教書包紙　〔三月十八日〕　一枚

江戸後期写、竪紙、楮紙、縦二四・〇cm、横三〇・〇cm、一紙、

（全文）「大乗院殿／御教書三月十八日」

○第10号ノ裏打紙（左側）、

裏4

某書状草案　千日参之儀ニ付　一通

江戸後期写、折紙、楮紙、縦二五・〇cm、横三二・〇cm、一紙、

（書出）「以飛札啓上仕候秋冷之節ニ／御座候所弥御安康」（書止）「先者右／御断奉申上候恐惶謹言／取忽以愚筆□□□」

○第10号ノ裏打紙（右側）、

大宮家文書　成巻第十一巻

巻子本、草花紋緑紗表紙（縦三三・三cm、横二三・六cm）、組紐、棒軸、
（題簽）「第拾壱号神守二」（雲紙）
（見返）「明治廿二年霜月加修畢藤浪之舎大宮家（方朱印）「藤浪／屋印」」

1
頼□奉書　貞和四年四月廿四日　一通　摂津国中条牧きく一
南北朝写、竪紙、楮紙、縦二九・〇cm、横四八・〇cm、一紙、
（書出）「中条のまきのうち散□〔在カ〕／名壱町御いのりれうそ□／して御知行候へく候」（書止）「お目をくたされ候／申とて候あなかしく」（差出）「（花押）」（袖判）「頼□『政』」（日下）（充所）「（貼紙）『守職息女』きく一御せむへ」

2
沙弥某施行状　貞和四年四月廿八日　一通　摂津国中条牧
南北朝写、竪紙、楮紙、縦二七・五cm、横四〇・四cm、一紙、
（書出）「当牧内散在名壱町春日拝殿巫女跡／事」（書止）「之／旨被仰下候也仍執達如件」（差出）「沙弥（花押）」（日下）（充所）「謹上　中条牧預所殿」

3
仲経奉書　〔貞和四年〕七月廿九日　一通　一御殿御体役
南北朝写、竪紙、楮紙、縦三一・〇cm、横四八・〇cm、一紙、
（端裏書）「左馬権頭仲経状案　貞和四七廿九」（書出）「南郷神人『祢宜』与北郷神人『祢宜』神守／相論一御殿御体役事」（書止）「可被書遣之旨同所候也／恐惶謹言」（差出）「仲経」（日下）（充所）「右中弁殿（九条朝房）」
○端裏書ヲ表ニ折リ返シテアリ、貼紙ニ「一乗院御教書／左馬権頭仲経　貞和四年」（右端）トアリ、

4
藤氏長者二条良基宣　（貼紙）〔貞和四〕七月廿九日　一通　一御殿御体役
南北朝写、竪紙、楮紙、縦三〇・八cm、横四六・五cm、一紙、神木
（端裏書）「進上　南曹弁殿御筆也　貞和四七廿九日」（書出）「当社南郷神人『祢宜』等与北郷神人『祢宜』神守／神木遷座以下并御帰座之時一御殿／御体▨〔役〕御路役相論事」（書止）「之由可令下知給之／旨〔×由〕別当弁殿御奉行所候也仍執達／如件」（差出）「左衛門尉公種」（日下）（充所）「謹上　春日正預殿」
○端裏書ヲ表ニ折リ返シテアリ、左奥ニ追而書アリ、

5
右中弁九条朝房書状　（貼紙）〔貞和四〕八月四日　一通　一御殿御体役神木
南北朝写、竪紙、楮紙、縦三〇・七cm、横四二・〇cm、一紙、
（端裏書）「南曹弁殿御体役　貞和四」（書出）「御体役事長者宣／案進上之候評定／事其沙汰候ける／やらむ」（書止）「神木御帰座／目出存候朝房恐惶謹言」（差出）「朝房」（日下）
○端裏書ヲ表ニ折リ返シテアリ、

6
右中弁九条朝房書状　〔貞和四年〕八月六日　一通＊9　両郷神人相論
南北朝写、竪紙、楮紙、端裏書アルモ釈読不能、縦三二・二cm、横四八・八cm、一紙、
（袖書）「此状有御一見可／被返下候也」（書出）「何条御事御座／候哉／抑両郷神人相『仕』／論事」（書止）「毎事期／参上候朝房恐惶謹言」（差出）「朝房」（日下）
○貼紙ニ「南曹弁殿貞和四年八月六日」（右端）トアリ、

7
覚源書状坊城俊冬勘返状　〔貞和四年十月十七日〕　一通
南北朝写、竪紙、尾欠、楮紙、縦三二・〇cm、横四八・〇cm、一紙、
（書出）「御訴詔御事いか様候」（尾）「御体役事先日被書」
○貼紙ニ「蔵人弁俊冬」（右端）トアリ、末尾ハ第9号ニ接続スル、

8 藤氏長者二条良基宣　〔貞和四〕（貼紙）八月廿七日　一通

南北朝写、竪紙、楮紙、縦三〇・六cm、横三五・〇cm、一紙、（端裏書）「殿下□事蔵人弁殿御手　貞和四八廿七」（書出）「春日社一御殿御体役事付／進越訴申状候之処」（書止）「可令申沙汰給之由／被仰下候也仍執啓如件」（差出）「少弁俊冬」（日下）（充所）「謹上　左中弁殿」

○端裏書ヲ表ニ折リ返シテアリ、

春日社一御殿御体役事

9 覚源書状坊城俊冬勘返状　〔貞和四年〕十月十七日　一通

南北朝写、竪紙、首欠、楮紙、縦三一・七cm、横四七・五cm、一紙、

（端裏書）「吉田中納言入道殿御文貞和四十十七」（首）「遣朝房朝臣□□□御／奉書案御自筆にて」（書止）「然様御計候者可悦存候謹言」

（差出）「覚源」（日下）

（礼紙切封上書）「（墨引）蔵人弁殿　□□」

（勘返状礼紙上書）「俊冬」

○首部ハ第7号ヨリ接続スル、

10 興福寺別当孝覚御教書　〔貞和五〕（貼紙）七月廿一日　一通

南北朝写、竪紙、楮紙、縦三〇・五cm、横四〇・三cm、一紙、

（端裏書）「別当僧正荒野一所平井七郎入道以下濫妨事」（書出）「春日『社』神人神守申社／領備前国上道郡荒／野事」（書止）「可令／申沙汰給候哉之由所候也／恐々謹言」（差出）「権大僧都有慶」（日下）

（充所）「謹上左大弁殿」

○端裏書ヲ表ニ折リ返シテアリ、

南北朝遺文中国四国編② 一七三二

備前国上道郡荒野

第十一巻裏打紙文書

裏1 備前国上道郡荒野絵図懸紙　一枚

江戸前期写、竪紙、楮紙、縦四四・五cm、横二九・七cm、一紙、

（全文）「上　絵図上道郡荒野一所」

○第1号ノ裏打紙ナリ、成巻第七巻6号ノ懸紙、

裏2 書付断簡　一葉

江戸後期写、断簡、楮紙、縦一七・五cm、横四・〇cm、一紙、

（全文）「御神供糧」

○第2号ノ裏打紙（上端）、

裏3 北郷常住社殿守系図写断簡　一葉

江戸写、永通筆カ、断簡、楮紙、縦二九・七cm、横二一・七cm、一紙、

（全文）「清貞　清武　光則　利貞　利国」

○第2号ノ裏打紙（上部）ナリ、首部ハ裏4号ヨリ接続スルカ、

裏4 北郷常住社殿守系図写断簡　一葉

江戸写、永通筆カ、断簡、楮紙、縦二九・七cm、横七・〇cm、一紙、

（全文）「北郷常住神殿守系図」

○第2号ノ裏打紙（下部）ナリ、尾部ハ裏3号ニ接続スルカ、

裏5 包紙断簡　〔応永元年〕　一枚

江戸写、断簡、楮紙、縦一七・五cm、横四・〇cm、一紙、

（全文）「応永元年／荒野契約書」

○第2号ノ裏打紙（下端）ナリ、成巻第十六巻9号ノ包紙カ、

裏6 舞譜断簡　一葉

江戸前期写、断簡、楮紙、縦二八・八cm、横（第一紙）四・八cm
（第二紙）四・五cm、二紙、
（首）「右肩合斗掛押多揆合相開落入」
○第4号ノ裏打紙ナリ、成巻第十二巻裏11号・第十五巻裏2号
ト同一文書ヵ、

裏7

包紙断簡　一枚

江戸写、断簡、楮紙、縦三〇・七cm、横四・二cm、一紙、
（全文）「大宮家□□へ譲与処分券藤浪氏」
○第5号ノ裏打紙（左側）、

裏8

書付断簡　〔貞和四年〕　一葉

江戸写、断簡、楮紙、縦一二・八cm、横五・五cm、一紙、
（全文）「貞和四［　／御体」
○第5号ノ裏打紙（右側）、

裏9

書付断簡　一葉

江戸写、折紙断簡、楮紙、縦三八・五cm、横三・一cm、一紙、
（書出）「徳守」
○第8号ノ裏打紙、

裏10

書付断簡　一葉

江戸後期写、断簡、楮紙、縦五・〇cm、横一一・五cm、一紙、
（全文）「大宮／□」
○第10号ノ裏打紙（左側）、

裏11

包紙断簡　一枚

江戸写、断簡、楮紙、縦三一・八cm、横四・一cm、一紙、

（表書）「荒野垂水譲与等藤浪氏」
○第10号ノ裏打紙（右側）、

大宮家文書　成巻第十二巻

巻子本、草花紋緑紗表紙（縦三五・五cm、横二七・〇cm）、組紐、棒軸、

（題簽）「第拾弐号神守三」（雲紙）

（見返）「明治廿二年霜月修之畢／藤浪之舎大宮家「藤浪（方朱印）／屋印」」

1　光厳上皇院宣案　〔貞和五〕（貼紙）七月廿九日　一通

南北朝写、竪紙、楮紙、縦三五・六cm、横五九・五cm、一紙、

（書出）「春日社神人『司』神殿／守申社領備前国／上道郡荒野一所」

（書止）「之旨／御気色所候也仍言上如件／宗重恐惶謹言」（差出）「左大弁宗重」（日下）（充所）「進上勧修寺前大納言殿」

○貼紙ニ「院宣」（右端）トアリ、成巻第八巻裏1号ハ本号ノ包紙ナリ、

南北朝遺文中国四国編②一七三九

備前国上道郡荒野

2　備前国上道郡荒野壱所次第系図　〔貞和五年七月〕　一通

南北朝写、竪紙、楮紙、縦三三・七cm、横五〇・〇cm、一紙、

（端裏書）「備前国上道郡荒野壱所事　貞和五七月再来ル」（文首）「系図　備前国上道郡荒野壱所次第」（文末）「守安―守職―神守内蔵権助兼薩摩守」

○端裏書ヲ表ニ折リ返シテアリ、

建治元年春日社へ寄進（文中）

3　少楊生隆行等水田売券　貞和五年己丑十二月　日　一通

南北朝写、竪紙、楮紙、縦三〇・〇cm、横四一・〇cm、一紙、

（端裏書）「小楊生黒爪券　地子八合三斗（ママ）　作人隆行」（書出）「沽却水田事／合壱処者／在大和国添上郡本神戸少楊生郷之内字黒爪行万名内」

（書止）「仍為後代証文／勒子細所放沽却状如件」（差出）「少楊生隆行（略押）／子息新源太（略押）／孫次郎（略押）／五郎」（日下）　般若院道教御房充、

大和国本神戸楊生郷

4　少楊生隆行加地子請文　貞和五年十二月十日　一通

南北朝写、竪紙、楮紙、縦二八・五cm、横三六・五cm、一紙、

（端裏書）「小楊生リウキヤウ　加地ノ文書　橋本　西寺田二所」

（書出）「請申　加地子事／合五斗者」（書止）「仍為後日之状如件」（差出）「隆行（略押）／新源太（略押）」（日下）

○端裏書ヲ表ニ折リ返シテアリ、

橋本・西寺田

5　足利義詮御判御教書案　貞和六年二月廿一日　一通

室町中期写、縦切紙、下部欠損、楮紙、縦二一・〇cm、横七・五cm、一紙、

（端書）「宰相中将殿御教書」（書出）「天下静謐祈禱事」（書止）「一二部殊可被致精誠之状如件」（差出）「左馬頭御判『義詮』」（日下）（充所）「春日社祢宜殿」

○裏打紙上ニ「此方貞和四年正月廿四日武蔵守判裏書在之」トアリ、

6　せん書状案　〈観応元〉十一月十一日　一通

室町中期写、縦切紙、楮紙、縦二六・九cm、横九・九cm、一紙、

（端書）「兵衛佐殿母御前御状案」（書出）「御きたうの事ねんころに御申候事御めてたく」（書止）「御たのもしく候あなかしく」

（差出）「せん」（日下）（充所）「くないとのへ」

○奥上ニ「同」トアリ、切断サレタ文書ノ端書ナラン、第7号・第8号モ同様ナリ、成巻第十巻4号等ト同一文書カ、

7　足利直義御判御教書案　観応二年八月十八日　一通

室町中期写、縦切紙、楮紙、縦二七・〇cm、横六・〇cm、一紙、

（本文）「祈禱事殊可致精誠之状如件」（差出）「御法名義元／御判直義」（日下）（充所）「春日宮内殿」

○奥上ニ「同」トアリ、成巻第十巻4号等ト同一文書ヵ、

8 **某書状案** 〈文和元〉八月廿一日 一通 神守、春日社ニテ祈禱

室町中期写、縦切紙、楮紙、縦二六・六cm、横九・九cm、一紙、
(書出)「かすかの御やしろにて御きたうのために」(書止)「よく〳〵／御いのり申され候へく候」(充所)「うちのくらのすけとのへ」 差出書ナシ、
○奥上ニ「同」トアリ、成巻第十巻4号等ト同一文書ヵ、

9 **大宮神守起請文案** 文和二年五月二日 一通 野田堂田小泉荘

南北朝写、竪紙、楮紙、縦二八・四cm、横三五・一cm、一紙、
(書出)「敬白 天罰起請文事／右元者野田堂田小泉庄一町之内四段百姓対捍／所当之間」(書止)「之神罰冥罰於神守之身上之状如件」(差出)「神守在判」(日下)

10 **春日社祈禱重書案** 一通

室町中期写、続紙、楮紙、縦二七・〇cm、全長二三・七cm、二紙、
○成巻第十巻4号等ト同一文書ヵ、
①足利直冬書下案 正平十年六月十五日 南北朝遺文中国四国編③二七四〇
(端書)「兵衛佐殿御教書案」(本文)「天下静謐祈禱事可致精誠之状如件」(差出)「御判」(日下)(充所)「春日社一祢宜」
②与田大和守奉書案 正平十年八月十六日 南北朝遺文中国四国編③二七五五
(端書)「同」(本文)「御祈禱巻数一枝令入見参候了殊以目出／度候仍執達如件」(差出)「与田大和守判」(日下)(充所)「春日社薩摩守殿」
③与田大和守奉書案 正平十年十二月廿三日
(端書)「同」(本文)「御祈禱巻数一枝同若御前御方一枝両所／令入見参候了殊以目出度候仍執達如件」(差出)「大和守判」(日下)
(充所)「春日薩摩守殿」

11 **笠置般若台院聖尊燈油料所寄進状** 正平十一年丙申九月 日 一通 山城国笠置般若台院旬御料所

南北朝写、縦切紙、楮紙、縦二八・三cm、横二七・三cm、一紙、
(書出)「奉寄進 春日大明神 旬御油料所者也／同祓殿 榎本三十八所之旬御燈也」(書止)「仍寄進之状如件」(差出)「笠置般若台院聖尊(花押)」(奥下)
○左奥端裏ニ文字アリ、切リ目ヲ入レテ表ニ折リ返シテアリ、

12 **聖尊御燈油料所寄進状** 一通 大和国小楊生郷・坂原郷・邑地郷(文中)

南北朝写、竪紙、尾欠、楮紙、縦二八・一cm、横四〇・三cm、一紙、
(書出)「奉寄進 春日大明神御燈油料所事／合／在大和国本神戸四个郷之内」(尾)「右件田畠者聖尊買得領掌年久依深重之願」

13 **春日社祈禱重書案** 一通

室町中期写、縦切紙、楮紙、縦二六・九cm、全長二〇・五cm、二紙、
○成巻第十巻4号等ト同一文書ヵ、
①大方殿書状案 〔正平十二年正月十九日〕
(端書)「正平十二年正月十九日大方殿御返事」(書出)「二御方のくわんしゆまいり候ぬ御きたうの／事あさゆふたいてんなく候よし」(書止)「あなかしく」(充所)「さつまのかうとのへ」 差出書・日付ナシ、
○奥下ニ「御うはかき □々」トアリ、
②沙弥某奉書案 正平十二年正月十九日
(端書)「同／御巻数御返事」(本文)「春日社御祈禱巻数二枝御両

所分／入見参候了尤以目出候仍執達如件」（差出）「沙弥御判」（日下）（充所）「薩摩守殿」

14 武蔵房覚実作主職請文　延文三年三月十一日　一通　大和国本神戸坂原郷

南北朝写、竪紙、楮紙、縦二八・四cm、横三二・七cm、一紙、

（端裏書）「坂原菖蒲内柚木迫　加地子二斗串柿三連作人武蔵房」（書出）「請申　水田作主職事／合壱所者／在大和国本神戸坂原郷之内字菖蒲□迫云々」（書止）「若猶懈怠之時□〔者〕／可被作主職ヲ取上之状如件」（差出）「武蔵房覚実（花押）」（日下）

○端裏書ヲ表ニ折リ返シテアリ、

15 春日社祈禱重書案　一通

室町中期写、竪紙、楮紙、裏書アリ、紙背ニ系図（江戸写）アリ、縦二六・八cm、横二八・四cm、一紙、

○成巻第十巻4号等ト同一文書カ、

①某書状案　〔正平十四年〕

（端書）「正平十四年　御ウシロミシロイシト申也御フミヲサイ〳〵とリツキ申人也　か、トアソハシタル」（書出）「くわんしゆ二ゑたまはり候ぬ返々めてたく候」（書止）「あなかしく」　差出書・充所・日付ナシ、

②沙弥某奉書案　〈正平十四〉正月十七日

（端書）「同　正平十四年正月十七日御返事」（本文）「於春日社御祈禱巻数二枝入見参候了尤目出候／仍執達如件」（差出）「沙弥判」（日下）（充所）「薩摩守殿」

16 春日社音楽田寄進状等包紙断簡　一枚

江戸写、断簡、楮紙、縦二八・六cm、横五・四cm、一紙、

（全文）「嘉禎四年八月十一日／春日社三旬音楽田寄進状　吉守／并ニ至徳年間違乱之書状　豊守」

○第15号ノ下ニアリ、成巻第五巻2号ノ包紙カ、

第十二巻裏打紙文書

裏1 藤氏長者鷹司冬平宣案　〈正和五年〉七月十日　一通

室町中期写、竪紙、楮紙、縦三〇・二cm、横三八・〇cm、一紙、

（書出）「春日社神人守職／申備前国上道郡／荒野一所事」（書止）「御消息所候也以此旨／可申入候仍執達如件」（差出）「右少弁光業」（日下）（充所）「謹上大納言法印御房」

○第3号ノ裏打紙（上）ナリ、成巻第八巻1号ノ案文、

裏2 書付断簡　一葉

江戸写、断簡、楮紙、縦五・三cm、横四一・八cm、

（全文）「御啓□□／金□」

○第3号ノ裏打紙（下）、

裏3 文永十年中臣祐賢記抜書　〔文永十年〕　一通

江戸前期写、竪紙、楮紙、縦二五・六cm、横三六・二cm、一紙、

（端書）「弘安ヨリ十三年さき也正嘉ヨリ四年後也／文永ヨリ寛文マテ／三百九十八年ニナル也」（文首）「文永拾年之記ニ　祐賢之記ニ／一南北郷神人等白杖相論間ニ」（文末）「権神主／経世神宮預祐貫ー」

○第4号ノ裏打紙ナリ、三月十一日条・四月廿一日条、

裏4 書付断簡　一葉

江戸写、断簡、楮紙、縦一〇・五cm、横三〇・五cm、一紙、

（書出）「弥くはく」

○第6号ノ裏打紙、

裏5

大宮家系譜断簡　一葉

江戸写、断簡、楮紙、縦二〇・五cm、横一〇・二cm、一紙、
（文首）「正八幡宮神主藤原清貞」（文末）「北郷常住大宮家ノ／祖也清武者秀能井家之祖也」
○第11号ノ裏打紙、

裏6

鏡社神主神饌料神納証文　辛未八月二十七日　一通

江戸後期写、小切紙、楮紙、縦一七・七cm、横一六・〇cm、一紙、
（本文）「証／一札六貫弐百文／右者氏神祭礼神饌料／御寄附正ニ神納仕候以上」（差出）「鏡社神主（円黒印）」（日下）（充所）「新開村／御年預」
○第12号ノ裏打紙（左側）、

裏7

金銭帳簿断簡　一葉

明治写、袋綴装断簡、尾欠、罫紙、紙背文書アリ、縦二三・五cm、横三一・〇cm、一紙、
（書出）「願」（尾）「四円十銭　堂後」
○第12号ノ裏打紙（右側）、

〔紙背〕書状草案　一通
明治写、罫紙紙背、縦二三・五cm、横三一・〇cm、一紙、
（書出）「一筆したため」（書止）「御見舞申上候」差出書・充所・日付ナシ、

裏8

書付断簡　一葉

江戸写、断簡、楮紙、縦九・二cm、横三〇・九cm、一紙、
（全文）「戊年御方／□／百疋」

○第14号ノ裏打紙（上）、

裏9

大宮家所持院宣書上　一葉

明治写、断簡、楮紙、縦二四・三cm、全長二〇・五cm、二紙、
（文首）「大宮家所持／一院宣」（文末）「蔵本持参　大宮所持」
○第14号ノ裏打紙（左下）、

裏10

祖先遺号録包紙　一枚

明治写、断簡、楮紙、縦一八・三cm、横一〇・三cm、一紙、
「祖先遺号録　明治廿年／貞観元年」
○第14号ノ裏打紙（右下）、

裏11

舞譜断簡　一葉

江戸前期写、折紙、断簡、楮紙、縦三三・三cm、横一・二cm、一紙、
（首）「左多書先見押多鞭打」
○第14号ト第15号ノ間ニアリ、成巻第十一巻裏6号等ト同一文書カ、

大宮家文書　成巻第十三巻

巻子本、茶麻布表紙(縦三五・三cm、横二二・〇cm)、組紐、棒軸、
(題簽)「第拾参号神守四」(雲紙)
(見返)「明治廿二年霜月修畢　藤浪之舎「(方朱印)藤浪／屋印」」

1　治部卿法眼清懐書状　(別筆)〈延文四〉二月十日　一通　常住職任料
南北朝写、竪紙(現装貼継)、楮紙、縦三二・〇cm、横(第一紙)四七・九cm(第二紙)三四・九cm、二紙、
(端裏書)「御寺務大乗院　奉行治部卿法眼清懐」(書出)「神主成家訴事神人神『司』／守歎申候」(書止)「且可被仰聞之由内々／以申候恐々謹言」(差出)「(花押)」(日下)(充所)「順勝御房」
○端裏書ヲ表ニ折リ返シテアリ、貼紙ニ「御寺務大乗院孝―覚」「奉行治部卿法眼清懐」(右端)トアリ、充所ノ裏ニ「定懐」トアリ、成巻第十九巻裏13号ハ本号ノ包紙カ、

2　藤氏長者九条経教宣案　一通
室町中期写、竪紙、楮紙、縦二四・七cm、横三三・一cm、一紙、
①藤氏長者九条経教宣案　延文四年十二月廿九日
(端書)「長者宣案」(書出)「所被加任春日社□□(神人カ)職也可被存／知之由被仰下之旨」(書止)「御奉行所候也仍執達如件」(差出)「左衛門尉遠弘」(日下)(充所)「謹上　八条春宮大夫殿」
②藤氏長者九条経教宣案　〔延文四年〕十二月廿九日
(端書)「長者宣案　加任□□給物支配事　到延文五庚子正月朔日在判」(書出)「以社為所被加補□□(神人カ)職也神供直会／以下給物任例」(書止)「御奉／行所候也仍執達如件」(差出)「左衛門尉遠弘奉」(日下)(充所)「謹上　春日正預殿」

3　小倉実名油料所寄進状　貞治三年正月十一日　一通　水屋社・榎本社
南北朝写、竪紙、楮紙、縦三三・八cm、横五三・七cm、一紙、
(書出)「奉寄進／春日社水屋榎本御油料所事／合土御門万里小路南鷹司東富小路方／四町敷地事」(書止)「仍所奉寄進之状如件」(差出)「従二位藤原実名(花押)」(奥上)　春日社水屋榎本社充、　土御門万里小路南鷹司東富小路方
○前後ノ文書ト糊離レシテアリ、

4　某書状　十月廿一日　一通　家門領河州・江州・加州・備州、守護押領(文中)
室町中期写、竪紙(現装貼継)、楮紙、縦三四・八cm、横(第一紙)四六・八cm(第二紙)四三・八cm、二紙、
(書出)「家門山荘護法院／事去九日以飯尾近江／守被尋下之間」(書止)「構望存候也謹言」(差出)「(花押)」(日下)

5　大乗院家御教書　〔十八日〕　一通
南北朝写、竪紙、楮紙、縦三〇・五cm、横四三・二cm、一紙、
(端裏書)「大乗院御教書」(書出)「十八日仰／房人舜重覚縁房捧此申状／候」(書止)「先以当年々貢可被閣／厳蜜之沙汰候哉」差出書・充所・日付ナシ、
○端裏書ヲ表ニ折リ返シテアリ、

6　大乗院家御教書　三月十八日　一通
南北朝写、折紙、楮紙、縦三〇・四cm、横四六・三cm、一紙、
(端裏書)「大乗院御教書」(本文)「仰詞并具書／一通被遣候可／令披露集会／給之由候也恐々／謹言」(差出)「貞□奉」(日下)
(充所)「浅□御房」

第十三巻裏打紙文書

裏1　書付断簡　一葉

江戸写、断簡、楮紙、縦二六・〇cm、横二・三cm、一紙、
（全文）「□□／通」
○第1号ノ裏打紙、

裏2
書付断簡　一葉
江戸写、断簡、楮紙、縦三二・〇cm、横一・〇cm、一紙、
（首）「□□〔其他カ〕□□」
○第2号ノ裏打紙（上）、

裏3
御上米請取覚　〔乙卯七月十三日〕　一通
江戸後期写、竪紙、楮紙、縦二六・二cm、横二六・二cm、一紙、
（書出）「御上米請取覚　長谷村」（書止）「七月卅日／同拾石者九条村」
○第2号ノ裏打紙（下）、

裏4
書付断簡　一葉
江戸写、断簡、楮紙、本文紙背ニ及ブ、縦一三・五cm、横三・〇cm、一紙、
（首）「□ひ佛有」（尾）「さへ　をも」
○第4号ノ裏打紙、

裏5
書付断簡　一葉
江戸写、断簡、楮紙、縦二一・七cm、横一・二cm、一紙、
（全文）「□□□□」
○第6号ノ裏打紙、

大宮家文書　成巻第十四巻
巻子本、茶麻布表紙（縦三四・二cm、横二一・八cm）、組紐、棒軸、
（題簽）「第拾肆号神守五」（雲紙）
（見返）「明治廿二年霜月修之畢　藤浪之舎所蔵「（方朱印）藤浪／屋印」」

1
関東申次西園寺公衡施行状　（嘉元四年）七月廿二日　一通　遠流僧ノ赦免
鎌倉後期写、竪紙、楮紙、縦三四・七cm、横五三・六cm、一紙、
（端裏書）「前右府　遠流寺僧赦免事」（書出）「興福寺申遠流寺僧／赦免事」（書止）「早可申関東候仍／執達如件」（差出）「（花押）〔西園寺公衡〕」（日下）　充所ナシ、
○端裏書ヲ表ニ折リ返シテアリ、貼紙ニ「院宣」（右端）トアリ、紙継目裏花押断簡アリ（端裏ニ二顆）、モト連券、

2
関東申次西園寺公衡施行状　（嘉元四年）七月廿二日　一通＊8　和泉木津木守春日社神人罪科事
鎌倉後期写、竪紙、楮紙、縦三四・五cm、横五七・〇cm、一紙、
（端裏書）「前右府　木津木守事」（書出）「興福寺申和泉木津／木守春日社神人〔祢宜〕等罪科／糺明事」（書止）「早可申関東候仍執達／如件」（差出）「（花押）〔西園寺公衡〕」（日下）　充所ナシ、
○貼紙ニ「院宣」（右端）トアリ、

3
後宇多上皇院宣案　一通
鎌倉後期写、続紙、楮紙、縦三四・六cm、全長一九一・〇cm、四紙、
（端裏書）「武家　院宣案　八通」
○端裏書ヲ表ニ折リ返シテアリ、貼紙ニ「武家院宣　八通」（右端）トアリ、
①後宇多上皇院宣案　（嘉元四年）七月廿二日
（書出）「興福寺申和泉木津木守春日社／神人『祢宜』等罪科糺明事」（書

止)「之由／御気色所候也定房(吉田)恐惶謹言」 (差出)「右衛門督定房」(日下) (充所)「進上 伊豆守(西園寺公衡)殿」

②後宇多上皇院宣案 (嘉元四年)七月廿二日

(書出)「興福寺申大和国住人政康跡地頭／職事」 (書止)「之由／御気色所候也定房恐惶謹言」 (差出)「右衛門督定房」(日下) (充所)「進上 伊豆守殿」

③後宇多上皇院宣案 (嘉元四年)七月廿二日

(書出)「興福寺申遠流寺僧赦免事」 (書止)「之由／御気色所候也定房恐惶謹言」 (差出)「右衛門督定房」(日下) (充所)「進上 伊豆守殿」

④後宇多上皇院宣案 (嘉元四年)七月廿二日

(書出)「興福寺西院菩提院衆徒原免事」 (書止)「之由／御気色所候也定房恐惶謹言」 (差出)「右衛門督定房」(日下) (充所)「進上 伊豆守殿」

⑤後宇多上皇院宣案 (嘉元四年)七月廿二日

(書出)「春日社神人『祢宜』十一人原免事」 (書止)「之由／御気色所候也定房恐惶謹言」 (差出)「右衛門督定房」(日下) (充所)「進上 伊豆守殿」

⑥後宇多上皇院宣案 (嘉元四年)七月廿二日 伊賀国河合郷

(書出)「興福寺申伊賀国河合郷土作地頭代／実忠春日社神人『祢宜』殺害刃傷事」 (書止)「之由／御気色所候也定房恐惶謹言」 (差出)「右衛門督定房」(日下) (充所)「進上 伊豆守殿」

⑦後宇多上皇院宣案 (嘉元四年)七月廿二日

(書出)「興福寺申武家使者入部大和国事」 (書止)「之由／御気色所候也定房恐惶謹言」 (差出)「右衛門督定房」(日下) (充所)「進上 伊豆守殿」

⑧後宇多上皇院宣案 (嘉元四年)七月廿二日 摂津国垂水牧 榎坂村

(書出)「興福寺申春日社領摂津国垂水牧／内榎坂村住人助村与党等神人『祢宜』殺害／以下狼籍事」 (書止)「之由／御気色所候也定房恐惶謹言」 (差出)「右衛門督定房」(日下) (充所)「進上 伊豆守殿」

---

4 春日社領備前国上道郡荒野一所等重書案 一通 備前国上道郡 荒野・備前国 佐井田今吉

南北朝写、続紙、楮紙、縦三〇・四cm、全長一〇〇・〇cm、四紙、押領(文中)

○第一紙(①)・第二紙(②)間ノ紙継目ハ二次的ニ切断シタモノヵ、又成巻第十五巻4号ト接続スルヵ、

①足利義詮御判御教書案 貞治四年七月十三日 南北朝遺文中国四国編④三四〇五

(端書)「武家御教書案」 (書出)「春日社領備前国上道郡荒野一所并／佐井田今吉加作田畠等事」 (書止)「不日止其妨可執進請／文更不可有緩怠之状如件」 (差出)「御判」(日下) (充所)「赤松律師(則祐)御房」

②備前守護赤松則祐施行状案 貞治四年十月十九日 南北朝遺文中国四国編④三四二九

(端書)「赤松肥前々司方執行案」 (書出)「春日社領備前国上道郡荒野一所并佐／井田今吉加作田畠等事」 (書止)「可被執進請取不可有緩怠之状如件」 (差出)「権律師(赤松則祐)判」(日下) (充所)「赤松肥前々司殿」

③備前守護代赤松前肥前守遵行状案 貞治四年十月廿日 南北朝遺文中国四国編④三四三〇

(書出)「春日社領備前国上道郡荒野一所／并佐井田今吉加作田畠等事」 (書止)「可被執進請取状如件」 (差出)「前肥前守判」(日下) (充所)「一宮彦七殿」

④足利義詮御判御教書案 貞治五年七月十七日 南北朝遺文中国四国編④三四七六

(端書)「重御教書案」 (書出)「春日社領備前国上道郡荒野一所并／作(ママ)井田保公文職事」 (書止)「不日退／彼等可執進雑掌請取更不可有／緩怠之状如件」 (差出)「御判」(日下) (充所)「赤松律師(則祐)御房」

5 興福寺訴状篇目条々 一通 神崎荘・壬生

鎌倉後期写、続紙、楮紙、縦三二・八cm、全長一五一・五cm、三紙、
(書出)「条々/一神崎庄地頭妨事」(文末)「一金堂造営用途事/被尋国司可有沙汰」 野荘・仲牧荘・木田嶋・三保戸荘・犬上荘・物部荘・河津郷・大国荘・甘南備・広荘(文中)

第十四巻裏打紙文書

裏1

能番組書付　一通

江戸中期写、竪紙、首欠、楮紙、縦二七・八cm、横四一・八cm、一紙、
(首)「靭さる　石嶋茂兵衛」(文末)「鞍馬天狗/千切木　清五郎/祝言」
○第4号ノ裏打紙(左側)ナリ、中央縦ニ二次的ナ切リ込ミアリ、

裏2

書付断簡　一葉

江戸写、断簡、楮紙、縦七・〇cm、横一四・四cm、一紙、
(全文)「合　通」
○第4号ノ裏打紙(左下)、

裏3

出納雑司連署状　三月五日　一通

江戸前期写、竪紙、尾欠ヵ、楮紙、右袖ニ追而書アリ、縦二五・四cm、横三七・八cm、一紙、
(書出)「昨日者御尋之由処ニ寺役罷出/夜ニ入令帰宅候」(書止)「更油断申儀無之候/被帰次第御音信可申候恐々謹言」(差出)「浄円/彦円」(日下)
(端裏捻封上書)「(墨引)出納衆御中　彦円
雑司弥左衛門尉殿　浄円」
○第4号ノ裏打紙(中)、

裏4

御神供米請取状案　慶長弐拾年乙卯壬閏六月八日　一通

江戸前期写、縦切紙、楮紙、縦二六・三cm、横二一・〇cm、一紙、
(書出)「御神供米之内請取申事」(書止)「此通預り申候重て御算用可仕候者也」(差出)「出納賀藤左衛門/同新左衛門/同孫左衛門/同兵介」(日下)(充所)「三学院様御中/御代官衆」
(奥書)「此通書付て渡し申候ひかへ也(後略)」
○第4号ノ裏打紙(右側)、

裏5

豊前国宇佐八幡神主系図　一通

明治写、竪紙、首欠、楮紙、縦二七・四cm、横二六・〇cm、一紙、
(首)「・飯麿―・古佐美大師―・広浜左衛門―」(文末)「・武真従四位上豊前守―・武延従四位―・延氏従四位民部卿」
(識語)「□〔豊〕前国宇佐八幡神主」(巻末)
○第5号ノ裏打紙(左側)、

裏6

大宮家系譜書付　一通

江戸写、小切紙、楮紙、縦二四・〇cm、全長三二・二cm、二紙、
(文首)「人皇六十六代一条院御宇」(文末)「守根　天正十九年八月四日　口宣案有之」
○第5号ノ裏打紙(中)、

裏7

大宮家由緒条々　一通

明治写、竪紙、楮紙、縦二四・五cm、横三二・九cm、一紙、
(文首)「百将(ママ)伝曰/一人王六代孝安天皇孫武内宿祢」(文末)「故ニ此由緒書ニ不載者歟/大宮」
○第5号ノ裏打紙(右側)、

大宮家文書　成巻第十五巻

巻子本、四弁花菱紋萌黄紗表紙（縦三四・四cm、横一七・七cm）、組紐、棒軸、
（題簽）「第拾伍号神守六」（雲紙）
（見返）「明治廿二年霜月修之畢　藤なみの舎「藤波／屋印」（方朱印）」

1　小泉荘住人舜重目安　貞治六年三月　日　一通　大和国小泉荘
南北朝写、竪紙、楮紙、縦三〇・三cm、横四四・六cm、一紙、（端裏書）「□重」（書出）「目安／小泉庄住人舜重申同庄内字山崎田年貢弁済間事」（書止）「旨六方衆中罷預／御披露無相違候者弥為抽奉公忠節粗言上如件」
○端裏書ヲ表ニ折リ返シテアリ、
野田阿弥陀堂祢宜神守（文中）

2　善覚・十郎所当米請文　貞治六年三月十日　一通　野田阿弥陀堂
南北朝写、竪紙、楮紙、縦二八・五cm、横三七・五cm、一紙、（書出）「請申　野田阿弥陀堂所当米事」（書止）「ケムセキヲイタサレ候トモ更々／子細ヲ申マシク候仍請文之状如件」（差出）「善覚（略押）／十郎（略押）」（日下）

3　一乗院家御教書　〈貞治六〉五月十七日　一通　野田阿弥陀堂領
南北朝写、竪紙、楮紙、縦二六・五cm、横三四・〇cm、一紙、（端裏書）「一乗院家御教書 貞治 野田阿弥陀堂料田違乱事小泉字那子（ママ）」（書出）「祈願所野田阿弥陀堂領宇／那手ニ反小泉五反間事」（書止）「之由／被仰下候也仍執達如件」（差出）「法眼弁賀」（日下）（充所）「六方沙汰衆御中」
○端裏書ヲ表ニ折リ返シテアリ、

4　備前国上道郡荒野重書案　一通　備前国上道郡荒野
南北朝写、竪紙、楮紙、縦三〇・四cm、横四〇・一cm、一紙、
○成巻第十四巻4号ト接続スルヵ、
①室町幕府管領細川頼之奉書案　応安六年十二月九日　南北朝遺文中国四国編④四〇二一
（端書）「御教書案」（書出）「備前国上道郡荒野一所事」（書止）「之状依仰／執達如件」（差出）「武蔵守（細川頼之）判」（日下）（充所）「赤松（義則）蔵人左近将監殿」
②備前守護赤松義則施行状案　応安七年七月八日　南北朝遺文中国四国編⑤四〇五八
（端書）「執行案」（書出）「備前国上道郡荒野壱所事」（書止）「可被沙汰付／春日社雑掌之状如件」（差出）「（赤松）義則判」（日下）（充所）「喜多野左近将監殿」

5　大宮神守家地処分状　永和二年丙辰六月二日　一通　南野田北辺（文中）
南北朝写、竪紙、楮紙、縦二九・〇cm、横四七・二cm、一紙、（書出）「処分　家地事」（書止）「更不可有他妨／者也仍記録与之状如件」（差出）「神守（花押）」（日下）　豊守充、

6　興福寺三綱給田充行状　永徳三年九月十六日　一通　大和国興富荘
南北朝写、竪紙、楮紙、縦二九・三cm、横四〇・二cm、一紙、（本文）「充行　興富庄御佃御給田事／合壱町弐段者／右依為本給被充行神守之状如件」（差出）「勾当法師（花押）」（日下）「上座大法師（花押）／寺主大法師（花押）／都維那法師（花押）」（奥上）　神守充、

7　大宮神守地子米譲状　至徳元年甲子十月十日　一通　勢野田
南北朝写、竪紙、楮紙、縦二八・六cm、横四六・一cm、一紙、（端裏書）「菊王御前分」（書出）「譲与　勢野田地子壱石五斗間事」（書止）「守此旨可被存知者哉仍所／処分状如件」（差出）「神守（花押）」（日下）　菊王御前充、

○端裏書ヲ表ニ折リ返シテアリ、

8　某書状某勘返状　　一通　　油蔵

南北朝写、竪紙、尾欠、楮紙、縦三一・二cm、横四七・九cm、一紙、

（書出）「神人〔『仕』〕神守内々如此申「加一見了即進之」（別筆）／候此油蔵ハ神守相伝之／条」

（尾）「女房奉書如此候き春方ハ／覚源師候き今師俊」

9　野田阿弥陀堂領小泉知行条々事書案　　一通　　学円房（文中）

南北朝写、竪紙、楮紙、縦二九・五cm、横四六・〇cm、一紙、

（書出）「野田の阿弥陀堂領小泉一丁内五反《アサナ山サキ》知行いまにさう／ゐなく候」（書止）「御意／得のためにいつれも〳〵くはしくしるし申候」

○第七十二括1号ト関連スル、

10　某状写　　至治〔徳〕元年九月　日　　一通

南北朝写、竪紙、楮紙、紙背文書アリ、縦三一・三cm、横三九・〇cm、一紙、

（書出）「消息　伏祝／大非常教是大患教事　是良尓言極□」（書止）「先可　（別筆）「徳」至治元年九月　日状／閉是正河　祥雲□前長申尚」

〔紙背〕某書状　　十二月廿七日　　一通

南北朝写、竪紙、楮紙、縦三〇・三cm、横三七・八cm、一紙、

（書出）「一面一瓶子被進候了／返々目出候之由」（書止）「恐々謹言」（差出）「松□□」「松林院イ」（貼紙）（日下）

第十五巻裏打紙文書

裏1　口宣包紙　　一枚

江戸中期写、竪紙、楮紙、縦一九・二cm、横二六・七cm、一紙、

（全文）「口宣　御本書」

○第1号ノ裏打紙（左側）、

裏2　舞譜断簡　　一葉

江戸前期写、断簡、楮紙、縦七・一cm、横六・七cm、一紙、

（首）「揆合従古多」（尾）「持公□」

○第1号ノ裏打紙（右下）ナリ、成巻第十一巻裏6号等ト同一文書カ、

裏3　包紙　　一枚

江戸中期写、竪紙、楮紙、縦二三・八cm、横三二・〇cm、一紙、

（本文）「榎本水屋□書　応安年中　神守／同下正遷宮記　元亨年中　神守／御本社　応永年中　守祐／紀伊社　明徳年中　豊守」「榎本社祓戸社／紀伊社」（天地逆）

○第2号ノ裏打紙（左側）、

裏4　某書状断簡　　一葉

江戸前期写、断簡、楮紙、縦一二・二cm、横二八・〇cm、一紙、

（首）「□給事は御／□はすへて」（尾）「□なん候て諸事／□わしく喜存候」

○第2号ノ裏打紙（右側）、

裏5　系図断簡　　一葉

江戸中期写、断簡、楮紙、縦三二・五cm、横一一・一cm、一紙、

（全文）「□識　神守─豊守」

○第3号ノ裏打紙（上）、

裏6

書付断簡　一葉

江戸後期写、断簡、楮紙、縦一五・八cm、横一二・二cm、一紙、

（全文）「きくものおてふものお」

○第3号ノ裏打紙（中）、

裏7

武家御教書案包紙　一枚

江戸後期写、断簡、楮紙、縦二九・九cm、横八・五cm、一紙、

（全文）「武家御教書案」

○第3号ノ裏打紙（下）、

裏8

充行書并充行割書包紙　一枚

江戸写、断簡、楮紙、縦三〇・四cm、横一二・七cm、一紙、

（全文）「藤浪氏／充行書／充行割書　合　通」

○第4号ノ裏打紙（左上）、

裏9

（題未詳）　一葉

江戸後期写、断簡、楮紙（黄蘗染）、墨点（仮名、江戸後期）、縦一六・三cm、横一九・九cm、一紙、

（首）「執者宇異則就門伝／受心法也」（尾）「衆浴／持聞」

○第4号ノ裏打紙（右上）、

裏10

書付断簡　一葉

明治写、断簡、楮紙、縦一一・〇cm、横五・〇cm、一紙、

（全文）「氷室神社　東向／初穂」

○第4号ノ裏打紙（左下）、

裏11

文書断簡　一葉

江戸中期写、断簡、楮紙、縦二一・〇cm、横一七・八cm、一紙、

（全文）「官途成座向饗□□／一献祝儀之用□□」

○第4号ノ裏打紙（右下）、

裏12

箸尾新免荘節供料沙汰状案　一通

室町後期写、切紙、楮紙、縦二一・三cm、横二六・四cm、一紙、

（書出）「正月八日箸尾新免庄之御節供／米十六石之内半分八石之事」（書止）「相構半分／八石之事先以何方仁毛不可被渡候」〔大和国箸尾新免荘 中東方・宮内丞（文中）〕

○第5号ノ裏打紙（左側）、

裏13

遷宮日次書付　一葉

江戸前期写、断簡、楮紙、縦二三・〇cm、横一六・五cm、一紙、

（全文）「小社昇スヱ十六日両常住祓読清也／慶（ママ）　慶安三年／小社正遷宮十九日也」

○第5号ノ裏打紙（右上）、

裏14

御遷宮楽所畳縁取日記表紙〔寛文十二年三月〕　一葉

江戸前期写、袋綴装断簡、楮紙、縦二二・二cm、横一七・〇cm、一紙、

（全文）「寛文拾弐年子三月廿七日／御遷宮楽所畳縁取日記／北郷常住守房」

○第5号ノ裏打紙（右下）、

裏15

石菖名寄　一通

江戸中期写、竪紙、楮紙、縦二九・〇cm、横四〇・一cm、一紙、

（文首）「石菖名寄／碗入上品七種／昼夜　虎ノ巻　白糸　昼夜金銀」（文末）「蓑亀　二見浦／椿園蔵」

○第6号ノ裏打紙、

裏16

大宮吉守音楽田寄進之状包紙　一枚

江戸後期写、断簡、楮紙、縦一七・一cm、横三・四cm、一紙、
（全文）「藤井吉守音楽田寄進之状」
○第7号ノ裏打紙（左上）、

裏17

算術問答集　一通

明治写、続紙、首尾欠、楮紙、縦二一・四cm、横（第一紙）二七・五cm（第二紙）二七・五cm、二紙、
（首）「（7）爰ニ幾何級数アリ其項三ニシテ其和十四個三分ノ一ナリ」（尾）「十億人九枚九九九／百億人九枚九九九九」
○第7号ノ裏打紙（中央）ナリ、成巻第十九巻裏16号・裏22号ト同一文書カ、

裏18

大宮家由緒断簡　一葉

明治写、断簡、楮紙、縦一七・八cm、横四・五cm、一紙、
（首）「天子藤門御繁昌之御祈禱」（尾）「子孫代々被補常住職／清武宮内大輔　光則」
○第7号ノ裏打紙（左中）、

裏19

大宮家由緒断簡　一葉

明治写、断簡、楮紙、縦二五・〇cm、横四・五cm、一紙、
（首）「関白道長公之御時近衛殿之太夫清貞」（尾）「代々於　神前」
○第7号ノ裏打紙（右中）、

裏20

麻太守国書状断簡　一葉

室町後期写、断簡、楮紙、縦二四・九cm、横五・七cm、一紙、
（全文）「麻太／野田宮内丞殿御返報　守国」
○第7号ノ裏打紙（右下）ナリ、切封上書ノミ存ス、

裏21

書付断簡　一葉

江戸中期写、断簡、楮紙、縦七・〇cm、横一四・八cm、一紙、
（本文）「□年八月四日／□役之事」
○第9号ノ裏打紙（左上）、

裏22

文書包紙カ　一枚

江戸中期写、断簡、楮紙、縦七・八cm、横一五・〇cm、一紙、
（全文）「壱通」
○第9号ノ裏打紙（中上）、

裏23

書状包紙　一枚

江戸後期写、断簡、楮紙、縦五・八cm、横一二・〇cm、一紙、
（全文）「〆／□江／大蔵大□／□条」
○第9号ノ裏打紙（右上）、

裏24

北郷常住神殿守略次第　一通

江戸後期写、横切紙続紙、楮紙、縦一五・三cm、全長四一・八cm、二紙、
（文首）「次郎丸守統／天文四未年生／天文十一年初参／任常住近衛様ゟ任宮内」
（文末）「守寿／（中略）／天明八戊年十二月十二日任神殿守兼六臈／寛政十一未年二月兼一臈　七十才他界」
○二紙ハ分離スル、余白部分ニ小紙片四紙程ヲ貼リ付ケテアリ、第9号ノ裏打紙（中央）、

裏25

文書包紙断簡　一枚

江戸後期写、断簡、楮紙、縦五・〇cm、横一二・〇cm、一紙、

（全文）「□太郎／□江府」
○第9号ノ裏打紙ナリ、裏24号ニ貼リ付ケル、

裏26
書籍表紙断簡〔版〕　〔明治八年四月〕　一葉

明治刊、右半欠損、楮紙、縦二四・二cm、横六・三cm、一紙、
（全文）「□□□□／明治八年四月新鐫」
○第9号ノ裏打紙（右下）、

裏27
包紙断簡　一枚

江戸写、断簡、楮紙、縦二三・〇cm、横五・一cm、一紙、
（全文）「三号　藤浪氏／□□□□　□」
○第10号ノ裏打紙、

大宮家文書　成巻第十六巻

巻子本、金銀緑糸花鳥苑紋紺絹布表紙（縦三二・六cm、横二二・〇cm）、組紐、棒軸、
（題簽）「第拾陸号豊守」（雲紙）
（見返）「明治廿二年霜月修之畢／藤浪之舎所蔵「（方朱印）藤浪／屋印」」

1　藤氏長者二条良基宣　（別筆）〈至徳三年丙寅〉四月廿八日　一通　大和国興富荘

南北朝写、竪紙（現装貼継）、楮紙、縦三〇・〇cm、横（第一紙）四四・二cm（第二紙）一六・九cm、二紙、
（書出）「興富庄内御給田／事被執申御門跡／候之処」（書止）「之由左京権大夫殿御／奉行所候也仍執達／如件」（差出）「左衛門尉能俊奉」（日下）（充所）「謹上　内蔵権助殿」
○懸紙ヲ裏打紙ニ転用スル、懸紙ニ「謹上　内蔵権助殿　左衛門尉能俊奉」トアリ、貼紙ニ「表面左衛門殿以戴申候／包紙」トアリ、

2　山城守護代小林前上野介書状案　〈至徳三年丙寅〉六月廿日　一通　山城国賀茂荘内音楽田

南北朝写、縦切紙、楮紙、縦三一・〇cm、横一九・〇cm、一紙、
（端裏書）「山城国賀茂郷下地事　至徳三丙寅／「（別筆）春日社音楽料田違乱事」」（端書）「「（別筆）春日音楽田違乱之事」／武家奉行斎藤五郎左衛門方被遣之状案文　山城守護代小林殿状也」（本文）「春日社御領山城国賀茂庄之内音／楽田事出帯下地之注文候／委細可被尋聞召候恐々謹言」（差出）「前上野介□」（日下）（充所）「謹上　斎藤五郎左衛門殿」
○左奥裏ニ文字ノ左半分ノミヲ存ス、第3号ト同一文書ヵ、

3　山城国賀茂荘重書案　一通

南北朝写、続紙、楮紙、紙背文書アリ、縦三〇・三cm、全長四五・二cm、二紙、

○料紙右外側ノ裏打紙上ニ「音楽田違乱之事」トアリ、第2号ト同一文書ヵ、

①左兵衛尉某書状案　六月卅日　山城国賀茂郷

（端書）「武家松田斎藤状　被遣守護代小林殿了」（書出）「春日社領山城国賀茂郷下地壱町余／事」（書止）「若有子細者重／可有御注進候松田且後守同申候／恐々謹言」（差出）「左兵衛尉在判」（日下）（充所）「謹上　小林上野介殿」

②沙汰衆祐深書状案　七月十日　山城国賀茂荘

（端書）「自寺門被遣山城守護代小林殿状案文」（本文）「春日社音楽田山城国賀茂庄事可有／御施行之由承候殊目出候尚々可為／御敬信之由評定候也恐々謹言」（差出）「沙汰衆祐深在判」（日下）（充所）「小林上野介殿」

〔紙背〕某書状　一通

南北朝写、竪紙（現装貼継）、尾欠、楮紙、縦三〇・三cm、横（第一紙）二八・〇cm（第二紙）一七・二cm、二紙、

（書出）「御悦は申籠候ぬれ／とも猶以不可有尽／期候」（尾）「如此／御意にかけられ候て」

○第二紙・第一紙ノ順ニ貼リ継ガレテアリ、

4

興福寺三綱給田充行状　康暦弐年六月廿一日　一通　大和国興富荘

南北朝写、竪紙、楮紙、縦三〇・九cm、横四三・六cm、一紙、

（本文）「充行　興富庄御佃御給田事／合壱町弐段者／右依　仰充行神人『祢宜』豊守之状如件」（差出）「勾当法師（花押）」（日下）「上座大法師（花押）／寺主大法師（花押）／都維那法師（花押）」（奥上）　豊守充、

5

興福寺別当孝尋御教書案　〈明徳弐〉五月十四日　一通　符坂・木村御油寄人

南北朝写、竪紙、楮紙、縦二八・二cm、横四一・六cm、一紙、

（端書）「御教書案」（書出）「符坂御油寄人与木村御油寄人／御帰座之時出立料足事」（書止）「之旨可有御下知之由所候也／恐々謹言」（差出）「法眼実乗奉」（日下）（充所）「謹上　成就院坊主御房」

6

大宮豊守家地処分状　明徳三年壬申二月十日　一通　南野田郷北辺

南北朝写、竪紙、楮紙、縦二九・八cm、横四〇・六cm、一紙、

（書出）「処分　家地事／合伍間者東西エ七尺間資財雑具等在之／在大和国添上郡奈良南野田郷北辺」（書止）「未来更以不可有異論之状如件」（差出）「豊守（花押）」（日下）　徳守充、

○紙継目裏花押断簡アリ（端裏ニ一顆、左奥端裏ニ一顆）、モト連券、

7

下総守某契約状　明徳三年八月廿八日　一通　備前国上道郡荒野　南北朝遺文中国四国編⑥五四五二

南北朝写、竪紙、楮紙、縦三〇・六cm、横四六・九cm、一紙、

（書出）「契約申　春日社領備前国上道郡／荒野壱所事」（書止）「仍為後日請文之状如件」（差出）「下総守（花押）」（日下）

8

樋口法眼賢隆請文　〈明徳四〉（別筆）九月十九日　一通　摂津国六車郷東重国

室町前期写、竪紙、楮紙、縦三〇・六cm、横四六・八cm、一紙、

（端裏書）「樋口法眼請文東重国沙汰人」（書出）「先日寺門御書并御書下／趣謹令拝見候了／抑東重国間事」（書止）「以此旨可有御披露／候恐惶謹言」（差出）「賢隆（花押）」（日下）（充所）「進上　春日御社政所殿」

○端裏書ヲ表ニ折リ返シテアリ、

9

浦上助景契約状　応永元年八月廿二日　一通　備前国上道郡荒野

室町前期写、竪紙、楮紙、縦二九・四cm、横四二・九cm、一紙、
（書出）「契約申　春日社領備前国上道郡荒野壱所事」（書止）
「更不可有子細仍為後日請文之状／如件」（差出）「美濃守助景（花
押）」（日下）
○成巻第十一巻裏5号ハ本号ノ包紙カ、

10 壱岐守能保等連署契約状　応永元年八月廿二日　一通　備前国佐井田保

室町前期写、竪紙、楮紙、縦二九・九cm、横四七・三cm、一紙、
（書出）「契約　春日社領備前国佐井田保公文／職并今吉加作以下
事」（書止）「其時更不可及子細仍為後日請文之状如件」（差出）
「壱岐守能保／美濃守助景（花押）」（奥下）

11 越智家頼書状案　十二月廿七日　一通　大和国田井兵庫荘

室町後期写、小切紙、楮紙、縦二〇・六cm、横二四・九cm、一紙、
（書出）「就田井兵庫庄年貢之儀中東方／宮内祢宜依申事」（書
止）「此方不可為越度候此等趣／可預御披露候恐々謹言」（差出）
「家頼判」（日下）（充所）「供目代御坊」

12 良昭請文　四月廿六日　一通　大和国興富給田

室町前期写、竪紙（現装貼継）、楮紙、縦三七・〇cm、横（第一紙）
三五・三cm（第二紙）四二・三cm、二紙、
（書出）「被　仰下候之旨謹／承候訖豊守歎申入／候興富給田事」
（書止）「以此旨／可令申入給良昭恐惶／謹言」（差出）「良昭」（日
下）（充所）「人々御中」

第十六巻裏打紙文書

裏1 楼門燈呂南郷常住下シ注文　一通

江戸後期写、横切紙、首尾欠、楮紙、縦一二・四cm、横三二・五cm、
一紙、
（首）「□一日楼門燈呂南郷常住／下シ申也」（尾）「夏中／之間釣
下シ仕候様ニ旧記／相見得申候□□□」
○第1号ノ裏打紙（左側）、

裏2 先例断簡　一葉

江戸後期写、横切紙、上部欠損、楮紙、縦七・九cm、横三四・七cm、
一紙、
（書出）「□左例／□暦十一年」（書止）「入御覧候／拝領仕候」
○第1号ノ裏打紙（下）、

裏3 書付断簡　一葉

江戸後期写、断簡、楮紙、縦一七・八cm、横六・三cm、一紙、
（首）「枯／国第百一」（尾）「水波浪」
○第2号ノ裏打紙、

裏4 移殿清祓常住方へ酒直下行注文　〔永禄十一年六月十二日〕　一通

室町後期写、竪紙、楮紙、縦二二・八cm、横四三・八cm、一紙、
（端裏書）「移殿ニ而永禄十一年」（書出）「移殿清祓常住方へ酒直下
行事／神主十九文　正預十九文」（書止）「永禄十一年戊辰六月十二
日移殿ニ而／清祓執行此下行物割如右／也依而書留置也」
○第4号ノ裏打紙、

裏5 某願書　一通

江戸中期写、竪紙、首尾欠、楮紙、縦二三・二cm、横二九・一cm、
一紙、

（首）「四ヶ年以前□□□〔／おとよを以申受度義申入候所」
（尾）「夫而已ニ而は相済かたく然依而五月」
○第5号ノ裏打紙（左側）、

裏6

神楽料分配書付　一通

明治写、折紙、楮紙、縦二〇・一cm、横三〇・〇cm、一紙、
（書出）「神楽料分配／一四分　社入」（書止）「毎日出仕之巫子ニ員并／付添一人昼弁当者／当分之処社費ヲ以出之事」
○第5号ノ裏打紙（右側）、

裏7

摂津国垂水荘関係文書包紙断簡　一枚

江戸中期写、断簡、楮紙、縦三四・〇cm、横五・八cm、一紙、
（全文）「譲渡摂津国垂氷東／御牧中条内中時枝名／正応三年二月五日建久七年三月廿日／建治二年二月二日／建久十年二月十二日」
○第5号ノ裏打紙（下）、

裏8

春日拝殿神子職銭書付　一通

江戸中期写、折紙、下部欠損、楮紙、縦一八・〇cm、横三二・五cm、一紙、
（書出）「春日拝殿神子職事／続銭廿貫文一献料／十貫文」（書止）「此事成就云々」
○第6号ノ裏打紙（左側）、

裏9

春日祭事次第書付　一葉

江戸前期写、袋綴装断簡、首尾欠、楮紙、縦二三・九cm、横三一・三cm、一紙、
（首）「六ツ時分ニ御神供参一ノ御殿燈呂下ス役北郷／常住役」
（尾）「次ニ神主帰祝言イナカキノキワナリ次ニ八講屋」

○第6号ノ裏打紙（右側）、

裏10

手向山八幡神絵小図　一鋪

江戸後期写、竪紙、楮紙、縦三一・三cm、横二五・五cm、一紙、
（内題）「手向山八幡神絵小図」
（識語）「知波能加豆の／塢弥例摩（ママ）／もゝちたる／やにはもみゆ／区珥能朋も弥喩」
○小児ヲ抱イタ翁ノ絵アリ、第7号ノ裏打紙（左側）ナリ、成巻第二十巻裏8号ハ本号ト同文ナリ、又成巻第六巻裏1号等ハ本号ト同図ノ版画ナリ、

裏11

綿屋半兵衛金銭覚　十一月廿日　一通

江戸中期写、折紙、楮紙、縦二二・一cm、横三〇・六cm、一紙、
（書出）「覚／十一月十三日御入／同廿日御立」（書止）「合而／四貫五百／四十八文」（差出）「綿屋／半兵衛」（奥下）（充所）「大宮様」
○第7号ノ裏打紙（右側）、

裏12

書付断簡　一葉

江戸写、断簡、楮紙、縦二三・一cm、横三・七cm、一紙、
（全文）「前不分」
○第7号ノ裏打紙（右下）、

裏13

二十二社順参一円図〔版〕〔寛政五年正月〕　一鋪

江戸後期刊、竪紙、楮紙、縦四〇・三cm、横三〇・六cm、一紙、
（内題）「二十二社順参一円図」
（識語）「浪華住／建部平吉定経／出之」
○二十二社ノ所在地ト相互ノ距離ヲ記シタ見取図ナリ、第9号

ノ裏打紙(左側)、

裏14

具注暦断簡　一葉

鎌倉後期写、断簡、楮紙打紙、縦一一・〇cm、横五・〇cm、一紙、
(全文)「□歳対月徳合重復□□／□歳対血忌(ママ)療病々日遊在内」
○第9号ノ裏打紙(右上)ナリ、上部ハ成巻第一巻裏1号ト接続スル、

裏15

北郷常住神殿守系図断簡　一葉＊3

南北朝写、断簡、楮紙打紙、縦一三・一cm、横三・七cm、一紙、
(全文)「清貞―清武」
○第9号ノ裏打紙(右下)ナリ、成巻第一巻2号等ト同一文書、

裏16

金銭書付　一通

江戸中期写、折紙、中欠、上部欠損、楮紙、縦一八・〇cm、横八・〇cm、一紙、
(文首)「□年七月朔日／同二日」(文末)「一六拾弐文　同廿五日」
○第10号ノ裏打紙(左上)、

裏17

某書状　二月十四日　一通

江戸中期写、横切紙、楮紙、縦一二・二cm、横二九・五cm、一紙、
(書出)「一筆啓上仕候／春寒難去候処／各様／弥御安全被成御座」(書止)「宜御沙汰／被成下候様偏奉／頼上候恐々謹言」(充所)「木村左兵衛尉様／吉村勘解由□□様」
○第10号ノ裏打紙(右上)、

裏18

両常住神殿守口上書控　元文六辛酉年正月廿八日　一通

江戸中期写、竪紙、楮紙、縦二七・〇cm、横二三・七cm、一紙、住吉社
(書出)「乍恐奉願上口上／一此度就住吉社正下御遷宮清進料米義」(書止)「何とそ此度者両常住之／中江一石成被下候ハ、難有奉存候以上」(差出)「両常住神殿守守理(円黒印)／春精」(日下)(充所)「別会五師忠(中)蔵院様」
○第10号ノ裏打紙(左下)、

裏19

文亀元年清祓禄控　〔文亀元年〕　一通

室町後期写、竪紙、楮紙、縦二二・六cm、横二六・〇cm、一紙、
(端裏書)「文亀元年清祓禄扣」(書出)「一御殿御役　神主殿　師種　御ソイ役　新権神主殿」(書止)「レキナルニヨリ着華先規如此」
○第10号ノ裏打紙(右下)、

裏20

日並記断簡　一葉

江戸中期写、袋綴装断簡、下部欠損、楮紙、縦二四・六cm、横三二・二cm、一紙、
(首)「存所申御内々ニ而茂御頼之義ニ有之候ハ、」(尾)「一祓戸社清祓先神主殿常住鳥井本ニ而清」
○文中ニ「十五日拜賀晴」トアリ、第11号ノ裏打紙、

大宮家文書　成巻第十七巻

巻子本、金銀緑糸花苑紋紺絹布表紙（縦二九・二cm、横一三・八cm）、組紐、棒軸、
（題簽）「第拾漆号徳守」（金散）
（表紙裏紙）「明治廿二年霜月修畢／藤浪之舎「藤浪（方朱印）／屋印」」

1　大宮徳守契約状　応永元年甲戌八月廿一日　一通　備前国佐井田保

室町前期写、竪紙、楮紙、縦二九・〇cm、横四二・五cm、一紙、
（書出）「契約申　春日社領備前国佐井田保公文職／并今吉加作以下事」（書止）「若無違変／之御沙汰者堅可守契約之状如件」（差出）「宮内丞徳守（花押）」（日下）
○右端ノ表紙上ニ「応永元年／春日社神供之御書」トアリ、

2　摂津国六車郷東重国加地子重書案　一通　摂津国六車郷東重国

室町前期写、竪紙、楮紙、縦二九・二cm、横四六・五cm、一紙、
①別会五師訓専書状案　〈応永六〉卯月十三日
（端書）「別会御状案」（書出）「当社大般若会料所摂州六車郷内東重国加地子／分事」（書止）「不可有如在／候由評定候也恐惶謹言」（差出）「（春善房五師）別会五師訓専」（日下）「在判」（奥上）（充所）「新権神主（中東時有）殿へ」
②目代奉書案　〈応永六〉卯月十三日
（袖書）「牧務下知状案」（書出）「就当社大般若会料所当郷内東重国名／加地子分多年未済事」（書止）「可有／下知候哉之由所候也仍執達如件」（差出）「目代奉」（日下）（充所）「六車郷沙汰人御中」

3　摂津国六車郷沙汰人書状　〈応永六〉（別筆）四月十七日　一通　東重国（文中）

室町前期写、竪紙、楮紙、縦二九・三cm、横四八・〇cm、一紙、
（端裏書）「公文代北村方自筆」（書出）「今月十三日御書下并別会五師御房／御書下案文同十六日到来謹令拝見了」（書止）「委細御使定可被披露之候以／此旨可有御披露之候恐々謹言」（差出）「六車郷沙汰人（花押）」（日下）（充所）「進上春日御社政所殿」
○第百三括7号ハ本号ノ懸紙カ、

4　摂津国六車郷公文代田数注進状　応永六年四月十七日　一通　摂津国垂水西御牧六車郷東重国

室町前期写、竪紙、楮紙、縦二九・四cm、横四八・〇cm、一紙、
（端裏書）「公文代北村自筆」（書出）「注進　春日社大般若会料所垂水西御牧六車郷内／東重国田数事」（書止）「右注進之状如件」（差出）「公文代上」（日下）
○端裏書ヲ表ニ折リ返シテアリ、

5　摂津国六車郷東重国加地子重書案　一通　摂津国六車郷東重国

室町前期写、竪紙、楮紙、縦二九・四cm、横四八・〇cm、一紙、
①別会五師良継書状案　〈応永七〉九月廿六日
（書出）「摂州六車郷内東重国加地子分事為大般若会／料所之処近年有名無実之間」（書止）「旨学侶評定候也／恐々謹言」（差出）「（于時浄蓮房五師御房）別会五師良継」（日下）
②目代奉書案　〈応永七〉十月三日
（端書）「牧務御下知案　于時新権神主殿時有」（書出）「就当社大般若会料所当郷内東重国加地子方事／別会五師状如此」（書止）「由社家所候也仍執達如件」（差出）「目代在判」（日下）（充所）「六車郷樋口法眼御房」
○左奥ニ「追仰／別会所状一見後可返上候也」ト追而書アリ、

6　笠置寺道教上人寄進神戸田地目録　応永十八年辛卯四月九日　一通　山城国笠置寺般若台院・大和国坂原郷・邑地郷・小楊生郷

室町前期写、大宮徳守筆、竪紙、上端部少々欠損、楮紙、縦三二・

一cm、横四三・二cm、一紙、
（端裏書）「□人寄進田地」（書出）「笠置寺道教上人寄進神戸田地
事 正平十一年〈丙戌〉（ママ）九月　日 笠置般若台院聖尊」（文末）「北ハシ 助殿 百姓」
（奥書）「於庄家加検知所記量〔置カ〕者也
宮内丞徳守筆也」
○端裏書ヲ表ニ折リ返シテアリ、領地ノ略図アリ、紙背下部ニ
文字アルモ釈読不能、

7　大宮徳守家地処分状　応永廿三年丙申四月廿六日　一通　南野田郷北辺

室町前期写、竪紙、楮紙、縦二九・〇cm、横四〇・三cm、一紙、
（書出）「処分　家地事／合壱所者 口東面エ伍間七尺間定 資財雑具等注文別ニ在之／在大和国
添上郡奈良南野田郷北辺」（書止）「向後不可有異論之／状如件」
（差出）「徳守（花押）」（日下）　守祐充、
○左奥下・左奥裏下ニ花押アリ、第8号ハ本号ノ案文、

8　大宮徳守家地処分状案　応永廿三年丙申四月廿六日　一通

室町前期写、竪紙、楮紙、縦二九・〇cm、横三五・二cm、一紙、
（端裏書）「安文〔案〕　応永廿三」（書出）「処分　家地事」（書止）「向
後不可有／異論之状如件」（差出）「徳守判在之」（日下）　守祐充、
○第7号ノ案文、

9　一乗院家下知状　応永廿四年十一月十三日　一通　南野田阿弥陀堂

室町前期写、続紙、楮紙、縦二九・五cm、全長六三・一cm、二紙、
（書出）「南野田阿弥陀堂并敷地等事／合壱間四面御堂壱宇在参間
廊」（書止）「徳守可致官〔管〕領／之旨依仰下知如件」（差出）「法眼親
乗（花押）／法橋宣貞（花押）」（奥上）（充所）「内蔵権助殿」
○充所等ハ検討ノ余地アリ、

第十七巻裏打紙文書

裏1　春日社略年譜　一通

江戸中期写、竪紙、楮紙、縦二五・七cm、横三二・四cm、一紙、
（文首）「称徳天皇御宇／一神護景雲二年戊申十一月九日」（文末）
「後朱雀天皇／一　長暦　四節供神戸備進 宇治殿 御奉行」
○第6号ノ裏打紙（中央）、

裏2　断簡　一葉

江戸写、断簡、楮紙、縦一四・〇cm、横一一・九cm、一紙、
（全文）「藤富久永」
○第6号ノ裏打紙（上）、

裏3　某立願状　享保十七年壬子十月十一日　一通　熱病平癒ニ付

江戸中期写、竪紙、楮紙、縦二四・二cm、横二九・三cm、一紙、
（書出）「立願之状／一春日両太明神　御間廻百度」（書止）「依所
／奉抽丹誠之懇祈之状如件」
○第9号ノ裏打紙、

大宮家文書　成巻第十八巻

巻子本、白麻布表紙（縦三一・七cm、横三一・六cm）、組紐、棒軸、

（外題）「第拾捌号自守資至守家」

（見返）「明治廿二年霜月修之　藤浪之舎「(方朱印)藤浪／屋印」」

○表紙見返ニハ金子包紙ヲ転用シテアリ、「御膳料　戌年御方／金百疋／国正宮殿下也」トアリ、

1

興福寺三綱給田充行状　応永廿八年九月十五日　一通　大和国興富荘

室町前期写、竪紙、楮紙、縦二九・八cm、横四三・二cm、一紙、

（本文）「充行　興富庄御佃御給田事／合壱町弐段者／右依　仰充行守祐之状如件」（差出）「勾当法師（花押）」（日下）「上座大法師（花押）／寺主大法師（花押）／都維那法師（花押）」（奥上）　守祐充、

2

興福寺三綱給田充行状　永享四年八月四日　一通　大和国興富荘

室町前期写、竪紙、楮紙、縦二九・八cm、横三七・六cm、一紙、

（本文）「充行　興富庄御「(籠字)佃御給田事」／合壱町弐段者／右依　仰充行守国之状如件」（差出）「勾当法師（花押）」（日下）「上座大法師（花押）／寺主大法師（花押）／都維那法師（花押）」（奥上）　守国充、

3

中東時茂証文　嘉吉弐年壬戌二月十二日　一通　大和国田井兵庫荘（文中）

室町前期写、竪紙、楮紙、縦二六・一cm、横三九・二cm、一紙、

（書出）「先度進被置候契約状文言／不足之由」（書止）「仍為後日証文状如件」（差出）「たゆふ時茂（花押）」（日下）

4

中東時茂契状案　文安元年十一月廿五日　一通　箸尾御神供米

室町中期写、竪紙、楮紙、縦二八・二cm、横三二・五cm、一紙、

（端裏書）「箸尾御神供米事　(案)安文」（書出）「契約申箸尾御神供米事」（書止）「仍為後日契約之／状如件」（差出）「東時茂判アリ」（日下）

○端裏書ヲ表ニ折リ返シテアリ、

5

安居房御供備進書上　〔文安六年己巳六月二十三日〕　一通　安居房御供

室町中期写、続紙、尾欠、楮紙、縦二八・八cm、横三五・九cm、一紙、

（書出）「文安六年己巳六月廿三日安居房御供備進在之」（尾）「四御殿ノヲリウトワ当年北郷方コレヲハイリヤウ」

6

中東時茂出挙米借状案　長禄参年己卯九月三日　一通　大和国箸尾・田井兵庫荘

室町中期写、竪紙、楮紙、縦二四・四cm、横三六・五cm、一紙、

（端裏書）「借米安(案)」（書出）「借申　出挙米之事／合拾玖石者升ワ田井庄升定卯歳／加利平畢」（書止）「仍／借状如件」（差出）「積蔵院東時茂判」（日下）

○端裏書ヲ表ニ折リ返シテアリ、

7

阿闍梨実胤去状　長享元年丁未九月十六日　一通　琵琶垣内

室町中期写、竪紙、楮紙、縦三〇・二cm、横三一・六cm、一紙、

（端裏書）「ヒワノカヒトノサリフミ」（書出）「去渡申　琵琶垣内田地之事／合二段者大佛供領之内東ヨリ二反目三反目」（書止）「仍為支証／去状如件」（差出）「阿闍梨実胤（花押）」（日下）　見静房充、

○端裏書ヲ表ニ折リ返シテアリ、

8

摂津国水尾稲富荘請口代官職補任状案　明応三年甲寅七月十一日　一通　摂津国水尾稲富荘

室町後期写、竪紙、楮紙、縦二七・〇cm、横四〇・四cm、一紙、

（書出）「南都春日社領摂州水尾稲富庄／請口代官職之事」（書止）「仍補任之状如斯」（差出）「三方沙汰人永忠在判／春統／重継」（日下）（充所）「嘉勝寺」

9 春日社三惣官連署披露状 〔明応四年〕五月廿七日 一通 北郷常住職

室町後期写、折紙、楮紙、縦三一・六cm、横五〇・八cm、一紙、（折紙端裏書）「明応四年乙卯社家御披露状」（書出）「就当社北郷常住職之儀／守家五郎幼少之時」（書止）「以此旨可／有御披露御集会候恐々／謹言」（差出）「執行正預祐仲（花押）／神主師種（花押）／若宮神主祐勝（花押）」（日下）（充所）「下臈分一臈所御房」

○紙背ニ花押一顆アリ、折紙ノ折目ヲ切断シテアリ、

10 遊佐就盛書状 〈(別筆)永正二年乙丑〉正月十一日 一通

室町後期写、竪紙、楮紙、縦二七・一cm、横三六・〇cm、一紙、（端書）「□正二年」（書出）「陽春之慶賀珍重／候」（書止）「恐々謹言」（差出）「就盛（花押）」（日下）（充所）「野田宮内丞殿進之候」

11 大和国箸尾荘御神供新免米重書案 一通 大和国箸尾荘

室町後期写、続紙、楮紙、（第一紙）縦二五・四cm、横三八・六cm、（第二紙）縦二五・六cm、横四〇・五cm、（第三紙）縦二六・〇cm、横四〇・八cm、三紙、

（端裏書）「案文」

○第一紙・第二紙間ニ第12号ヲ貼リ継グ、端裏書ヲ表ニ折リ返シテアリ、

①箸尾為国書状案 〈長享二／戊申〉八月十八日 中東方

（書出）「就中東方与左越源十郎相論御／米之儀」（書止）「此旨可然之様御披露所仰候」（差出）「為国判」（日下）（充所）「供目代御坊」

②箸尾為国書状案 〈永正二／乙丑〉十二月十四日 宮内方

（書出）「御神供新免八石事宮内／かたへ可渡之由承候」（第一紙尾）「宮内」（第二紙首）「かたへ」（書止）「委細ハ新方可被申候間省略候恐々／謹言」（差出）「為国判」（日下）（充所）「興善院／賢聖院御報」

○第12号ノ案文、

③為宗書状案 〈永正二／乙丑〉十二月十四日

左奥ニ追而書アリ、（書出）「御神供料新免八石之事宮内方へ／可被相渡候由蒙仰候」（書止）「恐惶／謹言」（差出）「新十郎為宗判」（日下）（充所）「賢聖院御坊貴報」

12 箸尾為国書状 〈(別筆)永正二年乙丑〉十二月十四日 一通

室町後期写、竪紙、首欠、楮紙、縦二五・〇cm、横四一・九cm、一紙、

（首）「宮内かたへ可渡之由申付候」（書止）「恐々謹言」（差出）「為国（花押）」（日下）

（礼紙切封上書）「（墨引） 上野守 為国 興善院 賢聖院御報」

○第11号ノ正文、

13 為宗書状 〈(別筆)永正三年丙寅〉七月廿二日 一通 大和国田井兵庫荘

室町後期写、竪紙、楮紙、右袖ニ追而書アリ、縦二六・〇cm、横三八・五cm、一紙、

（書出）「就新免御米之儀先日委細／賢聖院へ申入候」（書止）「委曲猶与三郎方／可申候恐々謹言」（差出）「為宗（花押）」（日下）

14 春日社下遷宮日時風記 〔永正四年十二月〕 一通 春日社下遷宮

室町後期写、竪紙、楮紙、縦二〇・九cm、横四〇・二cm、一紙、

（端裏書）「ホノキ」

（内題）「風記《ホノキ》「夙《ホノカ》歟」(別筆)」

○①②ヲ書キ継グ、

①春日社下遷宮日時勘文 十二月二日

（書出）「春日社仮殿遷宮日時」（書止）「廿五日　甲午　時戌」（差出）「陰陽頭安倍朝臣有憲」（日下）

②宣旨案　永正四年十二月七日

（書出）「左弁官下　春日社／応任日時勤行当社仮殿遷御事」（書止）「奉　勅宜任日時令遂行／者社宜承知依宣行之」（差出）「大吏〔史〕小槻宿祢判」（日下）「少弁藤原朝臣判」（奥上）

15 平等寺護摩方屋敷売券　永正六年己巳六月廿三日　一通　御子宮屋敷

室町後期写、竪紙、楮紙、縦三一・九cm、横三五・六cm、一紙、（端裏書）「ミコノミヤフノケン　□」（書出）「沽却　御子宮屋敷新券文事／合屋敷一所／右件屋敷地主職者平等寺護摩方／知行領所也」（書止）「依後日支証状如件」（差出）「己巳年預有海（花押）／物年預アサリ弁英（花押）／コ广〔摩〕年預アサリ良弘（花押）」（日下）弁盛充、

16 春日社祓講中畠負所注文　永禄七年甲子正月廿一日　一通

室町後期写、竪紙、楮紙、縦二八・七cm、横四二・五cm、一紙、（書出）「春日社　御祓講中」（書止）「然共依子細寄進状／講衆中被渡畢」

○左奥ニ「一四百文地子定家付地子也五郎右衛門殿」トアリ、

17 則乗書状　〈（別筆）永正十二亥〉三月廿九日　一通　春日免田

室町後期写、竪紙、楮紙、縦二五・一cm、横三八・二cm、一紙、（書出）「就春日免田御供之／下地委細蒙仰候」（書止）「此等之趣御取合肝要候／恐々謹言」（差出）「則乗（花押）」（日下）（充所）「権専当琳春御房御返報」

18 西新堂彦次郎田地請文　永正十二年乙亥五月八日　一通　ハセノカイト

室町後期写、竪紙、楮紙、縦二一・七cm、横二七・二cm、一紙、（端裏書）「ハセノカキト請文」（書出）「ウケ申　御田ノ事／合壱反半字ハセノカキト」（書止）「百姓メシアケラセ候／ヘク候仍請文如件」（差出）「西新堂彦次郎（花押）」（日下）

19 神余昌綱書状　〈（別筆）永正十三丙子〉正月十二日　一通　春日越後御師

室町後期写、竪紙、楮紙、縦二四・七cm、横四一・二cm、一紙、（端裏書）「永正十三年」（書出）「誠明春之吉兆珍重候」（書止）「恐々謹言」（差出）「昌綱（花押）」（日下）（充所）「春日越後御師野田宮内丞殿御報」

第十八巻裏打紙文書

裏1 口上書草案　一通　館林殿御燈呂

江戸後期写、竪紙、首尾欠、楮紙、縦二五・〇cm、横三一・四cm、一紙、（首）「参申由申越候又ハ相渡し方も相知れ不申」（尾）「館林殿御燈呂三句五節句御燈調」

○第1号ノ裏打紙ナリ、裏9号ト関連スルヵ、

裏2 包紙断簡　一枚

江戸写、断簡、上部欠損、楮紙、縦一七・〇cm、横三一・一cm、一紙、（全文）「□公方御見舞頂戴申扣」

○第2号ノ裏打紙、

裏3 祝詞断簡　〔天正十四年十一月一日〕　一葉

江戸前期写、断簡、楮紙、縦二四・二cm、横一七・七cm、一紙、

(書出)「天天正十四年丙戌十一月朔日吉日良辰を」(尾)「添の上郡こうふく寺の内に」
○第3号ノ裏打紙(左上)、

裏4
祝詞断簡　一葉
江戸写、断簡、楮紙、縦一八・五cm、横六・三cm、一紙、
(首)「志夜ノ波」(書止)「竟奉良久登白」
○第3号ノ裏打紙(上端)ナリ、裏3号ノ下ニ隠レル、

裏5
当番禰宜覚書断簡　一葉
江戸写、断簡、楮紙、紙背文書アリ、縦二二・二cm、横一二・二cm、一紙、
(首)「当番祢宜/自社家クキヤテシヤウ人ヲ六条殿へ」(尾)「常住ハマイラス也」
○第3号ノ裏打紙(右上)、
〔紙背〕書付断簡　一葉
江戸写、断簡、楮紙、縦二二・二cm、横一二・二cm、一紙、
(首)「九日春□」(尾)「十日春□清有」

裏6
某殿舎改築日並記　一通
室町後期写、竪紙、首欠、楮紙、墨書訂正アリ、仮名交リ文、縦二三・四cm、横二九・〇cm、一紙、
(首)「此等四个条斗」(文末)「大床ノツカハシラヨリ〇一尺西ノ庇柱マテ定」
○第3号ノ裏打紙(左下)、

裏7
祝詞断簡　一葉
江戸前期写、断簡、楮紙、縦一四・三cm、横一一・五cm、一紙、
(首)「たれてかけはくも」(尾)「つけてもみま□」
○第3号ノ裏打紙(右下)、

裏8
神事覚書断簡　一葉
室町前期写、断簡、楮紙、縦二七・九cm、横七・五cm、一紙、
(首)「一ナヘハホウラク土器等ヲ用」(尾)「又/供日ニハ別而ス、キタル黄衣内衣□□□ス」
○第4号ノ裏打紙(左上)、

裏9
願書草案　一通　燈呂ニ付
江戸後期写、竪紙、尾欠、楮紙、縦二四・八cm、横三一・六cm、一紙、
(書出)「返答書を以御願申上候」(尾)「宮内ゟ申上候」
○第4号ノ裏打紙(右側)ナリ、裏1号ト関連スルカ、

裏10
書付断簡　一葉
明治写、断簡、楮紙、縦七・〇cm、横三・五cm、一紙、
(全文)「神社」
○第4号ノ裏打紙(左下)、

裏11
寛永四年三月日並記抜書〔寛永四年三月~五月〕　一通
江戸後期写、横切紙、尾欠、楮紙、縦一三・二cm、横三一・二cm、一紙、
(文首)「寛永四年三月日並記抜」(尾)「楼門燈呂南郷常住」
○第6号ノ裏打紙(左側)、

裏12
社参次第書付　一葉
江戸中期写、袋綴装断簡、首尾欠、楮紙、縦二四・五cm、横三一・

四cm、一紙、
（首）「此儀再応御断申上候処」（尾）「先例通ニ而役所内々／与力被申候儀者構断申入相済申也」
○第6号ノ裏打紙（右側）、

裏13
書付断簡 一葉
江戸後期写、断簡、楮紙、縦一三・五cm、横三・九cm、一紙、
（首）「五日□□四日」
○第8号ノ裏打紙（左上端）、

裏14
書付断簡 一葉
明治写、断簡、楮紙、縦一八・五cm、横九・〇cm、一紙、
（全文）「御□　松田／庄吉」
○第8号ノ裏打紙（左上）、

裏15
書付断簡 一葉
江戸写、断簡、楮紙、縦七・三cm、横一二・三cm、一紙、
（全文）「東新在家町狭川市□／花芝町山本源□」
○第8号ノ裏打紙（右上）、

裏16
三方常住注進状 十二月吉日 一通
江戸後期写、竪紙、尾欠、下部欠損、楮紙、縦二二・一cm、横四〇・一cm、一紙、
（書出）「注進　率川社正遷宮御用□」（書止）「以上」（差出）「三方常住□」（日下）
○第8号ノ裏打紙（下）、

裏17
書付断簡 一葉
江戸写、断簡、楮紙、縦二三・〇cm、横一一・一cm、一紙、
○第9号ノ裏打紙ナリ、文字一行ノ右半分ノミヲ存スモ釈読不能、

裏18
御動座雑事条々 一通
江戸中期写、竪紙、尾欠、楮紙、縦二六・七cm、横二一・〇cm、一紙、
（書出）「一就御動座勧請祝并移殿御清祓等之／禄物参貫文之事」
（尾）「無相違之旨為職之通可申付之由候間」
○第10号ノ裏打紙（左上）ナリ、文中ニ文亀元年辛酉十二月日御動座祓禄物切符ノ引用アリ、

裏19
包紙断簡 一枚
明治写、断簡、楮紙、縦一六・〇cm、横一一・五cm、一紙、
（首）「御礼」（尾）「大宮様」
○第10号ノ裏打紙（右上）、

裏20
大宮守正死亡届 明治十五年九月十九日 二通
明治写、楮紙、（一通目）縦二四・八cm、横八・四cm、（二通目）縦二四・八cm、横五・五cm、各一紙、
（書出）「死亡届」（書止）「右者本月十九日午後六時死去仕候ニ付此段御届候也」（差出）「母くに代理／大宮守慶（円朱印）」（日下）
○第10号ノ裏打紙（右中）ナリ、同文ノ文書二通アリ、

裏21
書付断簡 一葉
江戸後期写、断簡、楮紙、縦一一・三cm、横三・七cm、一紙、
（首）「義経公」（尾）「切紙」
○第10号ノ裏打紙（左下）、

裏22

手向山八幡神絵小図断簡（版）　一葉

江戸後期刊、断簡、楮紙、縦一一・七cm、横二五・四cm、一紙、

（全文）「知波能加豆の」

○第10号ノ裏打紙（右下）ナリ、成巻第六巻裏1号等ト同版ナラン、

裏23

老中等御越書付　一通

江戸後期写、横切紙、上部欠損、楮紙、縦一一・七cm、横二五・四cm、一紙、

（文首）「寛政四子年十一月十日」（文末）「寿院置書候事／申入ル」

○第11号第一紙ノ裏打紙（上）、

裏24

大宮守正死亡届　明治十五年九月十九日　一通

明治写、罫紙、縦二〇・三cm、横二九・七cm、一紙、

（書出）「死亡届」（書止）「此段／御届申上候也」（差出）「医師松岡周徳（円朱印）」（日下）（充所）「衛生委員／御中」

○第11号第一紙ノ裏打紙（下）、

裏25

手向山八幡神絵小図断簡（版）　一葉

江戸後期刊、断簡、楮紙、縦一六・八cm、横五・四cm、一紙、

○第12号ノ裏打紙（左上）ナリ、成巻第六巻裏1号等ト同版ナラン、

裏26

文様拓本　一葉

明治写カ、竪紙、楮紙、縦一八・四cm、横一九・〇cm、一紙、

○第12号ノ裏打紙（左下）、

裏27

細井戸郷天照大神下遷宮祝詞草案　〔天正十三年六月二十二日〕　一通　大和国広瀬郡細井戸郷天照大神

桃山写、竪紙、尾欠、楮紙、縦二六・一cm、全長三一・四cm、二紙、

（書出）「さゐはい〳〵ときに天正十三年乙酉六／月廿二日戊亥刻吉日」

（尾）「かうないあんおんしんちうしよくわん」

○右袖ニ和歌ヲ記ス、第12号ノ裏打紙（左側）ナリ、裏32号・第三十七括5号・21号ト関連スル、

裏28

大宮家由緒書上　一葉

明治写、袋綴装断簡、首欠、楮紙、縦一九・五cm、横三一・六cm、一紙、

（首）「町土員者」（尾）「依座次相論別加判」

○第11号第二紙ノ裏打紙（左側）ナリ、本号・裏31号・裏36号・裏29号ノ順ニ連続スル袋綴装ノ同一文書ナリ、

裏29

大宮家由緒書上　一葉

明治写、袋綴装断簡、尾欠、楮紙、縦二二・〇cm、横三一・六cm、一紙、

（首）「○従五位下兵部大輔藤原朝臣守安幼名春徳」（尾）「以此旨早可」

○第11号第二紙ノ裏打紙（右側）ナリ、裏28号等ト同一文書、

裏30

入用之覚　〔文化十二年六月二十七日〕　一通　中山道橋石掛崩ニ付

江戸後期写、折紙、中欠カ、縦三二・九cm、横三一・六cm、一紙、

（文首）「一文化十二乙亥年六月廿七日／大水ニ付中山道」（文末）「山本大学　大宮宮内」

○第11号第三紙ノ裏打紙（左側）、

裏31

大宮家由緒書上　一葉

明治写、袋綴装断簡、上部欠損、楮紙、紙背文書アリ、縦一八・七cm、横三一・七cm、一紙、

（首）「権預中臣連祐○判」（尾）「定田二丁四段六十歩八計〔斗〕代」

○第11号第三紙ノ裏打紙（右側）ナリ、裏28号等ト同一文書、

〔紙背〕願書草案　一通

明治写、断簡、楮紙、縦一八・七cm、横三一・七cm、一紙、

（首）「殿御所有之地」（尾）「被聞主引取」

裏32

細井戸郷天照大神下遷宮祝詞　〔天正十三年六月二十二日〕　一通

大和国広瀬郡細井戸郷天照大神

桃山写、竪紙、尾欠、楮紙、縦二五・二cm、横三一・五cm、一紙、

（書出）「さいはい〱時に天正十三年乙酉六月廿二日戊亥刻／吉日」

（尾）「よるのまもり日」ひろせのこおりほそいとのかう天照大神充、

○第13号ノ裏打紙（左側）ナリ、裏27号等ト関連スル、

裏33

老中等御越書付　一通

江戸後期写、横切紙、楮紙、縦一三・三cm、横二五・七cm、一紙、

（書出）「老中土井大炊頭殿／同四子年四月」（書止）「文化十二三月／老中松平大和守殿／御越無之」

○第13号ノ裏打紙（右上）、

裏34

書付断簡　一通

江戸後期写、断簡、楮紙、縦一二・五cm、横六・三cm、一紙、

（全文）「藤浪氏（花押）」

○第13号ノ裏打紙（右下）、

裏35

御帰座次第条々　一通

江戸中期写、続紙カ、中欠カ、楮紙、墨書訂正アリ、仮名交リ文、（第一紙）縦二一・八cm、横二八・五cm、（第二紙）縦二一・一cm、横二六・〇cm、二紙、

（書出）「一おん帰座以前御神宝御役之事／御鉾ハ左御弓右也」（第一紙尾）「寺ノ前ヨリ水垣ト御前トノ間之」（二紙目首）「社家方ノ下知ノ次第不及左右」（書止）「御神宝御役者ハヲウカタヒラハカリナリ」

○第14号ノ裏打紙ナリ、現状ハ縦ニ貼リ継イデアリ、

裏36

大宮家由緒書上　一葉

明治写、袋綴装断簡、上部欠損、楮紙、縦二〇・四cm、横三一・四cm、一紙、

（首）「所当米拾九石三計〔斗〕三升三合三勺四才」（尾）「依可祈申催也」

○第16号ノ裏打紙（左側）ナリ、文中ニ「引合」ノ長方朱印アリ、裏28号等ト同一文書、

裏37

町内軒割銭覚　〔文政十一年～十二年〕　一通

江戸後期写、折紙、中欠カ、楮紙、縦二三・五cm、横三一・五cm、一紙、

（文首）「文政十一子年九月ゟ／文政十二丑年十月迄」（文末）「藤谷将監」（差出）「掃除年預中垣岩見（ママ）／藤谷将監」（奥下）中山道道作ニ付

○第16号ノ裏打紙（右側）ナリ、第百十七括等ト関連スル、

裏38

文書断簡　一葉

江戸写、断簡、楮紙、縦一四・八cm、横八・一cm、一紙、

（首）「乍併此段」（尾）「連綿ニ而」

○第17号ノ裏打紙（左上）ナリ、裏39号ト同一文書カ、

裏39

文書断簡　一葉

江戸写、断簡、楮紙、縦一六・四cm、横六・二cm、一紙、

(首)「来り候趣昨年一臈代」(尾)「請取来り候義無覚束」

○第17号ノ裏打紙(中上)ナリ、裏38号ト同一文書ヵ、

裏40

陰陽師人名書上断簡　一葉

江戸後期写、断簡、楮紙、墨界、縦一〇・九cm、横七・四cm、一紙、

(書出)「従五位下行陰陽権助兼土佐守賀茂朝臣」(書止)「正四位下行刑部権大輔兼暦博士賀茂朝臣」

○第17号ノ裏打紙(右上)、

裏41

大宮若宮当番等連署請書届書控　嘉永六丑年六月十四日　一通

江戸後期写、続紙、下部欠損、楮紙、(第一紙)縦二五・三cm、横三九・四cm、(第二紙)縦二八・六cm、横二七・二cm、二紙、

(書出)「奉差上候御請書／一此度社頭御金燈呂弐釣紛失仕候ニ付」(書止)「右之通御寺務様江奉差上候ニ付写し書差上申候以上」(充所)「御一臈所様」

○第一紙ハ第17号ノ裏打紙(下)、第二紙ハ第18号ノ裏打紙ナリ、成巻第十九巻裏4号ノ届書、

裏42

町内軒割銭注文　〔文政三年～四年〕　一通　祭礼等ニ付

江戸後期写、折紙、首尾欠、中欠、楮紙、縦三一・一cm、横二五・七cm、一紙、

(首)「一八拾文　杉町」(尾)「新開方　十四軒分／但し壱軒分ニ付／右之本紙高畠方有之」

○第19号ノ裏打紙(左側)ナリ、第百十七括等ト関連スル、

裏43

町内軒割銭注文　〔文政五年七月二十九日〕　一通　八朔道掃除ニ付

江戸後期写、折紙、中欠ヵ、下部欠損、楮紙、縦一七・四cm、横三一・一cm、一紙、

(書出)「文政五午年七月廿九日」(尾)「藤谷出羽」(差出)「□〔木〕左京／□〔宮〕宮内」(奥下)

○第19号ノ裏打紙(右側)ナリ、第百十七括等ト関連スル、

大宮家文書　成巻第十九巻

巻子本、白麻布表紙(縦三一・六cm、横一七・二cm)、組紐、棒軸、
(外題)「第拾玖号自守家至守富」
(見返)「明治廿二年霜月／修之畢　藤浪之家「藤浪(方朱印)／屋印」」

1　上杉房安等神宝寄進状　永正十六年五月十八日　一通
室町後期写、竪紙、楮紙、縦二四・七cm、横三二・八cm、一紙、
(書出)「春日大明神御□□□□」(書止)「此外神馬三千疋於本意／之上□之可致進納者也」(差出)「松上院　上椙殿　上杉殿　御年卅五歳「房安(自署)」／生年卅四歳／長尾弾正左衛門尉為景／卅二歳／長尾泰蔵軒安景」(日下)　春日社充、

御剣(文中)　神馬　上杉房安　長尾為景　長尾安景

2　栄菊書状　〈永正十六己卯〉十一月廿一日　一通
室町後期写、竪紙、楮紙、右袖ニ追而書アリ、縦二四・三cm、横三八・五cm、一紙、
(書出)「如尊意久不申承候不断／御床敷存候処」(書止)「巨細者此仁可被申候間不能／詳候恐々謹言」(差出)「栄菊(花押)」(日下)(充所)「良職御房御返報」

神人宮内申事　堅承候(文中)

3　琵琶小路家正田地寄進状　大永五年乙酉九月三日　一通
室町後期写、竪紙、楮紙、縦二四・八cm、横三八・七cm、一紙、
(書出)「奉寄進榎本明神御燈料田之事／合壱段者／字アマカツシニアリ／カキウチ者」(書止)「可／奉抽精誠祈念者也仍祈願状如件」(差出)「琵琶小路／家正(花押)」(日下)　榎本明神充、

榎本明神御燈料田　アマカツシ(尼辻)　以宮内丞守家奉寄附(文中)

4　琵琶小路家正書状　〈大永五年〉十一月一日　一通
室町後期写、竪紙、楮紙、縦二四・二cm、横三二・八cm、一紙、
(書出)「字カキウチ／為月朔日田地一段きしん」(書止)「恐々謹言」(差出)「(花押)」(日下)(充所)「宮内殿御返報」
(端裏捻封上書)「　　　琵琶小路
(墨引)宮内丞とのへ御返報　(花押)」
○端裏上書ヲ折リ返シテアリ、

田地寄進

5　弁盛田地作主職売券　大永八年戊子卯月廿六日　一通
室町後期写、竪紙、楮紙、縦三一・三cm、横四〇・四cm、一紙、
(端裏書)「ハフノケン」(書出)「沽却　水田地作主職新券文事」(書止)「仍後日支証状如件」(差出)「弁盛(略押)」(日下)　杉田方充、

字戒重領内平等寺釈迦院(文中)

6　真海等田地寄進状　享禄四年辛卯六月廿四日　一通
室町後期写、竪紙、楮紙、縦三〇・三cm、横三七・九cm、一紙、
(書出)「春日社　奉寄進燈明田事」(書止)「仍寄進状如件」(差出)「良賢真海(花押)／松塚新坊俊海(花押)」(日下)　祢宜重久神五郎方充、

字南郷(文中)

7　円尊藪売券　天文六年丁酉四月廿七日　一通
室町後期写、竪紙、楮紙、縦三一・五cm、横四六・三cm、一紙、
(端裏書)「進藤殿状野田藪券　アラ〳〵入物有」(書出)「沽却　藪新眷〔券〕文事」(書止)「仍後日／証文之状如件」(差出)「売主水坊賢信円尊(花押)」(日下)　東大寺上坊充、

東野田北頬(文中)

8　蔵人頭庭田重保奉口宣案　〔天文二十三年三月八日〕　一通＊14
室町後期写、竪紙、宿紙、縦三一・一cm、横四四・四cm、一紙、
(端裏銘)「□□□〔口宣案カ〕」(本文)「上卿　中山大納言／天文廿三年三月八日宣旨／宮内少丞藤原守家／宜任内蔵権助」(差出)「蔵人頭右近衛権中将源重保奉」(奥下)

藤原守家ヲ内蔵権助ニ

○貼紙ニ「口宣」(右端)トアリ、

9
某書状　一通
室町後期写、竪紙、尾欠、楮紙、右袖ニ追而書アリ、縦二四・九cm、横三九・八cm、一紙、
(書出)「重而預御状候両奉行へも／申候処」(尾)「其旨／可致披露之由候左様之」

10
某書状　〈弘治元〉(別筆)五月三日　一通　常住職 南曹・近衛殿(文中)
室町後期写、竪紙、楮紙、右袖ニ追而書アリ、縦二六・三cm、横四二・一cm、一紙、
(書出)「御集議御書謹拝見申候仍／就常住職儀」(書止)「此等趣／宜預御披露候恐惶敬白」(差出)「□□〔慶栄カ〕(花押)」(日下)(充所)「供目代御坊人々御中」

11
某書状案(土代)　一通
室町後期写、竪紙、楮紙、縦二五・二cm、横三八・九cm、一紙、
(書出)「就当社大宮北郷常住職之儀而　近衛殿様／御寄附〇以来宮内尉〔丞〕之家」(書止)「以其筋目早々／申御沙汰可為珍重候」(充所)「進藤三郎左衛門尉殿」　差出書・日付ナシ、

12
一乗院家御教書　永禄元年七月　日　一通　門跡御祈禱師 大和国興富荘(文中)
室町後期写、竪紙、楮紙、縦二六・九cm、横四二・二cm、一紙、
(書出)「当門跡御祈禱師事／被仰付了」(書止)「可目出候由所候也仍執達／如件」(差出)「□□(花押)」(日下)(充所)「宮内善太郎殿」

13
春日社燈明田寄進田数帳　永禄五年壬戌七月廿四日　一通
室町後期写、竪紙、楮紙、縦三一・二cm、横三七・九cm、一紙、
(端裏書)「トウミヤウテンヱキシノ券」(書出)「春日社　燈明田仁奉寄進田数帳事」(書止)「仍後代支証文之状如件」(差出)「長尊／智典(花押)」(日下)「南郷中務少輔倫長(花押)」(奥上)「戊亥坊智典(花押)」(奥下)(充所)「ナラ高畠ネキ大蔵殿参」

第十九巻裏打紙文書

裏1
執行正預辰市祐有注進状　康応元年七月　日　一通
南北朝写、竪紙、首欠、楮紙、縦二六・四cm、横三三・四cm、一紙、
(首)「莚道薦拾枚長各壱丈」(書止)「右大概注進如斯有漏事者重可令／注進之状如件」(差出)「執行正預中臣連祐有」(日下)
○第1号ノ裏打紙(上)、

裏2
中山道掃除賃町別軒割注文　一葉
江戸後期写、折紙断簡、楮紙、縦六・○cm、横三一・五cm、一紙、
(文首)「□戊八月ゟ／□亥七月迄／□道掃除」(文末)「中垣肥後□／丹坂采女」
○第1号ノ裏打紙(下)ナリ、第百十七括等ト関連スル、

裏3
包紙断簡　一枚
明治写、断簡、楮紙、縦八・四cm、横四・三cm、一紙、
(全文)「金壱封」
○第1号ノ裏打紙(右下)、

裏4
大宮若宮当番等連署請書控　嘉永六丑年六月十四日　一通　金燈呂紛失
江戸後期写、竪紙、尾欠、楮紙、縦二九・四cm、横三六・一cm、一紙、

（書出）「奉差上候御請書／一此度社頭御金燈呂弐釣紛失仕候ニ付」（書止）「依之／御請書奉差上候以上」（差出）「大宮殿／当番北郷玄蕃／南郷修理」（日下）以下計一〇名連署、
○第2号ノ裏打紙（左側）ナリ、成巻第十八巻裏41号ハ本号ノ届書、

裏5
口上書断簡 一葉
江戸後期写、断簡、楮紙、縦二三・二cm、横三・二cm、一紙、
（全文）「乍恐奉口上書を以願上候」
○第2号ノ裏打紙（右側）、

裏6
神輿指図断簡 一葉
江戸後期写、断簡、楮紙、縦三五・〇cm、横五・〇cm、一紙、
○第3号ノ裏打紙（左上）、

裏7
回章包紙断簡 一枚
江戸後期写、断簡、楮紙、縦一四・二cm、横七・五cm、一紙、
（全文）「廻章」
○紙背ニモ文字アリ、第3号ノ裏打紙（右上）、

裏8
白紙祭文 天文廿二年癸丑十月十四日 一通
室町後期写、竪紙、楮紙、縦二六・八cm、横三一・九cm、一紙、
（書出）「白紙祭文／夫天地和合宿曜相応」（書止）「無窮／普及一切再拝々々」（差出）「四膓神殿守 七十六才守家／宮内丞」（日下）
○第3号ノ裏打紙（左下）、

裏9
大宮家系図書付 一通
江戸後期写、小切紙、楮紙、縦一二・二cm、横一八・〇cm、一紙、
（文首）「吉守後家弘長元年他界」（文末）「□守妻北京四条人也目世女」
○第3号ノ裏打紙（右下）、

裏10
書付断簡 一葉
江戸中期写、断簡、楮紙、縦八・五cm、横一〇・〇cm、一紙、
（首）「表書暦／裏書／享保二年」
○第4号ノ裏打紙（中上）、

裏11
金銭領収書 八月十九日 一通
明治写、小切紙、楮紙、縦八・二cm、横一一・七cm、一紙、
（文首）「八月十八日／一金拾円也」（書止）「以上」（充所）「中島伊六殿」
○第4号ノ裏打紙（右上）、

裏12
願書草案 一通 釣燈呂ニ付
江戸後期写、竪紙、首欠、楮紙、縦二四・二cm、横三一・〇cm、一紙、
（首）「▨▨▨▨▨▨▨既明和年中関東へ／差上候御由緒書ニ」
（書止）「主計方ニ相勤／候様被仰付被下候ハヽ、難有奉存候」
○第4号ノ裏打紙（下）、

裏13
大乗院御教書包紙 〔延文四年二月十日〕 一枚
南北朝写、竪紙、楮紙、縦三七・九cm、横二九・八cm、一紙、
（全文）「大乗院殿御教書 延文四年二月十日」
○第6号ノ裏打紙（上）ナリ、成巻第十三巻1号ノ包紙カ、

裏14
書付断簡 一葉

江戸写、断簡、楮紙、縦一〇・五cm、横三・〇cm、一紙、
(全文)「加修覆」
○第6号ノ裏打紙(左下)、

裏15
書付断簡　一葉
江戸写、断簡、楮紙(漉返紙)、縦二八・〇cm、横二・三cm、一紙、
(全文)「其外古書」
○第6号ノ裏打紙(中下)、

裏16
算術問答集　一葉
明治写、断簡、中欠、楮紙、(第一紙)縦二〇・一cm、横六・五cm、(第二紙)縦二〇・八cm、横六・二cm、二紙、
(首)「右精要算法巻之中雑題第五ニ見ヘタリ」(尾)「芋数何程ト問フ」
○第9号ノ裏打紙(上)ナリ、成巻第十五巻裏17号等ト同一文書ヵ、末尾ハ裏22号ニ接続スル、

裏17
日並記抜書　〔弘化二年七月~八月〕　一通　清祓ニ付
江戸後期写、竪紙、楮紙、縦二五・五cm、横三九・六cm、一紙、
(文首)「弘化弐巳年七月」(文末)「大麻階下迄有之候事」
○第9号ノ裏打紙(下)、

裏18
中山道掃除賃町別軒割注文　〔文政六年七月〕　一通
江戸後期写、折紙、楮紙、縦三三・四cm、横三一・五cm、一紙、
(文首)「文政六未年七月山口/道掃除当年ゟ近江屋」(文末)「家数同断」
○第10号ノ裏打紙(左側)ナリ、第百十七括等ト関連スル、

裏19
中山道掃除賃町別軒割注文　〔文化十一年七月〕　一通
江戸後期写、折紙、尾欠、楮紙、縦三三・一cm、横三一・六cm、一紙、
(書出)「文化十一甲戌年七月中旬/中山道掃除之事」(尾)「年預山口河内 山口兵庫」
○第10号ノ裏打紙(右側)ナリ、第百十七括等ト関連スル、

裏20
中山道掃除賃町別軒割注文　一通
江戸後期写、折紙、首尾欠、上部・下部欠損、縦一七・六cm、横三一・六cm、一紙、
(首)「蔵吉兵衛　藤谷将監」(尾)「山口主税/近江屋吉兵衛」
○第11号ノ裏打紙(左側)ナリ、第百十七括等ト関連スル、

裏21
藤氏長者近衛家久宣写　享保十二年後正月廿五日　一通
江戸中期写、竪紙、楮紙、墨点(仮名・返点、江戸中期)、縦二〇・四cm、横二五・〇cm、一紙、
(書出)「被長者　宣儞〔偁〕就春日社造宮」(書止)「之由長者　宣如此此旨/可令申入興福寺別当一乗院宮/給仍執達如件」(差出)「右中弁宣誠」(日下)(充所)「謹上大納言僧都御房」
○第11号ノ裏打紙(右側)、

裏22
算術問答集　一通
明治写、折紙、首・中・尾欠、楮紙、縦四〇・五cm、横四・五cm、一紙、
(首)「答曰芋数八十個」(尾)「積消相等シキ数如何/答曰十寸」
○第12号ノ裏打紙ナリ、成巻第十五巻裏17号等ト同一文書ヵ、首部ハ裏16号ヨリ接続スル、

大宮家文書　成巻第二十巻

巻子本、白麻布表紙（縦三二・九cm、横一三・二cm）、組紐、棒軸、
（外題）「第弐拾号自守富至守統」
（見返）「明治廿二年霜月修之　藤浪之舎〔藤浪／屋印〕（方朱印）」

1　大宮守富譲状　天正六年寅《ツチノエ》六月四日　一通
桃山写、竪紙、楮紙、縦二四・六cm、横三二・〇cm、一紙、
（書出）「ゆつり状之事／一御神前長月御番皆以申事ある間敷候」（文末）「一家事」（差出）「野田宮内大輔／守富（花押）」（日下）（充所）「善太郎殿まいる」

2　大宮守富置文　天正六年六月四日　一通
桃山写、竪紙、楮紙、縦二五・八cm、横三〇・三cm、一紙、
（書出）「たい〱つたいの事ゆつり状皆々／わたし申候上は何事之申事あるましく候」（書止）「可有存知之候」（差出）「野田守富／守富（花押）」（日下）

3　春日社御供等始行記　〔承暦三年～保安元年〕　一通
桃山写、竪紙、楮紙、縦二五・二cm、横三一・三cm、一紙、
（文首）「白川院／一承暦三年十一月七日遷宮始行」（文末）「御神供／備進」
（奥書）「天正八年庚辰六月廿八日於椿屋下遷宮之
精進之時相伝之
宮内丞之」

4　大宮守家料足請文案　明応六年三月六日　一通　大蔵省庭積料足
桃山写、竪紙、楮紙、縦二六・二cm、横三二・二cm、一紙、
（端裏書）「春日まつりのうけ文」（書出）「請取申　大蔵省庭積料足事」（書止）「右為　当季分所請取申之状如件」（差出）「北郷常住神殿守守家判」（日下）
○左奥ニ「天正九年三月廿日北郷常住神殿守守統（花押）」トアリ、
又料足請取ノ次第ヲ記シテアリ、

5　大宮守統料足請文　天正十一年癸未二月十九日　一通＊11　大蔵省庭積料足
桃山写、竪紙、楮紙、縦二四・五cm、横三八・二cm、一紙、
（端裏書）「春日まつりウケ文」（本文）「請取申　大蔵者〔省〕庭積料足事／合三百疋者」（差出）「北郷常住神殿守守統（花押）」（日下）
○右袖・左奥ニ料足請取ノ次第等ヲ記シテアリ、

6　大宮守統燈明田覚書案　天正十三年乙酉八月廿一日　一通　春日社燈明田
桃山写、竪紙、楮紙、縦二四・四cm、横三七・九cm、一紙、
（書出）「春日社燈明田之事」（文末）「合米数卅壱石三斗一升八合」（差出）「北郷／宮内／常住宮内尉」（日下）
○左奥ニ「サン用ニ入／此時著到方六斗ツ、同守トシ方モ／壱石二斗ツ、」トアリ、

7　蔵人頭中御門資胤奉口宣案　〔文禄二年十月二十一日〕　一通　藤原守統ヲ治部少輔ニ
桃山写、竪紙、宿紙、縦三二・九cm、横四二・三cm、一紙、
（本文）「上卿　持明院中納言／文禄二年十月廿一日宣旨／藤□『原』守□『統』／宜任治部少輔」（差出）「蔵人頭左中弁藤原資胤奉」（奥下）

第二十巻裏打紙文書

裏1　祝詞断簡　一葉
江戸写、断簡、楮紙、縦一五・五cm、横三・七cm、一紙、
（全文）「□□□／奉るさひはい〱」

○第1号ノ裏打紙(左上)、

裏2

聖教断簡　一葉

江戸写、断簡、楮紙、縦一六・五cm、横五・二cm、一紙、

(全文)「智度論ニモ出／一桑田是佛書出ス桑田三千年ニ」

○第1号ノ裏打紙(右上)ナリ、第七十八括裏2号ト関連スル、

裏3

記録断簡　一葉

江戸中期写、袋綴装断簡、楮紙、縦二八・六cm、横三二・〇cm、一紙、

(首)「唐院相場半限ニ而様拶(挨カ)いたし被呉候様頼入候」(尾)「一山にも拝賀之義は一□」

○第1号ノ裏打紙(中央)ナリ、裏18号ト同一記録カ、

裏4

祝詞断簡　一葉

江戸写、断簡、楮紙、縦一四・八cm、横三・八cm、一紙、

(全文)「□□のやしろはこれな□／□つりませみわの山かけ」

○第1号ノ裏打紙(下)、

裏5

文書断簡　一葉

江戸写、断簡、楮紙、縦二一・〇cm、横三〇・六cm、一紙、

(首)「仰□／□申候」(差出)「玄蕃」(奥)以下計一一名連署ノ一部、

○第2号ノ裏打紙(上)、

裏6

書付断簡　一葉

江戸写、断簡、楮紙、縦一六・〇cm、横七・三cm、一紙、

(首)「ふくゆう殊には心さし」(尾)「ことわりにかなへ」

○第2号ノ裏打紙(左中)、

裏7

文書断簡　一葉

江戸後期写、断簡、楮紙、縦一四・三cm、横一〇・二cm、一紙、

(全文)「御寺務／大乗院御門跡様／御奉行様」

○第2号ノ裏打紙(右中)、

裏8

手向山八幡神絵小図詞書断簡　一葉

江戸後期写、断簡、楮紙、縦二三・四cm、横四・九cm、一紙、

(首)「塢弥例摩／もゝちたる／やにはもみゆ」

○第2号ノ裏打紙ナリ、裏6号・裏7号ノ上ニ貼ル、成巻第十六巻裏10号ト同文、

裏9

御神楽記録断簡　一通

江戸前期写、首欠、楮紙、縦二三・六cm、横三〇・六cm、一紙、

(首)「□之ナリ／第五日無神馬其外右ニ替ル事ナシ」(文末)「十一月廿一日ヨリ廿七日ニ至テ／一七ヶ日之間御神楽御執行」

○第2号ノ裏打紙(下)、

裏10

書付断簡　一葉

江戸写、断簡、楮紙、縦三一・六cm、横二一・八cm、一紙、

(全文)「方ニ下□也」

○第3号ノ裏打紙(上)、

裏11

文書断簡　一葉

江戸写、竪紙、断簡、楮紙、縦二一・五cm、横八・九cm、一紙、

(全文)「就今度御八講毎日免田御神供被奉下□／申時節神主殿屋江案内事当日番□／可申入□」

○第3号ノ裏打紙(右中)、

裏12

上杉景勝社参記 〔天正十六年閏五月〕 一通

桃山写、竪紙、尾欠、下部欠損、楮紙、縦二三・一cm、横三一・四cm、一紙、
（文首）「天正拾六年子閏五月廿日に／越知後ノ御やかた様南都□／御下向被成」（尾）「それより廿一日にかうや御参」
○第3号ノ裏打紙（下）、

裏13

記録断簡 一葉

江戸前期写、断簡、楮紙、縦一五・二cm、横一〇・五cm、一紙、
（首）「先床社中ヲ可有罪科」（尾）「床北郷方神人」
○第4号ノ裏打紙（左上）ナリ、裏14ト同一文書、

裏14

記録断簡 一葉

江戸前期写、断簡、楮紙、縦一六・九cm、横一〇・〇cm、一紙、
（首）「比被立申先規」（尾）「南郷方殿番神人」
○第4号ノ裏打紙（右上）、

裏15

春日祭御鞍等由緒書 一通

江戸中期写、竪紙、楮紙、縦二三・七cm、横三一・三cm、一紙、
（文首）「永禄十二年　春日祠官祐礒記／当社春日祭ニ出之水垣ニ奉懸之御鞍之事者秀行住宅之」（文末）「榎本輔〔浦カ〕之谷之可為事旨祐根被申」
○第4号ノ裏打紙（下）、

裏16

書付断簡 一葉

江戸写、断簡、楮紙、縦一三・五cm、横七・四cm、一紙、
（全文）「当社／祭典日」
○第5号ノ裏打紙（左上）、

裏17

書付断簡 一葉

明治写、断簡、楮紙、縦一九・四cm、横七・三cm、一紙、
（全文）「明治二十一／昨」
○第5号ノ裏打紙（右上）、

裏18

記録断簡 一葉

江戸中期写、袋綴装断簡、楮紙、縦二三・七cm、横三三・〇cm、一紙、
（首）「遂之夫ゟ藤ノ鳥井へ入テ大宮殿へ入奉幣／相済」（尾）「同月廿日神主殿ゟ迎録米常住三人請取」
○第5号ノ裏打紙（下）ナリ、裏3号ト同一記録カ、

裏19

書付断簡 一葉

江戸写、断簡、楮紙、縦一一・八cm、横三七・五cm、一紙、
（首）「□／前□」（尾）「千□」
○第6号ノ裏打紙（上）、

裏20

表断簡 一葉

明治写、断簡、楮紙、縦二三・六cm、横五・〇cm、一紙、
○第6号ノ裏打紙（左中）ナリ、八段ノ表ニシテ最下段ニ人名、ソノ他ノ段ニ甲乙丙ト算用数字ヲ記ス、

裏21

請取物覚断簡 一通

江戸写、横切紙、首欠、楮紙、縦一二・五cm、横三七・一cm、一紙、
（首）「□□□□〔正遷宮カ〕／八講屋にて請取／一あつ紙廿四帖」（尾）「ひさつき之ちわや／□□□若宮方」
○第6号ノ裏打紙（右中）、

裏22

書付断簡　一葉

明治写、断簡、楮紙、縦一〇・〇cm、横五・二cm、一紙、

（首）「楽を」（尾）「酒肴を」

○第6号ノ裏打紙（左下）、

裏23

神人連署状控　四月廿四日　一通

江戸中期写、首欠、楮紙、縦二二・〇cm、横三五・〇cm、一紙、

（差出）「南郷方日番助之丞」以下計一四名、（充所）「御寺務／一乗院様／御奉行所様」（奥書）「日番常住／両社共一条院〔ママ〕様へ／参ハンキヨ仕候／物也／同両社コモリノ／物共右之通也」

○第6号ノ裏打紙（右下）ナリ、本文ヲ欠ク、

裏24

書付断簡　一葉

江戸写、断簡、楮紙、縦七・九cm、横三一・一cm、一紙、

（全文）「年戌五月六日」

○第6号ノ裏打紙（表面下）、

大宮家文書　成巻第二十一巻

巻子本、白麻布表紙（縦三二・七cm、横一九・四cm）、組紐、棒軸、

（外題）「第弐拾壱号自守根至守寿」

（見返）「明治廿二年霜月修畢　大宮所蔵「藤浪／屋印」（方朱印）」

1

大宮守根譲状　慶長拾六庚〔辛〕亥年七月廿一日　一通　春日社常住職

桃山写、続紙、楮紙、縦二六・六cm、全長七六・四cm、二紙、

（書出）「ゆつり状之事／一春日社常住職永代一円之事」（書止）「金市丸に悉ニゆつり渡申者也／仍状如件」（差出）「大宮常住神殿守内蔵大輔（花押）」（日付前行下）（充所）「金市丸殿」

○端裏書アルモ釈読不能、

2

大宮守根料足請文　慶長拾四年二月廿日　一通　大蔵省庭積料足

桃山写、竪紙、楮紙、縦二五・八cm、横三〇・三cm、一紙、

（書出）「請取申大蔵者〔省〕庭積料足事」（書止）「右為当季分所請取申／状如件」（差出）「北郷常住神殿守／内蔵太〔大〕輔守根（花押）」（日下）

3

大宮守統譲状　慶長八年癸卯十一月廿三日　一通

桃山写、竪紙、楮紙、縦二六・四cm、横四〇・一cm、一紙、

（書出）「ゆつり状事／一常住職一円事」（書止）「右永代わたし申也」（差出）「宮内丞守統（花押）」（日下）（充所）「内蔵殿参」

4

大宮守統油料請文案　慶長六年庚〔辛〕丑五月八日　一通　春日御社御燈呂油　直江兼続ノ燈呂

桃山写、竪紙、楮紙、縦三一・〇cm、横四四・〇cm、一紙、

（書出）「春日御社御燈呂油之代物ニ／はんきん壱枚被下候」（書止）「退転なくとほし可申候／仍如件」（差出）「内蔵大輔／宮内丞」（日下）（充所）「山城殿さまの御内御つほねさままいる人々御中／御使丸山甚丞殿」

○右袖ニ「追而是は真〔直〕江山城（兼続）殿様之／御燈呂なり」トアリ、端裏書アルモ抹消シテアリ、紙背ニ「両御門主状其外入込御坐候／長者宣」トアリ、二次的ニ包紙ニ転用シタモノカ、

5
大宮守統守根燈籠料請文案　慶長五年庚子極月吉日　一通　御とうろう御きしん直江兼続御息女

桃山写、竪紙、楮紙、縦三一・〇cm、横四四・九cm、一紙、
（書出）「御春日社御とうろう／御きしんに付わう金弐まい／御上被成候」（書止）「御所くわん成就／如意御満足之処申也／仍如件」（差出）「大宮常住宮内丞守統／同子内蔵〔大〕輔守根」（日下）（充所）「直江山城（兼続）様御息女／御ちの人さま参」

6
大宮守根譲状　慶長拾六年かのとのイ六月十五日　一通

桃山写、竪紙、楮紙、縦二六・一cm、横三八・一cm、一紙、
（書出）「ゆつり状之事／一指出之内高弐石者　少五ニ」（書止）「但のちは／家もとへ可返也仍状如件」（差出）「常住神殿守内蔵大輔（花押）」（日下）（充所）「少五／少鶴両人中」

7
蔵人頭清閑寺共綱奉口宣案写〔寛永十一年正月二十八日〕　一通　守通、宮内丞ニ

江戸後期写、続紙、楮紙、籠字、縦三一・八cm、全長四四・四cm、二紙、
（本文）「口　宣案／上卿　四辻大納言／寛永十一年正月廿八日　宣旨／祢宜守道／宜任宮内丞」（差出）「蔵人頭左中弁藤原共綱奉」（奥下）

8
蔵人坊城俊広奉口宣案写〔正保五年正月五日〕　一通　藤原守尚、宮内丞ニ

江戸後期写、続紙、楮紙、籠字、縦三一・八cm、全長四六・〇cm、二紙、
（本文）「口　宣案／上卿　徳大寺大納言／正保五年正月五日　宣旨／藤原守尚／宜任宮内丞」（差出）「蔵人右中弁藤原俊広奉」（奥下）

9
大宮守尚譲証文控　万治弐年己亥十一月十五日　一通　養子燈明田

江戸前期写、竪紙、楮紙、縦二七・六cm、横三九・五cm、一紙、
（書出）「北郷嘉右衛門を養子に仕次第／徳分に我等燈名田之内高／拾石嘉右衛門にゆつり申候間」（書止）「若余人之かまい／御座候ハ、我等罷出相済シ／可申候仍状如件」（差出）「北郷宮内守尚」（日付前行下）（充所）「三方蔵御奉行／北郷久左衛門殿／南郷次郎左衛門殿」

10
大宮守房返状　十二月九日　一通

江戸前期写、竪紙、首欠、楮紙、縦二九・六cm、横三八・七cm、一紙、
（首）「今残候参段間事者」（書止）「可令申入候也／毎事期見参時候」（差出）「守房状」（日下）　礼紙切封墨引アリ、礼紙切封上書アルモ釈読不能、
○左奥ニ「御返事」トアリ、

11
藤氏長者近衛内前宣写　明和三年三月廿六日　一通　長者宣ノ返上

江戸中期写、竪紙、楮紙、縦二九・五cm、横四四・七cm、一紙、
（書出）「去年十一月廿四日春日社家等江被下候／長者　宣」（書止）「長者　宣如此仍執啓如件恐惶／謹言」（差出）「左中弁伊光」（日下）（充所）「謹上別当前大僧正御房」（奥書）「右長者　宣者寺務職大乗院御門跡隆遍公／江出候仁付□江被下候者也／関白近衛内前公之御時」

12 蔵人広橋胤定奉口宣案写 〔寛政二年十一月十八日〕 一通 藤原守寿、内蔵権助ニ

江戸後期写、続紙、楮紙、籠字、縦三二・七cm、全長三八・〇cm、二紙、

（本文）「口　宣案／上卿右大将／寛政二年十一月十八日　宣旨／藤原守寿／宜任内蔵権助」（差出）「蔵人権右中弁兼左衛門権佐藤原胤定奉」（奥下）

○左端ガ軸ニ巻キ込マレテアリ、

第二十一巻裏打紙文書

裏1 書状草案 一通

江戸後期写、竪紙、楮紙、書キサシ、縦二六・〇cm、横二七・四cm、一紙、

（書出）「一筆啓上仕候于今残暑強御座候処ニ」（書止）「千日参り右宜御願申上候」

○第1号ノ裏打紙（左側）ナリ、第五括裏6号トホボ同文、

裏2 記録断簡 一葉

江戸中期写、袋綴装断簡、楮紙、縦二四・〇cm、横三二・三cm、一紙、

（首）「十月朔日　晴／北郷常住神殿守内蔵守寿兼一臈／代番次男同名内記守計相勤之」（尾）「楼門マキ円座弐枚敷替申事／一社司著座今日ヨリ御内ニ而鳥居東西」

○第1号ノ裏打紙（中左）、

裏3 三方禰宜等訴状控 文化十三年七月廿日 一通

江戸後期写、竪紙、楮紙、縦二三・五cm、横三二・三cm、一紙、

（書出）「御訴奉申上候／一当社神影并三社詫〔託〕宣諸参詣人江差出候／儀者」（書止）「御紏明被　成下候様奉願上候已上」（差出）「三方祢宜等」（日下）（充所）「御寺務／――――／一臈代御中」

○第1号ノ裏打紙（中右）、

裏4 文書断簡 一葉

江戸中期写、断簡、楮紙、縦二三・五cm、横五・二cm、一紙、

（首）「右之通之義ニ候ヘハ」（書止）「吟味之義願申候以上」

○第1号ノ裏打紙（右側）ナリ、裏6号ト同文カ、又裏12号等ト関連スル、

裏5 書付断簡 一葉

江戸写、断簡、楮紙、縦五・〇cm、横八・一cm、一紙、

（全文）「八乙女」

○第1号ノ裏打紙（表側左下）、

裏6 梅木嘉衛門願書写 （寛保元年）酉九月十六日 一通 祈禱礼参入ニ付

江戸中期写、竪紙、首欠、尾欠カ、楮紙、縦二四・二cm、横三二・二cm、一紙、

（首）「一当秋之初メ比当町拙者只方取次ニて他所ゟ立願御祈禱／願参候」（書止）「此義両座御相談之上宜御評定／頼入候以上右ノ通両座江出候者也」（差出）「南郷嘉右衛門」（日下）

○第2号ノ裏打紙（左側）ナリ、裏4号ト同文カ、又裏12号等ト関連スル、

裏7 大宮氏旧記写 〔慶長十九年～元禄〕 一通

江戸中期写、横切紙続紙、中・尾欠、楮紙、縦一四・〇cm、横（第一紙）三二・五cm（第二紙）三二・四cm、二紙、

（書出）「大宮氏／旧記写／一慶長十九年楼門并三ケ御廊建」（第一紙尾）

「修覆有之上者寛永之」（第二紙首）「一慶安三年　移殿建」（尾）「一祈禱所元禄年中初立」
○第一紙ハ第3号ノ裏打紙（左側）、第二紙ハ第2号ノ裏打紙（右側）、

裏8
大宮家系図　一通
明治写、続紙、楮紙、縦二九・三cm、全長三二・四cm、二紙、
（文首）「孝元天皇—彦大忍信命—屋主忍雄命」（文末）「守旧—守栄明治維新ニ付」
○第3号ノ裏打紙（右側）、

裏9
北郷常住神殿守系図断簡　一葉＊3
南北朝写、断簡、楮紙打紙、縦三一・八cm、横三・二cm、一紙、
（全文）「利重　時定当職時也自寺門被命社家停止利重常住則被補任吉守畢／可子孫相伝之由連暑〔署〕状在之　建保二年甲戌五月七日」
○第4号ノ裏打紙（上）ナリ、成巻第一巻2号等ト同一文書、

裏10
包紙断簡　建武五年七月一日　一枚
南北朝写、断簡、楮紙、縦三六・五cm、横三・九cm、一紙、
（全文）「長者宣建武五年七月一日」
○第4号ノ裏打紙（中）ナリ、成巻第十巻2号ノ包紙カ、

裏11
坂上中子等田地処分状案　養和二年正月十七日　一通
平安院政期写、続紙、首欠、楮紙、縦二六・三cm、横一九・一cm、一紙、
（首）「於下瀬」（書止）「仍為後日沙汰／注事状如件」（差出）「坂上中子在判」（日下）以下計八名連署、
○第6号ノ裏打紙（左側）ナリ、奥上ニ「治承元年八月二日」トアリ、首部ハ成巻第四巻5号ヨリ接続スル、

裏12
覚書控　〔寛保元年〕　一通
江戸中期写、竪紙、楮紙、縦二三・〇cm、横三二・二cm、一紙、
（書出）「寛保元辛酉年　覚／去ル九月二日ニ御番相勤罷有候処参詣之仁有之梅木加右衛門と／名指被相尋候」（書止）「不申趣ニ存候」参詣人取次ニ付
○第6号ノ裏打紙（右側）ナリ、第百十九括7号トホボ同文ナリ、又裏4号等ト関連スル、

裏13
水谷御神楽記録　一通
江戸前期写、縦切紙、楮紙、墨点（仮名・返点、江戸前期）、縦二六・二cm、横二一・六cm、一紙、
（端裏書）「みつや御かくらのきろく也」（書出）「夫水谷御神楽者／伏見院御宇正応元歳弥生比発疫／気」（書止）「社頭繁盛万民快楽慎勿懈」
○第9号ノ裏打紙（上）、

裏14
文書断簡　七月廿七日　一葉
江戸後期写、断簡、楮紙、縦二七・〇cm、横（第一紙）七・八cm（第二紙）七・二cm、二紙、
（差出）「大宮内蔵」（日下）（充所）「本郷甲太様／山口金吉様」
○第9号・第10号ノ裏打紙（下）ナリ、二紙ヲ上下ニ貼リ継グ、

裏15
北郷神人文書控断簡　享保八年癸卯四月四日　一通
江戸中期写、首欠、楮紙、縦二六・三cm、横一六・七cm、一紙、
（差出）「北郷源内／々権陸／々宮内／々岩松／々市郎右衛門」（奥下）
○第10号ノ裏打紙（上）、

裏16

書状草案　一葉

江戸後期写、断簡、首欠、楮紙、縦二六・四cm、横八・二cm、一紙、

（首）「御願申上候」（書止）「恐惶謹言」

○第10号ノ裏打紙（下）、

裏17

包紙断簡　〔建久八年〕　一枚

江戸写、断簡、楮紙、縦三六・五cm、横四・〇cm、一紙、

（全文）「常住神殿守吉守兼正八幡権神主職補任也／建久八年」

○第11号ノ裏打紙ナリ、成巻第四巻1号ノ包紙カ、

大宮家文書　成巻第二十二巻

巻子本、素紙表紙（縦三四・七cm、横一七・〇cm）、紙縒紐、（紙縒紐上書）「一」

（外題）「補任状　合五通　四巻之内第壱号」「藤浪氏蔵」（外題右下）

○表紙・第1号間ニ紙継目裏花押（「守長」ノ草体）二顆アリ、

1

春日社神人職補任状　元和二年丙辰十月廿九日　一通　守通 次郎

江戸前期写、竪紙、楮紙、「福」方朱印六顆、縦三四・二cm、横四八・七cm、一紙、

（端裏書）「元和二年丙辰十月廿九日　守通　次郎」（書出）「春日御社政所補本社神人『禰宜』職事」（書止）「無懈怠可令勤仕之状所補／如件敢不可違失故下」（差出）「神主大中臣朝臣時広（花押）」（奥上）次郎充、

○端裏書ヲ表ニ折リ返シテアリ、

2

春日社神人職補任状　寛文元年十二月廿一日　一通　北郷常住千勝

江戸前期写、竪紙、楮紙、「福」方朱印六顆、縦三四・二cm、横四九・五cm、一紙、

（端裏書）「寛文元年十二月廿一日　北郷常住千勝」（書出）「春日御社政所補本社神人『禰宜』職之事」（書止）「無懈怠可令勤仕／之状所補如件敢不可違失故下」（差出）「神主大中臣朝臣正四位上時重（花押）」（奥上）北郷常住千勝充、

3

春日社神人神殿守職補任状　万治三年十二月廿七日　一通

江戸前期写、竪紙、楮紙、「福」方朱印六顆、縦三三・八cm、横五〇・五cm、一紙、

（端裏書）「万治三年十二月廿七日　永道」（書出）「春日御社政所補本社神人『禰宜』神殿守職事」（書止）「無懈怠可令勤仕之状所補／如件

敢不可違失故下」（差出）「神主大中臣朝臣時重（花押）」（奥上）永道充、

4　春日社神人神殿守職補任状　元和五年丁未六月廿一日　一通　永益

江戸前期写、竪紙、楮紙、「福」方朱印六顆、縦三四・九cm、横五二・五cm、一紙、

（端裏書）「元和五年丁未六月廿一日　永益」（書出）「春日御社政所補本社神人『禰宜』神殿守職事」（書止）「無懈怠可令勤仕之状所補／如件敢不可違失故下」（差出）「神主大中臣朝臣時広（花押）」（奥上）永益充、

5　春日社若宮拝殿神楽男闕分兼約状　弘化四丁未年八月二日　一通　宗房

江戸後期写、竪紙、楮紙、縦三五・二cm、横四七・八cm、一紙、

（本文）「若宮拝殿神楽男闕一番目兼約之状如件」（差出）「大行事上座法印（花押）」（奥上）宗房充、

大宮家文書　成巻第二十三巻

巻子本、素紙表紙（縦三一・〇cm、横二一・五cm）、紙縒紐、（紙縒紐上書）「五十四」

（外題）「従往古補任　合　通　四巻之内弐号」「藤浪氏蔵」（外題右下）

○表紙・第1号間ニ紙継目裏花押（「守長」ノ草体）二顆アリ、

1　春日社神人職補任状　慶長十四年己酉十一月廿六日　一通　金市

桃山写、竪紙、楮紙、「福」方朱印六顆、縦三一・〇cm、横四三・〇cm、一紙、

（端裏書）「慶長十四年己酉十一月廿六日　金匝（市カ）」（書出）「春日御社政所補本社神人『禰宜』職事」（書止）「所補／如件敢不可違失故下」（差出）「神主大中臣朝臣時広（花押）」（奥上）金匝（市カ）充、

○端裏書ヲ折リ返シテアリ、

2　春日社北郷神人職補任状　文政九年四月十九日　一通　北郷亀麿

江戸後期写、竪紙、楮紙、「福」方朱印五顆、縦三二・五cm、横四二・五cm、一紙、

（書出）「春日御社政所補北郷神人『禰宜』職之事」（書止）「所／補如件敢不可違失故下」（差出）「神主正三位大中臣朝臣成郷（花押）」（奥上）北郷亀麿充、

3　春日社北郷神人職補任状　嘉永七年二月朔日　一通　亀太郎

江戸後期写、竪紙、楮紙、「福」方朱印一顆、縦三二・〇cm、横四四・五cm、一紙、

（書出）「春日御社政所北郷神人『禰宜』職之事」（書止）「所／補如件敢不違（ママ）失故下」（差出）「神主正三位大中臣時真（花押）」（奥上）亀太郎充、

4 春日社若宮拝殿神楽男補任状　弘化四年八月七日　一通　宗房

江戸後期写、竪紙、楮紙（檀紙）、縦三二・〇cm、横四四・二cm、一紙、

（端裏書）「弘化四年八月七日　宗房」　（書出）「西金堂御手水所」

（書止）「所補彼職之状如件」　（差出）「大行事上座法印（花押）」（奥上）　宗房充、

○第5号トノ間ニ紙継目裏花押二顆アリ、

5 春日社北郷神人神殿守職補任状　慶応元年後五月十五日　一通　守矩

江戸後期写、竪紙、楮紙、朱方印一顆、縦三二・四cm、横四五・〇cm、一紙、

（端裏書）「慶応元年後五月十五日　守矩」　（書出）「春日御社政所符北郷神人『祢宜』神殿守職之事」　（書止）「早任先例宜相従／神事之状如件不可違／失故下」　（差出）「神主正三位大中臣時真（花押）」（奥）守雉『矩』充、

6 春日社北郷神人職補任状　宝永二年九月廿六日　一通　守理　藤松

江戸中期写、竪紙、楮紙、「福」方朱印三顆、縦三三・五cm、横四八・二cm、一紙、

（端裏書）「宝永二年九月廿六日　守理　藤松」　（書出）「春日社政所補北郷神人『禰宜』職之事」　（書止）「敢不可違失故下」　（差出）「神主正三位大中臣朝臣時雅（花押）」（奥上）　藤松充、

7 春日社北郷神人職補任状　文政四年八月廿一日　一通　北郷千勝

江戸後期写、竪紙、楮紙、「福」方朱印五顆、縦三二・四cm、横四三・〇cm、一紙、

（端裏書）「文政四年八月廿一日　千勝」　（書出）「春日御社政所補北郷神人『禰宜』職之事」　（書止）「敢不可違失故下」　（差出）「神主正三位大中臣成郷（花押）」（奥）　北郷千勝充、

8 春日社北郷神人職補任状　文政元年十一月廿八日　一通　大宮守栄　北郷亀松

江戸後期写、竪紙、楮紙、「福」方朱印五顆、縦三二・六cm、横四五・二cm、一紙、

（端裏書）「大宮内蔵守栄之事」　（書出）「春日御社政所補北郷神人『司』職之事」　（書止）「敢不可違失故下」　（差出）「神主正三位大中臣成郷（花押）」（奥）　北郷亀松充、

9 春日社北郷神人神殿守職補任状　北郷内蔵守寿

天明八戊申年十二月十二日　一通

江戸後期写、竪紙、楮紙、「福」方朱印三顆、縦三三・〇cm、横四五・五cm、一紙、

（書出）「春日御社政所符北郷神人『司』神殿守職之事」　（書止）「早任先例宜相従神事／之状如件不可違失故下」　（差出）「神主正三位大中臣時啻」（奥）　北郷内蔵守寿充、

10 春日社北郷神人職補任状　万延二年二月十九日　一通　舎人守有　北郷舎人

江戸後期写、竪紙、楮紙、「福」方朱印一顆、縦三二・四cm、横四五・〇cm、一紙、

（端裏書）「万延二年二月十九日　舎人守有」　（書出）「春日御社政所北郷神人『司』職之事」　（書止）「所補如件敢不違（ママ）失故下」　（差出）「神主正三位大中臣時真（花押）」（奥）　北郷舎人充、

11 春日社北郷神人職補任状　享保十五年六月五日　一通　亀松守寿　亀丸

江戸中期写、竪紙、楮紙、「福」方朱印三顆、縦三三・〇cm、横四五・五cm、一紙、

（端裏書）「享保十五年六月五日　大宮内蔵守寿『亀松守寿』」　（書出）「春日社

政所補北郷神人『禰宜』職之事」（書止）「敢不可違／失故下」（差出）「神主正三位大中臣朝臣時資（花押）」（奥上） 亀丸充、

12 春日社北郷神人職補任状　宝暦十一年十二月九日　一通　大宮守旧 北郷亀丸

江戸中期写、竪紙、楮紙、「福」方朱印五顆、縦三三・〇cm、横四六・八cm、一紙、

（端裏書）「大宮宮内守旧」（書出）「春日御社政所補北郷神人『司』職之事」（書止）「敢／不可違失故下」（差出）「神主正三位大中臣時貞（花押）」（奥上） 北郷亀丸充、

13 春日社北郷神人神殿守職補任状　文久三亥年六月　一通　六臈神殿守守栄

江戸後期写、竪紙、楮紙、「福」方朱印一顆、縦三二・六cm、横四五・一cm、一紙、

（端裏書）「文久三亥年六月　六臈神殿守々栄」（書出）「春日御社政所符北郷神人『方』神殿守職之事」（書止）「不可違失故下」（差出）「神主正三位大中臣時真（花押）」（奥下） 守栄充、

14 春日社北郷神人職補任状　安永三年四月廿八日　一通　北郷千勝

江戸中期写、竪紙、楮紙、「福」方朱印五顆、縦三二・九cm、横四六・〇cm、一紙、

（書出）「春日御社政所北郷神人職之事」（書止）「所／補如件敢不（マヽ）違失故下」（差出）「神主正三位大中臣時兼（花押）」（奥上） 北郷千勝充、

第二十三巻裏打紙文書

裏1 神事記録断簡　一葉

江戸前期写、断簡、楮紙、墨書訂正アリ、仮名交リ文、縦二六・四cm、横一七・〇cm、一紙、

（首）「一廿九日（九月一日）大宿所エ」（尾）「ヤカテ□□□ツケリ」

○第2号・3号ノ裏打紙、

裏2 下遷宮方南北郷神殿守交名　一通

江戸前期写、竪紙、楮紙、縦二三・八cm、横三一・〇cm、一紙、

（文首）「下遷宮方／南郷方神殿守交名事」（文末）「常住守通同守紀」

○第3号ノ裏打紙、

大宮家文書　成巻第二十四巻

巻子本、素紙表紙（縦二九・三cm、横一七・三cm）、紙縒紐、（紙縒紐上書）「四十壱」

（外題）「従往古補任状　合　通　四巻之内三号」「藤浪氏蔵」（外題右下）

○表紙・第一紙間ニ紙継目裏花押（「守長」ノ草体）二顆アリ、

1　春日社神人職補任状　慶長十年三月廿九日　一通　乙千代

桃山写、竪紙、楮紙、「福」方黒印六顆、縦二九・三cm、横四一・〇cm、一紙、

（端裏書）「慶長十年三月廿九日　乙千代」（書出）「春日御社政所補本社神人職事」（書止）「所補／如件敢不可違失故下」（差出）「神主大中臣朝臣時広（花押）」（奥上）　乙千代充、

○端裏書ヲ折リ返シテアリ、

2　春日社北郷神人職補任状　正徳元年辛卯十二月廿五日　一通　乙松

江戸中期写、竪紙、楮紙、「福」方朱印五顆、縦二九・八cm、横四五・〇cm、一紙、

（端裏書）「正徳元年辛卯十二月廿五日　乙松」（書出）「春日御社政所補北郷神人「司」職之事」（書止）「所補／如件敢不可違失故下」（差出）「神主正三位大中臣朝臣経賢（花押）」（奥上）　乙松充、

3　春日社北郷神人職補任状　宝永二年十一月十二日　一通　五郎吉

江戸中期写、竪紙、楮紙、「福」方朱印五顆、縦二九・八cm、横四六・二cm、一紙、

（端裏書）「宝永二年十一月十二日　五郎吉」（書出）「春日御社政所補北郷神人「禰宜」職之事」（書止）「所補如件敢不可違失故下」（差出）「神主従三位大中臣朝臣師尋（花押）」（奥上）　五郎吉充、

4　春日社神人職補任状　慶長十四年己酉十一月廿六日　一通　藤松

桃山写、竪紙、楮紙、「福」方朱印六顆、縦三一・〇cm、横四五・三cm、一紙、

（端裏書）「慶長十四年己酉十一月廿六日　藤松」（書出）「春日御社政所補本社神人職事」（書止）「所補／如件敢不可違失故下」（差出）「神主大中臣朝臣時広（花押）」（奥上）　藤松充、

5　春日社北郷神人職補任状　貞享弐年拾月七日　一通　守胤亀麿

江戸中期写、竪紙、楮紙、「福」方朱印五顆、縦三一・〇cm、横四〇・六cm、一紙、

（端裏書）「貞享弐年拾月七日　守胤亀麿」（書出）「春日御社政所補北郷神人「司」職之事」（書止）「所補／如件敢不可違失故下」（差出）「神主正三位大中臣時康」（奥上）　亀麿充、

大宮家文書　成巻第二十五巻

巻子本、素紙表紙(縦二六・八cm、横一七・六cm)、紙縒紐、(紙縒紐上書)「五七」

(外題)「往古代々補任状　合　通四巻之内第四号」「藤浪氏(守長ノ花押)」(外題右下)

○表紙・第一紙間ニ紙継目裏花押(「守長」ノ草体)二顆アリ、

1　春日社神人職補任状　天文三年十二月廿二日　一通　盛藤丸

室町後期写、竪紙、楮紙、縦二六・九cm、横四一・九cm、一紙、

(端裏書)「天文三年十二月廿二日　盛藤丸」(書出)「春日御社政所補本社神人《禰宜》職事」(書止)「所補如件敢不可違失故下」(差出)「神主正三位大中臣朝臣(花押)」(奥上)　盛藤丸充、

○端裏書ヲ折リ返シテアリ、

2　春日社神人職補任状　天正五年十一月五日　一通　四郎

桃山写、竪紙、楮紙、「福」方朱印六顆、縦二七・〇cm、横四二・八cm、一紙、

(端裏書)「天正五□年十一月五日　四郎」(書出)「春日御社政所補本社神人《禰宜》職事」(書止)「所補/如件敢不可違失故下」(差出)「神主大中臣朝臣(花押)」(奥上)　四郎充、

3　春日社神人職補任状　文禄五年十一月一日　一通　四郎

桃山写、竪紙、楮紙、「福」方朱印六顆、縦二六・六cm、横四二・二cm、一紙、

(端裏書)「文禄五年十一月一日　四郎」(書出)「春日御社政所補本社神人《禰宜》職事」(書止)「所補/如件敢不可違失故下」(差出)「神主大中臣朝臣(花押)」(奥上)　四郎充、

4　春日社神人職補任状　永禄七年正月十六日　一通　守根次郎

室町後期写、竪紙、楮紙、「福」方方印六顆、縦二五・八cm、横四二・五cm、一紙、

(端裏書)「永禄七年正月十六日　守根　次郎二才」(書出)「春日御社政所補本社神人《禰宜》職事」(書止)「所補/如件敢不可違失故下」(差出)「神主大中臣朝臣(花押)」(奥上)　次郎充、

5　春日社神人職補任状　天文廿二年十一月十一日　一通　五郎

室町後期写、竪紙、楮紙、「福」方朱印六顆、縦二五・四cm、横四二・六cm、一紙、

(端裏書)「天文廿二年十一月十一日　五郎」(書出)「春日社政所補本社神人《禰宜》職事」(書止)「所補/如件敢不可違失故下」(差出)「神主大中臣朝臣(花押)」(奥上)　五郎充、

6　春日社神人職補任状　永正六年十一月一日　一通　弁才丸

室町後期写、竪紙、楮紙、方朱印六顆、縦二六・一cm、横四〇・六cm、一紙、

(端裏書)「永正六年十一月一日　弁才丸」(書出)「春日御社政所補本社神人《禰宜》職事」(書止)「所補/如件不可敢違失故下」(差出)「神主従三位大中臣朝臣」(奥上)　弁才丸充

7　春日社神人職補任状　天文十一年六月二日　一通　次郎丸

室町後期写、竪紙、楮紙、「福」方朱印六顆、縦二四・八cm、横三三・〇cm、一紙、

(端裏書)「天文十一年六月二日　次郎丸」(書出)「春日御社政所補本社神人《禰宜》職事」(書止)「所補如件敢不可違失故下」(差出)「神主正三位大中臣朝臣(花押)」(奥上)　次郎丸充、

8　春日社神人職補任状　大永六年十一月廿日　一通　三郎丸

室町後期写、竪紙、楮紙、方朱印六顆、縦二四・八cm、横三四・一cm、一紙、

（端裏書）「大永六年十一月廿日　三郎丸」（書出）「春日御社政所補本社神人〔禰宜〕職事」（書止）「所補如件敢不可違失故下」（差出）「神主大中臣朝臣（花押）」（奥上）　三郎丸充、

9　春日社神人職補任状　享禄二年三月十二日　一通＊19　春藤丸

室町後期写、竪紙、楮紙、方朱印六顆、縦二六・五cm、横四四・〇cm、一紙、

（端裏書）「享禄二年三月十二日　春藤丸」（書出）「春日御社政所補本社神人〔禰宜〕職事」（書止）「所仰如件不可敢違失故下」（差出）「神主従三位大中臣朝臣（花押）」（奥上）　春藤丸充、

10　春日社神人職補任状　天文十七年十二月五日　一通　春満丸

室町後期写、竪紙、楮紙、「福」方朱印六顆、縦二六・六cm、横四四・二cm、一紙、

（端裏書）「天文十七年十二月五日　春満丸」（書出）「春日御社政所補本社神人〔禰宜〕職事」（書止）「所補如件敢／不可違失故下」（差出）「神主従三位大中臣朝臣（花押）」（奥上）　春満丸充、

11　春日社神人職補任状　慶長二年正月廿八日　一通　五郎

桃山写、竪紙、楮紙、「福」方朱印六顆、縦二七・五cm、横四二・〇cm、一紙、

（端裏書）「慶長二年正月廿八日　五郎」（書出）「春日御社政所補本社神人〔禰宜〕職事」（書止）「所補／如件敢不可違失故下」（差出）「神主大中臣朝臣（花押）」（奥上）　五郎充、

12　春日社神人職補任状　天文十六年十一月廿五日　一通　藤徳丸

室町後期写、竪紙、楮紙、「福」方朱印六顆、縦二七・五cm、横四四・〇cm、一紙、

（端裏書）「天文十六年十一月廿五日藤徳丸」（書出）「春日御社政所補本社神人職事」（書止）「所補如件／敢不可違失故下」（差出）「神主従三位大中臣朝臣（花押）」（奥上）　藤徳丸充、

13　春日社神人職補任状　天文十四年十一月十一日　一通　春辰丸

室町後期写、竪紙、楮紙、「福」方朱印六顆、縦二七・七cm、横四四・五cm、一紙、

（端裏書）「天文十四年十一月十一日　春辰丸」（書出）「春日御社政所補　本社神人職事」（書止）「所補如件／敢不可違失故下」（差出）「神主従三位大中臣朝臣（花押）」（奥上）　春辰丸充、

14　春日社神人職補任状　天正九年十一月廿五日　一通　春高丸

桃山写、竪紙、楮紙、「福」方朱印六顆、縦二七・五cm、横四三・四cm、一紙、

（端裏書）「天正九年十一月廿五日　春高丸」（書出）「春日御社政所補　本社神人職事」（書止）「所補／如件敢不可違失故下」（差出）「神主大中臣朝臣（花押）」（奥上）　春高丸充、

15　春日社神人職補任状　永正七年十一月廿六日　一通　藤徳丸

室町後期写、竪紙、楮紙、朱方印六顆、縦二七・一cm、横四三・六cm、一紙、

（端裏書）「永正七年十一月廿六日　藤徳丸」（書出）「春日御社政所補本社神人〔禰宜〕職事」（書止）「所補／如件不可敢違失故下」（差出）「神主正三位大中臣朝臣（花押）」（奥上）　藤徳丸充、

大宮家文書　括文書

自第一括
至第百三十一括

大宮家文書　第一括

巻子本一巻、

1　春日社中社遷宮記　〔元亨三年九月〕　一巻

鎌倉後期写、巻子本、尾欠、楮紙、仮名交リ文、指図アリ、後筆墨書注記アリ、縦二九・五cm、全長二七八・一cm、八紙、

（端裏書）「元亨三年中社遷宮　守職」（文首）「□元亨三年九月十九日中社　水屋　三十八所　榎本／紀伊社　祓戸　同時釿始」

（尾）「釘貫一具／唐櫃一合入燈炉」

大宮家文書　第二括

貼継、

1　榎本手力雄両社遷宮記　〔至徳元年十二月〜二年二月〕　一通　榎本社　太刀辛雄社

南北朝写、続紙、首尾欠、楮紙、墨書訂正アリ、仮名交リ文ヲ含ム、縦二七・四cm、全長一一七・四、四紙、

(首)「□□□□仁請取於□／一請取　榎本社正遷宮附□／合弐貫伍百文者」　(尾)「軾四丈白布一端代壱貫文　酒肴一具代一貫文／以上」

○裏打シテ欠損部ノ一部ヲ籠字ニテ補書スル、二重ニ裏打スル箇所アリ、

(裏打紙端裏書)「至徳二年二月」　(内側裏打紙端裏書)「榎本社／至徳元年甲子十二月廿二日／□至徳元年」　(裏打紙端書・後筆)「至徳元年甲子十二月十二日常住神殿守従五位藤原豊守／是与里前不見申候」

2　春日社遷宮記　〔嘉暦二年八月〜九月〕　一通

鎌倉後期写、続紙、首尾欠、楮紙、仮名交リ文、縦二八・四cm、横三七・八cm、一紙、

(首)「□〔嘉〕暦二年□〔ヒ〕ノトノウノトシ八月廿日ノ御供ノトキヤク人」　(尾)「サタノシウセムレム房カワラヤ春ケウ房三条キラレ了」

3　春日社遷宮記抄　〔承暦三年〕　一通

南北朝康応元年写、続紙、首欠、楮紙、縦二八・〇cm、横三六・八cm、一紙、

(首)「同廿六日三社遷宮／春日社行事所　奉送　小神一所御遷宮料物事」　(文末)「右所奉送如件」

(奥書)「此本者承暦三年春日造替遷宮日記ノ奥ニ被載書仍不違一字令書写但近来者遷宮記違先規歟然上者於後々者可為近来本為旧記之間記置計也

康応元年己巳七月　日」

4　榎本社水谷社半畳図目録　一通　榎本社　水谷社

江戸後期写、縦切紙、楮紙、縦二七・九cm、横一二・二cm、一紙、

(文首)「一榎本社半畳図」

5　両常住神殿守禄物注進状案　応安元年四月　日　一通　神宮寺殿御遷宮

南北朝写、竪紙、楮紙、縦二七・二cm、横二七・三cm、一紙、

(端裏書)「□□守殿」　(端書)「上遷宮□□〔両カ〕□度注進」　(書出)「注進　神宮寺御遷宮役人禄物事」　(書止)「右依御尋当用之分注進言上如件」　(差出)「両常住神殿守春照／神守」(日下)

6　両常住神殿守申状案　応安元年四月　日　一通　神宮寺殿御修理

南北朝写、竪紙、楮紙、縦二八・三cm、横二八・六cm、一紙、

(書出)「両常住神殿守神守春照謹申／右神宮寺御修理之時於所役禄物(文中)者」　(書止)「之様為社家被執申寺門候者／可畏存候仍言上如件」

○端書アリ、右端切断・貼継ニヨリ釈読不能、

第二括裏打紙文書

裏1　春日社遷宮記抜書　一通

江戸後期写、竪紙、楮紙、仮名交リ文、縦二四・九cm、横三四・一cm、一紙、

(首)「春礒ハ右方ニ居祝詞祭文ヲヨミ申候」　(文末)「慶長十八年十二月廿八日／記文ノ次第右ノコトシ」

○第1号第一紙ノ裏打紙、

裏2

願書草案　寛政四壬子年三月廿六日　一通

江戸後期写、竪紙、楮紙、縦二七・二cm、横三一・五cm、一紙、

（書出）「召出御吟味之上」（書止）「難有仕合奉存候已上」（充所）「御寺務／大乗院御門跡様／御奉行様」差出書ナシ、

○第1号第一紙・第二紙ノ裏打紙ナリ、本号上ニ裏1号ヲ重ネテ貼リ付ケテアリ、文字不鮮明、

裏3

春日社神役参勤掟書写　弘化三年午正月　日　一通

江戸後期写、竪紙、楮紙、縦二四・〇cm、横三三・六cm、一紙、

（書出）「掟之事／一三旬伍節其外諸事御神役参勤之砌御神役ニ乍相随ひ／無益之雑談」（書止）「依而承知連印如件」

○第1号第二紙ノ裏打紙、

裏4

酒殿大炊書状　五月〔×四〕　一通

江戸後期写、竪紙、楮紙、右袖ニ追而書アリ、縦二四・〇cm、横三一・三cm、一紙、

（書出）「益御安泰御上京奉珍賀候然者円解院御義／今日より桜井迄出立之積ニ而」（書止）「巨細拝顔万々御成可申上候早々以上」（充所）「按察法印様」

（差出）「酒殿大炊」（日下）

○第2号ノ裏打紙、

裏5

上水屋社遷宮上役勤仕先例書上　元文四己未年　一通　上水屋社

江戸中期写、竪紙、楮紙、縦二八・二cm、横三九・八cm、一紙、

（書出）「上水屋社御遷宮上役勤仕之例」（文末）「依之同家守景為代官勤仕之」（差出）「北郷常住神殿守大宮宮内」（日下）

○第5号・第6号ノ裏打紙、

裏6

願書草案　一通　神役勤仕ニ付

江戸中期写、縦切紙、楮紙、縦二四・五cm、横一七・八cm、一紙、

（書出）「御神役参勤可仕七人目ヨリ三拾人目迄者壱ケ年ニ／三ケ度宛罷帰リ御神役参勤可仕」（書止）「被／仰付被下候ハヽ、難有奉存候已上」差出書・充所ナシ、

○第6号ノ裏打紙、

大宮家文書　第三括

巻子本一巻、

1　春日社遷宮記　〔暦応二年十一月～三年六月〕　一巻　神守（文中）

南北朝写、続紙、中・尾欠、楮紙、紙背文書アリ、仮名交リ文、墨書訂正・後筆ノ墨書注記アリ、素紙後補表紙、紙綻紐、縦三一・〇cm、全長四八八・三cm、一三紙、

（首）「暦応二年《ツチノトノウ》十一月九日子剋御遷坐　移殿／学導《道》御沙汰也」　（尾）「金堂ノタツミノスミアクノヤトリアイニシコウ／セラル此人々ノ氏放タル、事ハ春宮ノ／御使ニワタリタルヨシキコユルユエ也」

（表紙）「局方御文
　　裏書春日常住記　大宮氏」

○第一紙～第三紙ニ神木動座関連記事アリ、糊離レヲ貼リ直ス際ノ錯簡アリ、「神人」ヲ後筆ニテ「祢宜」「神仕」ニ改変スル、
第六括裏5号ハモト本号ノ付属文書カ、

〔紙背1〕某仮名消息断簡　一葉

南北朝写、断簡、楮紙、縦三〇・六cm、横三三・七cm、一紙、

（首）「かはらすかや□／申され候」（尾）「御くらの／御か、み／返」　礼紙切封墨引、

○第一紙紙背、

〔紙背2〕某仮名消息断簡　一葉

南北朝写、断簡、楮紙、縦三〇・五cm、横二九・四cm、一紙、

（首）「返やの／御□／□候／て」（尾）「とか／申候／御事候」

○第二紙紙背、

〔紙背3〕某仮名消息　一通

南北朝写、竪紙、首尾欠、楮紙、縦三一・〇cm、横四六・七cm、一紙、

（首）「このやう／御ひろう／候へく候」（尾）「入候て／御□□」

○第三紙紙背、

〔紙背4〕某仮名消息　一通

南北朝写、竪紙、尾欠、楮紙、縦三一・一cm、横四四・八cm、一紙、

（書出）「御いのり返〱たのもしく／□候」

○第四紙紙背、

〔紙背5〕某仮名消息　一通

南北朝写、竪紙、尾欠、上部欠損、楮紙、縦三一・五cm、横四六・五cm、一紙、

（書出）「ひめきみの御せ□／御かた昨日の□□／□」

○第五紙紙背、

〔紙背6〕某仮名消息　一通

南北朝写、竪紙、尾欠、楮紙、縦三〇・八cm、横二五・〇cm、一紙、

（書出）「その、ちはなに／事ともか候らん」（尾）「いのりの／事さ／やうに」

○第六紙紙背、

〔紙背7〕某仮名消息　一通

南北朝写、竪紙、首欠、楮紙、縦三一・二cm、横四六・八cm、一紙、

（首）「おほろけならす御大事」（書止）「らい月七日八日のころい□ゆいか／うけ手紙もたせ／のほせられ」　礼紙切封墨引、

○第七紙紙背、

〔紙背8〕某仮名消息　一通

南北朝写、竪紙、尾欠、上部欠損、楮紙、縦三一・五cm、横四六・八cm、一紙、

（書出）「その、ちをとつれなく候て」（尾）「御つかひもちてまか

り／候へと」

○第八紙紙背、

〔紙背9〕某仮名消息　一通

南北朝写、竪紙、首欠、楮紙、縦三一・三cm、横四五・五cm、一紙、

（首）「さ申ふ□」（尾）「いまた□／□／□」

○第九紙紙背、

〔紙背10〕某仮名消息　一通

南北朝写、竪紙、首欠、楮紙、縦三一・四cm、横四五・五cm、一紙、

（首）「御いのりの事／さやうに申」

○第一〇紙紙背、

〔紙背11〕某書表紙　一枚

南北朝写、竪紙、楮紙、縦三一・一cm、横三六・〇cm、一紙、

（全文）「きこききれ」

○第一一紙紙背、巻子本ノ表紙等ヵ、

〔紙背12〕某書状断簡　一葉　御祈禱ニ付

南北朝写、断簡、楮紙、縦三一・〇cm、横四二・三cm、一紙、

（首）「□／□御いのりの事」（尾）「よく〳〵／申上候」

○第一二紙紙背、

第三括裏打紙文書

裏1

氷室社御膳料書付　一葉

明治写、断簡、楮紙、縦一四・五cm、横二二・〇cm、一紙、

（全文）「氷室社　嶋田半三郎／亥年分御膳料／金廿四銭」

○第1号第一二紙ノ裏打紙、

大宮家文書　第四括

第1号〜第3号ハ貼継、第4号〜第6号ハ巻込、素紙表紙、紙縒紐、

（表紙）「康永年間　弐乙巻内

遷宮記

七第　号　正五位薩广〔摩〕守　神守筆」

1

公文所散用帳　〔応永七年〕　一葉

室町前期写、断簡、楮紙、縦二八・二cm、横三三・七cm、一紙、

（首）「一正月九日蘇氏祭ニ代官出仕事／一応永七年公文所帳面ニテ内々散用スレハ御供米事」（尾）「四季大般若并預所一色以下名主役也」

2

水屋社遷宮記　〔康永三年十月二十三日〕　一通

南北朝康永三年写、大宮神守筆、続紙、首欠、楮紙、仮名交リ文、訓点ナシ、縦二九・〇cm、全長一一三・七cm、六紙、

（端裏書）「康応三年七月」（首）「合／襷襌六丈白布二反代二貫八百文軾四丈白布一反代一貫文」（尾）「一本社ハ毎度神主殿ニ被召コノ度ハ十二貫文候／東大寺ヨリ申渡ス也」

（奥書）「康永三年十月廿三日定〔常〕住神殿守神守」

（巻末貼紙）「此日記ハ康応元年七月三日水屋社下遷宮剋春澄ノ旧記トテ春立所持ス為自然ヨク〳〵令書写了

康永記禄〔録〕神守自筆分明也雖然依事

有大切事者旧記トテ可出者也

」

○首部ハ第4号ニ接続スル、

3

神事記録断簡　〔正月〜二月〕　一通

南北朝写、続紙、首尾欠、楮紙、紙継目裏花押、仮名交リ文、縦二七・七cm、全長七八・三cm、二紙、

(首)「一同日臨時御供マイル　正預殿御沙汰　御役北郷方」
(尾)「一禁制　乗馬事」
○「神人」ヲ後筆ニテ「神仕」ニ改変スル、首部ハ第五括1号ニ接続スル、

4

水屋社遷宮記　〔康永三年〕　一通

南北朝康永三年写、大宮神守筆、続紙、首・中・尾欠、楮紙、縦二八・八cm、全長一三六・三cm、七紙、
(首)「襷襷六丈白□□〔布弐〕反代弐貫八百文」 (尾)「一正遷宮之時行事方進案／注進水屋正遷宮雑事等事」
○第四紙ト第五紙ノ間ニ欠損アリ、末尾ハ第2号ニ接続スル、モト第七十二括内ニアリ、

5

祓戸社上棟遷宮記録　〔応安四年〕　一通

南北朝写、首尾欠、楮紙、縦二八・三cm、全長一二九・三cm、三紙、
(首)「アシフクロ　フクメン／一両常住支配物事」 (尾)「タチカラヲ　ハライトノ　各同前」

〔紙背1〕有長奉書　正月十三日　一通

南北朝写、続紙、首欠、縦二八・○cm、横四三・三cm、一紙、
(全文)「このはるはかまへて〳〵／御のほり候へく候／よしよく〳〵申せ／とて候／あなかしく」 (差出)「有長奉」(日下)
○第一紙紙背、

〔紙背2〕某仮名消息　一通

南北朝写、竪紙、首欠、縦二八・三cm、横四三・○cm、一紙、
(首)「めてたく候へく候」 (書止)「申して／まいらせ／候へ／く候」
○第三紙紙背、

6

遷宮記録断簡　一通

南北朝写、続紙、首尾欠、楮紙、紙継目裏花押断簡(右端裏)、後筆ノ墨書注記アリ、縦二八・三cm、横四五・六cm、一紙、
(首)「御カキハウツシ殿□ヲカル」 (尾)「可拝領之由申之ヲ則支配了」

〔紙背〕某仮名消息　一通

南北朝写、竪紙、首欠、縦二八・三cm、横四五・六cm、一紙、
(首)「又れひの御めてたき物／まいり候ぬ」 (書止)「御つかひよく□□の」 差出書欠損カ、充所ナシ、礼紙切封墨引、
○墨色ノ薄イ部分ハ後筆ノ籠字ニテ補書スル、

第四括裏打紙文書

裏1

記録断簡　一葉

江戸後期写、袋綴装断簡、楮紙、縦二五・三cm、横三二・二cm、一紙、
(首)「一社頭榎本社手水鉢辺掃除之儀此度」 (尾)「依之神主職之義未相済不申趣／也」
○第2号第一紙・第二紙ノ裏打紙、

裏2

南北集会定文　享保十四年己酉七月三日　一通

江戸中期写、竪紙、楮紙、縦二九・五cm、横四五・二cm、一紙、
(書出)「定／一六十六部納経在之時神前ゟ手形被差出候当番衆／参詣人料物等ニ付納経并料物等可為支配事」 (書止)「右之趣故当番之各を幾年経候六十六部納経而呼出し候とも／以後之当番江可相譲者也」 (奥書)「右之段於三月堂ニ南北集会上ニて相定者也」
○第2号第三紙・第四紙ノ裏打紙、

裏3

紀氏系図　一通

江戸後期写、竪紙、楮紙、縦二四・六cm、横三四・三cm、一紙、
（文首）「孝元天皇…」（書止）「国延正六位下神主」
○第2号第五紙・第六紙ノ裏打紙ナリ、本号下部ノ裏打紙ニ「金三分」ト墨書アリ、

裏4

中東時茂・時元借銭状案　文安元年甲子三月八日　一通　大和国田井兵庫荘徳政（文中）

室町中期写、竪紙、楮紙、縦二四・八cm、横四一・六cm、一紙、
（端裏書）「文安元年借銭安」（書出）「借申　用途之事／合捌拾貫文者」（書止）「仍為後日支証借書状如件」（差出）「時茂判／時元判」（日下）
○第3号第一紙ノ裏打紙、

裏5

新開村中願書　享保十乙巳年十二月十五日　一通

江戸中期写、続紙、首欠、楮紙、縦二四・二cm、横三四・〇cm、一紙、
（首）「来候左様ニ御座候得者」（書止）「様ニ被為　仰付被下候者町中／之者共難有可奉存候以上」（差出）「新開村中」（日付前行下）
充所ナシ、
○第3号第二紙ノ裏打紙、

裏6

乙木荘且納算用状（卯十一月十九日）　一通　大和国乙木荘

室町後期写、竪紙、楮紙、縦二〇・五cm、横二四・五cm、一紙、
（文首）「乙木庄且納　卯十一月十九日　升一合」（文末）「都合一石六斗四升一合此内七斗四升ツ、年預／アツカリ」
○第5号第一紙ノ裏打紙、

裏7

天神講式　一通

室町後期写、竪紙、楮紙、縦二四・八cm、横四二・四cm、一紙、
（端裏書）「□大事」（文首）「□申／□□文曰／□□一切衆生能引導鎮非二《弐》心於」（文末）「吾たのむ人の祈のかなわぬは其実名をしらぬ／ゆへなり」
（奥書）「永正四年丁卯八月廿三日相伝之藤原守家」
○第5号第二紙・第三紙ノ裏打紙、

大宮家文書　第五括

第1号～第3号ハ貼継、第4号・第5号ハ巻込、

1　神事記録断簡　〔正月〕　一通

南北朝写、続紙、首尾欠、楮紙、紙継目裏花押、後筆ノ墨書訂正アリ、仮名交リ文、縦二六・七cm、横三八・六cm、一紙、

(首)「二日御コハ物殿ヨリマイル正預〔殿〕沙汰　御役南郷方」　(尾)「同日御供御役北郷方　御弊神守　散米□□」

○「神人」ヲ後筆ニテ「祢宜」ニ改変スル、尾部ハ第四括3号ニ接続スル、

2　社殿寸法注文　一通

南北朝写、竪紙、首尾欠、楮紙、仮名交リ文、縦二七・〇cm、横二七・五cm、一紙、

(首)「懸魚ヒロサ一尺長一尺五分アツサ二寸」　(尾)「一ユカ畳アツサ一寸　弘　長」

3　水屋社旧鳥居寸法注文　一通　水屋社

南北朝写、竪紙、首尾欠、楮紙、紙継目裏花押アリ(大宮神守)、仮名交リ文、縦二七・〇cm、横三〇・〇cm、一紙、

(首)「水屋社旧鳥居七尺」　(尾)「西ノ柱ノ内ノリヨリ土居ノ南西マテノアシ八尺三寸六分〔今九分セハシ〕」

○豊守等連署状案(貞治四年八月十日)・春日社三方常住等申状案(同年八月日)等ヲ引用スル、

4　日次記断簡　〔貞治四年四月〕　一通

室町前期写、続紙、首尾欠、楮紙、紙継目裏花押アリ(大宮神守)、仮名交リ文、縦二七・四cm、横二三・四cm、一紙、

(首)「一四月十七日六条殿ェ神馬一疋マイル任正和之例」　(尾)「神馬一疋銭五百文マイラスル当番神人〔祢宜〕等給之」

○沙弥重世神馬送状(貞治四卯月十七日)ヲ引用スル、

5　日次記断簡　〔貞治四年八月～九月〕　一通

室町前期写、続紙、首尾欠、楮紙、紙継目裏花押アリ(大宮神守)、仮名交リ文、縦二七・六cm、全長六三・五cm、二紙、

(首)「一六条殿御前ノ庭ノ掃治依無之自社家以三方常住／院庁ニ被尋曰」　(尾)「当番神人等申上テ拝領之」

第五括裏打紙文書

裏1　書付断簡　一葉

明治写、断簡、縦五・八cm、横二・一cm、一紙、

(全文)「□□〔藤浪カ〕□□□」

○第1号ノ裏打紙(左端)、

裏2　書付断簡　一葉

明治写、断簡、縦二一・〇cm、横五・三cm、一紙、

(全文)「□明治写第三庚午年九月二日一社惣倉ゟ使参リ候／早々参リ候処此図ヨリ書出様ト申渡サレ候／如此書出ス」

○第1号ノ裏打紙(左)、

裏3　納所納米下行帳　〔天正八年・九年〕　一通

桃山写、続紙、首尾欠、楮紙、縦二四・二cm、横三〇・五cm、一紙、

(首)「天正八年辰□／百五十文正月分下行畢　納所興尋(花押)」　(尾)「百五十文十一月分下行畢　納所寛尊(花押)」

○第1号ノ裏打紙ナリ、文中ニ「天正九年辛巳当納所釈迦院」トアリ、第四十六括1号ノ一部ナリ、

裏4

具注暦断簡　一葉

鎌倉後期写、断簡、楮紙、縦五・五cm、横一・一cm、一紙、

(全文)「□□破屋」

○第1号ノ裏打紙(右端)、

裏5

包紙断簡　一葉

明治写、断簡、楮紙、縦四・三cm、横三四・五cm、一紙、

(全文)「第　号／正五位上兼薩〔摩〕广守神守筆／応安三年遷宮日記裏如御方御文」

○第1号ノ裏打紙(上)、

裏6

某書状草案　禁裏様千日参御祈禱師ニ付　一通

江戸後期写、竪紙、書キサシ、縦二七・三cm、横三七・二cm、一紙、

(書出)「一筆啓仕候于今残暑強御座候処弥御安泰」(尾)「此段何分宜御取斗被下度不奉顧恐」

○第2号・第3号ノ裏打紙ナリ、成巻第二十一巻裏1号トホボ同文ナリ、

裏7

包紙断簡　一葉

明治写、断簡、楮紙、縦二五・五cm、横七・三cm、一紙、

(全文)「□安年間春日社　正五位兼薩摩守
遷宮日記　号　常住神殿守兼一臈神守筆
散乱　第　号」

○第5号ノ裏打紙、

大宮家文書　第六括

巻子本一巻、(紙継上書)「七十」

1

神事日次記　〔貞治五年正月～八月〕　一巻

南北朝写、巻子本、楮紙、裏書アリ、紙継目裏花押(大宮神守)、後筆ノ墨書注記アリ、仮名交リ文、縦二六・七cm、全長二三七・七cm、七紙、

(文首)「一貞治五年正月一日御コハ物一度マイル」(文末)「イマ、テサカリタリ」

○「神人」ヲ後筆ニテ「祢宜」ニ改変スル、

第六括裏打紙文書

裏1

大宮方北郷日番七右衛門等口上書　金燈呂盗難ニ付　享保十四己酉年四月　一通

江戸中期写、竪紙、楮紙、尾欠、縦二三・六cm、横三一・〇cm、一紙、

(書出)「差上申口上書／四月廿四日之夜若宮御神楽所西之軒」

(書止)「右之通ニ／御座候へは毛頭相違成儀不奉申上候以上」

(差出)「大宮方北郷日番七右衛門／名代与右衛門／同常住内蔵／名代□」(日下)

○第1号第一紙ノ裏打紙、

裏2

神主等歴名　一通

江戸中期写、小切紙、楮紙、墨点(仮名、江戸中期)、縦一九・八cm、横一八・五cm、一紙、

(文首)「神主師直　正預祐俊　権神主時雅」(文末)「吉田奉行梅坊御廊承仕取ナヲシ」

○第1号第二紙ノ裏打紙、

裏3

書付 一通 清祓ニ付

江戸後期写、小切紙、楮紙、縦一六・五cm、横八・一cm、一紙、

(書出)「六月十一日ニ住吉前ニ」(書止)「御神供前ニ清祓遂／候」

(差出)「常住」(奥下)

○第1号第二紙ノ裏打紙(右側)、

裏4

書付 (天明八年) 一通 大宮守寿昇進ニ付

江戸後期写、縦切紙、楮紙、縦三七・四cm、横六・〇cm、一紙、

(文首)「天明八戊申歳九月六日ニ昇進」(文末)「六臈神殿守被任候ニ付同年十二月補任申／受座中広目相済申也　常住守寿」

○第1号第三紙ノ裏打紙、

裏5

書付 一通 暦応二年神木御遷座記散乱ニ付

江戸後期写、小切紙、楮紙、縦二四・〇cm、横七・三cm、一紙、

(文首)「此記享和迄四百六十年成／一暦応二年神木御遷坐記ハナレ〳〵ニテ」(文末)「暦応四年四月康永元ト改元在之ト守旧考記置」

○第1号第四紙ノ裏打紙ナリ、モト第三括1号ノ付属文書カ、

裏6

大宮守栄告文 文政十三寅年十二月吉日 一通

江戸後期写、小切紙、楮紙、縦二三・五cm、横一一・八cm、一紙、

(全文)「春日社奉祈禱／右奉天下泰平国土安全殊ニ者／信心之願主息災延命所依之状如件」(差出)「大宮内蔵守栄」(日下)

○第1号第五紙ノ裏打紙(左側)、

裏7

某書状草案 一通

江戸後期写、横切紙、楮紙、紙背文書アリ(包紙)、縦一三・五cm、横一七・五cm、一紙、

(書出)「一筆啓上仕候于今残暑」(書止)「不顧恐御願申上度如斯御座候／奉畏居候然等」

○第1号第五紙ノ裏打紙(右上)、

裏8

銀子借用証文届書写 文久―〔二年〕／四月　日 一通

江戸後期写、横切紙、楮紙、縦一三・九cm、横四四・一cm、一紙、

(書出)「借用申銀子之事／銀三百目」(書止)「御承知可被下候」

(差出)「借用主中垣権太郎印／親類受人大宮内蔵印」(日下)(充所)「榊原玄蕃殿／加藤右京殿」

○第1号第五紙・第六紙ノ裏打紙(下部)ナリ、奥ニ「書付四通差入申候事」トアリ、

裏9

雅楽題目書付 一通

江戸後期写、横切紙、楮紙、縦九・〇cm、横一九・五cm、一紙、

(文首)「一日　一越調／賀殿破　賀殿急」(文末)「裏頭楽　皇鹿章急」

○第1号第五紙・第六紙ノ裏打紙(上部)、

裏10

春日社境内社書付 一通

江戸後期写、折紙、楮紙、縦一七・八cm、横二一・八cm、一紙、

(書出)「外院／榎本社　猿田彦大神」(文末)「通合社　天太玉命」

○第1号第七紙ノ裏打紙、

大宮家文書　第七括

巻子本一巻、

1 **貞治六年遷宮記**　〔貞治六年〕　一巻 *12

南北朝貞治六年写、大宮神守筆、巻子本、楮紙、朱書注記アリ、仮名交リ文、墨点(仮名、南北朝)、樹皮漉込後補表紙、縦二五・九cm、全長四七八・五cm、一五紙、

(後補表紙外題)「貞和(ママ)六年紀　正五位上兼薩广守常住神殿守兼一臈藤原神守筆」

(本紙端裏外題)「貞治六年　常住神殿守兼二臈神守記」

(文首)「貞治六年丁未三月卅日御釿ノ始アリ／今度ノ御造替事一円学侶ノ御沙汰也」(文末)「之由被命畢」

(奥書)「貞治六年丁未十二月　日常住神殿守神守(花押)」

○一部ニ応安元年三月ノ記事アリ、

第七括裏打紙文書

裏1 **精進日次覚**　〔三月～四月〕　一通

江戸中期写、折紙、楮紙、紙背文書アリ(「春日御参社御札」包紙)、縦二六・九cm、横三八・七cm、一紙、

(文首)「三月廿七日前斎入／四月五日正斎入」(文末)「道具配分ス」

○第1号第五紙・第六紙ノ裏打紙、

裏2 **某書状**　十月□□日　一通

江戸中期写、竪紙、首欠、楮紙、縦二七・一cm、横四一・五cm、一紙、

(首)「まて東方より是非をかさねて」(書止)「宮内へ／御下知候□□□」(充所)「□進之候」

○第1号第六紙・第七紙ノ裏打紙、

裏3 **金銭算用状**　一通

室町後期写、続紙、首尾欠、楮紙、縦二七・〇cm、横二七・〇cm、一紙、

(首)「一貫文ユカ□□□／已上三貫六百卅文」(尾)「一貫八十二文ハ十月二日にて」

○第1号第九紙・第一〇紙ノ裏打紙、

裏4 **某書状**　一通

室町中期写、竪紙、尾欠、楮紙、縦二七・〇cm、横三九・七cm、一紙、

(書出)「御八講自来廿一日／候事承候了」(尾)「同ハ喜存候兼又／毛見帳注令進」

○第1号第一〇紙・第一一紙ノ裏打紙、

裏5 **八幡神関係典籍断簡**　一通

室町後期写、続紙、首尾欠、楮紙打紙、縦二六・五cm、全長四一・七cm、三紙、

(首)「申□何□□／彼師尓急可令告知事有香一盛焼天」(尾)「我一向爾／顧済せむ仰給□之仰給久我□々雖仰事□と汝等甚不」

○第1号第一一紙・第一二紙ノ裏打紙ナリ、第一紙ト第三紙ハ小片ノミ残存スル、文中ニ「伊与国多度郡志那之山福基寺」「沙弥成光」等トアリ、

裏6 **某書状案**(土代)　一通

室町後期写、竪紙、楮紙、縦二四・六cm、横三九・一cm、一紙、

中東・宮内

六方集会評定

（書出）「中東方与宮内紛之儀二付御下知并／学侶書状之趣子細御披露候」（書止）「能々可被得其意之旨／六方集会評定候也」差出書・充所・日付ナシ、

○第1号第一二紙・第一三紙ノ裏打紙ナリ、第九十四括2号ノ土代カ、

裏7

材木寸法注文案（土代）　嘉暦二年六月廿一日　一通

鎌倉後期写、竪紙、楮紙、縦二四・六cm、横三九・一cm、一紙、（文首）「一カキカタ三枚ノフム／ハシラ七本四貫九百文　ナカサ九尺　ヒロサ六寸五分　アツサ四寸五分」（文末）「一スキクレ《ヒノキ》　二千□□」

○第1号第一三紙・第一四紙ノ裏打紙、

裏8

太刀辛雄社遷宮雑事注進状　永正六年十二月十六日　一通

室町後期写、竪紙、楮紙、縦二五・七cm、横四一・〇cm、一紙、（書出）「注進　太刀辛雄御社御遷宮雑事等事」（書止）「軾四丈白布一端代一貫文／以上」（差出）「両常住神殿守守家／安春」（日下）

○第1号第一三紙・第一四紙ノ裏打紙、

大宮家文書　第八括

巻子本一巻、

1

神宮寺及水屋社遷宮記録　〔応安元年〕　一巻

南北朝写、巻子本、首欠、楮紙、仮名交リ文、縦二九・六cm、全長三七三・二cm、一〇紙、

（端裏書）「ミツヤトノ案神宮寺有之」（首）「一同夜亥時四恩院一臈御房経乗房内院エマイリテ佛□」（文末）「右謹請預之状如件／応安元年戊申七月廿七日　常住神殿守春照在判／常住神殿守神守在判」

○第百三十一括1号ハ本号ノ後補表紙、

第八括裏打紙文書

裏1

延文五年仮名具注暦　〔延文五年正月〜閏四月〕　一通

南北朝写、続紙、尾欠、楮紙、墨界、朱書注記アリ、縦二九・七cm、全長三三一・六cm、界高二三・〇cm、界幅二・一cm、八紙、（内題）「延文五年暦　かのへねのとし」

○第1号第一紙〜第八紙ノ裏打紙、

裏2

幕張図　一通

江戸後期写、続紙、楮紙、縦二八・八cm、全長四四・二cm、二紙、

○第1号第九紙・第一〇紙ノ裏打紙ナリ、幕ノ図ヲ描キ寸法等ヲ記ス、

大宮家文書　第九括

巻子本一巻

1　神宮寺修理記　〔応長元年・応安元年〕　一巻

南北朝写、巻子本、楮紙、仮名交リ文、縦二七・三cm、全長一二五・三cm、四紙、

(端裏書)「神宮寺」(文首)「一応安元年戊申五月九日神宮寺修理アリ」(文末)「一同十四日上ヲ取破之同十五日裏板并カヤヲ、ヒ取替之／則(ママ)」

(奥書)「メヲ七(明応)ネンウマノトシ

十二月廿三日　」

○第百三十一括2号ハ本号ノ後補表紙、

第九括裏打紙文書

裏1　仮名具注暦　〔十月～十二月〕　一巻

江戸中期写、巻子本、首欠、墨界、楮紙、朱書注記アリ、縦二七・三cm、全長一二五・三cm、四紙、界高二一・九cm、界幅一・五cm、

(首)「十七日つちのとのとり」

○第1号ノ裏打紙、

大宮家文書　第十括

巻子本一巻、

1　至徳年間正下遷宮記　〔至徳元・三年〕　一巻

南北朝写、巻子本、首欠カ、楮紙、墨書注記アリ、貼紙アリ、仮名交リ文、縦三〇・〇cm、全長二九四・一cm、一〇紙、

(首)「(別筆)「至徳元」／一下遷宮次第十三日戊剋／一御殿六面御神鏡御桶一口奉納之」(文末)「其後両惣官以下若宮殿ニ参向セラル但若宮神主殿ハ／移殿ニ止テ被参御役」

大宮家文書　第十一括

巻子本一巻、

1　春日社神宮寺等造替遷宮記　〔至徳三年十一月～明徳元年七月〕　一巻＊13

南北朝明徳元年写、大宮神守筆、巻子本、首欠、楮紙、紙継目裏花押アリ、仮名交リ文、縦三〇・一cm、全長三〇二・八cm、九紙、

(端裏書)「至徳四年／遷宮」　(首)「一六面神鏡神殿守奉昇之事一殿別ニ役人二人宛也」　(文末)「一明徳元年庚午七月十三日慶賀門并僧正門ノ釿始在之」

(奥書)「右今度御造替并御遷宮等日記如斯

明徳元年八月　日　常住神殿守藤原豊守(花押)」

大宮家文書　第十二括

巻子本一巻、

1　至徳三年遷宮記　〔至徳元年・三年〕　一巻

南北朝写、巻子本、首欠、楮紙、仮名交リ文ヲ含ム、樹皮漉込紙後補表紙、縦三〇・〇cm、全長五〇九・〇cm、一四紙、

(後補表紙外題)「至徳三年遷宮記」

(本紙端裏外題)「至徳三年

遷宮記」

(後補表紙外題下)「常住神殿守／藤原豊守／筆」

(首)「不被替申歟無勿体云々／一今度下遷宮ノ時襷褌以下料足拝領之間」　(文末)「此手袋足袋ハ／正遷宮ニ同用之安居坊ヨリ御前マテハアタラシキイケ、ヲ／ハク」

○表紙・本紙間ニ紙継目裏花押(大宮守長)二顆アリ、

大宮家文書　第十三括

第1号～第2号ハ貼継、第3号ハ巻込、第六十七括ヨリ分割スル、

1　榎本社仮殿遷宮記　〔応安三年三月〕　一通

南北朝写、続紙、首尾欠、楮紙、仮名交リ文、縦二九・七cm、全長八四・八cm、二紙、

(首)「□始木作日時／今月十一日庚子　時卯二点」(尾)「足高一鉄鎚一」

○右端新補紙ニ「此間切紙不分」トアリ、第2号ト同一典籍カ、

〔紙背〕某仮名消息　一通

南北朝写、竪紙、楮紙、右袖ニ追而書アリ、縦二八・〇cm、横八五・二cm、二紙、

(書出)「この春より／御所さまの御めて／事」(書止)「御まいらせ候へかしと候□□／かしく」差出・充所・日付ナシ、

○裏打紙ノ上ヨリ籠字ニテ影写スル、

2　遷宮記断簡　一葉

南北朝写、断簡、楮紙、仮名交リ文、縦二八・二cm、横二〇・一cm、一紙、

(首)「一御師御役神守春照共カキマイラスル」(尾)「中ノ／間ノ御シヤウヲアケテ□□□キカネヲハツス也」

○第1号ト同一典籍カ、

〔紙背〕某仮名消息断簡　一葉

南北朝写、断簡、楮紙、縦二八・二cm、横二〇・一cm、一紙、

(書出)「すけとの、御かた如此」(尾)「このはかいかにもして」

○裏打紙ノ上ヨリ籠字ニテ影写スル、

3　榎本社正遷宮記　〔応安三年〕　一通

南北朝写、続紙、首尾欠、楮紙、一行字数不定、仮名交リ文、縦二六・四cm、横四一・二cm、一紙、

(首)「燈呂綱半分　シテカケ□」(尾)「注進榎本上遷宮雑事等事」

第十三括裏打紙文書

裏1　書付　一葉

松平豊後守様
参詣ニ付

江戸後期写、袋綴装断簡カ、尾欠、楮紙、縦二四・九cm、横三四・七cm、一紙、

(文首)「文政拾亥年五月朔日松平豊後守様始而／当社江御参詣有之趣ニ」(尾)「題々(ママ)之例ニ相成候義も甚迷惑仕候間」

○第3号ノ裏打紙、

大宮家文書　第十四括

巻子本一巻、

1　水屋社遷宮記　〔康応元年〕　一巻

南北朝写康応元年写、大宮豊守筆、巻子本、楮紙、仮名交リ文、墨書注記(後筆)アリ、素紙後補表紙、縦二六・五cm、全長八八三・九cm、二七紙、原端裏外題・端裏書ヲ切断シテ後補表紙ニ貼付スル、

(表紙)「　明治二拾年九月加修散乱　守(花押)
康応元年　豊守」

(表紙見返)「康慶元年記一巻之所修覆之時至徳
之年記ヲ次　豊守筆　」

(原端裏外題)「水屋殿」　(原端裏書)「豊守」(原端裏外題下)

(文首)「　□□仮殿遷宮日／今月十三日己卯　時戌」　(文末)「釘貫一口　桶一口」

(奥書)「右為後日所記置也且又依有神慮恐
深秘等止口伝者也
康応元年己巳十二月廿八日
常住神殿守藤原豊守(花押)」

○原端裏書・原端裏外題ニハ籠字ニヨル補筆アリ、第一紙～第五紙、第六紙、第七紙～第二七紙ノ三者ハ分離シ、モト別々ニ保管サレテアリ、今回三者接続スルト判断シ、一括シテ巻込ム、

(第六紙端裏書)「一康応元年七月　両常住神殿守」

第十四括裏打紙文書

裏1

大宮家系図断簡　一葉

江戸中期写、断簡、楮紙、縦二〇・五cm、横五・三cm、一紙、

(全文)「清貞　清武　清延―清兼―／清国―光則―光仲―利貞
／利国　利重　吉守　永守」

○第1号第一紙ノ裏打紙(右側)、

裏2

書付　一葉

江戸後期写、小切紙、楮紙、縦三四・一cm、横五・六cm、一紙、

(全文)「散乱ニ付従是奥不見豊守筆か」

○第1号第一紙ノ裏打紙(上部)、

裏3

某差上一札草案　一通　妻紅扇子ニ付

江戸後期写、竪紙、楮紙、紙背文書アリ、縦一九・二cm、横二三・四cm、一紙、

(書出)「奉差上一札之事／一当二月□若御社御能之節妻紅扇子／所持仕候ニ付」　(書止)「為。其一札奉／差上候已上」

○第1号第一紙・第二紙ノ裏打紙ナリ、裏4号・第百一括裏3号・第百二十一括1号・2号・第百二十五括3号ト関連スル、

裏4

某口上書草案　一通　妻紅扇子ニ付

江戸後期写、竪紙、楮紙、縦一九・八cm、横二五・三cm、一紙、

(書出)「奉差上口上書／一当二月若宮御社御能之節妻紅扇子／之儀ニ付」　(書止)「御聞済被成下難有奉存候已上」　(差出)「｜」(奥下)　(充所)「｜」日付ナシ、

○第1号第二紙ノ裏打紙ナリ、裏3号等ト関連スル、

裏5

某口上書草案　一通

江戸後期写、続紙、首尾欠、楮紙、裏書アリ、縦一九・三cm、横二三・七cm、一紙、

（首）「両座江通達致候事旧記ニモ□之由被申聞候」（書止）「只今居宅可□有也」

○第1号第二・三紙ノ裏打紙、

裏6

書付　〔寛保三年〕　一通　関白様ヨリ祢宜ノ儀御尋ニ付

江戸中期写、竪紙、楮紙、縦二五・六cm、横三一・四cm、一紙、

（書出）「寛保三亥年十一月廿五日大宮神主時令殿北郷職事」（書止）「座中へ申入返答可申旨申置退出畢」

○第1号第三紙・第四紙ノ裏打紙、

裏7

連署写断簡　一葉

江戸後期写、続紙、首欠、楮紙、縦二四・一cm、横三三・八cm、一紙、

○第1号第四紙・第五紙ノ裏打紙ナリ、「坂木治郎大夫（花押影）」以下計三〇名連署、

裏8

大宮燈明料米下行帳　〔元禄七年～八年〕　一通

江戸中期写、続紙、首尾欠、楮紙、紙継目ニ円黒印アリ、縦二二・六cm、横二三・八cm、一紙、

（首）「現米六斗六升者」（尾）「元禄八乙亥年十二月　日　多聞院（花押）」

○第1号第五紙ノ裏打紙ナリ、第九十四括9号第二紙・第三紙ノ間ニ入ル、

大宮家文書　第十五括

巻子本一巻、（紙縒上書）「四十」

1

紀伊社正遷宮記　〔明徳元年十二月〕　一巻

南北朝明徳元年写、大宮豊守筆、巻子本、首欠、楮紙、素紙後補表紙、紙縒紐アリ、縦二六・八cm、全長三五一・九cm、一二紙、

（表紙）「　豊守筆裏ニ藤野家系ヲ張筆者不詳　藤浪氏

遷宮記

明徳元年十二月紀　」

（首）「□□□〔九寸カ〕在□杭木工大工浄衣□□」（文末）「一旧殿ヲコホチ申事次年四月十三日辰市エ任例テ／コホチトルト云々」

（奥書）「明徳元年庚午十二月卅日記之

常住神殿守内蔵権助藤原豊守（花押）」

第十五括裏打紙文書

裏1

藤波系図　一通

江戸後期写、続紙、楮紙、縦二四・四cm、横一六〇・八cm、五紙、

（内題）「藤波系図」

（文首）「藤野則清之次男金千代丸清金応徳／二丑年補祢宜別職寛治三巳年家号ヲ／改藤波与賜ル」（文末）「守積二臈神殿守主殿元禄七年八十四歳迄存命」

○第1号第二紙～第六紙ノ裏打紙、

大宮家文書　第十六括

巻子本一巻、第七十九括ヨリ分割スル、

1　祓戸社遷宮記　〔応永六年二月〕　一巻　祓戸社

室町前期応永七年写、大宮徳守筆、続紙、楮紙、墨書訂正アリ、仮名交リ文ヲ含ム、縦二五・三cm、全長一三二・四cm、四紙、

（裏打紙端裏外題）「　応永六年　祓戸社　徳守記

祓□□記　」

（文首）「応永六年□／如此雖注進申入去応安四年」（文末）「一春立分　御弊〔幣〕一本　散米一折敷　襷襌一反／酒肴半分　釘貫一口」

（奥書）「右今度御勧請之時徳守依重服不参□

条雖歎入無力次第也仍如此日記後□

如形所記置之状如件

応永七年庚辰六月廿六日

常住神殿守宮内大夫藤原

徳守□」

大宮家文書　第十七括

続紙一通、第七十六括ヨリ分割スル、

1　手力雄社遷宮記　〔応永十二年六月〕　一通　太刀辛雄社

室町前期応永十二年写、大宮徳守筆、続紙、楮紙、仮名交リ文、縦二八・三cm、全長一〇六・六cm、三紙、

（端裏書）「応永卅三年」（文首）「注進　太刀辛雄御社御遷宮雑事等□」（文末）「委細事／別紙所記也」

（奥書）「応永十二年六月十一日常住神殿守徳守（花押）」

大宮家文書　第十八括

巻子本一巻、

1　春日御社造替御遷宮日記　〔応永三十三年～三十四年〕　一巻

室町前期応永三十三年写、大宮守祐筆、巻子本、楮紙、長円黒印（第一一紙・第一五紙紙背）、紙継目裏花押アリ、一行一八字前後、仮名交リ文ヲ含ム、墨点（仮名、室町前期）、素紙後補表紙、紙縒紐、縦二七・七cm、全長七九五・四cm、二二紙、

（表紙）「応永三十三年

春日社遷宮記

常住神殿守藤原守資」

（端裏書）「応永三十三　常住神殿守守祐記」

（内題）「春日御社造替御遷宮日記」

（文首）「一当社御造替并御遷宮御事為廿一箇／年堺之条自往古之規式也」（文末）「且又南郷一座之鍜謹〔瑕瑾〕不可過之者歟／為後代注置日記者也」

（奥書）「応永卅三年九月廿二日北郷常住神殿守守祐」

大宮家文書　第十九括

巻子本一巻、素紙覆表紙、紙縒紐、（紙縒上書）「六二」

（表紙）「文安四年丁卯

春日社御造替遷宮日記　守国」

1　春日社御造替遷宮日記　〔文安三年～五年〕　一巻

室町中期写、巻子本、楮紙、仮名交リ文ヲ含ム、縦二一・七cm、全長八六〇・五cm、三三紙、

（端裏外題）「文安四年丁卯」（端裏書）「守国」（外題下）

（内題）「春日社御造替遷宮日記」

（文首）「一当社御造替并御遷宮御事為廿一个年／堺之条自往古之規式也」（文末）「代官春政参候了／以上」

大宮家文書　第二十括

巻込、

1　陪従御神楽諸役出仕条々　一通

室町後期写、続紙、首尾欠、楮紙、墨書訂正多シ、仮名交リ文、縦二一・〇cm、全長一〇二・二cm、四紙、

（首）「綾小路殿　俊量　末拍子／一陪徒［従］衆六人　各所役有之」

（尾）「一北郷方社家御出仕次第入僧正門八講屋」

2　春日御社御造替御遷宮日記〔文正元年～応仁元年〕　一巻

室町後期写、巻子本、楮紙、円黒印（紙背）、仮名交リ文、縦一九・五cm、全長九四四・五cm、一八紙、

（端裏書）「応仁元就天下大乱　勅使延引之事　常住守国」

（内題）「春日御社御造替御遷宮日記」

（文首）「一御造替御事始　文正元［丙戌］九月廿六日」（文末）「一神殿守［七人中］ヨリ酒肴代三百［五十］文／座中ェ被送進者也」

（奥書）「广仁元［丁亥］十一月　日」

大宮家文書　第二十一括

貼継、樹皮片漉込表紙、紙縒紐、（紙縒上書）「四十七」

（表紙）「文明十九年　常住神殿守

遷宮記　守家筆」

○表紙ハ他ノ表紙ヲ転用スル、表紙ニ料紙横使イニテ「赤賦手本／いろ〳〵／弁慶筆」トアリ、

1　文明十九年春日社遷宮記〔文明十八年九月～十九年六月〕　一通

室町中期写、大宮守家筆、続紙、尾欠カ、楮紙、仮名交リ文ヲ含ム、縦一九・六cm、全長一四〇・八cm、四紙、

（端裏書）「常住守家筆／文明十九常住興守代官子細□□」（文首）「春日御社「／一当社御造宮御事為廿一箇年／堺之条往古ヨリノ規式也」（文末）「一御精進事」

2　遷宮等雑事記録〔永正三年九月～四年十二月〕　一通

室町後期写、続紙、首欠、楮紙、紙継目裏花押、裏書アリ、墨書訂正多シ、仮名交リ文、縦一九・六cm、全長七二三・〇cm、一八紙、

（首）「禱三方神殿守悉同廿四日ヨリ各々ノ／屋其外橘屋ヲ借用シテ参籠也」（文末）「色々事候先規同前」

○第八紙～第一〇紙ノ裏書ニ寺社縁起等抜書アリ、内容ハ甲函第26号ニ類似スル、

（文首）「一天地院号法蓮寺縁起文云是文殊化身／行基菩薩建立也」（文末）「受戒始大同二歟」

大宮家文書　第二十二括

続紙一通、第八十二括ヨリ分割スル、

1　**神宮寺遷宮記**　〔文明三年六月〕　一通　神宮寺

室町後期永正十八年写、大宮守家筆、仮名交リ文、続紙、楮紙、縦二〇・九cm、全長一〇一・〇cm、三紙、

（文首）「文明三年（辛卯）六月五日神宮寺下遷宮事」（文末）「一役人精進諸下行以下之事者下遷／宮ノ如シ」

（奥書）「此方《記》梅木方所持之本為後証写之

永正十八年（辛巳）卯月十四日　守家」

大宮家文書　第二十三括

巻込、（紙縒上書）「六三」

1　**榎本社下遷宮記**　〔永正六年十月～十一月〕　一通　榎本社

室町後期写、続紙、首欠、楮紙、墨書訂正多シ、仮名交リ文、縦一九・五cm、全長二四六・五cm、七紙、

（首）「一（己巳）十月七日神宝師自京都下着云々」（文末）「北門ニ／守家サス」

2　**神宮寺正遷宮記**　〔永正十八年四月・文安元年六月〕　一通　神宮寺

室町後期写、大宮守家写、続紙、仮名交リ文、楮紙、縦二〇・〇cm、全長三二一・〇cm、五紙、

（端裏書）「□宮寺殿之旧記」（文首）「□進　神宮寺正遷宮雑用諸下行事」（文末）「南北両常住支配之」

（奥書）「此記梅木方所持ノ本也為後証

写之

永正十八年（辛巳）卯月十四日　守家」

○永正十八年遷宮記ノ奥ニ文安元年遷宮記ヲ写ス、

3　**免田御供下地注文**　天正七年（卯）三月吉日　一通

桃山写、小切紙、楮紙、縦一九・九cm、横二四・五cm、一紙、

（書出）「メン田ノ下地事」（書止）「ミハカウメン田ノ御クウノ／下地也是ヲ以壱貫文出也／以上」（差出）「大宮宮《北郷》内丞」（奥下）

4　**水谷社遷宮日時勘文案**　十一月廿日　一通　水屋社

室町後期写、小切紙、楮紙、縦二一・五cm、横二五・三cm、一紙、

（端裏書）「風記」（書出）「春日末社水屋社柱《立》上棟日次」（書止）「正遷宮／十四日戊申　時戊／廿日甲寅　時亥」（差出）「陰陽頭

賀茂在重」（日下）

5　書付　一通　御造営諍論ニ付

江戸後期写、小切紙、楮紙、縦一九・九cm、横二三・八cm、一紙、

（書出）「今般御造営両御門主寺格／之儀ニ付諍論御造営年序／相過神慮難計」（書止）「社家興福寺御寺務殿下江／御届相済」

○左奥・右端ニ享和元年十二月下遷宮以降ノ経緯等ヲ記ス、

6　正殿指図　一鋪

江戸中期写、小切紙、楮紙、縦二二・〇cm、横二四・〇cm、一紙、

○柱ノ寸法・配置ヲ記ス、

7　直会殿指図　一鋪

江戸中期写、小切紙、楮紙、縦二〇・九cm、横二四・一cm、一紙、

大宮家文書　第二十四括

第1号～第4号ハ貼継、第5号～第9号ハ巻込、（紙縒上書）「七一」

1　移殿図　一鋪

江戸後期写、竪紙、楮紙、朱書・朱線アリ、縦二四・〇cm、横二七・八cm、一紙、

○二次的ニ切断シテ貼リ合セル、

2　春日社遷座神宝出入図　一鋪

江戸後期写、竪紙、楮紙、縦二三・五cm、横三二・四cm、一紙、

3　春日祭祭典式座図　〔明治四年二月〕　一鋪

明治写、竪紙、楮紙、縦二四・五cm、横三四・五cm、一紙、

（識語）「明治四年二月
春日大宮祭典式座
奈良県知事海枝
勅使」

4　藤之鳥居御事始式絵図　一鋪

江戸後期写、縦切紙続紙、楮紙、縦二四・五cm、全長三四・〇cm、四紙、

5　率川御社遷宮日記　〔大永三年四月～十一月〕　一通　率川社

室町後期大永三年写、大宮守家筆、続紙、楮紙、墨書訂正アリ、仮名交リ文、縦二二・三cm、全長二一・〇cm、九紙、

（内題）「率河御社遷宮日記」

（文首）「一大永三年癸未卯月十四日甲寅辰時御事始有之」（文末）「ヨロコヒ申也」

（奥書）「大永三年癸未十一月十九日北郷常住神殿守守家」

6 遷宮日記断簡　〔天文十五年〕　一通
室町後期写、続紙、紙背文書アリ、楮紙、尾欠、縦二四・六cm、横四一・五cm、一紙、
（文首）「天文十五年□／社司御出仕事□」

〔紙背〕某書状　一通
室町後期写、折紙、楮紙、右袖ニ追而書アリ、縦二四・六cm、横四一・五cm、一紙、
（書出）「歳暮御慶／仍嘉例巻数」（充所）「三郎左衛門尉□」

7 裾紅之扇覚　〔享保十八年～十九年〕　一通
江戸中期写、竪紙、楮紙、縦二四・八cm、横三三・〇cm、一紙、
（書出）「裾紅之扇之事／一享保拾八癸丑年六月三日従／御寺務一乗院宮様被為　仰渡候趣者」（書止）「向後可為停止旨被為／仰渡奉其意候畢」

8 日記断簡　〔七月～八月〕　一葉
江戸中期写、袋綴装断簡、楮紙、縦二四・五cm、横三三・七cm、一紙、
（首）「一同月十二日神主職相済京都ヨリ被帰ル也」（尾）「次於神前拝賀例之通相済後順縁之詣取之」

9 拝借米覚　一通
江戸中期写、竪紙、楮紙、縦二三・八cm、横三二・〇cm、一紙、
（書出）「覚／御拝借米五拾石」（書止）「右之通ニ御座候以上」

第二十四括裏打紙文書

裏1 春日社三方神人等申状写　至徳四年二月　日　一通
江戸中期写、竪紙、楮紙、縦二四・四cm、横三四・〇cm、一紙、
（書出）「春日御社三方神人〔祢宜〕等謹申／右子細者当社毎月三旬音楽并三月廿一日八種／御供御神楽者」（書止）「之／由三方神人等謹言上如件」　差出書ナシ、
（奥書）「右沙汰人清有記ナリ寛保元年マテ凡三百五十五年ニ当ルナリ」
○第4号ノ裏打紙、

大宮家文書　第二十五括

巻込、但シ第2号〜第3号ハ貼継、

1　仮殿遷座日記　〔天文十六年六月〕　一通

室町後期写、続紙、首尾欠、楮紙、紙背文書アリ、墨書注記アリ、仮名交リ文ヲ含ム、墨点（仮名、室町後期）、縦二六・五cm、全長三二五cm、八紙、

（首）「不可懈者也」（尾）「祐賢殿ノ御屋エト抄／□トシテ」

○料紙ハ各々縦法量異ナル、

〔紙背1〕最勝院栄勝書状　十二月廿九日　一通

室町後期写、折紙、楮紙、縦二三・八cm、横四一・二cm、一紙、

（書出）「歳暮之御慶／珍重候間」（書止）「明春面之時御慶／尚可申候恐々謹言」（差出）「最勝院栄勝」（日下）（充所）「高畠祢宜三郎左衛門殿／進之」

（折紙端裏上書）「　サイ少イキン《ママ》
　三郎サヱモントノ　」

○第一紙紙背、

〔紙背2〕定能書状　二月十日　一通

室町後期写、竪紙、楮紙、右袖ニ追而書アリ、縦二六・五cm、横四四・二cm、一紙、

（書出）「御状拝見申候如仰御慶申納候へ共」（書止）「必々懸御目候て御礼可申所存候間／尚々可申恐々謹言」（差出）「定能（花押）」（日下）　充所ナシ、

（端裏切封上書）「（墨引）三郎左衛門尉殿御返報　定能」

○第二紙紙背、

〔紙背3〕福居某書状　正月四日　一通

室町後期写、折紙、楮紙、中欠、縦二四・四cm、横三九・九cm、一紙、

（書出）「如仰当春之／御慶珍重候」（書止）「期御面拝候恐々／謹言」（差出）「福居／□□（花押）」（日下）（充所）「三郎左衛門尉殿／御返報」

○第三紙紙背、

〔紙背4〕最勝院栄勝書状　正月六日　一通

室町後期写、折紙、楮紙、縦二四・〇cm、横四一・九cm、一紙、

（書出）「誠年始之御慶／珍重候」（書止）「面之時尚御慶／可申候□□恐々／謹言」（差出）「最勝院栄勝」（日下）（充所）「三郎左衛門殿御返事」

○第四紙紙背、

〔紙背5〕祐義書状　初春四日　一通

室町後期写、折紙、楮紙、右袖ニ追而書アリ、縦二四・二cm、横三九・〇cm、一紙、

（書出）「如貴札新春之／吉兆猶以目出度候」（書止）「参社之時御礼可申候／恐々謹言」（差出）「宗□（花押）」（日下）（充所）「三郎左衛門尉殿御返報」

（折紙端裏上書）「　□定軒祐義
　三郎左衛門尉殿まいる　」

○第五紙紙背、

〔紙背6〕龍□院書状　正月四日　一通

室町後期写、折紙、楮紙、縦二三・七cm、横四一・二cm、一紙、

（書出）「如御状明春之御慶／千秋万歳」（書止）「如何様聴而／御下待入候恐々謹言」（差出）「龍□院」（日下）（充所）「三郎左衛門尉殿□□□」

（折紙端裏上書）「　自池上
　三郎左衛門尉殿□□□」

○第六紙紙背、

〔紙背7〕やまくち等仮名消息　一通

室町後期写、折紙、楮紙、右袖ニ追而書アリ、縦二四・四cm、横四二・二cm、一紙、
（書出）「おほせのことく／このはるより／の御よろこひ」（書止）「その／ときなを／＼御れい／申候へし／御□□□かしく」（差出）「たはたやまくち／いそかい」（奥下）（充所）「たてわき／との之いか□」

○第七紙紙背、

〔紙背8〕若宮某書状　七月廿四日　一通

室町後期写、竪紙、楮紙、縦二四・一cm、横四一・六cm、一紙、
（書出）「誠今度正遷宮之儀無事／相調寺社大慶不過之候」（書止）「此方御次ニ待申候／昨今宮参之節ニ申候哉／恐々謹言」差出書・充所ナシ、
（端裏切封上書）「　若宮□□
（墨引）三郎左衛門尉殿御返報　」

○第八紙紙背、

2　勧学院別当御教書　五月卅日　一通

室町後期写、竪紙、楮紙、縦二四・七cm、横四〇・五cm、一紙、
（書出）「就　当社仮殿遷宮諸司参向御訪用／脚事」（書止）「之由別当弁／殿仰所候也仍執達如件」（差出）「散位景俊奉」（日下）（充所）「謹上　春日両惣官御中」

3　正遷宮事始書付　〔大永七年九月〕　一通

室町後期写、竪紙、楮紙、縦二四・九cm、横四〇・七cm、一紙、
（左奥端書）「正セン宮」（文首）「正遷宮御事始九月廿八日諸識人方ヨリ三方／常住一献ニ御用事」（文末）「三方常住請用スル」

大宮家文書　第二十六括

続紙一通、第九十括ヨリ分割スル、

1　手力雄社遷宮記　〔弘治三年〕　一通　太刀辛雄社

室町後期写、横切紙続紙、楮紙、裏書アリ、墨書訂正アリ、仮名交リ文、縦一九・〇cm、全長一一四・五cm、三紙、
（端裏書）「太力〔刀〕辛雄」（文首）「弘治三年丁巳八月廿六日巳ノ半ハヨ／リ未ノ半ハマテノ大風皆キモヲ／ケスナリ」（文末）「遷宮無事ニ奉成了其後／神主殿へ如此参申也」

大宮家文書　第二十七括

巻子本一巻、（紙縒上書）「七九」

1　水谷社遷宮記　〔弘治三年五月～六月〕　一巻　水谷社

室町後期写、巻子本、楮紙、仮名交リ文、縦二七・〇cm、全長四六二・四cm、一五紙、

（共紙表紙）「弘治三年記ナリ
　水谷社遷宮記　守富」

（表紙見返）「弘治三年丁巳六月十七日」

（本紙端裏書）「凮記」（文首）「凮記／春日水屋社事始日次／来月八日庚寅　時辰未」（文末）「足高一脚　釘貫一口」

（奥書）「弘治三年丁巳六月十七日」

○第六紙端書ニ「二」、第八紙端書ニ「三」トアリ、以下第一五紙端書「十」ニ至ル、

大宮家文書　第二十八括

巻子本一巻、

1　春日社下遷宮記　〔慶安三年〕　一巻

江戸前期写、菅原永通筆、巻子本、尾欠、楮紙、紙背文書アリ、一行一三字前後、素紙後補表紙、紙縒紐、縦二〇・五cm、全長六八二・一cm、三六紙、

（表紙）「
　春日社下遷宮記　守尚代永通筆
　慶安三年　」

（本紙端裏書）「常住神殿守々尚代筆永通
　春日社下遷宮　日記永通
　慶安三年　于時奉行中坊長兵衛時祐殿　」

（内題）「春日社御造替御遷宮　日記」

（文首）「一当社御造替并御遷宮御幸為／廿一个年堺之条自往古規式也」（尾）「冠者　延相／冠者　延□」

〔紙背1〕地下領段銭段米算用帳　〔永禄七年正月二十二日〕　一通

室町後期写、続紙、楮紙、縦二〇・五cm、全長三四八・六cm、一九紙、

（書出）「癸亥歳地下領段銭反米算用帳／田畠物田数都合弐拾四町六反一反切六歩」（書止）「参石五斗六升一合四勺／永禄七年甲子正月廿二日算用帳」

〔紙背2〕某荘段銭段米算用帳　〔永禄六年〕癸亥　一通

室町後期写、続紙、首尾欠、楮紙、縦二〇・三cm、全長三三七・八cm、一七紙、

（首）「同指合分之事／一色方／三段　三輪大明神一色」（尾）「九升二勺」

大宮家文書　第二十九括

続紙一通、

1　子守社下遷宮御道具請取状　慶安五年壬辰七月吉日　一通　子守社

江戸前期写、続紙、楮紙、縦三一・〇cm、全長一六二・五cm、五紙、

（書出）「子守社下遷宮請取申御道具事」（書止）「一精進料　壱石弐斗／以上」（差出）「三方常住神殿守春章／同　守尚／同　春慶」（日下）（充所）「御奉行様」

大宮家文書　第三十括

巻込、

1　春日社陪従御神楽指図　一鋪

江戸前期慶安元年写、菅原永通筆、続紙、楮紙、縦三〇・五cm、全長六四・二cm、二紙、

（端裏書）「春日社陪従御神楽　指図舞殿ニテ有之　永通」

（奥書）「　右此指図北郷常住宮内方写之畢

慶安元年戊子六月吉日　北郷内記永通（花押）」

2　春日社移殿指図　一鋪

江戸前期写、竪紙、楮紙、縦三九・九cm、横四六・一cm、一紙、

（識語）「春日社移殿指図也」

3　若宮方大幔図　一鋪

江戸中期享保十一年写、竪紙、楮紙、縦三一・六cm、横四八・三cm、一紙、

（題）「若宮方大幔図」

（奥書）「享保十一丙午八月廿五日移殿絵図写者之（ママ）」

4　移殿御神前并御廊之図　一鋪

江戸中期享保十三年写、竪紙、楮紙、彩色、縦三〇・二cm、横四六・二cm、一紙、

（端裏書）「移殿御神前并御廊之図也／享保十三戊申年四月中旬仁書写之／北郷常住神殿守々胤／代官宮内守理」

5　春日社遷宮指図　一鋪

江戸中期写、竪紙、楮紙、縦三〇・二cm、横四六・二cm、一紙、

○南門ヨリ移殿マデヲ描ク、

6 神鏡桶遷座指図　一鋪

江戸中期写、竪紙、楮紙、彩色、貼紙アリ、縦三〇・二cm、横四五・七cm、一紙、

7 春日社遷宮指図　一鋪

江戸中期写、竪紙、楮紙、彩色、縦三一・〇cm、横四八・五cm、一紙、

8 三方座配図　一鋪

江戸中期写、竪紙、楮紙、縦三〇・四cm、横四二・七cm、一紙、

9 春日社遷宮幄立・幕引指図　一鋪

江戸中期写、竪紙、楮紙、縦三一・二cm、横四八・一cm、一紙、

(識語)「東ゟ四本目ノ柱通リ北ヱ三間行テ幄立之也」

10 春日社移殿指図　一鋪

江戸中期写、竪紙、楮紙、紙背ニモ春日社移殿指図アリ、縦三一・七cm、横四八・五cm、一紙、

11 春日社移殿図　一鋪

江戸中期写、竪紙、楮紙、縦三〇・〇cm、横四六・二cm、一紙、

(端裏書)「移殿図」

12 二十二社順参一円図〔版〕　一鋪

江戸後期寛政五年刊、竪紙、楮紙、縦四一・二cm、横三〇・九cm、一紙、

(題)「二十二社順参一円図」

(刊記1)「寛政五癸丑年正月」

(刊記2)「浪華住建部平吉定経　出之」

(端裏書)「浪華住／建部平吉定経当社江／社参之節守旧依所望／申受」

大宮家文書　第三十一括

絵図一鋪、

1　春日社御造替之内移殿図　〔享保十三年三月〕　一鋪

江戸中期写、縦横貼継、楮紙、彩色、縦一〇六・〇cm、横七八・〇cm、九紙、

(表紙)「享保十三戊申稔三月吉日
春日社御造替之内移殿図
榊原家」

(識語1)「清注連両惣官ヨリ被仰付
三常住奉行シテ刀祢ニ曳ス
東ノ方北郷常住北ノ方南郷
常住西ノ方若宮常住
此旧記応永拾四丁亥稔ノ日記ニ具ニ在之」

(識語2)「享保十三戊申年三月吉日
榊原兵庫重英写之　」

〇文書小断簡ヲ裏打紙ニ使用スル、表紙ニ遷宮指図ノ反古ヲ使用スル、

大宮家文書　第三十二括

巻込、但シ第1号～第2号・第3号～第4号・第5号～第6号・第7号～第9号ハ貼継、(紙継上書)「八五」

1　観禅院鎮守正遷宮祝詞　〔永正九年十二月二十六日〕　一通　興福寺勧禅院鎮守　藤原守家

室町後期写、竪紙、楮紙、縦二四・三cm、横四二・一cm、一紙、

(端裏書)「クワンセンヰンチンシユノ」　(書出)「夫永正九年壬申十二月廿六日卯時／吉日良辰をゑらひ定て申て申／さく」　(書止)「かしこみかしこみも／おそれみおそれみも申て申さく／と藤原守家申奉る」　藤原守家差出、興福寺勧禅院鎮守龍蔵充、

(奥書)「天文元年壬辰十二月廿二日亥剋観禅院
鎮守五百文勧請申此時茶院鎮守二百文同勧請申了」

2　長尾社正遷宮祝詞　〔壬辰八月十一日〕　一通　三笠山長尾社　徳守

室町後期写、竪紙、楮紙、縦二四・七cm、横四三・〇cm、一紙、

(端裏書)「カミノミツヤノ／長尾社遷宮用之八月十一日　徳守」

(書出)「当年壬辰八月十一日甲子時午剋吉日良辰／定て申」　(書止)「かしこ／▨み〳〵おそれみ〳〵も申て申／さく申たてまつる」

長尾御社充、

(奥書)「社四所各窯殿ノ御戸ヲ開テ御社ノ御前ニテ此
若宮殿并三十八所水屋いつれも窯殿ノ御戸前ニテ
申者也
」

3　細井戸伊勢外宮正遷宮祝詞　〔天文三年甲午六月十六日〕　一通　大和国広瀬郡細井戸里伊勢外宮　藤原守家

室町後期写、竪紙、楮紙、縦二四・六cm、横三八・二cm、一紙、

(端裏書)「ホソヰト」　(書出)「夫天文三年甲午六月十六日戌剋吉日／良辰をゑらひ定て申て申さく」　(書止)「さひはひ／〳〵千秋万歳〳〵」(追筆)「ヲンロキヤキヤラヤソワカ廿一返」光明真言／廿一返」

藤原守家差出、広瀬の郡細井戸の里伊勢外宮国常立命充、
〇端書アルモ欠損ニヨリ釈読不能、

4　祝詞案　　一通　春日大明神

江戸前期写、続紙、楮紙、縦二四・九cm、全長九五・五cm、三紙、
①春日大明神等諸神勧請祝詞案〔元和元年九月十日〕
（書出）「夫当来ル年号者元和元年九月十日亥時／吉日良辰ヲゑらひ定テ」（書止）「夜守日守ニマモリ／サキワイ給ヘト恐美々モ申寿」春日大明神充、
②御祓勧仕祝詞案
（書出）「維当来歳次今月今日乃亥時ヲモツテ／曜宿相応吉日良辰エラミ定」（書止）「某／恐美毛申奉留」南無天満大ちさい天神并願主氏乃神等充、

5　喜多坊別当善盛書状　八月十日　一通　燈呂下地佐保田

室町後期写、竪紙、楮紙、右袖ニ追而書アリ、縦二四・〇cm、横三九・八cm、一紙、
（書出）「先日者於　御門跡申出候祝着之至候／仍今度御寄進燈呂下地之内」（書止）「此百性〔姓〕ニかたく申付候其段／御同心専一候子細此者可申候恐々／謹言」（差出）「善盛（花押）」（日下）充所ナシ、
（端裏捻封上書）「　喜多坊《ほう□ん》別当
（墨引）　善太郎殿参　　善盛」

6　麻太守国書状　十二月十四日　一通

室町後期写、竪紙、首欠、楮紙、縦二五・二cm、横四二・七cm、一紙、
（全文）「憑入存候返々遠路与／申種々御懇之儀能々／可申旨候恐々謹言」（差出）「守国（花押）」（日下）充所ナシ、
（礼紙捻封上書）「　麻太
（墨引）野田宮内丞殿御旅館　守国」

7　越智家頼書状　正月廿日　一通　大和国田井兵庫荘

室町後期写、竪紙、楮紙、縦二四・二cm、横三九・五cm、一紙、
（書出）「田井兵庫庄　御神供料半分／儀中東方与宮内神人申事付而」（書止）「此旨可預御披／露候恐々謹言」（差出）「家頼（花押）」（日下）（充所）「六方沙汰衆御中」

8　池田頼秀書状　弐月九日　一通

室町後期写、竪紙、首欠、楮紙、縦二四・三cm、横四〇・七cm、一紙、
（首）「無御心元候能々御調肝要候」（書止）「如何様重而可申入候事候／恐々謹言」（差出）「頼秀（花押）」（日下）（充所）「宮内丞殿御返報」
（礼紙切封上書）「（墨引）　池田治左衛門尉
野田宮内丞殿御返報　　頼秀」

9　新坊浄円房書状　極月廿七日　一通　勧禅院鎮守

室町後期写、竪紙、楮紙、縦二五・八cm、横三五・二cm、一紙、
（書出）「観禅院鎮守御勧請御日出度候」（書止）「何様以参御礼可申候恐々／謹言」（差出）「□□〔春経カ〕（花押）」（日下）（充所）「宮内殿御宿所」（奥書）「新坊浄円房状」
（端裏捻封上書）「（墨引）　宮内殿御宿所」

10　玄播書状案　五月晦日　一通

室町後期写、竪紙、楮紙、縦二四・九cm、横三六・〇cm、一紙、
（端裏書）「此本者高天□」（書出）「高天殿より御書中事／即先年

上座房権寺主殿へ／申合候」（書止）「無是非候／由能々御申頼候
也恐々／謹言」（差出）「玄播〔蕃カ〕判」（日下） 充所ナシ、

11 春日社興福寺役職書上断簡 一葉

江戸前期写、断簡、楮紙、紙背文書アリ、縦二一・五cm、横二五・○cm、一紙、
（首）「南郷［／北郷常住十［／関白 二条殿様藤原光〔平〕公」
（尾）「役者賢［院成［」

〔紙背〕某書状断簡 一通

江戸前期写、折紙、首尾欠、楮紙、縦二一・五cm、横二五・○cm、一紙、
（首）「なく御慶／之様体」
○傷ミノタメ釈読困難、

第三十二括裏打紙文書

裏1 山本三右衛門娘りよ敵討一件断簡 〔天保六年〕 一通

江戸後期写、断簡、縦一六・四cm、横三○・五cm、一紙、
（首）「酒井雅楽頭家来／御金掛り山本三右衛門娘／りよ／廿四才」
（尾）「酒井雅楽頭中間／敵ニ而／りよニ被切留候者／表小遣亀蔵／廿二三位」
○第3号ノ裏打紙ナリ、第三十四括裏1号・第三十七括裏3号ト関連スル、

裏2 神主某願書案 八月 一通

江戸中期写、竪紙、楮紙、縦二四・六cm、横三一・六cm、一紙、
（書出）「一鏡社御祭礼御神供料大頭与相唱四ヶ町年々」（書止）「各格別之御寄進／之程訳而御願申候以上」（差出）「神主」（日下）
（充所）「新開村御役人」
○第10号ノ裏打紙、

大宮家文書　第三十三括

貼継、

（第1号端裏書）「大永年中率川臨時遷宮記　祝詞文」

1　春日社両惣官連署書状案　〈大永七丁亥〉五月廿六日　一通　率川社臨時遷宮

室町後期写、竪紙、楮紙、紙背文書アリ、縦三〇・二cm、横四六・九cm、一紙、

（書出）「来月三日率河社臨時遷宮之儀」（書止）「以此旨可／有御披露御集会候恐々謹言」（差出）「正預祐辰／神主家統」（日下）（充所）「供目代殿」

〔紙背〕浄竺院書状　五月廿五日　一通

室町後期写、竪紙、楮紙、右袖ニ追而書アリ、縦三〇・二cm、横四六・九cm、一紙、

（書出）「先刻者御尋祝着候千木加／棟木注給候悦喜由候」（書止）「以筆申候恐々／謹言」（差出）「（花押）」（日下）（充所）「宮内丞とのへ」

（端裏捻封上書）「浄竺院

（墨引）宮内丞殿御返報　□」

2　率川子守二社下遷宮祝詞　〔大永七年六月三日〕　一通　率川・子守社

室町後期写、竪紙、楮紙、縦二九・八cm、横四六・二cm、一紙、

（書出）「夫大永七年丁亥六月三日吉日良辰を／ゑらひ定申て申さく」（書止）「かしこみ〳〵も／おそれみ〳〵も申て申さくと／申たてまつる」　奈良率川子守二社充、

○第3号ハ本号ノ案文ナリ、本号ハ包紙ニ転用サレル、紙背ニ包紙表書アリ、

（包紙表書）「宝永七年　小社両社東三わ／西春日

卆〔率〕川大明神説〔祝〕言　正遷宮」

3　率川子守二社下遷宮祝詞案　〔大永七年六月三日〕　一通

室町後期写、竪紙、楮紙、縦二五・七cm、横四三・五cm、一紙、

（端裏書）「コモリノ」（書出）「夫大永七年丁亥六月三日吉日良辰」

（書止）「と申たてまつる」　率河子守二社充、

（奥書）「大風ニ東方二社の棟木吹落」

○本文ハ第2号ノ案文、

大宮家文書　第三十四括

貼継、（紙継上書）「八六」

1　上高畠天神下遷宮祝詞　〔慶安五年六月九日〕　一通　大和国添上郡上高畠天神　藤原守尚

江戸前期写、菅原永通筆カ、竪紙、楮紙、縦二一・九cm、横三一・三cm、一紙、

（書出）「夫慶安五年壬辰六月九日良辰を／ゑらみ定て申て申さく」

（書止）「藤原守尚申／たてまつるさいはい〳〵」　藤原守尚差出、そうのかみの郡上高畠天神充、

○左奥ニ和歌ヲ記ス、「ちはやふる神の社は是なれは／とくうつりませ三輪の神垣」

2　八王子社遷宮祝詞　〔天文四年四月二十八日〕　一通　奈良八王子社　藤原守家

室町後期写、竪紙、楮紙、縦二四・八cm、横四一・〇cm、一紙、

（端裏書）「□□□（貼紙）「ミツミ」ハチヤナウヱノツシ」　（書出）「夫天文四年乙未卯月廿八日戌剋／吉日良辰を撰ひ定て申て申さく」　（書止）「藤原守家／申奉る再拝〳〵千秋万歳々々」　藤原守家差出、奈良八王子充、

○右袖・左奥ニ祝詞奏上次第・真言・和歌等ヲ記ス、

3　細井戸神榊枝移座祝詞　〔天文十一年十月十六日〕　一通　大和国広瀬郡細井戸里　藤原守家

室町後期写、竪紙、楮紙、縦二四・六cm、横三九・七cm、一紙、

（書出）「夫天文十一年壬寅十月十六日今時吉日／良辰を撰定天申天申左久」　（書止）「賢美賢ミ毛恐ミ恐美毛／而言止口伝アリ藤原守家申奉ル」　藤原守家差出、広瀬郡細井戸里某神（木御社明神カ）充、

○左奥ニ祝詞奏上次第・和歌ヲ記ス、

4　高天池鎮守遷宮祝詞　〔天文二年九月二十七日〕　一通　奈良高天池鎮守　藤原守家

室町後期写、竪紙、楮紙、縦二四・二cm、横三九・六cm、一紙、

（端裏書）「タカマヰケチンシユ」　（端書）「高天□の鎮守遷座事／サカノ堂ヘワタシ申」　（書出）「夫天文二年癸巳九月廿七日戌剋／吉日良辰をゑらひ定て」　（書止）「かしこみ／かしこみも恐み恐みも申て申／さくと。藤原守家申奉る千秋万歳〳〵／さいはひ〳〵」　藤原守家差出、

○左奥ニ「新殿ニキヨシメヲ引」トアリ、

5　上高畠天神正遷宮祝詞　〔承応元年十二月十八日〕　一通　大和国添上郡高畠天神　藤原守尚

江戸前期写、竪紙、楮紙、縦二四・〇cm、横三三・〇cm、一紙、

（書出）「夫承応元年壬辰十二月十八日戌刻／良辰をゑらひ定て申て申さく」　（書止）「藤原／守尚申たてまつるさいはい〳〵」　藤原守尚差出、そうのかみの郡上高畠天神充、

○左奥ニ和歌ヲ記ス、

6　上鳥見鵄山殿屋敷内かさのえ天神遷宮祝詞　〔永禄十二年六月二十二日〕　一通　大和国添上郡上鳥見鵄山殿　藤原守富

室町後期写、竪紙、楮紙、縦二四・八cm、横三二・四cm、一紙、

（書出）「永禄十二年己巳六月廿二日甲子寅剋吉日良辰／乃撰定て申て申さく」　（書止）「かしこみかしこみも恐み恐／みも申て申さくと藤原守富申／奉る」　藤原守富差出、添の上の郡上鳥見鵄山殿屋敷に御殿を作奉るかさのえ天神充、

○左奥ニ祝詞奏上次第等ヲ記ス、

7　木御社明神正遷宮祝詞　〔享禄四年二月十八日〕　一通　大和国広瀬郡木御神社

室町後期写、竪紙、楮紙、縦二四・八cm、横三七・〇cm、一紙、

（書出）「夫亨〔享〕禄四年辛卯二月十九日八ゝ癸酉亥剋／吉日良辰乃撰定天而言」

（書止）「賢美賢美毛／恐美恐美毛而言久止。口伝申奉。口伝／千秋万歳々々々々」

広瀬郡木御社明神充、
○左奥ニ「御燈　神供　御酒　清注連　清ト」トアリ、

8　上高畠天神社正遷宮祝詞案　〔承応元年十二月十八日〕　一通
江戸前期写、菅原永通筆ヵ、竪紙、楮紙、縦二二・〇cm、横二七・二cm、一紙、
（書出）「夫承応元年壬辰十二月十八日戊刻良辰を／ゑらひ定て申て申さく」（書止）「おそれみ／おそれみも申て申さくと藤原守尚申／たてまつるさいはい〳〵」　藤原守尚差出、そうのかみの郡上高畠天神充、
○左奥ニ和歌ヲ記ス、

9　尼辻村春日若宮遷宮祝詞　〔文化三年八月六日〕　一通　大和国添上郡尼辻村
江戸後期写、竪紙、楮紙、縦二五・〇cm、横三五・二cm、一紙、
（書出）「祝詞文／唯当礼留年次文化三丙寅年／八月六日吉日良辰乎撰比掛麻久毛／畏幾」（書止）「夜／守日守護幸給陪止祢宜常住／神殿守藤原守旧謹申須」　祢宜常住神殿守藤原守旧差出、添上郡尼辻村鎮座春日若宮天押雲命充、

第三十四括裏打紙文書

裏1　長右衛門届書控　未七月　一通　敵打ニ付
江戸後期写、横切紙、首欠、楮紙、縦一六・四cm、横三二・三cm、一紙、
（首）「附添居同夜九時比りよ義／切留候旨」（書止）「右之通実切承り申上候以上」（差出）「長右衛門」（日下）　充所ナシ、
○第9号ノ裏打紙ナリ、第三十二括裏1号等ト関連スル、

大宮家文書　第三十五括
貼継、（紙縫上書）「九十」

1　放光院鎮守下遷宮祝詞　〔享禄三年十二月晦日〕　一通　奈良放光院鎮守　藤原守家
室町後期写、竪紙、楮紙、縦二八・五cm、横三五・八cm、一紙、
（端裏書）「ハウクワウヰンチンシユ　龍花院ノ鎮守」（書出）「夫〔享〕亭禄三年庚寅十二月晦日己巳吉日良辰ヲ／ゑらひ定て申て申さく」（書止）「申て申さくと藤原／の守家申たてまつるさい拝〳〵／〳〵／千秋万歳〳〵」　藤原守家差出、奈良放光院鎮守充、

2　道真公神霊勧請文　〔寛文十一年〕五月吉日　一通　菅原道実公ノ御神霊
江戸前期写、竪紙、楮紙、縦二七・八cm、横三〇・三cm、一紙、
（書出）「勧請文曰／時仁寛文十一年今月今日吉日／良辰之摂テ勧請奉作」（書止）「夜ノ守／日ノ守仁守幸タマエト申奉留」　菅原之道真公ノ御神霊充、

3　正遷宮祝詞　〔文政七年九月二十一日〕　一通　三笠山　常住神殿守藤原守旧
江戸後期写、竪紙、楮紙、縦二六・七cm、横三九・〇cm、一紙、
（書出）「祝詞文／唯当礼留年次文政七申年／九月二十一日吉日良辰乎撰比」（書止）「此形聞知食止常住神殿守藤原／守旧謹而申寿」　常住神殿守藤原守旧差出、三笠山鎮坐宇津広前充、

4　壺神社下遷宮祭文　〔延享四年九月吉日〕　一通　壺神社　藤原守寿
江戸中期写、竪紙、楮紙、縦二八・一cm、横三五・七cm、一紙、
（書出）「壺神社下遷宮祭文／夫延享四丁卯年九月吉日良辰をゑらひ定テ／申てまふさく」（書止）「とかしこみ〳〵もおそれみ〳〵も／申てまふさくと藤原守寿申たてま／つるさいはい〳〵」　藤原守寿差出、壺神の御社充、

5　榎本社正遷宮祝詞　〔文化三年四月二十八日〕　一通　榎本太神　常住神殿守藤原守旧

江戸後期写、竪紙、楮紙、縦二八・五cm、横四二・四cm、一紙、（端裏書）「榎本社正遷宮文書」（書出）「祝詞文／唯当礼留年次文化三寅年四月廿八日／吉日良辰乎撰比掛麻久毛畏幾」（書止）「夜乃護日護仁／守幸給陪止常住神殿守藤原守旧／謹而申須」常住神殿守藤原守旧差出、榎本太神充、

6　弁財天下遷宮祝詞　〔天明六年六月二十四日〕　一通　弁財天女神

江戸後期写、竪紙、楮紙、縦二八・三cm、横四五・五cm、一紙、（書出）「下遷宮御動座祝詞文／唯当礼留年次者天明六丙午年六月二十四日吉日良辰於／撰比定而申佐久」（書止）「夜乃守リ日乃守理仁護幸給陪止申寿」弁財天女神充、

○左奥ニモ遷宮祝詞アリ、又、和歌ヲ記ス、「ちわやふる神乃やしろはこれなれや／こ〔と〕く移りませ三輪の山かけ」

7　春日神下遷宮祝詞　〔文政九年八月二十六日〕　一通　春日大明神　常住代官藤原守之

江戸後期写、竪紙、楮紙、縦二九・五cm、横三三・一cm、一紙、（書出）「祝詞文／唯当礼留年次者文政九戌〔戊〕年八月廿六日／吉日良辰撰美」（書止）「奉祈之状聞知食比常住代官藤原守之／謹而申寿」常住代官藤原守之差出、春日大明神充、

8　三輪神下遷宮祝詞　〔文政九年八月二十六日〕　一通　三輪大明神　常住代官藤原守之

江戸後期写、竪紙、楮紙、縦二九・六cm、横三三・一cm、一紙、（端裏書）「三輪」（書出）「祝詞文／唯当礼留年次者文政九戌〔戊〕年八月廿六日／吉日良辰撰比掛麻久毛畏幾」（書止）「奉祈之状聞知食止常住／代官藤原守之謹而申寿」常住代官藤原守之差出、三輪大明神充、

9　水谷社正遷宮祝詞　〔文政七年八月十一日〕　一通　水谷社　常住神殿守藤原守旧

江戸後期写、竪紙、楮紙、縦二八・八cm、横四三・七cm、一紙、（端裏書）「文政七年水谷社正遷宮」（書出）「祝詞文／唯当礼留年次文政七申年／八月十一〔×三〕日吉日良辰乎撰比掛麻久毛／畏幾」（書止）「夜護日護／守幸給陪止常住神殿守藤原守旧／謹而申須」常住神殿守藤原守旧差出、水谷社一之御殿二之御殿三之御殿仁鎮坐須大神充、

10　手力雄社正遷宮祝詞　〔文化三年十一月二十五日〕　一通　手力雄社　常住神殿守藤原守旧

江戸後期写、竪紙、楮紙、縦二八・九cm、全長四六・二cm、二紙、（端裏書）「手力雄社」（書出）「祝詞文／唯当礼留年次文化三丙寅年／十一月二十五日吉日良辰乎撰比定／掛麻久毛畏幾」（書止）「夜ノ守日守利仁護利幸給陪止／常住神殿守藤原守旧謹申」常住神殿守藤原守旧差出、手力雄社充、

11　率川社東春日神正遷宮祝詞　〔弘化三年十二月十三日〕　一通　率川社東春日大明神　藤原守栄

江戸後期写、竪紙、楮紙、縦二八・一cm、横四三・一cm、一紙、（端裏書）「率川社東春日大神正遷宮弘化三年」（書出）「祝詞文／唯当礼留年次弘化三丙午年／十二月十三日吉日良辰於撰比／掛久毛畏幾」（書止）「夜乃守日乃／護守幸給此〔比〕藤原守栄謹而／申ス」藤原守栄差出、春日大明神充、

12　神宮寺殿正遷宮祝詞　〔文化三年十一月二十五日〕　一通　神宮寺殿　常住神殿守藤原守旧

江戸後期写、竪紙、楮紙、縦二八・九cm、横四五・二cm、一紙、（端裏書）「神宮寺殿」（書出）「祝詞文／唯当礼留年次文化三丙寅年／十一月二十五日吉日良辰乎撰比定／掛麻久毛畏幾」（書止）「夜守日守仁護利／幸給陪止常住神殿守藤原守旧／謹而申」常住神殿守藤原守旧差出、神宮寺殿充、

13　榎本社下遷宮祝詞　〔天保十四年四月二十一日〕　一通　榎本大神

江戸後期写、竪紙、楮紙、縦二八・四cm、横三九・一cm、一紙、（端裏書）「天保十四壬〔癸〕卯年四月二十一日榎本社仮殿　藤原守栄」（書出）「祝詞文／唯当礼留年次天保十四壬〔癸〕卯年四月二十一日／吉日良辰乎撰比定掛麻久毛畏幾」（書止）「夜護日／護護利幸給陪止常住神殿守藤原守栄／謹而申須」　常住神殿守藤原守栄差出、榎本太神充、

常住神殿守藤原守栄

14　子守社境内春日神正遷宮祝詞　〔文化五年十二月二十五日〕　一通　子守社境内春日大明神　常住神殿守藤原守旧

江戸後期写、竪紙、楮紙、縦二七・九cm、横四三・〇cm、一紙、（端裏書）「東春日大明神」（書出）「祝詞文／唯当礼留年次文化五辰年十二月／二十五日吉日良辰乎撰比掛麻久毛／畏幾」（書止）「常住神殿守藤原守旧謹而／申此形聞知食天夜乃守日護守／幸給陪止申」

常住神殿守藤原守旧差出、子守社境内仁鎮坐春日大明神充、

15　弁天社正遷宮祝詞　〔天明六年六月二十六日〕　一通　弁天社　常住神殿守藤井内蔵藤原守寿

江戸後期写、竪紙、楮紙、縦二八・三cm、横四六・三cm、一紙、（書出）「祝詞文／唯当礼留年次者天明六丙午年六月二十六日／吉日良辰於撰比定而申佐久」（書止）「恐礼美恐礼美毛畏美畏美毛／奉申再拝々々」（差出）「常住神殿守藤井内蔵藤原守寿奉」（奥下）　弁天社充、

○左奥ニ和歌アリ、差出書ハ和歌ノ左奥下ニアリ、

16　榎本社正遷宮祝詞　〔文政七年八月十二日〕　一通　榎本社　常住神殿守藤原守旧

江戸後期写、竪紙、楮紙、縦二八・九cm、横四四・五cm、一紙、（端裏書）「榎本正―」（書出）「祝詞文／唯当礼留年次文政七申年／八月十二日吉日良辰乎撰比掛麻久毛／畏幾」（書止）「夜護日護守幸／給陪止常住神殿守藤原守旧／謹而申寿」　常住神殿守藤原守旧差出、榎本社充、

大宮家文書　第三十六括

貼継、素紙表紙、紙縒紐、（紙縒上書）「十八」

（表紙）「遷宮祝詞　藤浪氏蔵 合　通

三巻之内第壱号」

1　弁才天三社正遷宮祝詞　〔延享四年五月十五日〕　一通　弁天三所御神　藤原守寿

江戸中期写、竪紙、楮紙、縦二九・八cm、横三六・八cm、一紙、（端裏書）「北郷祢宜坂本左膳殿方／御遷宮大宮内蔵坂木佐兵衛」（書出）「弁才天御社相勤候也／夫延享四丁卯年五月十五日吉日良辰を／ゑらひさためて申て申さく」（書止）「かしこみ〳〵もおそれみ／〳〵も申て申さくも藤原守寿申／たてまつるさいはい〳〵」

藤原守寿差出、弁天三所明神充、

○左奥ニ和歌アリ、

2　弁才天三社下遷宮祝詞　〔延享四年五月十一日〕　一通

江戸中期写、竪紙、楮紙、縦二九・九cm、横三五・五cm、一紙、（書出）「弁才天社／夫延享四丁卯年五月十一日吉日良辰をゑらひ／さためて申て申さく」（書止）「かしこみ〳〵もおそれみ〳〵も申て／申さくと藤原守寿申たてまつる／さいはい〳〵」　藤原守寿差出、弁才天三社明神充、

3　高畠村天神社遷宮祝詞　〔元禄三年五月二十八日〕　一通　大和国添上郡高畠村天神　藤原守房

江戸中期写、竪紙、楮紙、縦二八・六cm、横二八・六cm、一紙、（書出）「夫元禄三庚午年五月廿八日戊〔戌〕剋吉日良／辰乎択定天申天申佐久」（書止）「昼守／夜守仁護幸賜陪止恐毛恐毛申賜／波久止申寿」（差出）「藤原守房奉」（奥下）　天神充、

○左奥ニ別ノ文書ヲ貼リ継ギ後ニ切断スル、切断サレタ文書ハ端裏書ノ左半ノミ存ス、端裏書ハ「□□□□□□□〔弁才天の御社祭文カ〕」トアリ、

大宮家文書　第三十七括

貼継、素紙表紙、紙縒紐、（紙縒紐上書）「五八」
（表紙）「遷宮其他祝詞　合
三巻之内第二号　藤浪氏」

1
率川社西住吉神正遷宮祝詞　〔弘化三年十二月十三日〕　一通　住吉大明神　藤原守栄

江戸後期写、竪紙、楮紙、縦二八・一cm、横四三・一cm、一紙、（端裏書）「率川社西住吉大明神正遷宮弘化三年」（書出）「祝詞文／唯当礼留年次弘化三丙午年／十二月十三日吉日良辰於撰此〔比〕」（書止）「夜乃守／日乃護仁守幸給此〔比〕藤原守栄／謹而申ス」　藤原守栄差出、住吉大明神充、

2
水谷三社正遷宮祝詞　〔文化三年四月二十八日〕　一通　水谷三社明神　常住神殿守藤原守旧

江戸後期写、竪紙、楮紙、縦二八・三cm、横四二・六cm、一紙、（端裏書）「水谷社」（書出）「祝詞文／唯当礼留年次文化三寅年四月廿八日／吉日良辰乎撰比」（書止）「此形聞知食天夜乃護日護／利仁守幸給陪止常住神殿守藤原守旧／謹而申須」　常住神殿守藤原守旧差出、水谷三社明神充、

3
榎本社下遷宮祝詞　〔文政七年四月十一日〕　一通　榎本明神　常住神殿守藤原守旧

江戸後期写、竪紙、楮紙、縦二七・九cm、横四三・一cm、一紙、（書出）「祝詞文／唯当礼留年次文政七申年／四月十一日吉日良辰於撰比」（書止）「聞知食止夜乃守日護仁守幸／給陪止常住神殿守藤原守旧謹而／申寿」　常住神殿守藤原守旧差出、榎本明神充、

4
水谷社下遷宮祝詞　〔文化二年十一月二十一日〕　一通　水谷一之御殿・二之御殿大神　常住神殿守藤原守旧

江戸後期写、竪紙、楮紙、縦二七・三cm、横三八・九cm、一紙、（端裏書）「水谷社　文化年中下遷宮」（書出）「祝詞文／唯当礼留年次文化二丑年十一月二十一日／吉日良辰乎撰比」（書止）「聞食天夜／護日護護利幸給陪止常住神殿守／藤原守旧謹而申須」　常住神殿守藤原守旧差出、水谷一之御殿二之御殿大神充、

5
細井戸郷伊勢外宮遷宮祝詞　〔天正十三年六月二十二日〕　一通　大和国広瀬郡細井戸郷外宮天照大神　藤原守統

桃山写、続紙、楮紙、縦二六・八cm、全長四一・三cm、二紙、（書出）「けくうの御宮／さいはい〳〵時ニ天正十三年乙酉六月廿二日戌亥刻／吉日良しんのゑらみさためてかたしけ／なくも」（書止）「よるのまもりひるのまもりにまもり／さいわひおそれ《たまへと》み〳〵もまうす」　藤原のもりむね差出、ひろせのこおり細井戸之郷内いにあとおたれ御座給天照大神充、
〇左奥ニ和歌アリ、「ちはやふる神のやしろはこれなれは／とくうつりませみわのかみかき」

6
大宮守家白紙祭文　天文廿三甲寅年二月七日　一通　白紙祭文　宮内丞守家

室町後期写、竪紙、楮紙、縦二六・七cm、横三〇・一cm、一紙、（書出）「白紙祭文／夫天地和合宿曜相応福智降雲集」（書止）「広通十界利益無窮普度一切／再拝々々」（差出）「宮内丞守家書七十七才」（日下）

7
春日社祈禱祝詞　明和三丙戌年正月吉日　一通　春日社　神殿守常住祢宜藤原守寿

江戸中期写、竪紙、楮紙、縦二六・五cm、横三二・五cm、一紙、（書出）「春日社奉勤仕御祈禱祝詞／天下泰久四海静仁」（書止）「丹誠於抽天奉招禱乃状／如件」（差出）「神殿守常住祢宜藤原守寿奉」（日付前行下）

8
遷宮祝詞文例　一通　藤原守家（文中）

室町後期写、竪紙、楮紙、縦二六・五cm、横四一・九cm、一紙、（文首）「下遷宮／夫其年其月其日今剋吉日／良辰乃撰定天而言」

（文末）「正遷宮／御殿作利奉替早本殿仁令移給天／余ハ右ニ同之」

9 小嶋村春日神遷宮祝詞文案 〔明暦二年十一月十五日〕 一通 大和国高市郡小嶋村春日大明神

江戸前期写、竪紙、楮紙、書キサシ、縦二六・四cm、横三六・三cm、一紙、
（書出）「夫明暦二年丙申霜月十五日良辰を／ゑらみさためて申て申さく」 （書止）「息災／延命に守らしめ給ひて」 高市郡小嶋村之里春日大明神充、
○左奥ニ和歌アリ、

10 春日神祝詞 天文廿一年壬子四月吉日 一通 春日大明神 藤原守家

室町後期写、続紙、首欠、楮紙、縦二六・七cm、横三三・六cm、一紙、
（首）「たまへとかしこみ賢みも恐み恐／みも申て申さくと藤原守家申／奉る」 （書止）「在所繁昌本願施主悉地成就　某敬白」 （差出）「守家」（日下） （充所）「南無春日大明神々々々々々々」

11 手力雄社遷宮祝詞 〔文化三年八月六日〕 一通 手力雄社 常住神殿守藤原守旧

江戸後期写、竪紙、楮紙、縦二七・〇cm、横三七・一cm、一紙、
（書出）「祝詞文／唯当礼留年次文化三丙寅年／八月六日吉日良辰乎撰定而」 （書止）「此形聞知食止常住神殿守藤原守旧／謹申須」 常住神殿守藤原守旧差出、手力雄社充、

12 新薬師郷某社遷宮祝詞 〔天正十四年九月二十七日〕 一通 大和国添上郡新薬師郷 藤原守統

桃山写、竪紙、楮紙、縦二七・〇cm、横三七・一cm、一紙、
（書出）「夫天天正十四年丙戌九月廿七日吉日良辰を／ゑらひ定て」 （書止）「藤原の守統申奉るさいはい〳〵」 藤原守統差出、添上郡新薬師のかう某神充、
○左奥ニ和歌アリ、

13 葛上郡南郷住吉神遷宮祝詞 〔天文十九年十二月二十六日〕 一通 大和国葛上郡南郷住吉大明神 藤原守富

室町後期写、竪紙、楮紙、縦二七・二cm、横三五・五cm、一紙、
（書出）「夫天文十九年庚戌十二月廿六日乙酉亥時吉日良辰／を」 （書止）「おそれみおそれみも申て申さくと申藤原守富／申奉る」 藤原守富差出、葛上郡南郷里住吉大明神充、
○右端ニ「大麻為清祓　四手かけ幣　可有用意／手水桶ニツか」、左奥ニ和歌・「光明真言廿一返心経三巻」等トアリ、

14 細井戸安都里某社勧請祝詞 〔弘治三年六月八日〕 一通 大和国広瀬郡細井戸安都里 藤原守富

室町後期写、竪紙、楮紙、縦二六・九cm、横三一・五cm、一紙、
（書出）「夫弘治三年丁巳六月八日吉日良辰を撰定天／申天申左久」 （書止）「口伝アリ藤原守富申奉る」 藤原守富差出、広瀬郡細井戸安都ノ里某社充、
○左奥ニ和歌アリ、又「神木アラコモニツ、ミテ奉納ノ所清祓ヲシテ／祝ヲ申ス者也」トアリ、

15 浮雲社請雨祭文 〔文政四年七月二十三日〕 一通 浮雲社 東九条村・中城村・大江村（文中） 藤原守之

江戸後期写、竪紙、楮紙、縦二六・七cm、横三九・二cm、一紙、
（書出）「請雨祭文／唯当礼留年次者文政四巳年／七月二十三日浮雲社之広前」 （書止）「捧幣帛祈リ申事ヲ聞知食止／藤原守之謹而申」 藤原守之差出、浮雲社充、

16 榎本大社下遷宮祝詞 〔文化二年十一月二十一日〕 一通 榎本太神 常住神殿守藤原守旧

江戸後期写、竪紙、楮紙、縦二七・二cm、横四二・四cm、一紙、
（端裏書）「榎本社文化年下遷宮」 （書出）「祝詞文／唯当礼留年次文

化二丑年十一月二十一日／吉日良辰乎撰比定」（書止）「夜護日護／護利幸給陪止常住神殿守藤原守旧謹而／申須」 藤原守旧差出、榎本太神充、

17
佐軍社正遷宮祝詞 〔文化三年八月五日〕 一通
佐軍社
常住神殿守藤原守旧

江戸後期写、竪紙、楮紙、縦二七・二cm、横二八・二cm、一紙、（書出）「祝詞文／唯当礼留年次文化三丙寅年／八月五日吉日良辰乎撰比」（書止）「夜守日守護幸給陪止常住神殿守／藤原守旧謹而申須」 常住神殿守藤原守旧差出、佐軍社充、

18
紀伊社正遷宮祝詞 〔文化三年八月六日〕 一通
紀伊社
常住神殿守藤原守旧

江戸後期写、竪紙、楮紙、縦二七・〇cm、横三三・八cm、一紙、（書出）「唯当礼留年次文化三丙寅年八月六日／吉日良辰乎撰比定」（書止）「夜守日守護幸給止常住神殿守／藤原守旧謹而申須」 常住神殿守藤原守旧差出、紀伊社充、

19
興福寺窪弁財天下遷宮祝詞 〔天正十四年九月二十七日〕 一通
興福寺窪弁才天
藤原守統

桃山写、竪紙、楮紙、縦二七・〇cm、横四〇・一cm、一紙、（書出）「夫天正十四年丙戌九月廿七日吉日良辰／をゑらひ定て申て申さく」（書止）「おそれみ〳〵も藤原の守統申奉る／さいはい〳〵」 藤原守統差出、添の上郡こうふく寺くほの弁才天充、
○左奥ニ和歌アリ、端裏ニ別ノ文書ノ冒頭部分ガ残リ、「興福寺内窪弁才天下遷宮」トアリ、

20
遷宮祝詞文例 一通

室町後期写、竪紙、楮紙、墨点（仮名・返点、室町後期）、縦二五・八cm、横四〇・五cm、一紙、（端書）「文亀三癸亥十二月十二日当時口伝是也」（書出）「下遷宮／夫其年其月其日今剋吉日良／辰乃撰定天而(ママ)テ言ク」（書止）「賢美／賢美毛恐美恐美毛而言久止申奉」
○左奥ニ「正遷宮／早本殿仁令移給天」トアリ、

21
細井戸郷天照大神下遷宮祝詞 〔天正十三年六月二十二日〕 一通
大和国広瀬郡細井戸郷天照大神

室町後期写、竪紙、楮紙、縦二六・六cm、横三七・五cm、一紙、（端書）「上」（書出）「さいはい〳〵時に天正十三年乙酉六月廿二日／吉日良しんをゑらみさためてかたしけなくも」（書止）「さいわいたまへとおそれみ／〳〵も申」 ひろせのこほりほそ井戸のかう天照大神充、
○左奥ニ和歌アリ、

22
飛来天神社正遷宮祝詞 〔文化三年八月五日〕 一通
三笠山飛来天神社
常住神殿守藤原守旧

江戸後期写、竪紙、楮紙、縦二七・〇cm、横三七・五cm、一紙、（書出）「祝詞祭文／唯当礼留年次文化三丙寅年／八月五日吉日良辰乎撰比定」（書止）「此形聞知食止常住／神殿守藤原守旧謹而申須」 常住神殿守藤原守旧差出、飛来天神社充、

第三十七括裏打紙文書

裏1
人身ニ備ル所ノモノ 一通

江戸後期写、小切紙、楮紙、縦一九・六cm、横二五・〇cm、一紙、（文首）「人ノ身ニ備ル所ノモノ大抵三ツアリ一曰神／二曰気三曰理也」（文末）「右三件胸中ニ全体シテ工夫／肝要也」
○第6号ノ裏打紙、

裏2
書付断簡 一葉

江戸、断簡、楮紙、縦二四・二cm、横一・一cm、一紙、
○第10号ノ裏打紙(右)、文中ニ「卯」「午」「辰戊」等トアリ、

裏3

山本三右衛門娘りよ敵討記録断簡　〔天保六年〕　一通

江戸後期写、続紙、首・中・尾欠、楮紙、縦二六・八cm、全長七八・六cm、二紙、
(首)「右敵打之始末当時月番／筒井伊賀守様御番所」(尾)「又吉をりよ／方江為知遣呼寄右手縄解候上」
○第11号ノ裏打紙ナリ、第三十二括裏1号等ト関連スル、

裏4

鳥居材木写注文　一通

室町中期、竪紙、楮紙、縦二六・八cm、横三二・九cm、一紙、
(端裏書)「□□□トリイノ日記」(書出)「社鳥居／笠木長二丈六尺九寸」(文末)「一丈三尺二寸五分チノウえウチノリ」
○第12号ノ裏打紙、

裏5

蓮花院法輪院等連署状案　九月四日　一通

室町後期写、竪紙、首欠、楮紙、縦二二・三cm、横二六・三cm、一紙、
(首)「御義も御心得候由御返事候哉」(書止)「被披／見可被申沙汰候恐々謹言」(差出)「蓮花院ー／法輪院ー／文殊心院「(追筆)懐春ー」／阿弥陀院「慶秀ー」」(日下)(充所)「浄円殿」
○第17号ノ裏打紙(右)、

裏6

中垣良置文　明治四未八月　一通

明治写、小切紙、楮紙、縦一八・〇cm、横一一・六cm、一紙、
(本文)「鏡明神／産神大阪ニ付町内廻文并寄進／帳為後記し残シ置事」(差出)「新開町年寄中垣良」充所ナシ、

○第17号ノ裏打紙(左)、

裏7

供目代懐基書状　七月廿五日　一通

室町後期写、竪紙、首欠、楮紙、左奥ニ追而書アリ、縦二四・四cm、横三四・〇cm、一紙、
(首)「随而御廊毎年掃除敷設取替事」(書止)「御下知候者可目出候間評定候也／恐々謹言」(差出)「供目代懐基」(日下)(充所)「両惣官御中／若宮神主殿」
○第18号ノ裏打紙ナリ、「神人」ヲ後筆ニテ「祢宜」ニ改変スル、

裏8

春日社三物官連署状控　正徳三癸巳年五月十一日　一通

江戸中期写、竪紙、楮紙、縦二六・五cm・横三三・八cm、一紙、
(書出)「正徳三癸巳年五月廿二日八ツ比ヨリ／両社御顚移候由夥敷御参詣有之者也」(書止)「御披露可有之由御返事ニ／御座候已上」(差出)「神主三位判／正預三位判／若宮神主判」(日下)(充所)「御奉行所江」
○第19号ノ裏打紙ナリ、左奥裏ニ「正徳三年社頭参詣件」トアリ、

裏9

書付断簡　一葉

室町後期写、断簡、楮紙、紙背文書アリ(断簡)、縦二五・九cm、横三・五cm、一紙、
(全文)「ホソキトキノミヤシロノ」
○第20号ノ裏打紙、

裏10

某書状案　〔文久三年〕　一通

江戸後期写、続紙、首欠、楮紙、書キサシ、縦二三・一cm、横二九・八cm、一紙、
(首)「小筒数不知□□罷越候高取家来与戦に相／成前ニて」(尾)

「早田左衛門罷居候得／共さして宜しくは存不申候間」

○第22号ノ裏打紙ナリ、天誅組ノ変ニ関スル書状ナラン、第八十四括裏4号ヨリ接続スル、

大宮家文書　第三十八括

貼継、素紙表紙、紙縒紐、

（表紙）「　　　　藤浪氏

遷宮等祝詞　　合　通

三巻之内第三号　　」

1

長尾社遷宮祝詞　　一通

守国

長尾社

西金堂中衆（文中）

室町中期写、竪紙、楮紙、縦二四・四cm、横二九・五cm、一紙、

（端裏書）「上ノ水屋ノ御事也／長尾社　遷宮祝　守国」（書出）「壬辰八月十一日甲子正遷宮／歳宝〔徳脱カ〕二年庚午七月廿一日壬子下遷宮」（書止）「おそれみ〳〵も申て申さく申／たてまつる」　長尾御社充、

2

葛上郡楢原郷某神遷宮祝詞　〔永禄七年二月三日〕　一通

大和国葛上郡楢原郷

藤原守富

室町後期写、竪紙、楮紙、縦二三・三cm、横三六・五cm、一紙、

（書出）「夫永禄七年甲子二月三日吉日リヤウ／シンノヱラヒ定而申て申さく」（書止）「きこし／めせと申候さいはい〳〵〳〵／千秋万歳〳〵〳〵」　藤原守富差出、カチシヤウノコウリ楢原郷某神充、

○左奥ニ祝詞次第ヲ記ス、

3

遷宮祝詞断簡　一通

社僧

室町後期写、断簡、楮紙、縦二三・五cm、横一二・一cm、一紙、

（首）「榊葉にゆふしてかけて誰か世にか神の代なりとゆわいそめけん」（文末）「清四目　社僧法楽ニ法花仁王経等可然由／申付了」

4

白毫寺三所鎮守遷宮祝詞　〔天文二年六月二十七日〕　一通

白毫寺

春日大明神・深砂太王・白山権現（文中）

室町後期写、竪紙、楮紙、縦二四・四cm、横四〇・五cm、一紙、

（端裏書）「ヒヤクカウシチンシユ」（書出）「夫天文二年癸巳六月廿

七日戊剋／吉日良辰をゑらひ定て申て」（書止）「も申て申さくと藤原守家申奉る再拝〳〵敬白」藤原守家差出、白毫寺三所充、

藤原守家

○左奥ニ「本ヨリ御剣アリ已ニソヱテ／申結ノ榊ヲ祝申侯」トアリ、又左奥ニ裏打紙文書アリ（小断簡）、

5　柿本寺治道大明神三所御殿遷宮祝詞　〔永正九年四月十六日〕　一通

大和国添上郡櫟本郷柿本寺治道大明神

藤原守家

室町後期写、竪紙、楮紙、縦二三・九cm、横三八・四cm、一紙、（端裏書）「上ハリミチノ」（書出）「夫永正九年壬申四月十六日庚寅亥時／吉日良辰をゑらひ定て」（書止）「おそ／れみおそれみも申て申さくと／藤原守家申たてまつる」藤原守家差出、添上郡櫟本郷柿本寺治道大明神充、

6　櫟本かんろの明神下遷宮祝詞　〔天文九年十月七日〕　一通

大和国添上郡櫟本里かんろの明神

藤原守家

室町後期写、竪紙、楮紙、縦二四・一cm、横三九・九cm、一紙、（書出）「夫天文九年庚子十月七日寅剋吉日良辰を撰／ひ定て申て申さく」（書止）「申て申さくと藤原守家申奉る／再拝〳〵千秋万歳〳〵」藤原守家差出、添の上郡櫟柿本里かんろの明神充、

○右袖・左奥ニ真言・和歌等ヲ記ス、

7　弁才天正遷宮祝詞　〔享保七年八月七日〕　一通

弁才天

藤原守胤

江戸中期写、竪紙、楮紙、縦二三・四cm、横二五・七cm、一紙、（端裏書）「弁才天の明神祭文」（書止）「夫享保七年壬寅八月七日吉日りやうしん／をゑらひさためて申てまふさく」（書止）「申てまふさくとふちはら守胤申たて／まつる／さいはい〳〵」藤原守胤差出、弁才天充、

大宮家文書　第三十九括

第1号～第4号ハ貼継、第5号・第6号ハ巻込、素紙樹皮片漉込覆表紙、

（表紙）「遷宮祝詞文」

1　白毫寺鎮守三所正遷宮祝詞　〔慶長四年九月二十五日〕　一通

白毫寺鎮守三所

藤原守根

桃山写、竪紙、楮紙、縦二九・八cm、横五一・〇cm、一紙、（端裏書）「白かうし御ちんしゆん上遷宮之さいもん」（書出）「夫慶長四年己亥九月廿五日酉之時／吉日良辰をゑらひ定て申て申／さく」（書止）「かしこみ〳〵おそれみ〳〵も申て／申さくと藤原朝臣守根申奉る」藤原朝臣守根差出、そうのかみのこほり白かう寺ちんしゆん三所充、

○左奥ニ和歌アリ、「ちはやふる神のやしろのもとつ宮に／とくうつりませ三輪の神風」

2　三笠山住吉太神下遷宮祝詞　〔弘化三年十一月十一日〕　一通

三笠山住吉大神

常住神殿守藤原守栄

江戸後期写、竪紙、楮紙、縦三〇・二cm、横四五・〇cm、一紙、（端裏書）「率川社小社住吉太神下遷宮」（書出）「祝詞文／唯当礼留年次弘化三丙午年十一月／十一日吉日良辰撰比掛麻久毛畏幾」（書止）「弥天下泰平社頭繁栄奉／祈之状聞知食天常住神殿守／藤原守栄謹而申寿」藤原守栄差出、三笠山鎮座ス住吉太神充、

3　細井戸郷天照大神正遷宮祝詞　〔天正十三年六月二十六日〕　一通＊10

大和国広瀬郡細井戸郷天照大神

藤原守統

桃山写、竪紙、楮紙、縦三二・〇cm、横四一・七cm、一紙、（書出）「さいはい〳〵時に天正十三年乙酉六月廿六日／吉日良しんをゑらみさためて」（書止）「よるのまもりひるのまもりにまもり／さいわひたまへとおそれみ〳〵も申」藤原の守統差出、ひろ

せのこおりほそいとかうあまてらす大おん神充、
○左奥ニ和歌アリ、

4 率川社正遷宮祝詞文 〔嘉永三年八月二十一日〕 一通 率川社 北郷常住神殿藤原姓大宮内蔵守栄

江戸後期写、竪紙、楮紙、縦三一・八cm、横四六・六cm、一紙、
(書出)「率川社正遷宮祝詞文／唯当礼留年次嘉永三庚戌年八月二十一日吉日／良辰於撰比掛久毛畏幾」(書止)「夜乃守日護仁守／幸給止謹而申天」(差出)「北郷常住神殿藤原性〔姓〕大宮内蔵守栄□〔敬〕白」(日下) 玉櫛姫命充、

5 某書状 十二月朔日 一通

江戸前期写、竪紙、首欠、楮紙、縦二九・一cm、横四六・〇cm、一紙、
(首)「薬と丶のへおき安心致し居まいらせ候／子共はすい分〳〵きけんよくおるすいたし」(書止)「せわしくくらし／居まいらせ候まゝ何分〳〵もふしニまいらせ候」(差出)「内ゟ」(日下)(充所)「大宮旦那さま」

6 某書状 一通

室町中期写、竪紙、尾欠、楮紙、右袖ニ追而書アリ、縦二六・七cm、横四三・〇cm、一紙、
(書出)「可有御出よしに付而懇ニ／示賜候」(尾)「御出ありや之／よしとく〳〵申仕候ハヽ」

大宮家文書 第四十括

貼継、

1 率川社臨時正遷宮祝詞文 于時宝永四年丁亥三月廿八日 一通 率川大明神 北郷常住守胤(文中)

江戸中期写、続紙、楮紙、墨点(仮名、江戸中期)、縦二九・六cm、全長七二・八cm、三紙、
(端裏書)「宝永年中率川社臨時記祝詞文」(文首)「移殿講堂ノ前荒薦敷進退作法如常／一中臣祓祝言」(文末)「止恐美恐美毛申／寿拍手二／次退下次第如常」(差出)「北郷常住守胤」(日付前行下) 添上郡率川大明神充、火難ニテ興福寺講堂ニ移ス(文中)
○「中臣祓祝言」「御本殿祝言」ノ二通ノ祝詞ヲ書キ継グ、

2 三輪神臨時正遷宮祝詞 于時宝永四年丁亥三月廿八日 一通 三輪大明神(率川社境内) 北郷常住守胤

江戸中期写、竪紙、楮紙、縦三〇・〇cm、横四五・四cm、一紙、
(書出)「再拝々夫当礼留年者宝永四年／丁亥三月廿八日吉日良辰乎撰美定天」(書止)「信心御施主息災／延命院内安全夜守日護幸賜登／奉申」(差出)「北郷常住内蔵守胤」(日下) 添上郡奈良都三輪大明神充、

3 春日神臨時正遷宮祝詞 于時宝永四丁亥年三月廿八日 一通 春日大明神(率川社境内) 北郷常住守胤

江戸中期写、竪紙、楮紙、墨点(仮名、江戸中期)、縦三〇・二cm、横四五・一cm、一紙、
(書出)「再拝々夫当来礼留年者宝永／四年丁亥三月廿八日吉日良辰乎／撰美定天申天申佐久」(書止)「信心御施主息災延命／院内安全夜守日守護幸賜登奉申」(差出)「北郷常住守胤」(日下) 添上郡奈良都春日大明神充、

大宮家文書　第四十一括

第1号～第2号・第3号～第4号ハ貼継、

1　祓戸社神殿正遷宮祝詞　〔文化三年八月六日〕　一通　三笠山祓戸社　常住神殿守藤原守旧

江戸後期写、竪紙、楮紙、縦二六・九cm、横三七・五cm、一紙、

(端裏書)「□□社」(書出)「祝詞文／唯当礼留年次文化三丙寅年八月六日」(書止)「此形聞知食天夜乃守日守仁護幸／〔給脱カ〕陪止常住神殿守藤原守旧謹而申須」　常住神殿守藤原守旧差出、添上郡三笠山祓戸社充、

2　白毫寺鎮守三所下遷宮祝詞　〔慶長四年九月二十五日〕　一通　白毫寺鎮守三所　藤原守根

桃山写、竪紙、楮紙、縦二三・四cm、横二五・八cm、一紙、

(書出)「夫慶長四年己亥九月廿五日卯刻／吉日良辰をゑらひ定て申て申／さく」(書止)「かしこみ〳〵おそれみ〳〵も申て申□／藤原朝臣守根申奉る」　藤原朝臣守根差出、白かう寺御ちんしゆ充、

3　十三重後鎮守遷宮祝詞　〔永正十年十二月十四日〕　一通　三笠山十三重ノ後口ノ鎮守　藤原守恩

室町後期写、竪紙、楮紙、縦二五・八cm、横四三・〇cm、一紙、

(端裏書)「十三重ウシロ御ホカミノ」(書出)「さひはひ〳〵永正十年癸酉十二月十四日／いの時吉日良辰をゑらひ」(書止)「おそれみ〳〵も申て申さく／と藤原守恩申たてまつる」　藤原守恩差出、御ほかみの明神充、

○左奥ニ追筆ニテ「是ハ十三重ノ後ロノ鎮守遷宮ノ▨時ノ也／此時山上ノ七郎左衛門守恩遷宮ヲナス／所望之間守家カキテ守恩ニサツクル者也」トアリ、

4　細井戸郷天照大神遷宮祝詞　〔弘治三年六月八日〕　一通　大和国広瀬郡細井戸郷天照大神　藤原守富

室町後期写、竪紙、楮紙、縦二三・八cm、横三五・八cm、一紙、

(書出)「夫弘治三年丁巳六月八日酉剋吉日良辰を／ゑらひ定而申さく」(書止)「恐み恐みも申て申／さくと藤原守富申奉る」　藤原守富差出、広瀬の郡細井戸の郷天照大神充、

○左奥ニ和歌等アリ、

第四十一括裏打紙文書

裏1　進藤某書状　五月十四日　一通　常住職守富（文中）

室町後期写、竪紙、楮紙、縦二一・五cm、横二六・九cm、一紙、

(書出)「就常住職之儀重而従学侶注進通令披露候／則殿下以南曹被申候処」(書止)「此間之趣／此人可有存知候恐々謹言」(差出)「進藤」(日下)(充所)「宮内丞殿」

○第1号ノ裏打紙(左)、

裏2　春日社外院七社書上　一通

江戸中期写、小切紙、楮紙、朱点(仮名、江戸中期)、縦八・五cm、横二三・三cm、一紙、

(文首)「外院七社／兵主社　建御各方命〔名カ〕」(文末)「多賀社　伊弉諾命」

○第1号ノ裏打紙(中央)、

裏3　紀伊社祝詞文断簡　一通

江戸中期写、断簡、尾欠、楮紙、縦二二・四cm、横四・〇cm、一紙、

(端裏書)「紀伊社」(全文)「祝詞文」

○第1号ノ裏打紙(右)ナリ、書出一行ノミ残存スル、

大宮家文書　第四十二括

巻子本一巻、(紙継上書)「三」

1　諸国諸社由来書　一巻

室町後期写、巻子本、首欠、楮紙打紙、墨書注記アリ、仮名交リ文、墨点(仮名・返点・声点、室町後期)、素紙後補表紙、紙継紐、縦二二・八cm、全長六五一・六cm、一三紙、

(外題)「諸国諸社由来書」　(外題下)「大宮所有」

(首)「符嶋等ノ社ヘハ行幸モ御幸□成ラヌ也／一天野大明神御事」

(文末)「金精大明神大日／宝塔千手　安禅不動　已上畢」

(本奥書)「御《本云》神道者我朝之大事也不信之輩仁令見
知者神明失威光給之間非機(ママ)之者仁率尓仁
不可授之者也千金莫伝之大事也可秘之
高野山金剛峯寺於テ月輪院令書写之　」

第四十二括裏打紙文書

裏1　書付断簡　一葉

江戸後期写、断簡、楮紙、縦四・六cm、横三・九cm、一紙、

(本文)「十一反」

○第一紙ノ裏打紙、

裏2　書付断簡　一葉

江戸後期写、断簡、楮紙、縦四・〇cm、横四・〇cm、一紙、

(全文)「院二宮」

○第三紙ノ裏打紙、

裏3　書付断簡　一葉

江戸後期写、断簡、楮紙、縦八・六cm、横一八・八cm、一紙、

(首)「二反田畠」　(尾)「助二郎」

○第八紙ノ裏打紙、

裏4　書付断簡　一葉

江戸後期写、断簡、楮紙、縦四・一cm、横二・九cm、一紙、

(全文)「宮」

○第九紙ノ裏打紙、

裏5　書付断簡　一葉

江戸後期写、断簡、楮紙、縦五・四cm、横二・四cm、一紙、

(全文)「曽我小五郎方」

○第一〇紙ノ裏打紙、

裏6　書付断簡　一葉

江戸後期写、断簡、楮紙、縦三・二cm、横三・二cm、一紙、

(全文)「□方」

○第一二紙ノ裏打紙、

裏7　書付断簡　一葉

江戸後期写、断簡、楮紙、縦三・〇cm、横三・二cm、一紙、

(全文)「ソカ／主□」

○第一三紙ノ裏打紙(左)、

裏8　書付断簡　一葉

江戸後期写、断簡、楮紙、縦一五・三cm、横三・六cm、一紙、

(全文)「□〔文カ〕十七□代□」

○第一三紙ノ裏打紙(下)、

裏9

書付断簡　一葉

江戸後期写、断簡、楮紙、縦一五・八cm、横四・九cm、一紙、

（全文）「□□□申□九月日／□シナカ田数之事」

○第一四紙ノ裏打紙（上）、

裏10

書付断簡　一葉

江戸後期写、断簡、楮紙、縦二〇・九cm、横五・二cm、一紙、

（全文）「定成一町」

○第一四紙ノ裏打紙（下）、

裏11

書付断簡　一葉

江戸後期写、断簡、楮紙、縦二一・一cm、横五・四cm、一紙、

（全文）「指合二反定禅院地進／一々　殿様一色／□」

○第一四紙・第一五紙ノ裏打紙、

裏12

書付断簡　一葉

江戸後期写、断簡、楮紙、縦四・七cm、横三・三cm、一紙、

（全文）「□《クカ》タシミツ／マタ七」

○第一五紙ノ裏打紙、

裏13

書付断簡　一葉

江戸後期写、断簡、楮紙、縦六・五cm、横一九・五cm、一紙、

（首）「田廿四丁」　（尾）「一宮」

○第二〇紙ノ裏打紙、

裏14

書付断簡　一葉

江戸後期写、断簡、楮紙、縦六・三cm、横一九・五cm、一紙、

（首）「定□八反六□」　（尾）「六一々　拝朝寺」

○第二一紙ノ裏打紙、

大宮家文書　第四十三括

巻込、

1　元要記抜書并率川神社由緒書　一通

江戸後期写、続紙、楮紙、一行一七字前後、仮名交リ文ヲ含ム、墨点（仮名・返点、江戸後期）、縦二五・〇cm、全長二五三・四cm、八紙、

（端裏外題1）「子守社　元要記　抜書若宮春貞作文」

（内題）「元要記抜書」

（文首）「八十一代安徳天皇治承四年庚子十二月二十八日／率川社焼失ス」

（奥書1）「　右之外子守社之巨細祭礼等之事

　　元要記延喜式其外古書ニ詳ニ

　　有之候御事

　于時天明年中就御造栄御寺務一乗院宮様江

子守社神事料之義御願申上候右者大乗院様

御造栄御奉行之時ハ精進料廿壱石余被下候処

一乗院様之時者十八石御下行被下候ニ付三石相違

致候尤御造栄一二ケ度已前取失イ候趣此度元要記

抜書并願書相添役人中迄相願候へ共御聞届不被下事」

（端裏外題2）「卒（ママ）川由緒」

（文末）「依号是山若草山云則毎歳除夜ノ比此／山之小木等令焚失為使草若萌也」

（奥書2）「右卒川社野神社二神之説藤屋

　資春注致恩借令披見之所守旧

　令書写畢

　　　　　　　　　　　　」

○元要記抜書（第一紙～第四紙）ト率川神社由緒書（第五紙～第八紙）トヲ貼リ継グ、

2　天保十四年春日社摂社遷宮日書付　〔天保十四年〕　一通

江戸後期写、竪紙、楮紙、縦二四・七cm、横一九・九cm、一紙、

（文首）「天保十四卯年／一六月廿二日／神宮寺殿　手刀辛（ママ）雄社下遷宮」（文末）「一同月十日／紀伊社　祓戸社　手刀辛雄社　風宮社／多賀社　飛来天神　舟戸社／右七社　正遷宮」

3　某言上書控　一通（率川社修理ニ付）

江戸後期写、竪紙、縦二四・〇cm、横三三・二cm、一紙、

（書出）「御尋被仰出候ニ付左ニ言上仕候／一率河社御修理ニ付御用ニ不相立古物拝領仕度段」（書止）「此段／被為　聞召分御聞届被為成下候ハヽ千万難有／可奉存候已上」　差出書・充所・日付ナシ、

大宮家文書　第四十四括

巻子本一巻、（紙縫上書）「五十五」

1　春日社御預之日記　〔正徳三年五月～七月〕　一巻

江戸中期写、巻子本、楮紙、付箋アリ、青色原表紙、組紐・紙縒紐、縦二八・三cm、全長一五三七・九cm、四六紙、

（表紙）「正徳三年　守胤筆□〔宮カ〕」

（本紙端裏外題）「正徳三癸巳五月廿二日八ツ時ヨリ御影参日記「〔別筆〕宝蔵」」

（内題）「春日社御預之日記」

（文首）「一正徳三癸巳年五月廿二日八ツ時分ゟ参詣有之者也」

（文末）「一正徳三年巳五月廿二日ゟ右之書物／仕ル者也／北郷常住大宮内蔵（花押）／惣高六百弐貫四十六文」

○第五紙以降ハ御番銭額、殿番・当番・両常住名ヲ記ス、

〔紙背〕仮名貞享暦　〔宝永五年・正徳二年・正徳四年〕　一巻

江戸中期写、巻子本、首・中・尾欠、楮紙、墨界、朱書注記アリ、縦二八・二cm、全長一五三七・九cm、四六紙、界高二四・五cm、界幅一・五cm、

（内題1）「宝永五年つちのえねの貞享暦「〔朱書〕奎宿値年」凡三百八十四日」

（本奥書1）

「正徳三年十一月一日　正六位下行陰陽権助賀茂朝臣保篤

従四位下行宮内大輔兼陰陽助賀茂朝臣友親」

（内題2）「正徳四年きのえむまの貞享暦「〔朱書〕奎宿値年」凡三百五十四日」

（本奥書2）

「正徳元年十一月一日　正六位下行陰陽権助賀茂朝臣保篤

従四位下行宮内大輔兼陰陽助賀茂朝臣友親」

○数年分ノ暦断簡ヲ貼継グ、

大宮家文書　第四十五括

巻子本一巻、

1　春日若宮祭日記　一巻

江戸中期写、巻子本、首欠、楮紙、一行一二字前後、仮名交リ文ヲ含ム、縦二三・四cm、全長三一三・七cm、八紙、

（首）「一初参十月朔日御幣料一貫文」（文末）「田宮殿へ樽アラマキ／昆布三クワン小四郎殿へ荒巻一」

（奥書）「丙午十二月吉日良辰注之　祢宜新左衛門尉春日」

大宮家文書　第四十六括

巻子本一巻ニ付文書ヲ巻込ム、素紙包紙、（紙縒上書）「藤□」
（包紙）「散乱ニ付取集次之　藤浪家蔵
　　興福寺納米高事
　　往古より　　　　」

1
納所納米下行帳　（天正六年～寛延三年）　一巻
桃山～江戸中期写、巻子本、首・中・尾欠、楮紙、縦二五・四cm、全長一二二六・三cm、三八紙、
（首）「天正六年戊寅九月分　常住宮内善太郎」　（尾）「現米七斗壱升五合／右来未年分」
○紙ヲ貼リ継ギ書キ継グ、糊離レヲ後世ニ貼リ直ス、天正八年分中欠・天正十五年～文禄元年分中欠ヵ・巳年（慶長十年）～寛永十六年分中欠・天和元年～貞享元年分中欠・元禄四年～元禄十一年分中欠、第五括裏3号・本号付・第九十四括8号ハ本号ノ一部ナリ、

1付
納所納米下行帳　（慶長十四年～十八年）　一通
江戸前期写、続紙、首尾欠、楮紙、縦二三・〇cm、横四八・二cm、一紙、
（首）「己酉十二、廿八日ニ□□〔注之ヵ〕／壱斗壱升／庚戌正月分下行　納所（花押）」　（尾）「弐斗弐升丑正月分同二月分二个月分下行納所堯範（方黒印）」
○第1号ノ一部ナリ、末尾ハ第九十四括8号ニ接続スル、

第四十六括裏打紙文書

裏1
春日社祭礼食膳書上　（四日～十一日）　一通
江戸中期写、続紙、首尾欠、楮紙、縦二四・四cm、横三四・三cm、一紙、
（首）「壱枚北郷座中ニテ取之」　（書止）「同十一日／一旬御供清祓并小神供配分元日同断」
○第1号第一五紙ノ裏打紙、

裏2
乗馬作法条々　一通
江戸後期写、竪紙、楮紙、縦二四・六cm、横三三・五cm、一紙、
（文首）「一はやる時いかにもまけて乗て後／しつまる花は口を引へし」　（文末）「一二口ありて切気のあらん馬□〔ハヵ〕只／おし折廻りをしけく乗へし」
○第1号第一七紙ノ裏打紙、

裏3
田畠石高書上　一通
江戸前期写、竪紙、楮紙、縦二三・七cm、横三一・〇cm、一紙、
（首）「上田一反壱石五斗一畝壱斗五升一歩五合」　（文末）「下畠一反八斗一畝八升十歩二升七合／一歩二合七勺」
○第1号第一八紙ノ裏打紙、

裏4
某口上書草案　一通　借用銀ニ付
江戸中期写、続紙、首尾欠、楮紙、縦二三・八cm、横三三・四cm、一紙、
（首）「には臨時被為　仰付候御祈願者」　（尾）「利足斗／相納メ御断申延右利足迚も外猥ニ而借入融通」
○第1号付ノ裏打紙、

大宮家文書　第四十七括

巻子本一巻、

1　米下行目録　（天正十七年正月～文禄三年十二月）　一巻

桃山写、続紙、中欠、楮紙、素紙後補表紙、紙縒紐、縦二四・五cm、全長一四四・四cm、四紙、（紙縒上書）「八二」

（表紙）「　　藤浪氏
（貼紙）「昔古
月々収納記」　」

（文首）「天正十七年己丑正月吉日／正月一斗一升五合《二かつ十一日》」（文末）「七月　白米方一斗二升スム也／八月／九月／十月／十一月／十二月」

○左奥ヨリ右端ニ向ケテ書キ継グ、

第四十七括裏打紙文書

裏1　某口上書草案　一通

江戸後期写、続紙、楮紙、縦二〇・二cm、全長一三一・三cm、七紙、（釣燈呂）

（書出）「奉願上候口上之書／一当朔日二日社頭楼門釣燈呂之義ニ付一臈代へ／御願申上候処」（書止）「御礼／被為成下候様御願奉申上候」　差出書・充所・日付ナシ、

○第1号ノ裏打紙、

大宮家文書　第四十八括

巻子本一巻、

1　社家領配分書上　慶長十八年癸丑八月吉日　一巻

江戸前期写、菅原永通筆カ、巻子本、楮紙、素紙後補表紙、縦二九・八cm、全長二六九・二cm、六紙、

（表紙）「下蔵方四个村高慶長年間　永益筆」

（端裏書）「永益」（文首）「下蔵方四个村高／参百弐拾八石九斗六合大楊生」（文末）「都合七百参石四斗壱合四勺三才」

（奥書）「慶長十八年癸丑八月吉日
右ノ知行分丑八月十七日ニ大宮神主殿ニテ各々分ル也」

大宮家文書　第四十九括

巻子本一巻、

1　請取道具書上　〔慶安四年四月～九月〕　一巻　水屋社榎本社神宮寺社遷宮ニ付

江戸前期写、巻子本、楮紙、縦三〇・〇cm、全長一四六・六cm、四紙、

（文首）「慶安四年辛卯卯月八日水屋社下遷宮有ニ付／下遷宮諸道具奉行衆ヨリ請取申者也」（文末）「一薦廿枚／後日ニ神住殿へ参道具 一薦十枚 一大幔六端 一幕串七本 三色参者也」

大宮家文書　第五十括

貼継、

1　春日社八雷社破損図並記録　〔貞享四年九月〕　一通　八雷神社

江戸中期写、続紙、楮紙、縦二九・六cm、全長一一一・一cm、三紙、

（文首）「一右者貞享四丁卯年九月節供早朝ヨリ風雨候テ次第ニ／風雨強ク成テ午ノ下剋ニ大宮後殿艮角有大杉二本並有」（文末）「一七ケ日之神事ヲ遂第五日目ヨリ参籠仕申者也」

○第一紙ハ社殿ニ大杉ガ倒レ掛ル図、第二紙・第三紙ハ記録、

2　常住神殿守連署願書控　貞享四年丁卯九月十七日　一通　八雷神社下遷宮ニ付

江戸中期写、竪紙、楮紙、縦二七・七cm・横三六・二cm、一紙、

（書出）「一八雷神社顚倒付俄ニ別殿江奉移可申旨」（書止）「宜敷被成／可被下候」（差出）「常住神殿守春章／守房」（日下）（充所）「別会御五師竹林院様」　常住神殿守春章・守房

大宮家文書　第五十一括

1　某領地書上　一巻

室町後期写、巻子本、首欠、楮紙、貼紙アリ、素紙後補表紙、縦二四・二cm、全長三〇二・〇cm、一七紙、

(表紙)「私領納米事
　　　　　藤浪氏」

(首)「嶋野二丁六反現田二丁四反内／二反神田二反下司嶋野方」(書止)「南阿陀三丁現田二丁一反半」

大宮家文書　第五十二括

巻子本一巻、(紙縒上書)「四十九五十五十一」

1　大宮御燈明料米下行記録

〔寛延三年十二月～明治三年十二月〕　一巻

江戸中期～明治写、巻子本、首欠、楮紙、紙継目裏円黒印(第一紙～第一六紙)、縦二五・四cm、全長一五六一・五cm、五一紙、

(首)「大宮御燈明料也令下行畢／寛延三庚午年極月九日観禅院(円黒印)」　(文末)「玄〔現〕米五斗弐升八合／明末年分令下行もの也／但し本来六斗六升也／凶作ニ付八割渡シ」

○紙ヲ貼リ継ギ書キ継グ、

大宮家文書　第五十三括

貼継、左奥ニ白紙(切封墨引アリ)一紙ヲ貼リ継グ、

1　**北郷座衆連署加判状**　天正九年辛巳十一月廿六日　一通　北郷方神人春高丸

桃山写、竪紙、尾欠、楮紙、縦二四・二cm、横三一・五cm、一紙、　恒例社役・座役

(本文)「春日社北郷方祢宜春〔高〕□丸於／恒例社役并座役等不残一事／可令懃仕者也仍座衆各連暑〔署〕／有加判状如件」(差出)「一臈神殿守　右近尉利房」(奥上)以下計七名連署(尾欠)、　座衆

2　**北郷座衆連署加判状**　天文三年十二月廿二日　一通＊18　北郷方神人盛藤丸

室町後期写、続紙、楮紙、縦二四・三cm、全長一一一・六cm、三紙、

(書出)「春日社北郷方祢宜盛藤丸／於恒例社役并座役等」(書止)「仍座衆／各連暑〔署〕加判之状如件」(差出)「一臈神殿守玄番〔蕃〕允基勝」(奥上)以下計三〇名連署、

○差出書ニ一臈〜六臈神殿守六名・座頭四名アリ、第3号・第4号モ同様、

3　**北郷座衆連署加判状**　天文廿二年十一月十五日　一巻　北郷方神人伍郎丸

室町後期写、楮紙、縦二四・〇cm、全長八四・四cm、四紙、

(書出)「春日社北郷方祢宜伍郎丸／於恒例社役并座役等者」(書止)「仍座衆各連暑〔署〕加判之／状如件」(差出)「一臈神殿守　宗兵衛尉重永」(奥上)以下計二九名連署、

4　**北郷座衆連署加判状**　永正七年十一月廿六日　一通　北郷方神人藤徳丸

室町後期写、続紙、尾欠、楮紙、縦二三・八cm、全長七九・八cm、三紙、

(書出)「春日社北郷方神人藤徳丸／於恒例社役并座役等者」(書止)「仍座衆各連暑〔署〕加判状／如件」(差出)「一臈神殿守主計允守貞(花押)」(奥上)以下計一九名連署(尾欠)、

大宮家文書　第五十四括

続紙一通、

1　北郷座衆連署加判状　宝暦拾一辛巳年霜月九日　一通　守寿悴亀麿ノ座入 北郷方禰宜

江戸中期写、続紙、楮紙、縦二八・〇cm、全長三三二・四cm、八紙、

(端裏書)「宝暦十一年霜月九日北郷常住守寿悴亀麿／座入判取」

(本文)「春日社北郷方禰宜亀麿／於恒例社役座役等不残／一事可勤仕者也依座衆／各列署加判之状如件」(差出)「一臈神殿守　清右衛門尉俊永」(奥上)以下計一一五名連署、

○差出ノ末尾ニ「亀麿守旧／合百拾五人目入也」トアリ、

大宮家文書　第五十五括

続紙一通、(紙縒上書)「八」

1　北郷座衆連署加判状　文政九戌年五月十一日　一通　北郷方祢宜亀麿

江戸後期写、続紙、楮紙、縦二九・一cm、全長三〇八・七cm、七紙、

(全文)「春日社北郷方祢宜亀磨〔麿カ〕／於恒例社役座役不残／一事可令勤仕者也依而／座衆各列着(ママ)加判状如件」(差出)「一臈神殿守　民部守富」(奥上)以下計七五名連署、

大宮家文書　第五十六括

続紙一通、

1　北郷座衆連署加判状　文久元年辛酉十一月廿四日　一通　北郷方祢宜舎人

江戸後期写、続紙、楮紙、縦二八・一cm、全長二五五・五cm、七紙、

(本文)「春日社北郷方祢宜舎人／於恒例社役座役等不／残一事可令勤仕者也仍／座衆各列着(ママ)加判状如件」(差出)「一臈神殿守　出雲拠永」(奥下)以下計四五名連署、

大宮家文書　第五十七括

巻子本一巻、

1　建久嘉禎年間神木動座文書集　一巻

鎌倉中期写、巻子本、首欠、楮紙、裏書アリ、墨界、一行二一字前後、墨点(仮名・返点・声点、鎌倉中期)、縦二八・五cm、全長九九六・九cm、一七紙、界高二五・九cm、界幅二・八cm、一紙長四四・七cm、

〇「神人」ヲ後筆ニテ「神仕」ニ改変スル、文書ノ書継案文、

①興福寺申状写　(建久九年)十月廿九日

(首)「右刑罰之法雖従糺断」(書止)「衆議之趣執啓如件／恐惶頓首謹言」(差出)「別会五師弁寛月成房」(日下)

②興福寺申状写　(建久九年)十月廿九日

(書出)「今月十九日御札同廿七日到来」(書止)「衆議如此仍／別会五師弁寛勒状恐惶謹言」(差出)「興福寺別会五師弁寛」(日下)

③興福寺牒写　建久九年十月　日　和泉守平宗信

(書出)「興福寺牒　氏諸卿衙／請被列参　朝闕　奏達因准先例依五箇条犯科／可配流和泉守平朝臣宗信兼禁獄下手在聴(庁)／目代等身由状」(書止)「仍勒事状牒送如件乞也察状勿及遅引／以牒」

④興福寺僧綱大法師等申状写　建久九年十月　日

(書出)「興福寺僧綱大法師等誠惶誠恐謹言／請被殊蒙　天裁因准先例依五箇条犯科配流」(書止)「正知神威之不墜地弥悦法／雨之灑于天焉誠惶誠恐謹言」

(文中奥書)「已上五个条状也」

⑤関東御教書写　〈嘉禎元年〉十二月廿九日　鎌倉遺文⑦四八七七＊　大住荘・薪荘

(文中端書)「嘉禎元年乙未十二月廿一日立春申時大衆奉下　大明神／御遷坐木津同廿五日御着宇治其間鎌倉書状等案」(書出)「八幡宮寺興福寺喧嘩事」(書止)「以此等趣可／有御披露之由按察殿御消

息所候也恐々謹言」（差出）「武蔵守平泰時／相模守平時房」（日下）

⑥藤氏長者九条道家宣写　（嘉禎二年）正月廿五日　鎌倉遺文⑦四九一一＊

（書出）「以武士可被奉送御榊之由披露于／寺辺候歟」（書止）「之由所被仰／下候也仍執啓如件」（差出）「定高（二条）」（日下）（充所）「東北院（円玄）僧正御房」

⑦興福寺申状写　〈嘉禎二年丙申〉正月十六日　鎌倉遺文⑦四九〇二＊

（書出）「以　将軍家御教書披露之処」（書止）「群議如此以此趣／殊可被忩啓候長忠誠恐謹言」（差出）「別会五師長忠」（日下）（充所）「駿河守」

⑧某書状写　嘉禎二年正月六日

（書出）「昨日内舎人平朝臣称衆中之使被光臨」（書止）「此等之条々不審諸事難存知之状如件」（差出）「僻案愚老、、」（日下）

（充所）「伏見殿祇候衆中」

（奥書）「自衆中進覧御所之処尤可停止之由被

仰下了被用微言之条頗可謂面目歟　」

大宮家文書　第五十八括

巻込、但シ第5号・第6号ハ貼継、

1　大宮守安家地処分状案　文永二年乙丑二月六日　一通　奈良南野田北辺ノ家地（文中）

鎌倉中期写、竪紙、下部少々欠損、楮紙、縦二六・三cm、横三五・四cm、一紙、　宮内丞守安

（端裏書）「安文〔案〕　文永二年」（書出）「処分　家地事／合／地東西　五間」（書止）「勢仁以後見性禀二人子之中雖／何輩相計可譲与之状如件」（差出）「守安判□」（日下）　母惟宗氏充、　母惟宗氏

2　水谷社造替御遷宮日記所持方勘例　〔延慶三年～応永十六年〕　一通　水屋社

室町前期写、竪紙、楮紙、縦二六・五cm、横三六・七cm、一紙、

（端裏書）「□□御造社勘例」（文首）「水屋社造替御遷宮日記所持方勘例」（文末）「一応永十六己丑正下遷宮二月廿七日戊時役人徳守春立　代守資代春歌」

3　邑地末正等地子米請文案　元応三年二月五日　一通　大和国添上郡邑地郷　地子米

鎌倉後期写、竪紙、楮紙、縦二七・一cm、横三八・五cm、一紙、

（端裏書）「邑地ノナシ本畠ノ請文与三大夫源六」（書出）「請申　地子直事／合壱斗五升者／在大和国副〔添〕上郡邑地郷之内字ナシ本ノ屋敷畠」（書止）「為後／所請状如件」（差出）「邑地／与三大夫末正印／源六印」（日下）

4　実現出挙米請文　暦応三年庚辰四月廿日　一通　出挙米　小楊生荘（文中）

南北朝写、竪紙、楮紙、縦二五・八cm、横三三・一cm、一紙、

（端裏書）「三斗　実現也」（書出）「請申出挙米事／合三斗者　广本道教房」（書止）「仍為後日証文之状如件」（差出）「実現（花押）」（日下）

5

遷宮記断簡　一通

南北朝写、続紙、首欠、下部欠損、楮紙、仮名交リ文、縦二七・一cm、横四〇・三cm、一紙、

（首）「ツナトラシテカミヌシトノエマイラスル」（書止）「シムマノカミとのより　ミツフサ／同」

○左奥ニ紙継目裏花押断簡アリ、モト連券ナリ、現在、左奥ニ第6号ヲ貼リ継グガ、裏花押ハ異ナリ、二次的貼継ナリ、

6

五師所下文案　康永四年五月三日　一通　五師所／夜荘厳米瀬河方納所

南北朝写、竪紙、尾欠、楮紙、縦二三・七cm、横三二・〇cm、一紙、

（書出）「一五師所下夜荘厳米瀬河方納所／可早令下行大粮米壱石事」（書止）「依学侶衆徒議令支配状如件」（差出）「小□少納言実経五師大法師判」（奥上）以下計四名（尾欠）・「権専当孝恩判」（日下）以下計二名連署、　北郷常住（文中）

○端書・端裏書アルモ釈読不能、右端・左奥ニ紙継目裏花押断簡（神守）アリ、モト連券、

7

水谷社下遷宮雑事本銭注文　〔康応元年七月〕　一通　水屋社下遷宮

南北朝写、竪紙、楮紙、縦二七・二cm、横三七・一cm、一紙、

（端裏書）「水屋遷宮雑事　康応弐　水屋社下遷宮事」（書出）「康応元年己巳七月十三日水屋社下遷宮雑事本銭御／下行用意事」（文末）「康永祐有自筆廿文アリ」

8

箸尾為国書状　（別筆）〈長享二戊申〉八月十八日　一通　大和国田井兵庫荘／箸尾為国

室町中期写、竪紙、楮紙、縦二六・〇cm、横三九・七cm、一紙、

（端書）「箸尾殿御返事　上松真筆」（書出）「就中東方与左越源十郎／相論御米之儀」（書止）「此旨／可然之様御披露所仰候／恐々謹言」（差出）「為国（花押）」（日下）（充所）「供目代御坊」

9

興善院某賢聖院善尊連署状案（土代）　〈永正二乙丑〉十二月八日　一通　箸尾為国／新免荘／六方・学侶

室町後期写、竪紙、楮紙、紙継目裏花押、左奥ニ追而書アリ、縦二五・一cm、横四二・六cm、一紙、

（端裏書）「箸尾殿へ之御状安〔案〕」（書出）「就宮内儀新免庄之内八石分事」（書止）「六方事ハ／先年学侶一決之筋目と被申候目出候恐々／謹言」（差出）「興善院快□〔望カ〕（別筆）「広禅房」／賢聖院善尊、、（別筆）「湯屋房」」（日下）（充所）「箸尾上野介殿箸尾殿」

10

春日社三物官連署状案　〈永正六年己巳〉十二月　一通　春日社正月八日後節供料／大和国箸尾荘

室町後期写、竪紙、楮紙、縦二五・三cm、横四一・八cm、一紙、

（端裏書）「去年丑マテ九个年之間押領従社家状」（書出）「当社正月八日御節供料箸尾庄／拾六石之内八石事」（書止）「珍重之由一社一同申候恐々謹言」（差出）「執行正預延光判／神主師経同／若宮神主祐智同」（日下）（充所）「箸尾次郎殿」

○左奥ニ返状写アリ、

11

西シンタウ彦次郎作田請文　永正十一年甲戌十二月廿日　一通　西シンタウ／コモワラノ田

室町後期写、竪紙、楮紙、縦二四・〇cm、横二九・四cm、一紙、

（端裏書）「西シンタウコモワラノウケ文三反ノ」（書出）「ウケ申　コモワラノ田参反御年貢事／合壱貫参百文者地作一同御地也」（書止）「則其旨ヲ存候仍為後日請状／如件」（差出）「西シンタウ彦次郎（花押）」（日下）

12

西シンタウサヱモン五郎作田請文　天文五年丙申十月十七日　一通　春日社大般若

室町後期写、竪紙、楮紙、縦二二・〇cm、横二六・五cm、一紙、
（端裏書）「コモワラノウケフミ」（書出）「ウケ申御田ノコト」
（書止）「ソノトキ／御田ノサワリヲナシ申ヘカラス候仍／ウケフ
ミ如件」（差出）「西シンタウサヱモン五郎（花押）」（日下）

会御下地野田宮内殿御知行（文中）

13 田井兵庫荘土帳　〔天文五年十一月二十九日〕　一通

室町後期天文五年写、大宮守家筆、竪紙、楮紙、縦二四・七cm、
横四二・四cm、一紙、
（端裏書）「田井兵庫庄　庄屋与七答分」（文首）「（追筆）「ミヤウテンフ
ン旦」／ケンシヨウシ名三名四分一　十九石」（文末）「中東方先納
分十五石九斗八升云々」
（奥書）「天文五年丙申十一月廿九日　在庄時守家記之」

大和国田井兵庫荘
中東方
守家

14 田井兵庫荘土帳　〔天文六年三月十七日〕　一通

室町後期天文六年写、大宮守家筆、竪紙、楮紙、縦二四・七cm、
横四二・七cm、一紙、
（端裏書）「田井兵庫与楽合一庄也　庄屋与七答也」（文首）「マン
テンフン旦／一反宇川サキ　五斗中東　未年ウル　与楽助二郎」（文末）
「一反ハコキ　三斗（別筆）「合六石二升歟」　同ウヱノ坊リヤウセン」
（奥書）「天文六年丁酉三月十七日在庄時守家記之」

大和国田井兵庫荘
守家

15 遷宮記断簡　一通

室町前期写、続紙、首尾欠、楮紙、墨書訂正アリ、縦二四・〇cm、
横三七・四cm、一紙、
（首）「常住春□／黄衣其色ニ懸襷褌手袋足袋覆面」（尾）「一今度
御遷宮日時　宣旨案文／左弁官下　春日社」

16 某御教書案　一通

春日社燈明料所

室町前期写、竪紙、楮紙、縦二四・六cm、横二九・〇cm、一紙、
書キサシ、
（書出）「□□／春日社燈明料所摂津国垂氷／東御牧内中時枝名并
小薬院者」（尾）「神用運上可有／無事之調法之由」

摂津国垂水東御牧内中時枝名・小薬院

17 供目代某書状　九月四日　一通

室町中期写、竪紙、楮紙、右袖ニ追而書アリ、縦二四・八cm、横
四〇・六cm、一紙、
（書出）「明日太刀辛雄社御／遷宮之儀付梅木と宮内／及申事」
（書止）「上屋にこもり候まゝ／其時可申候」（差出）「□（花押）」
（日下）
（端裏捻封上書）「（墨引）善円御房　供目代□□」

太刀辛雄社遷宮
宮内方旧記・梅木方旧記（文中）

大宮家文書　第五十九括

続紙一通、

1　田井兵庫荘名田注進状　文永二年乙丑七月　日　一通　大和国田井兵庫荘

鎌倉中期写、続紙、楮紙、紙継目裏花押、縦二七・七cm、全長三五八・〇cm、一〇紙、

(書出)「注進　田井兵庫御庄名田大佃小佃田数事」(書止)「御所当米都合　漆拾弐斛捌斗壱升陸合／右注進如件」(差出)「公文(花押)」(日下)(奥書)「但御所当米都合内除／(中略)／定御米陸拾壱石陸斗陸升一合六勺／右注進如件」

第五十九括裏打紙文書

裏1　包紙断簡　一葉

江戸後期写、断簡、楮紙、縦一七・〇cm、横一〇・〇cm、一紙、

(全文)「御礼金弐拾五銭　手向山世話掛

大宮氏様　」

○第1号第二紙ノ裏打紙、

裏2　春日社祈禱記録　〔明応九年九月～文亀元年四月〕　一通

室町後期写、竪紙、尾欠、楮紙、縦二二・一cm、横二六・三cm、一紙、

(書出)「明応九庚申九月十日春日殿四御殿《中》御正体ヲれ申候」(尾)「同四月廿二日ヨリ七昼夜アリ」

○第1号第二紙・第三紙ノ裏打紙、

裏3　春日社上奥高名算用状　〔明応三年〕十二月五日　一通

室町後期写、続紙、楮紙、縦二二・六cm、全長七〇・八cm、三紙、

(書出)「春日社上奥高名御田算用状之事　明応三年甲寅十二月日」(書止)「右所納算用状如件」(差出)「左衛門(花押)」(日下)

○第1号第三紙～第五紙ノ裏打紙ナリ、第九十一括2号ト関連スル、

裏4　大宮御祭礼次第之記　一通

室町後期写、続紙、楮紙、横一九・九cm、全長五六・一cm、三紙、

(文首)「大宮御祭礼次第之記／一舞殿ウシトラズミ柱ノ子キ燈籠ニトボシヲク」(文末)「一右ノ御供并盃上分ヨリ次第ニ取リウシドノ／ニテ主典江渡ス次ニ御酒頂戴致也」

○第1号第五紙・第六紙ノ裏打紙、

裏5　包紙断簡　〔嘉暦三年四月六日〕　一葉

江戸後期写、断簡、楮紙、縦二七・八cm、横四・八cm、一紙、

(全文)「荒野之庄之事／御教書之事／嘉暦三年四月六日」

○第1号第九紙ノ裏打紙、

裏6　書付断簡　一葉

縦六・三cm、横三〇・二cm、一紙、

(全文)「中」

○第1号第九紙・第一〇紙ノ裏打紙、

裏7　書付断簡　一葉

縦七・〇cm、横三三・六cm、一紙、

(全文)「東殿ヨリ請取」

○第1号第一〇紙ノ裏打紙、

大宮家文書　第六十括

続紙一通、

1　**北郷神人末利等注進状案**　文永十年卯月　日　一通　北郷神人・南郷神人

鎌倉中期写、続紙、楮紙、樹皮片漉込素紙後補表紙、縦二七・八cm、全長二二一・六cm、七紙、

（書出）「注進／春日御社御神事以神主為上役以正預為下／役間奉行神人『祢宜』随亦以北郷神人『禰宜』為上役以南郷／神人『禰宜』為下役条々事」（書止）「任古来不易之沙汰／北郷神人中令勤上役之由参欲蒙／御成敗矣仍注進如件」（差出）「北郷神人末利等上」（日下）

○右端ニ貼紙アリ、後補表紙ノ見返ニ左記ノ文字アリ、後補表紙ハ他ヨリノ転用ナラン、

（表紙見返）「御遷宮神事料数度之願書之写
率川社注進
水谷社遷宮上役参勤ニ付両常住出入座中ゟ願給候
案文有之
寺門ヨリ書状有之
細蔵屋修覆願書有之
」

大宮家文書　第六十一括

巻込、但シ第2号～第3号、第5号～第6号ハ貼継、

1　**北郷神人等言上状案**（土代）　正応五年十二月　日　一通　神殿守ト号シ襷襷ヲ懸ク　白杖役・御幣（文中）

鎌倉後期写、続紙、首欠、楮紙、縦二八・七cm、全長七〇・二cm、二紙、

（首）「大宮也社司□□神人存礼儀随巡役勤神事之条」（書止）「弥欲貴神威之厳重矣仍言上如件」（差出）「北郷神人『祢宜』等上」（日下）

○糊離レスル、左奥ニ後筆ニテ「祢宜等上トアレハ／上申書歟」トアリ、

2　**北郷神人等言上状案**　正応五年十二月　日　一通　勤役次第・南郷神人（文中）

鎌倉後期写、続紙、首欠、楮紙、縦二九・八cm、横四三・七cm、一紙、

（首）「事情崇神道奉□□繁之法辺土安置之小社猶以」（書止）「且仰当時之善政弥欲貴神／威之厳重矣仍言上如件」（差出）「北郷神人『祢宜』等上」（日下）

3　**北郷神人等言上状案**　建治元年八月　日　一通　長者宣　北郷一﨟、白杖役勤仕　南郷一﨟、御幣ヲ持ツ（文中）

鎌倉中期写、続紙、首欠、楮紙、縦二九・〇cm、横四三・七cm、一紙、

（首）「申之間任近例可白杖役之由成賜　長者宣」（書止）「弥奉祈万歳之御運仍不勘愁吟粗言上如件」（差出）「北郷神人『祢宜』等上」（日下）

○左奥ニ後筆ニテ「切紙ニテ不分祢宜ェト有／之候得者上申書ト綛『認』ヘシ」トアリ、

4　**北郷神人等言上状案断簡**　一通

鎌倉後期写、断簡、楮紙、縦二九・五cm、横一〇・九cm、一紙、

（首）「神役已衰今更破式定行非儀云事」（尾）「任先／例北郷神人可勤上役由欲被　仰下子細状」

5
神事次第書上　一通
南北朝写、続紙、首欠、楮紙、縦三〇・二cm、横二三・八cm、一紙、
（首）「茶ヲモ服セス他所ノ火ニテ調スル故云々」（尾）「職事俊正ヲ以テ送給各壱貫／□□〔充カ〕支配之」
○第5号・第6号接続スルカノ如クニ貼リ合セル、

6
北郷神人等言上状案断簡　一通
鎌倉後期写、断簡、楮紙、縦三〇・五cm、横一九・〇cm、一紙、
（首）「□時者南郷一臈□／」共不参時者北郷二臈」（尾）「怠非一凡有増無減者神事法也」
文永ノ比、南郷神人先例ニ背ク（文中）

7
和歌詠草　一通
室町後期写、竪紙、楮紙、上部・下部少々欠損、縦二六・五cm、横四二・七cm、一紙、
○摩耗ニヨリ釈読困難、

8
春日社領惣知行割之事　〔申九月三日〕　一通
桃山写、竪紙、楮紙、縦三〇・五cm、横四九・六cm、一紙、
（書出）「申九月三日／惣知行割之事」（文末）「百六拾弐石五斗三升九合六勺五才祢宜方」
大柳生・東九条・中城・大口（文中）
社中方・祢宜方（文中）

9
竹村九郎右衛門尉書状写　八月廿三日　一通
江戸前期写、竪紙、上部少々欠損、楮紙、縦三〇・二cm、横四四・五cm、一紙、
（書出）「□□窪院へ取替申候為御返」（書止）「為其申上候恐／惶謹言」（差出）「竹村九郎右衛門尉判」（日下）（充所）「窪院様まいる」
窪院

10
御神楽指図　一鋪
江戸前期写、竪紙、楮紙、縦三〇・〇cm、横四三・二cm、一紙、
（裏書）「閉門文共」

11
燈籠配置図　一鋪
江戸前期写、竪紙、楮紙、縦二九・七cm、横四三・六cm、一紙、
○「庭火」「造合」「燈」ノ注記アリ、

第六十一括裏打紙文書

裏1
某口上書控　一通
江戸中期写、竪紙、楮紙、縦二四・〇cm、横三一・七cm、一紙、
（書出）「乍恐奉願上口上書／一去ル十六日南北若宮座席／争論ニ付対決被為　仰付候」（書止）「常住神殿守へ／訳相立申候様ニ被為　仰付被下候ハヽ／難有奉存候已上」差出書・充所・日付ナシ、
○第1号ノ裏打紙、
南北若宮座席争論

裏2
神事次第注文　一通
江戸前期写、折紙、中欠、楮紙、縦三〇・〇cm、横四一・六cm、一紙、
（書出）「一脇燈呂一東ノ御廊へ入置東ノ御廊ニ／釣北郷方沙汰也」
（書止）「其／儘本殿へ出仕也大中臣方も同断也」
○第5号・第6号ノ裏打紙、

裏3
仮名暦断簡　〔十月十九日～十一月〕　一通

江戸前期写、続紙、首尾欠、楮紙、縦二六・四cm、横四二・七cm、二紙、
(首)「十九日ひのへとらたいら火」（尾)「廿七日みつのとのうたいら金」
○第7号ノ裏打紙、

大宮家文書　第六十二括

貼継、

1　**北郷神人等言上状案**　正応六年正月　日　一通
　本所御成敗　旬御供・白杖

鎌倉後期写、竪紙、楮紙、縦三三・二cm、横四四・四cm、一紙、
(書出)「□北郷神人〔『祢宜』〕等謹重言上／□□蒙　本所御成敗達本訴旬御供白杖等上役勤仕／次第事」（書止)「之旨／蒙急速御成敗弥欲奉祈　本所御願増耀神威威光／仍重言上如件」（差出)「北郷神人〔『祢宜』〕等上」(日下)

2　**大宮守富言上状案**(土代)　永正十四年二月　日　一通
　常住神殿守　先祖吉守以来相伝
　守家寺勘ニ処セラル
　守富ノ相続ヲ望ム(文中)

室町後期写、続紙、楮紙、縦三一・六cm、全長九二・四cm、二紙、
(書出)「春日社〔北郷〕常住神殿守宮内丞守家〔富〕謹言上／右件常住職者守家〔富〕先祖代々相伝之重職」（書止)「之由被成下　長者宣者忝存弥於神前御／貴運長久之由可奉抽精誠者也仍粗謹言上／如件」
○第3号トホボ同文、又、第九十二括14号・17号ト関連スル、

3　**大宮守富言上状案**(土代)　永正十四年二月　日　一通

室町後期写、続紙、楮紙、縦三三・五cm、全長八七・九cm、二紙、
(書出)「春日社〔北郷〕常住神殿守宮内丞守家〔富〕謹言上／右件常住職者守家〔富〕先祖代々相伝之重職」（書止)「之由被成下〔御下知者〕　長者宣者忝存〔可候〕弥於／神前御貴運長久之由可奉抽精誠者也／仍粗謹言上如件」
○第2号トホボ同文、

第六十二括裏打文書

裏1　**八幡宮権神主職補任状写**　建久八年三月一日　一通

江戸中期写、竪紙、楮紙、縦二四・四cm、横三二・七cm、一紙、

（端裏書）「吉守八幡宮権神主補任之状写」（本文）「補任　八幡宮御領枳束御庄神人事／藤原吉元　権神主職／右件以人永所補任権神主／職如件神人等宜承知／勿違失」（差出）「吉蔵跡末時（花押影）／権俗別当末貞（花押影）／宮別当僧弁耀（花押影）」（奥下）

○第3号第一紙ノ裏打紙ナリ、成巻第四巻1号ノ写、

裏2

藤氏長者一条経通宣案　〈建武五年〉七月一日　一通

南北朝期写、竪紙、楮紙、縦三一・九cm、横四八・二cm、一紙、

（端書）「長者宣一乗殿御代経｜《通》」（書出）「神人神守申北郷定任〔住〕／任料等事」（書止）「給旨　長者宣所候也仍執達／如件」（差出）「左中弁為治」（日下）（充所）「謹上中納言法印御房」

○第3号第二紙ノ裏打紙ナリ、第3号ニ本号ヘノ言及アリ、成巻第十巻2号ノ案文、

大宮家文書　第六十三括

巻込、

1

神宮寺殿遷宮社家記断簡　〔応長元年十一月〕　一葉

南北朝写、断簡、尾欠、楮紙、仮名交リ文、縦二二・五cm、横二八・〇cm、一紙、

（端裏書）「神宮寺殿之／旧記案／「〔別筆〕前文／応長年中記社家記写給也次之／応安記　神守」」（文首）「応長元年十一月十□〔三カ〕日神宮寺修／理在之」（尾）「荒薦／二枚敷之其外ハ御シツラヒ無之」

神宮寺殿修理
南郷常住春隆
副役春岡
北郷常住守職
副役子息神守

2

春日社御供濫觴　一通

江戸中期写、竪紙、楮紙、裏書アリ、墨書訂正アリ、縦二二・七cm、横二九・五cm、一紙、

（文首）「神戸御供　六十九代後朱雀院長暦元年始之」（文末）「御遷宮七十二白河院御宇承暦三年是ヨリ貞享五年迄六百十年」

神戸御供・節供・夕御供・旬御供・朝御供（文中）

3

某願書案　一通

江戸中期写、続紙、首尾欠、楮紙、縦二三・七cm、全長四五・〇cm、二紙、

（首）「得請取不申候夫ゟ左膳彼之／娘を内蔵方へ相戻し候所」

（書止）「右願義ヲ御憐愍を以被為分／御聞召被下候ハヽ難有仕合奉存候」

4

遷宮日記断簡　〔文政十年〕　一葉

江戸後期写、断簡、楮紙、一行三〇字前後、墨書訂正アリ、縦二四・三cm、横二七・〇cm、一紙、

（首）「廿一日雨今申半刻大宮神主殿ゟ三常住呼ニ来候ニ付」

（尾）「文政十年□□□□□晴」

5 日記断簡　一葉

江戸後期写、断簡、楮紙、縦二三・六cm、横三二・五cm、一紙、

(首)「□候一七日座方主典丸申来リ候者」(尾)「取ハヅシ明之江持帰リ有之候事」

第六十三括裏打紙文書

裏1 神事書付断簡　一通

南北朝写、断簡、楮紙、墨書訂正多シ、仮名交リ文、縦二二・〇cm、横二三・五cm、一紙、

(首)「松明之事南郷北郷未ノ座一人宛以後ヨリ」(尾)「タキマツワ／神主殿御役也主典之請取畢／于時宗重代重宗勤也子細者」

○第1号ノ裏打紙、

大宮家文書　第六十四括

巻込、(紙縒上書)「七六」

1 榎本社遷宮日記　〔建保二年十二月〕　一通

小所三所 榎本・祓戸・紀伊社

鎌倉前期写、続紙、尾欠、楮紙、墨書訂正アリ、縦二九・六cm(第二紙)、全長三七・二cm、三紙、

(端裏外題)「榎本社遷宮日記建保」

(文首)「小社三所遷宮雑事所謂榎本 祓戸 紀伊社／建保二年十二月十三日(以下第二紙)三社上棟雑事」(尾)「役人者常住神／殿守也」

○第一紙・第三紙ト第二紙トハ料紙異ナル、第一紙・第三紙ハ縦二七・三cm、第二紙ハ天地横墨界(天一条・地一条)アリ、両者ハモト別本、第二紙ノ右端下ニ後筆ニテ「前后本紙此間ノ記文ハ／氷室神社ノ古文書ニ／奉納ス」トアリ、

2 板屋指図　〔文安四年十一月　日〕　一鋪

室町中期写、竪紙、仮名交リ文、楮紙、縦二九・〇cm、横四一・〇cm、一紙、

(端裏書)「絵図絵図(ママ)　文安四年十一月　日」(文首)「□□板屋壱宇在棟六尺間定」(文末)「溝ニ渡橋板二枚ニ付替了／(図)」

3 子守社等正遷宮精進料米請取状　寛文拾一年辛亥十二月十二日　一通

子守社正遷宮精進料米 大宮守房

江戸前期写、竪紙、縦三一・〇cm、横三八・八cm、一紙、

(書出)「請取申米之事／拾壱石五斗四升三合但納京升也」(書止)「右者子守社并小社正遷宮精進料也／仍而請取申所如件」(差出)「梅木主殿春章(円黒印)／大宮千勝守房(長円黒印)／若宮宮内春慶(方黒印)」(日下)(充所)「御寺務様御奉行所／富渕与右衛門殿／杉田六兵衛殿」

4　北郷方官途成　　天保十五甲辰年十一月　　一通　　大宮内記　官途成

江戸後期写、折紙、楮紙、縦三二・五cm、横四五・二cm、一紙、
（本文）「北郷方官途成之事／御樽代青銅　弐拾疋／宜任亀丸事内記／以上」

5　某書状　　一通　　播磨国六車郷東重国名加地子

室町前期写、竪紙、尾欠、楮紙、右袖ニ追而書アリ、縦二九・六cm、横四五・〇cm、一紙、
（書出）「重国御加地子当年者／壱反ニ五升一斗つゝ」（尾）「原田代官北村と申物何／事をも取沙汰する人遣候」

6　某社寸法書上　　一通

室町後期写、竪紙、楮紙、縦二七・二cm、横三八・〇cm、一紙、
（端裏書）「□□ノ時幣帛長□□」（書出）「□新社寸分／□□三丈長一丈□〔五カ〕尺六寸」（文末）「モヤノケタノモトマテ五寸四分」

7　中沼元知等連署書状　　八月三日　　一通

江戸前期写、竪紙、楮紙、縦三一・六cm、横三三・八cm、一紙、
（書出）「貴札忝候先刻従是候も以書状申／入候」（書止）「其御心得所仰候恐惶謹言」（差出）「（花押）／（花押）」（日下）
（端裏捻封上書）「（墨引）辻七右様御報　中左京別□□□」
○端裏書ヲ切除シ左奥ニ貼リ付ケル、

8　藤嶋某書状　　正月十七日　　一通　　大宮宮内守旧

江戸後期写、竪紙、楮紙、縦二九・〇cm、横四一・一cm、二紙、
（書出）「明十八日閑居ニ付座方／御表賀之義万亀目出度」（書止）「尚後刻以参可演嘉義候／謹言」（差出）「正（花押）」（日下）
（端貼紙）「〆　大宮宮内様玉床□　藤嶋修□」

9　大宮守旧官途開献立　〔九月十九日〕　　一通　　宮内守旧　官途開

江戸後期写、竪紙、楮紙、縦二九・六cm、横四一・一cm、一紙、
（端裏書）「宮内守旧」（書出）「九月十九日官途開／一献」（書止）「水のもの／以上」

第六十四括裏打紙文書

裏1　某書状案　　七月晦日　　一通　　千日参（文中）

江戸後期写、折紙、楮紙、縦一三・六cm、横三七・四cm、一紙、
（書出）「昨廿八日出之御書状晦日／申之刻到着仕」（書止）「乍失礼愚筆ヲ以／如斯御座候恐惶謹言」
○第2号ノ裏打紙ナリ、左奥ニ別筆ニテ「木由四手図」トアリ、

裏2　田畠譲状書上　　一通

江戸前期写、竪紙、楮紙、縦二四・四cm、横四四・四cm、一紙、
（書出）「往古ヨリ田畠譲状事　以上三十九通／一弘長元年辛酉九月二日一マイ」（文末）「一永禄五年壬戌七月廿四日一枚」
○第5号ノ裏打紙、

裏3　大宮家所蔵文書年紀書上　　一通

江戸後期写、竪紙、楮紙、縦二四・三cm、横三五・五cm、一紙、
（文首）「一寿録〔嘉禄〕二年丙戌十二月八日年代記無之／一久安二年三月廿日」（文末）「一寛元元年六月十六日」
○第6号ノ裏打紙、

大宮家文書　第六十五括

第1号〜第2号ハ貼継、第3号〜第4号ハ巻込、樹皮片漉込素紙表紙、(紙縒上書)「八八」

(表紙)「切紙
　常住職分願」

(表紙見返)「明治廿五年師走修之　大宮家所蔵「(朱方印)藤浪／屋印」」

1

某書状　一通　常住神殿守

鎌倉前期写、竪紙、尾欠、楮紙、縦三〇・五cm、横三六・二cm、一紙

(書出)「常住神殿守守□」　(尾)「可□□□□座□神職」

2

春日前権神主経茂書状　十二月四日　一通　牧務

南郷神人・北郷神人(文中)

鎌倉後期写、竪紙(現装貼継)、楮紙、縦三〇・四cm、横(第一紙)四五・六cm　(第二紙)五二・二cm、二紙

(書出)「□□□奏事一方牧務蒙／□□□之刻北郷神人『祢宜』」　(書止)「以此趣可有御披露候恐惶／謹言」　(差出)「春日前権神主経茂」(日下)　(充所)「進上　中務大輔殿」

3

大宮守安解　一通　常住神殿守宮内丞守安

神殿守職親父永守

鎌倉中期写、竪紙、楮紙、縦三四・八cm、横四〇・一cm、一紙、

(書出)「春日定〔常〕住神殿守宮内丞守安謹言上／□早任道理成賜　御外題当職間条条子細事／件□殿守職者親父永守累代相伝之上」

(書止)「然者永不可有此等非拠張行之由忝欲／成賜　御外題矣以解」　差出書・日付ナシ、

○右端ヲ二次的ニ切断スル、五行目「当神主」部分ノ裏ニ「成継朝臣」ト記ス、「神人」ヲ後筆ニテ「祢宜」ニ改変スル、第4号ハ本号ノ案文ナリ、

4

大宮守安解案　一通

鎌倉中期写、竪紙、楮紙、縦三二・八cm、横四一・六cm、一紙、

(端裏書)「守安上申」　(書出)「春日定〔常〕住神殿守宮内丞守安謹言上／欲早任道理成賜　御外題当職間条条子細事／件神殿守職者」

(書止)「之由忝欲成賜　御外題矣以解」

○第3号ノ案文ナリ、左奥ニ「前写也」トアリ、「神人」ヲ後筆ニテ「祢宜」ニ改変スル、

第六十五括裏打紙文書

裏1

由布四手等図　一葉

江戸後期写、断簡、楮紙、縦三〇・五cm、横三五・〇cm、一紙、

(識語)「由布四手」

○第1号ノ裏打紙、彩色アリ、

裏2

大宮守旧一札写控　文政元寅年十一月廿三日　一通　養子亀松神人職補任ノ任料ニ付

江戸後期写、続紙、楮紙打紙、縦一六・七cm、全長四四・二cm、二紙、

(書出)「一札之事／一此度私養子亀松神人職／補任之事御願申上候任料」　(書止)「仍而／一札如件」　(差出)「大宮宮内印」(日下)

(充所)「奥神主三位」

○左奥ニ任料先例書上写(宝暦二年・安永三年ノ例、奥三位差出、大宮宮内殿充)アリ、第2号第一紙ノ裏打紙、

裏3

大宮守旧・守栄略歴断簡　一葉

江戸後期写、断簡、楮紙、縦一五・四cm、横一一・二cm、一紙、

(首)「文化十一戌年八月十八日／兼神殿守▨臈」　(尾)「午年七月廿五日蔵本出定ス」

○第2号第二紙ノ裏打紙(左)、

裏4

水谷榎本祓殿燈油料寄進状譲状書上　一通

江戸後期写、竪紙、尾欠、楮紙、縦三〇・五cm、横三五・〇cm、一紙、

(書出)「水谷榎本祓殿燈油料寄進状事／并譲状事／一正和五年十月廿一日一通康季判」(尾)「一享禄四年六月廿四日真海判　俊海判」

○第2号第二紙ノ裏打紙(右)、

大宮家文書　第六十六括

貼継、(紙縫上書)「十五」「九」

1 御脇殿御番勤仕次第禁制案　応安七年五月二日　一通

南北朝写、続紙、楮紙、紙継目裏花押(大宮神守)、縦二七・九cm、全長七八・四cm、二紙、

(書出)「御脇殿御番勤仕次第禁制事／条々／一六条殿ニテ日中ニ社司并氏人ノ御童ニ／神人ヒルネノ事」(書止)「モシコレヲモチイナキ人／アラハ同トカニヲコナイ申ヘキ者也仍／禁制状如件」

差出書・日付ナシ、奥書アリ、

(奥書文首)「此ホカ条々アリトイエトモ事ヲ、キニ／ヨリテ」

(奥書書止)「三方評定如件」

御脇殿
六条殿
昼寝
当番座楽(文中)
三方評定

2 六方衆等書状案　〈応安六癸丑〉八月六日未刻　一通

南北朝写、竪紙、楮紙、縦二九・六cm、横四一・二cm、一紙、

(端裏書)「六方衆議状案　応安六癸丑八七到」(本文)「二条大閤(良基)篇々被成寺訴之／障碍候明日中可有放氏之沙汰／旨評定候也恐々謹言」(差出)「六方衆等」(日下)(充所)「両惣官御中／若宮神主殿」(左奥端書)「新権神主殿時有ノトキ也」

○左奥裏ニ花押(大宮神守)アリ、

太閤二条良基
放氏
六方衆
権神主中東時有

3 神殿異事書付　〔応安七年七月二十八日〕　一通

南北朝写、竪紙、楮紙、縦二五・五cm、横三〇・九cm、一紙、

(端裏書)「ヲキモリシルシテ京ヘノホスルナリ」(書出)「応安七年七月廿八日ノサルノハシメニ御御ク／ノヤク人ノ人々ミツケ申テ候也」(文末)「同キホウシノハシ／ラニモ御サキ候」

○本号・第4号間ニ紙継目裏花押(大宮神守)アリ、連券、

大宮興守
シロカネノ花(文中)

4
流人交名 〔応安七年十一月五日〕 一通

光済僧正・宋縁僧正・平行知等(文中)

南北朝写、折紙、楮紙、縦二九・八cm、横三九・三cm、一紙、
(書出)「流刑　官符/宣旨/磯部浪近/光済僧正京出了十一月廿日」(書止)「職事/頭右大弁長宗/応安七年十一月五日/宣下」
○第3号・本号ノ間ニ紙継目裏花押(大宮神守)アリ、又、第4号左奥裏ニ継目裏花押ノ左半分ノミヲ存ス、連券、

第六十六括裏打紙文書

裏1
天皇歴名 一通

江戸中期写、折紙、楮紙、縦二六・三cm、横三八・二cm、一紙、
(文首)「八二後鳥羽　八三土御門/八四順徳　八五後堀川」(書止)「大化元ヨリ安永六迄/千百三十三年/都合二千四百三十七年」
○第1号第二紙ノ裏打紙、

大宮家文書 第六十七括

貼継、本括ヨリ第十三括・第七十括ヲ分割スル、(紙縒上書)「一二」

1
大宮神守重言上状案 貞和五季後六月 日 一通

備前国上道郡荒野御家人平井七郎入道ノ濫妨(文中)

南北朝写、竪紙、楮紙、縦三二・八cm、横五〇・六cm、一紙、
(端裏書)「春日神□□〔人神カ〕守重申状」(書出)「春日社常住神殿守宮内丞神守重言上」(書止)「之旨重欲被成下/院宣於武家全神用仍重言上如件」 差出書ナシ、
○左奥ニ関連文書第1号付ヲ貼リ継グ、第1号付トノ間ニ紙継目裏花押アリ、

1付
備前国上道郡荒野重書案 一通

南北朝写、続紙、楮紙、紙継目裏花押、縦三八・二cm、全長八二・一cm、二紙、
○第1号ノ関連文書五通ノ書継案文、第1号ノ左奥ニ貼リ継グ、第1号・第1号付間ニモ紙継目裏花押アリ、「神人」ヲ後筆ニテ「祢宜」ニ改変スル、

①後伏見上皇院宣案 〈正慶元〉十二月十一日

神守ニ御下知アルベシ(文中)

(書出)「備前国上道郡荒野事　奏聞之処」(書止)「之旨/御気色所候也以此旨可令申入関白殿給仍執達如件」(差出)「太宰〔ママ〕権帥俊実」(日下)(充所)「春宮権大進殿」

②藤氏長者鷹司冬教宣案 (正慶元年)十二月十二日

(書出)「備前国上道郡荒野事　院宣如此」(書止)「之旨　長者宣所候也仍執達/如件」(差出)「左少弁定親」(日下)(充所)「謹上　興福寺別当僧正御房」

③光厳上皇院宣案 〈貞和二〉十二月十二日

(書出)「春日社常住神殿守神守申備前国上道郡/荒野壱所事」

（書止）「之旨／院御気色所候也以此旨可令洩申上給仍言上／如件朝房誠恐頓首謹言」（差出）「右少弁朝房」（日下）（充所）「進上民部大輔殿」

④壬生雅顕書状案　〈（貞和二年）同〉十二月十九日

（本文）「備前国上道郡荒野事朝房奉書副興福寺別当僧正状具書／如此子細見状候歟恐々謹言」（差出）「雅顕」（日下）（充所）「謹上　左兵衛督殿」

⑤興福寺別当孝覚御教書案　〈康永三〉七月十四日

（書出）「春日神人〔祢宜〕神守申社領備前国上道郡荒野／間事」（書止）「之由候也恐々謹言」（差出）「権大僧都範宗」（日下）（充所）「謹上右少弁殿」

大宮家文書　第六十八括

巻込、

1　大宮豊守目安　文和二年五月　日　一通

北郷神人豊守・春日社音楽田・野田堂ハ吉守ノ寄進土民、堂田ノ所当ヲ対捍、神守ヲ重科ニ（文中）

南北朝写、竪紙、楮紙、縦三一・二cm、横四九・六cm、一紙、

（書出）「目安　北郷神人〔祢宜〕豊守謹言上／欲早被免除親父神守罪科抽御祈禱忠節間事」（書止）「被／免除罪科者弥欲抽御祈禱之忠節仍言上如件」　差出書ナシ、

2　南郷神人春尚申状案　〔明徳三年正月〕　一通

南郷神人春尚御燈油要脚・大和国平田荘南郷神人重春・春永、殺害セラル（文中）

室町前期写、竪紙、尾欠、楮紙、縦二九・八cm、横二一・九cm、一紙、

（端裏書）「□□人重春春永殺害之時沙汰事　明徳三壬申正月　日」

（端書）「□永舎弟春尚三方中ニ披露状案　重春ハ無実子也」（書出）「春日社南郷神人春尚申／夫当寺七堂規模御燈油要脚為催促」

（尾）「不及是非之問答於其席忽被殺害之条凡先代」

3　春日社遷宮記録　一通

南北朝写、続紙、首尾欠、楮紙、墨書注記アリ、仮名交リ文、縦二九・四cm、横三五・七cm、一紙、

（首）「月廿四日為御神宝調進学侶ヨリ」（尾）「一精進中ハ山内ヲイテス　服者合言セス」

〇「神人」ヲ後筆ニテ「祢宜」ニ改変スル、

4　御供日記　一通

南北朝写、続紙、首尾欠、楮紙、紙継目裏花押断簡アリ（大宮神守）、仮名交リ文、縦一六・一cm、横二七・五cm、一紙、

（首）「一同四年正月一日ヨリ御供日記」（尾）「一日御供　御幣神守

散米利長」

5 半田喜兵衛書状　八月廿九日　一通　山城様
桃山写、折紙、楮紙、右袖ニ追而書アリ、縦三五・八cm、横五一・八cm、一紙、
（書出）「一書申上候□□□／前々ゟ　屋形様／山城様へ御礼被申／上候」（書止）「委／此宮内殿御申可／有候恐惶謹言」（差出）「半田喜兵衛／（花押）」（日下）（充所）「倉長左様人々御□」

第六十八括裏打紙文書

裏1 北郷彦兵衛等口上書写　寛保元辛酉年四月十七日　一通　金燈呂紛失
江戸中期写、竪紙、楮紙、縦二八・六cm、横三二・〇cm、一紙、
（書出）「乍恐指上申候口書之覚／一当社御金燈呂ニ釣又以紛失仕候ニ付」（書止）「右之通相違成儀ハ／不申上候以上」（差出）「北郷彦兵衛／同政之進／南郷与三右衛門／同伊右衛門」（日下）（充所）「御一臈代様」
○第3号ノ裏打紙、

大宮家文書　第六十九括

巻込、但シ第5号～第6号ハ貼継、

1 藤原道長書状写　永延□□〔弐年カ〕九月　一通　春日祢宜清兼　備前国正八幡宮　藤原道長
江戸後期写、竪紙、茶色染紙、籠字、縦二九・七cm、横四三・七cm、一紙、
（書出）「春日祢宜清兼跡由緒／之事備前国正八幡宮／清定為家門猶子」（書止）「藤門繁昌可／被致祈禱所候也仍如件」（差出）「従三位藤原道長（花押影）」（奥上）
（貼紙）「一条院御宇御堂公御宸筆」（右端）
○本号ハ検討ヲ要ス、第百括3号モ関連、

2 蔵人藤原光永奉口宣案写　〔正平六年十一月十日〕　一通
江戸後期写、竪紙、楮紙、籠字、縦三三・一cm、横四七・〇cm、一紙、
（本文）「口　宣案／上卿新大納言／正平六年十一月十日　宣旨／従五位下宮内丞神守／宜任内蔵権助」（差出）「蔵人右中弁藤原光永奉」（奥下）　神守充、
○本号ハ検討ヲ要ス、

3 蔵人藤原伊宣奉口宣案写　〔正平九年二月十五日〕　一通
江戸後期写、竪紙、楮紙、籠字、縦三二・二cm、横四七・九cm、一紙、
（本文）「上卿四辻中納言／正平九年二月十五日　宣旨／内蔵権助藤原神守／宜転任薩摩守」（差出）「蔵人左中弁藤原伊宣」（奥下）
○本号ハ検討ヲ要ス、

4 蔵人藤原経定奉口宣案写　〔文和元年二月十八日〕　一通

江戸後期写、堅紙、楮紙、籠字、縦三二・五cm、横四五・〇cm、一紙、

（本文）「口　宣案／上卿権大納言／文和元年二月十八日　宣旨／藤原豊守／宜任宮内丞」（差出）「蔵人左少弁兼中宮大進左衛門権佐藤原経定奉」（奥下）

○本号ハ検討ヲ要ス、

5

蔵人頭藤原俊之奉口宣案写　〔応永二年六月八日〕　一通

江戸後期写、続紙、楮紙、籠字、縦三二・二cm、全長四六・三cm、二紙、

（本文）「口　宣案／上卿　中納言／応永二年六月八日　宣旨／従五位下内蔵権助／宜任薩摩守」（差出）「蔵人頭左大弁兼春宮亮藤原俊之奉」（奥下）

○本号ハ検討ヲ要ス、

6

蔵人頭藤原俊之奉口宣案写　〔応永二年六月八日〕　一通

江戸後期写、堅紙、楮紙、籠字、縦三二・三cm、横四七・九cm、一紙、

（本文）「口　宣案／上卿　中納言／応永二年六月八日　宣旨／従五位下藤原豊守／宜叙従五位上」（差出）「蔵人頭左大弁兼春宮亮藤原俊之奉」（奥下）

○本号ハ検討ヲ要ス、

第六十九括裏打紙文書

裏1

遷宮ニ付寛文年中例書写　一通

江戸中期写、堅紙、楮紙、仮名交リ文、縦二九・九cm、横四二・二cm、一紙、

（文首）「宝永六丑年任寛文年中例／一今度御遷宮ニ付参所畳二帖縁取七枚新ヲ替／申事也」（文末）「首尾良相済珍重〳〵常住代官若宮／藤兵衛宗信殿也」

（奥書）「宝永六丑年九月廿七日書写之者也

北郷常住内蔵判

御寺務大乗院御門主様　下奉行桐山玄蕃殿 後藤要人殿」

○第1号ノ裏打紙、

大宮家文書　第七十括

巻込、第六十七括ヨリ分割スル、

1　御動座次第日記　〔明応十年二月二十八日〕　一通

江戸前期写、竪紙、楮紙、紙背文書アリ、本文紙背ニ続ク、仮名交リ文、縦三四・〇cm、横四七・六cm、一紙、

(内題)「明応十年辛酉二月廿八日御動座次第日記」

(文首)「一 今度御動座事大和国中京都細川殿御内衆依沢蔵軒悪行大和一国中令押領／以外次第也」　(文末)「伶人の安内をは職事／清秀／一円二人／もよう／す者也」

○第八十括2号・第百四括6号ト関連スル、

沢蔵軒(赤沢朝経)、大和国ニテ悪行

神木動座

〔紙背〕大宮重太郎・千勝言上状　(寛文元年)九月二日　一通

江戸前期写、竪紙、楮紙、縦三四・〇cm、横四七・六cm、一紙、

(書出)「乍恐追而言上／一北郷常住宮内家之系図少ニ而も／ちがひ御座候ハヽ」　(書止)「為其言上候」　(差出)「北郷常住宮内／養子重太郎(花押)／実子千勝(長円黒印)」(日下)　(充所)「御一臈代様／御下臈分中様」

○第百一括12号ノ正文、

系図

2　ヲチノ高屋大宿所惣奉行鳥目等進上状　〈天文十三甲辰〉十一月廿六日　一通

室町後期写、折紙、楮紙、縦三二・〇cm、横四五・二cm、一紙、

(書出)「進上／八幡宮／鳥目　五十疋」　(書止)「折敷餅　十枚／已上」　(差出)「ヲチノ／高屋大宿所惣奉行／賀留下野守家豊(花押)」(日下)　(充所)「拝殿沙汰人御中」

○右端ヲ紙縒ニテ綴ジタ痕跡アリ、

八幡宮

ヲチノ高屋大宿所

賀留家豊

3　ヲチノ杉山大宿所惣奉行御神参銭等進上状　〈弘治弐年丙辰〉十一月廿六日　一通

室町後期写、折紙、楮紙、縦三二・六cm、横四五・八cm、一紙、

(書出)「八幡殿御送物／御神参銭三十疋」　(書止)「折敷餅　三十枚／以上」　(差出)「ヲチノ／杉山大宿所／惣奉行長原佐介家成(花押)」(日下)　(充所)「進上／八幡殿／神人御中」

○右端ヲ紙縒ニテ綴ジタ痕跡アリ、

御神参銭

ヲチノ杉山大宿所

長原家成

4　中時廉・井原祐薫樽送状　正月十七日　一通

江戸中期写、竪紙、楮紙、縦三三・二cm、横四四・六cm、一紙、

(本文)「初参目出度存候／仍歓白両樽送之／候也恐々」　(差出)「時(花押)／祐(花押)」(日下)

(左奥端上書)「(墨引)北郷亀松殿　中主膳正／井原西市正」

○右端ヲ紙縒ニテ綴ジタ痕跡アリ、

北郷亀松殿

大宮家文書　第七十一括

巻込、第5号～第6号ハ貼継、

1 御帰座御役次第　〔貞治五年八月十二日〕　一通

南北朝写、竪紙、楮紙、墨書訂正多シ、縦二四・二cm、横三四・三cm、一紙、

（文首）「貞治五年ヒノエムマ八月十二日御帰座御役次第」（文末）「御神宝御役御ホコ神殿守春右五臈」

2 中東時就書状　〈永正十四年〉（別筆）三月三日　一通　北郷常住職神人興守

室町後期写、続紙、首欠、楮紙、縦二五・〇cm、横三九・三cm、一紙、

（首）「仍当社北郷常住／職事当時者神人興守候然前常住神人守家／者」（書止）「重見参御礼可申入候恐々／謹言」（差出）「時就」（日下）（充所）「進藤築〔筑〕後守殿〔長英カ〕御宿所」

前常住神人守家、重科ニ処セラル（文中）

3 率川社造替略記　〔大永三年四月～六月〕　一通　率川社

室町後期写、竪紙、楮紙、墨書訂正アリ、仮名交リ文、縦二五・一cm、横三九・二cm、一紙、

（文首）「率川御社御造替御事／大永三年癸未五月四十四日御銚始アリ」（文末）「一同六月三日ヨリ新殿ヲ用意申スト云々」

4 五領社並若宮社遷宮祝詞　〔天文二十一年四月二十五日〕　一通　五領御前・若宮御前

室町後期写、続紙、尾欠、楮紙、縦二五・八cm、横三四・四cm、一紙、

（端裏書）「神物」（端書）「神門外　庭火タキシメス　手水　護身法　大幣麻　散具　散米」（書出）「夫天文廿一年壬子卯月五月廿一日廿五日吉日／良辰を撰ひ定て申て申さく」（尾）「かんちひのかんへことはりに叶へ」　奈良都広岡里五領御前并若宮御前充、

5 大宮守統正遷宮襷襌料請文　天文廿二年癸丑六月十六日　一通　正遷宮襷襌料北郷方常住神殿守

室町後期写、竪紙、楮紙、縦二四・〇cm、横二四・〇cm、一紙、

（本文）「謹請　正遷宮時襷襌料足事／合／右北郷方常住神殿守一人分壱貫四百文／但且御下行所請申如件」（差出）「常住神殿守守統（花押）」（日下）

〇左奥ノ余白ハ二次的ニ切断サレル、

6 三箇御廊新調畳書付　一通

室町後期写、竪紙、楮紙、縦二四・九cm、横四一・五cm、一紙、

（端裏書）「ヱン廿ノマ□」（文首）「一三ケ御廊畳新調分合卅帖紫重縁也」（文末）「聖床二帖八十三重納所ニ／付テ毎年カワル同給之」

7 勅使等書上　〔天和二年十一月〕　一通

江戸中期写、竪紙、楮紙、縦二四・一cm、横三三・九cm、一紙、

（文首）「天和弐年壬戌年十一月自廿一日廿七日マテ七ケ夜」（文末）「一于時神主殿経就正預殿祐俊若宮神主祐頼」

8 春日祭勅使等書付　一通　春日祭勅使

室町後期写、竪紙、楮紙、縦二六・六cm、横三四・六cm、一紙、

（文首）「一御名主　近衛殿様／同大閤様　御父子／一御勅使　柳原殿」（文末）「今西殿子息祐国／堂上衆」

9 室生寺夏坊竜王画像書付　一通　室生寺夏坊

室町後期写、竪紙、楮紙、略図アリ、仮名交リ文、縦二四・四cm、横三四・三cm、一紙、

（文首）「此所サイシキ竜王ノ像玉ヲ守護シテ抱」（文末）「永禄元年六月アリ／英慶擬講」

10　某書状　　一通　　御八講

室町後期写、折紙、楮紙、縦二四・三cm、横三九・三cm、一紙、

（書出）「御八講御へい之事」（書止）「又惣社／免田之御神供之／折イウきん儀其刻／すゝりをつくるなり」差出書・充所ハ欠損カ、

11　雲学口上覚　　丑五月十六日　　一通　　宮ノ燈明田（文中）

江戸前期写、竪紙、縦二四・一cm、横二七・七cm、一紙、

（書出）「口上之覚／一当村宮屋敷ヲ拙者預リ申ニ付／地下米壱升ツ、出し申町役等仕候」（書止）「永代遷宮之／用ニ被成可被下旨こひねかふ所ニ候以上」（差出）「雲学」（日下）（充所）「村中各様」

第七十一括裏打紙文書

裏1　日記断簡　　一葉

江戸後期写、断簡、楮紙、墨書訂正アリ、縦二四・二cm、横三三・○cm、一紙、

（首）「十一《六月》日晴雲天／一御神供中ニ御奉行所宮岡殿ヲ以申来候者」（文末）「并菊座へ断申延置退出申也」

○第5号・第6号ノ裏打紙、

裏2　包紙　　一枚

江戸後期写、竪紙、楮紙、縦二四・九cm、横三三・三cm、一紙、

（全文）「御礼中筋町」

○第11号ノ裏打紙、

大宮家文書　第七十二括

巻込、第四括4号ヲ分割スル、（紙縒上書）「九三」

1　野田阿弥陀堂供僧等重申状案　　一通　　野田阿弥陀堂　供料并佛供燈明修理料田　大和国添下郡小泉荘　覚円房　神守（文中）

南北朝写、続紙、尾欠、楮紙、縦三一・○cm、横三一・七cm、一紙、

（書出）「野田阿弥陀堂供僧等重申／当堂供料并佛供燈明修理等料田小泉庄内／壱段間事」（尾）「早被経糺明厳密御／沙汰被全供料以下者可為御興隆之専一矣」

○第十五巻9号等ト関連スル、貞治六年頃ノ覚円房横領ノ一連文書、

2　手力雄明神遷宮日記写　〔応永十四年十月〕　一通　　太刀辛雄明神

室町前期写、竪紙、尾欠、楮紙、縦二八・六cm、横三七・五cm、一紙、

（端裏書）「太刀辛雄御遷宮日記応永十四常□」（文首）「太刀辛雄明神遷《造替》宮日記　応永十四年十月　日□／□造御殿僧正門ノ内南脇」（尾）「一社家挙状案」

〔紙背〕両常住神殿守遷宮雑事料請文　　応永十四年丁亥十一月二日　　一通　　榎本社正遷宮

室町前期写、竪紙、楮紙、縦二八・六cm、横三七・五cm、一紙、

（書出）「謹請　榎本御社正遷宮雑事等事」（書止）「右所謹請之状如件」（差出）「両常住神殿守等／春立（花押）／□□（花押）」（日下）

○本文全面ヲ黒線ニテ抹消スル、

3　執行方下行米注文　　一通　　執行方

南北朝写、続紙、尾欠、下部欠損、楮紙、縦二八・○cm、横三六・二cm、一紙、

（書出）「自執行方可有沙汰条々／一　正月倉祝鏡一面白二升」
（尾）「一　毎月九斗内　一斗五升春日　七斗五升新御願佛聖院家御承仕□」

4　記録断簡　一葉　大衆蜂起

南北朝写、断簡、楮紙、縦三〇・六cm、横一三・六cm、一紙、
（首）「二月廿九日夜興福寺別当□／門殺害修学者延賢三月八日大衆蜂起」（尾）「松範都維那被下勧学院又一乗院法□御房□□」

〔紙背〕神木動座記録写　（正和三年）　一葉

鎌倉後期写、断簡、楮紙、尾欠、縦三〇・三cm、横一四・〇cm、一紙、
（首）「□□年十月廿一日□」（書止）「同年十一月廿七日自金堂御動座神主時実依重服不□正預祐親供奉」

5　暦書断簡　一通

室町前期写、続紙、首尾欠、楮紙打紙（雲母引）、墨界、一行二〇字、墨書注記・朱書注記アリ、墨点（仮名・返点、室町前期）、縦三一・八cm、横五四・〇cm、一紙、界高二五・四cm、界幅二・八cm、
（首）「九執営／積日／置積年減一算」（尾）「并中日若無者不加之若過周天者去之若半周天巳下」

6　暦書抜書　一通

室町前期写、続紙、首尾欠、楮紙打紙（雲母引）、朱書注記アリ、縦三一・二cm、横五四・一cm、一紙、
（首）「或抄云時分立成〔寅〕十六分卯廿五分」（尾）「ム云金水翻之」

7　円勝書状　三月廿五日　一通　御神供米下行出納所

江戸前期写、竪紙、楮紙、右袖ニ追而書アリ、縦二九・〇cm、横四二・四cm、一紙、
（書出）「御神供米下行之儀承候」（書止）「猶其返書／此方ゟ御左右可申候恐惶謹言」（差出）「円勝祐（花押）」（日下）　充所ナシ、
（端裏捻封上書）「（墨引）出納所御中　円勝」

大宮家文書　第七十三括

貼継、

1　大乗院政所下文案　明徳弐年五月　日　一通　符坂寄人　木村座衆

南北朝写、続紙、楮紙、縦二八・一cm、全長七九・〇cm、二紙、

（書出）「大乗院政所下《文案》　符坂寄人等／可早存知木村座衆等寺辺国中商／買停止事」（書止）「故為向後支証所仰如件」（差出）「寺主御判在之」（奥上）

2　興福寺学侶評定書案　〈貞和三〉六月廿九日　一通　神人　掃除　学侶評定

南北朝写、竪紙、楮紙、縦二七・三cm、横三五・四cm、一紙、

（端裏書）「学侶事書案　貞和三六廿九　神主殿ヨリ□　□□イ□」（書出）「社頭三廊并登橋簀子打板等／掃除事神人『祢宜イ』可致其沙汰之旨」（書止）「可加重科之由学侶評定／如斯」

（裏打紙墨書）「貞和三年六月廿九日三个御廊掃除事」

3　大宮徳守餅役勤仕置文　応永九年壬午四月　日　一通　興福寺両堂修二月　神主師盛、西金堂夜荘厳頭勤仕　北郷神人餅役勤仕　神戸四箇郷（文中）

室町前期写、続紙、楮紙、縦二七・七cm、全長一七九・五cm、五紙、

（書出）「応永九年壬午自四月廿一日至同廿七日七／日之間興福寺両堂修二月被執行者」（書止）「仍為邂逅之例間別而如形／所記置也」（差出）「常住神殿守藤原徳守（花押）」（日下）

第七十三括裏打紙文書

裏1　記録断簡　一通

室町後期写、続紙、首尾欠、楮紙、仮名交リ文、縦二三・〇cm、横二七・〇cm、一紙、

（首）「一御カナ物師」（尾）「残四百文大宮殿常住支配方へ入□」

○第1号第一紙ノ裏打紙、

裏2　常夜燈寄進覚　一通

江戸前期写、横切紙続紙、楮紙、縦一六・七cm、全長五〇・〇cm、二紙、

（書出）「御寄進之覚／元享《（ママ）》年中／常夜燈　一基／右御施主　一乗院宮／為油料興富庄一町弐段」（書止）「右之通大宮氏之寄進状／写也」

○第1号第一紙・第二紙ノ裏打紙、

大宮家文書　第七十四括

続紙一通、後補表紙、

1　官符衆徒沙汰衆袖判書下案　応永五年戊寅六月八日　一通　廟聖 松本宿長吏

室町前期写、続紙、楮紙、樹皮片漉込素紙、縦二四・二cm、全長六五・六cm、二紙、

（袖判写）「官符衆徒沙汰衆　判」（書出）「寺辺国中之廟聖等去比為宿懸催／臨時之課役之間」（書止）「官符衆徒御評定如斯仍執達／如件」（差出）「権専当宗禅」（日下）（充所）「松本宿長吏」

（後補表紙）「応永五戊寅年六月八日官符弐尺六寸五分従五位上徳守記（朱方印）「藤浪／屋印」」

○左奥ニ官符衆徒沙汰衆下知状案ヲ記ス、

第七十四括裏打紙文書

裏1　遷宮作法書付　天文廿二年丑七月廿一日　一通

室町後期写、竪紙、首欠、楮紙、仮名交リ文ヲ含ム、縦二四・二cm、横三五・四cm、二紙、

（首）「只今内々申通ニ如此カキ可申候由相存候由／申也是当方社中心得タルモ古今此通也」（書止）「如此カキタテマツル／様相違タル者也雖然近例之旨申也」

○第1号ノ裏打紙（右）、

裏2　遷宮記録断簡　一通

室町中期写、続紙、首欠、楮紙、仮名交リ文ヲ含ム、縦二四・二cm、横二九・九cm、一紙、

（首）「一戊子九月十日神主殿ゟ幕ツクシ木両惣官ト合／五十四本」

（文末）「神殿守中ニ相渡者也南北四十連ツヽ／若宮方廿連支配了」

○第1号ノ裏打紙（左）、

大宮家文書　第七十五括

巻込、（紙縒上書）「七一」

1　手力雄社遷宮文書集　〔応永十四年〕　一通　太刀辛雄社

室町前期写、竪紙、楮紙、縦二八・一cm、横四四・七cm、一紙、

（端裏書）「□辛雄御遷宮記　广永十四」

○関連文書二通ヲ書キ継グ、

①手力雄社遷宮雑事等注進状案　応永十四年十月　日

（書出）「太刀辛雄御社御遷宮雑事等事」　（書止）「右注進状如件」

（差出）「両常住神殿守等／春立／徳□」（日下）

②手力雄社正遷宮雑事等代銭下行状案　応永十四年十一月一日

（全文）「可被下行　太刀辛雄御社正遷宮雑事等代銭事／合参貫九百六十一文者（別筆）『四歟』／右以唐院方収納段銭之内両常住神人徳□〔守〕／春立可被下行之状如件」　（差出）「長尊判」（日下）以下計一二名連署（二段）、

2　榎本社並手力雄社遷宮文書集　〔応永十四年〕　一通　榎本社・太刀辛雄社

室町前期写、続紙、首・中・尾欠、楮紙、本文紙背ニ続ク、縦二九・二cm、横三七・八cm、一紙、

○関連文書ヲ書キ継グ、③〜⑦ハ紙背ニアリ、

①春日社両惣官連署状案　十月七日

（本文）「当社榎本社并太刀辛雄明神等／正遷宮之時御下行物両常住注進／如此子細見状候歟以此旨□□／御披露御集会候哉恐々謹言」　（差出）「祐主／師盛」（日下）　（充所）「供目代御房」

②唐院方収納段銭下行状案　応永十四年十一月二日

（書出）「一十一月二日於律家唐院学侶御集会在之仍両□／常住参申云榎本太辛（ママ）雄両社御遷宮雑事」　（書止）「右以唐院方収納段銭之内両常住神人／徳守春立可被下行之状如件」　（差出）「賢弘　長専在判」（日下）以下計一二名連署（二段）、

③藤氏長者一条経嗣宣案　十月十日　長者宣

（端書）「長者宣案」　（書出）「当社立柱上棟日次事」　（書止）「仍執達如件」　（差出）「左近将監郡〔邦カ〕教」（日下）

○右袖ニ追而書アリ、

（首）「追申候礼紙／立柱上棟来廿九日可為極上候者」　（書止）「勘文／如此候可令存知給候由候也」

④榎本社正遷宮日時勘文案　応永十四年十月九〔×十〕日

（本文）「陰陽寮／択申可被奉渡春日榎本社御体於正殿日時／十一月十日庚申　時亥二点」　（差出）「頭兼暦博士賀茂朝臣」（日下）

⑤陰陽頭賀茂在方請文案　十月十日

（端書）「在方請文案」　（書出）「春日社立柱上棟日次事」　（書止）「可得御意候仍言□〔上カ〕／如件」　（差出）「陰陽頭賀茂在方請文」（日下）

⑥春日社立柱上棟日次勘文案　十月十日

（本文）「可被立春日社□〔柱カ〕上棟日／今月廿九日己酉」　（差出）「陰陽頭賀茂□」（日下）

3　社殿料材等覚書　〔建長三年十一月〕　一通　神殿守守安（文中）

鎌倉中期写、竪紙、楮紙、本文紙背ニ及ブ、仮名交リ文、縦二九・八cm、横三三・〇cm、一紙、

（文首）「木口本ナリ／カサキ　ヒロサ　一尺四寸八分　アツサ五寸五分」　（文末）「イワイマイラセタリ守安春宇代春末」

4　正遷宮日記断簡　〔八月一日〕　一葉　正遷宮役人神守代官豊守

南北朝写、断簡、楮紙、仮名交リ文、縦二八・三cm、横二二・〇cm、一紙、

（首）「一八月一日卯時之正遷宮役人神守代官豊守相副」　（尾）「御前ニテシテカ／ケノ御弊〔幣〕二本サ、ケテ祝ヲ申春照一本」

〔紙背〕某仮名消息断簡　一葉

南北朝写、断簡、首欠、楮紙、縦二八・三cm、横二二・〇cm、一紙、

（首）「御のり物ことゆき候て」（尾）「まいらせられ候や□□□□／申され候」

5 興福寺学侶衆徒群議状案　一通　吉野郡・宇智郡・惣国郡境ノ糺明 数十年朝敵（文中）

室町前期写、縦切紙、尾欠ヵ、楮紙、縦二九・五cm、横二六・五cm、一紙、

（端裏書）「□□十一八」（書出）「興福寺学侶衆徒群議偁／吉野宇智郡与惣国郡堺事」（尾）「之由加下知畢定不（可）有子細之旨群議如斯」

○第九十二括21号ト関連スルヵ、

6 南郷神人申状　一通　両郷神人之一臈者 白杖役（文中）

室町中期写、続紙、尾欠、楮紙、縦三〇・〇cm、横三七・〇cm、一紙、

（書出）「南郷神人秋□／早欲任先例蒙御裁許北郷神殿守／等巧新儀可勤仕三旬御供御先役由□／申無謂子細状」（尾）「争背先例可訴申之□〔哉ヵ〕言語道断之非拠」

〔紙背〕大宮家系図　一通

江戸後期写、竪紙、楮紙、縦三〇・〇cm、横三七・〇cm、一紙、

（首）「清貞―清武―清延―清兼―清定―光則」（尾）「守尚―守房―守胤―守理―守寿」

7 日谷伯善御供米納状　寛正四年十二月十四日　一通　山城国吐師荘 春日御供米

室町中期写、竪紙、楮紙、縦二七・〇cm、横三六・〇cm、一紙、

（端裏書）「はしの御供米事」（書出）「納吐師庄春日御供米之事／合弐石二斗之内此内四斗二升未進」（書止）「右納所如件」（差出）「日谷伯善（花押）」（奥下）

○右袖ニ本文ト別筆ニテ「請取」トアリ、

8 修理所職事交名案　一通　修理所

室町後期写、竪紙、楮紙、仮名交リ文、縦二九・二cm、横四一・三cm、一紙、

（文首）「修理所　大行事殿　浄土院殿」（文末）「ヤ／カテ九月十二日御帰坐ナリ」

9 春日社出納等雑司口上覚案　一通　春日社御神供米 大御所様上洛

江戸前期写、続紙、楮紙、縦三一・〇cm、全長九三・〇cm、二紙、

（書出）「覚／一春日社御神供米承仕あしく仕渡し／申候処ニ先年大御所様御上洛之刻」（書止）「右之条々可然様ニ聞／召被分候て可被下候以上」（差出）「春日社出納等／雑司」（奥下）（充所）「板倉伊賀様御奉行所」　日付ナシ、

10 春日社出納等雑司口上覚草案　一通　春日社御神供米

江戸前期写、竪紙、楮紙、縦二八・六cm、横四三・〇cm、一紙、

（書出）「覚／一春日社御神供米承仕衆あしく仕渡し申候処ニ／先年　大御所様御上落〔洛〕之刻」（書止）「右之条々可然様ニ聞／召被分候而可被下候以上」（差出）「春日社出納等／雑司」（奥下）（充所）板倉伊賀守様御奉行所」　日付ナシ、

11 春日祭上卿等ニ付覚書　〔延宝七年二月七日〕　一通　春日祭

江戸前期写、縦切紙、楮紙、縦二八・二cm、横二六・〇cm、一紙、

（書出）「延宝七年己未二月七日春日祭之上卿ハ／日西殿同勘蕗（ママ）寺殿二人也」（書止）「北郷方之社家仕候事まれ成故ニ／之ヲ印置者也」

12 宗清実玄連署状　六月廿七日　一通　遷宮役

江戸中期写、竪紙、楮紙、縦二七・二cm、横四六・四cm（二紙共）、二紙、
（書出）「彼遷宮役事今朝以／参拝委細申承候」（書止）「委細可得／御意候恐惶謹言」（差出）「宗清（花押）／実玄（花押）」（日下）
（充所）「発心院御坊中」
（礼紙切封上書）「 （墨引）
発心院まいる御坊中 両人」

大宮家文書七十六括

巻込、但シ第1号・第2号ハ貼継、

1 中東時茂牧務職契約状 文安元年甲子閏六月六日 一通 牧務職 大和国田井荘・箸尾荘・山城国吐師（文中）

室町中期写、竪紙、楮紙、縦二八・〇cm、横三六・〇cm、一紙、
（書出）「契約申 御神供引遣并今度沙汰用途以下事」（書止）「一言ノ異儀不可申候仍為後日／証文如件」（差出）「太輔時茂（花押）」（日下）

2 大宮守家燈油下行証文 明応五年丙辰六月 日 一通 御燈呂御油

室町後期写、竪紙、楮紙、縦二八・六cm、横三三・二cm、一紙、
（端裏書）「神前御アフラノコト」（書出）「当社御前御燈呂御油御下行之事」（書止）「若偽申候者可蒙罷／春日大明神御罰候仍為後日書／文如件」（差出）「守家」（日下）
○右端書ニ「一二御殿御燈油神主殿ヨリ毎月六升ツヽ也（後略）」トアリ、

3 春日社神前油納入書上 〔慶長十三年正月〜十二月〕 一通 春日社御前油

桃山写、竪紙、楮紙、縦二九・二cm、横四八・七cm、一紙、
（端書）「春日御社御神前之覚」（書出）「慶長拾三年戊申正月朔日ヨリ廿八日ニ御前／御油月ニ八合五勺ノ件」（文末）「一升上 同人」（差出）「常住守根（花押）」（日下）
○左奥裏ニ慶長十四年正月油や甚九郎ヨリ納入分ノ記載アリ、

4 梅木春景禰宜由緒言上書写 貞享二年乙丑十一月十二日 一通 春日社南郷祢宜 梅木主殿家 神護景雲年（文中）

江戸中期写、竪紙、楮紙、縦二七・九cm、横三九・〇cm、一紙、
（書出）「春日社ニ而南郷祢宜元祖惣第一之初ハ梅木主殿家」（書止）「右祢宜元祖之子細□社役大方如此ニ御座候以書付／申候此外

ニ神役数多御座候事」（差出）「春日供奉祢宜元祖家梅木主殿春景」（日下）

5　越智家頼書状　十一月十八日　一通＊16　大和国田井兵庫荘　宮内方・中東方（文中）

室町後期写、竪紙、楮紙、縦二八・五cm、横四五・三cm、一紙、（書出）「就田井兵庫庄御米之儀／宮内方江可相渡由」（書止）「候由可預御／披露候恐々謹言」（差出）「家頼（花押）」（日下）（充所）「六方沙汰衆御房」

6　常住内蔵月料未進算勘状　寅六月十二日　一通　月料

江戸前期写、竪紙、楮紙、縦二九・三cm、横四二・三cm、一紙、（書出）「覚　雑司方より我等かへ御月料／未ノ年ヨリ寅ノ年分マテ御月別雑司方より」（書止）「指引〆未進／五石四斗三升六合カ」（差出）「常住内蔵」（日下）（充所）「一門様御内御奉行衆まいる人々御中」

7　辻良政書状　十一月廿五日　一通　御神供米

江戸前期写、竪紙、楮紙、縦二八・四cm、横四八・三cm、一紙、（書出）「御神供米明日請取ニ／可被遣候」（書止）「件事可申渡候恐惶／謹言」（差出）「良政（花押）」（日下）（左奥端捻封上書）「（墨引）　出納殿　辻七右衛門　雑司参人々御中　良政」
（端裏貼紙）「大宮」

第七十六括裏打文書

裏1　某書状　一通

室町後期写、続紙、尾欠、楮紙、右袖ニ追而書アリ、縦二四・五cm、横三五・九cm、一紙、（書出）「御状委細拝見申候六方之儀無別儀之由／承候」（尾）「不審被申候拙者ニも一言」
○第1号ノ裏打紙、

裏2　町年寄口演　□月十二日　一通

江戸後期写、小切紙、楮紙、縦一六・四cm、横一七・一cm、一紙、（書出）「口演／別紙之通神主ゟ申参リ候／ニ付」（書止）「町内年寄江／向御寄進物御差出し可被下候／以上」（差出）「年寄□□」（日下）
○第2号ノ裏打紙、

大宮家文書　第七十七括

巻子本一巻、

1　春日社御八講執行次第　〔応永廿五年四月〕　一巻　春日社御八講 徳守

室町前期応永二十五年写、大宮徳守筆、続紙、楮紙、仮名交リ文、墨点(仮名、室町前期)、樹皮漉込後補表紙、紙縒紐、縦二九・八cm、全長九六三・五cm、二九紙、

(表紙)「明治廿年／七月二十五日綴之　藤浪家」

(表紙題簽)「春日社八講執行事

応永九年　従五位徳守筆」

(内題)「春日社御八講執行事

自応永廿五年戊戌四月九日

至同十三日五个日也　」

(文首)「一季行事六人内」　(文末)「一臈ヨリ末座主典マテ人数八十三人十四文宛曳之」

(奥書)「广永廿五年戊戌四月　日徳守

紙数廿八枚　」

○「神人」ヲ後筆ニテ「祢宜」ニ改変スル、最終紙ハ奥書ノミヲ記ス小紙片ニシテ、縦寸法他ト異ナル、

第七十七括裏打紙文書

○裏打紙ニ文書ノ小断片ヲ多ク用イルモ、釈読不能ノモノハ採用セズ、

裏1

住吉社遷宮祝詞集写　〔元文六年二月五日〕　一通　三笠山住吉社

江戸中期写、竪紙、楮紙、縦二四・五cm、横三二・六cm、一紙、

○祝詞二通ヲ書キ継グ、

①住吉社下遷宮祝詞写　〔元文六年二月五日〕

(端書)「下」　(書出)「これあたれる元文辛酉年二月五日吉日良辰をえらひ」　(書止)「神殿守藤原守理おそれみ〳〵も申す」　神殿守藤原守理差出、三笠山住吉大神充、

②住吉社正遷宮祝詞写　〔元文六年二月五日〕　一通

(端書)「上」　(書出)「これあたれる元文《六》辛酉年二月五日かけまくもかしこき／春日の三笠山にしつまりまします」　(書止)「神殿守／藤原守理恐れみ〳〵も申す」　神殿守藤原守理差出、三笠山住吉大神充、

○第1号第二紙・第三紙ノ裏打紙、

裏2

某口上書草案　一通

江戸中期写、続紙、尾欠、楮紙、縦二四・七cm、横三三・三cm、一紙、

(書出)「乍恐奉願上口上書／従　御殿様　春日御社江私共先祖之もの」　(尾)「私家柄ニ付社頭江日夜常住仕御神祭」

○第1号第三紙・第四紙ノ裏打紙、

裏3

某書付　一通　座入補任

江戸後期写、小切紙、楮紙、縦二三・二cm、横四・七cm、一紙、

(全文)「二男千勝座入補任中神主時廉殿／新規被申一札致シ認補任申受事／右下書有之也」

○第1号第一〇紙ノ裏打紙、

大宮家文書　第七十八括

巻込、但シ第1号～第3号ハ貼継、

1　田井兵庫荘納引付　（宝徳元年十二月三日）　一通　大和国田井兵庫荘

室町中期写、続紙、尾欠、楮紙、縦二三・六cm、全長五六・二cm、二紙、

（文首）「田井兵庫庄納引付宝徳元年十二月三日／五十一石之内立用物之外現納分」（尾）「ノコリ二石九斗内且二石四斗　代四貫〆納了　中尾殿」

○第3号ト同一記録ナラン、

2　田井兵庫荘立用物引付　一通　大和国田井兵庫荘

室町中期写、続紙、楮紙、縦二三・六cm、全長一九・四cm、二紙、

（書出）「田井兵庫庄立用物引物云々庄屋観念房云々」（書止）「合七石八斗四升／以上」（差出）「守国」（奥下）

3　田井兵庫荘納引付断簡　一葉　大和国田井兵庫荘

室町中期写、断簡、楮紙、縦二三・六cm、横八・〇cm、一紙

（首）「九反三石八斗二升五合」（尾）「ノコリ三斗六升代六百文」

○第1号ト同一記録ナラン、

4　田井兵庫荘御供米注進状　（長禄二年）　一通　大和国田井兵庫荘

室町中期写、続紙、尾欠、楮紙、縦二六・〇cm、全長一一一・四cm、三紙、

（書出）「注進　田井兵庫庄御供米事／長禄二年戊寅」（尾）「兵衛三郎ハウチ八分二元六斗二升五合大麦四升五合ソハ□升□合」

5　両常住神殿守代銭請文案　応仁元丁亥十一月八日　一通

室町中期写、竪紙、首欠、楮紙、裏書アリ、縦二三・〇cm、横二五・九cm、一紙、

（首）「鉄鎚一枝代五十文」（書止）「右所謹請申如件」（差出）「両常住神殿守等守国判／成春判」（日下）

（奥書）「下遷宮正遷トモ両惣官ニ挙状ヲ
申トリテ注進状ニ副供目代御方へ
以代官付申者也于時供目代御房ハ
松林院御入」

6　中村某書状　〈永正十六卯〉十一月五日　一通　大和国箸尾荘

室町後期写、小切紙、楮紙、縦二一・八cm、横二五・八cm、一紙、

（書出）「箸尾庄の事心へ申候者也」（書止）「候ましく候恐々謹言」（差出）「（花押）」（日下）

（端裏切封上書）「（墨引）　中村
春喜上人とのへ　□□
御返事」

7　大宮両常住神殿守注進状案　大永七丁亥五月廿三日　一通　率河社下遷宮

室町後期写、小切紙、楮紙、縦二一・二cm、横二六・七cm、一紙、

（書出）「注進率河社下遷宮御雑事等事」（書止）「右注進状如件」

（差出）「大宮両常住神殿守」（日付前行下）

8　春日社両惣官連署状案　（大永七年）極月廿四日　一通　上棟・正遷宮日時（文中）

室町後期写、小切紙、楮紙、縦二一・二cm、横二六・三cm、一紙、

（端書）「折紙」（書出）「本社之跡雑人出入一切可有停止／之旨及度々加下知候」（書止）「以／此旨可有御披露御集会候恐々謹言」

（差出）「正祐辰神家統」（日下）（充所）「供目代御房」

9　五領並若宮社下遷宮祝詞（天文二十一年四月二十五日）　一通　大和国添上郡広岡五領・若宮領殿

室町後期写、竪紙、楮紙、縦二四・〇cm、横三八・一cm、一紙、　藤原守家

（書出）「天天文廿一年壬子卯月廿五日丁丑吉日／良辰を撰ひ定て申て申さく」（書止）「かしこみ賢みも恐み恐みも申て申／さくと藤原守家申奉る再拝〱」　藤原守家差出、五領・若宮充、

○右袖・左奥ニ祝詞奏上次第・真言・和歌ヲ記ス、

10　藤氏長者九条兼孝宣案　天正八年六月六日　一通　造替　本神戸・負所・社領

桃山写、竪紙、首欠、楮紙、縦二四・三cm、横四〇・二cm、一紙、

（書出）「右社司等今月廿九日解状偁謹／考旧貫於当社造替者」

（書止）「早代々任例本神戸負所社領以下宜令催勤之状依／長者宣所仰如件」（差出）「知院事式部／丞高橋朝臣（花押）」（日下）

○左奥ニ「下春日社」トアリ、

11　執行正預辰市祐識書状案　十一月五日　一通　金物　仮殿遷宮

室町中期写、竪紙、楮紙、左奥ニ追而書アリ、縦二四・四cm、横三三・三cm、一紙、

（書出）「二四両殿高欄之金物被奉／打事者不可及仮殿遷宮／候」

（書止）「恐々謹言」（差出）「春日執行正預祐識」（日下）（充所）「謹上　右少史殿」

12　家長書状　五月五日　一通　越後国春日

室町後期写、横切紙、楮紙、右袖ニ追而書アリ、縦一五・八cm、横四一・四cm、一紙、

（書出）「態令啓上候仍先年越後国／春日之服忌令之事」（書止）「可有御物語候恐々謹言」（差出）「家長（花押）」（日下）（充所）「大和春日之宮内少輔殿参人々御中」

13　越智家頼書状案　三月九日　一通　大和国田井兵庫荘宮内方・中東方

室町後期写、小切紙、楮紙、縦二二・七cm、横二六・一cm、一紙、

（書出）「急度申候仍田井兵庫庄此間／中東方知行分儀宮内方へ可渡／置候由数度従六方雖承候」（書止）「候由可預御披露候／恐々謹言」（差出）「家頼判」（日下）（充所）「供目代御坊」

14　遷宮記写断簡　一葉

室町後期写、断簡、楮紙、仮名交リ文、縦二二・七cm、横一九・三cm、一紙、

（首）「一同十四日上取破也同十五日裏／板并カヤヲ、ヒ取替也」

（尾）「同日戊剋正遷宮役人如下／遷宮」

（奥書）「　□□□□筆也

神宮預殿之御本ヲ被遊写テ新権神主殿給之」

第七十八括裏打紙文書

裏1　三良四良書状　二月廿日　一通

室町後期写、折紙、楮紙、右袖ニ追而書アリ、縦二七・三cm、横四〇・八cm、一紙、

（書出）「コノホトワキロ〱」（書止）「御ウケ／トリアルヘク候／メテタク」（差出）「三良四良」（日下）（充所）「三良サエモントノマイル」（折紙端裏上書）「三良サエモントノ」

○第1号第一紙ノ裏打紙、

〔紙背〕記録断簡　一通

室町後期写、続紙、首欠、楮紙、仮名交リ文、縦二七・三cm、横四〇・八cm、一紙、

（文首）「故ナク罪科セラレシ事」（文末）「重科ニヲコナキ給ナリ」

裏2

上杉景勝社参記録書付　〔天正十六年閏五月〕　一通

桃山写、竪紙、楮紙、縦二三・七cm、横三二・〇cm、一紙、

(端裏書)「エチコナカウトノ方」（文首）「天正十六年後五月廿日京都よりすくに／春日殿へ御見ふつに御参被成候」（文末）「はり／ま殿御参被成候目出度存事候／ゑちこ之御やかた様御祈念也／野田宮内丞守続之」

越後の御屋形様あおい山し殿（文中）

○第2号・第3号ノ裏打紙ナリ、第二十巻裏12号モ参照、

裏3

御料所分出銭注文案　一通

室町後期写、竪紙、楮紙、縦二五・九cm、横三〇・一cm、一紙、

(端裏書)「案文」（書出）「御料所之分」（書止）「一浜中庄之内南之庄者梶原ニ近年被仰付候由候如何候哉／以上」

○第4号第二紙ノ裏打紙、

裏4

正遷宮用意物注文奉送状案　一通

室町後期写、竪紙、楮紙、紙背ニ指図アリ(社殿・柵)、縦二五・三cm、横四二・五cm、一紙、

(書出)「奉送社殿御造替正遷宮用意物之事」（書止)「右所奉送之状如件」　差出書・日付ナシ、

(奥書)「是南郷常住方注文也此内曳手額草廿五文注略也

其外フノリ等無之フノリハ十二帖　」

○第4号第三紙ノ裏打紙、

裏5

包紙断簡　一葉

明治写、断簡、楮紙、縦二四・六cm、横一〇・五cm、一紙、

(全文)「〆／車夫料」

○第11号ノ裏打紙、

裏6

書付断簡　一通

江戸後期写、切紙、楮紙、縦二二・二cm、横二八・八cm、一紙、

(全文)「宮武佐太郎」

○第12号ノ裏打紙、

大宮家文書　第七十九括

巻込、但シ第4号〜第5号・第7号〜第9号ハ貼継、本括ヨリ第十六括ヲ分割スル、（紙継上書）「七八」

1　北野兵衛三郎祭礼物契約状　文明弐年庚寅十一月廿八日　一通　さいれいにもちい候物とも（文中）

室町中期写、竪紙、楮紙、縦二六・九cm、横四一・九cm、一紙、

（書出）「けいやく申状之事」（書止）「宮内殿と我らとまいりあふて申／合せ候へし仍為後日証文之状如件」（差出）「北野兵衛三郎（花押）」（日下）

○書止ノ後ニ装束等ノ注文アリ、

2　寺門社殿閉門先例注文　〔文亀三年四月二十三日〕　一通　寺社閉門

室町後期写、続紙、尾欠、楮紙、紙背文書アリ、縦二六・〇cm、横四三・八cm、一紙、

（端裏書）「閉門之事文亀三年癸亥四月廿三日／勘例　自社家寺門江注進之注文并副状安〔案〕文」（文首）「宝徳三年辛未記云／八月十七日寺門閉門記両物官并若宮神主等令／随身致立寄中院拝殿之処」（尾）「興憲陽専房経算琳乗房中綱仕丁丸」

○宝徳三年記・寛正四年記ノ引用ナリ、

〔紙背〕某書状　十二月十九日　一通

室町後期写、折紙、楮紙、右袖ニ追而書アリ、縦二六・〇cm、横四三・八cm、一紙、

（書出）「温餅一鉢／進上被申候」（書止）「被仰出候恐々謹言」

（差出）「密」（日下）（充所）「宮内殿」

3　大宮守統等金子請取状案　慶長五年庚子極月吉日　一通　燈籠寄進　直江兼続

桃山写、竪紙、楮紙、縦二六・八cm、横四二・〇cm、一紙、

（書出）「御春日社御とうろう御きしんニ付」（書止）「御満足／之処也仍如件」（差出）「大宮常住宮内丞守統／同子内蔵大輔（ママ）守根」（日下）

（充所）「直江山城様御息女御ちの人さま参」

○左奥ニ喜兵衛添状案アリ、ソノ左奥ニ「慶長六年辛丑正月十日ニ承候下書也」ト記ス、

4　麻太守国書状　十一月廿七日　一通　麻太守国

室町後期写、竪紙、首欠、楮紙、縦二六・六cm、横四四・六cm、一紙、

（首）「幸儀之ある事候間／可申分候」（書止）「御出／待入申候恐々謹言」（差出）「守国（花押）」（日下）

（礼紙切封上書）「（墨引）春日野田宮内丞殿御返報　麻太□□□　守国」

5　賢□書状　十二月廿四日　一通

桃山写、竪紙、首欠、楮紙、縦二六・一cm、横三三・二cm、一紙、

（首）「一下人中ニ二三百文候これは／本百姓の持て候下地を」（書止）「一道御さたあるへく候／恐々謹言」（差出）「賢□（花押）」（日下）充所ナシ、

○左奥ニ「御返報」トアリ、

6　家久書状　正月廿六日　一通

桃山写、竪紙、楮紙、右袖ニ追而書アリ、縦二七・七cm、横三六・五cm、一紙、

（書出）「如仰当春之御慶珍重存候」（書止）「面時万／申承候具不申入候恐惶謹言」（差出）「家久（花押）」（日下）

（端裏捻封上書）「（墨引）内蔵殿まいる御返報　弥左衛門　雑司」

7
某書状　正月二日　一通

室町後期写、竪紙、楮紙、縦二七・二cm、横二六・五cm、一紙、
（書出）「新春御慶以面拝雖申承候／弥不可有御際限候」（書止）「可給候奉頼候目出度／恐惶謹言」（差出）「□（花押）」（日下）（充所）「宮内丞殿御宿所」
○差出花押ハ第八十三括10号ニ同ジ、

8
某書状　一通

室町中期写、続紙、尾欠、楮紙、縦二六・一cm、横三三・六cm、一紙、
（書出）「便宜喜申入候一日比／田舎《平田》へ状を進候へは宇多へ／御帰之由承候き」（尾）「千万／期後信候由可有御」

9
守□書状　正月五日　一通

江戸中期写、竪紙、楮紙、右袖ニ追而書アリ、縦二七・五cm、横三八・〇cm、一紙、
（書出）「亀丸殿官途成／御執行目出度奉存候」（書止）「寔御祝儀／之印迄御座候恐惶謹言」（差出）「守□（花押）」（日下）
（端裏捻封上書）「（墨引）大宮宮内様まいる　梅木左膳」

第七十九括裏打紙文書

裏1
天皇系図　一通

明治写、罫紙、楮紙、墨点（仮名、明治）、縦二三・九cm、横一六・七cm、一紙、
（文首）「神武天皇―綏靖天皇―安寧天皇―」（文末）「平群宿祢平群目始紀氏祖」
○第8号ノ裏打紙、

裏2
三輪氏並相武国造氏系図　一通

明治写、竪紙、楮紙、縦二四・八cm、横三三・二cm、一紙、
（文首）「大田田祢古命―大御気持命―大友主命―」（文末）「伊波勲六等／従五位下佐渡守尾張守／神護景雲二年二月／賜姓相模為国造」
○第9号ノ裏打紙、

大宮家文書　第八十括

巻込、

1　寺訴動座次第　〔明応十年二月〕　一通　摂津国兵庫関　大和国宇智郡　山城国田辺荘　神鏡　榊（文中）

室町後期写、続紙、首欠、楮紙、墨書訂正多シ、仮名交リ文、縦二二・二cm、全長一四五・三cm、七紙、

（首）「一寺訴条々／一大和国押領事（寺社）反米同年貢同諸坊領云々／一兵庫関事」

（文末）「伶人北南ニナラフ伶人ノ安内ヲハ／職事永徳秀一円モヨウシ候也」

○第七十括1号等ト関連スル、

2　春日社枯槁御神楽執行日記　〔永正四年三月〕　一通　公方様　義遐　勅使（文中）

室町後期写、続紙、中欠、楮紙、墨書訂正アリ、仮名交リ文、縦二一・二cm、全長一〇三・三cm、四紙、

（端裏外題）「倍従日記」

（文首）「春日社枯槁御神楽修（執）行事／于時永正四年丁卯三月十七日（自）至同廿三日／七个日也」（文末）「一常住神殿守六人ノ内ニテ常住ヲ兼体ナレハ／二膳給之」

○第一紙・第二紙間ハ中欠、

大宮家文書　第八十一括

巻込、（紙縒上書）「八九」

1　手力雄社正遷宮注文　〔至徳元年十二月〕　一通　太刀辛雄社

室町後期写、続紙、尾欠、楮紙、縦二一・五cm、横二〇・六cm、一紙、

（文首）「長者二条殿　神主殿時徳　正預殿祐有／至徳元年甲子十二月廿六日子剋太刀辛雄正遷／宮御事」（尾）「莚道薦／敷奉入之」

2　春日社両惣官連署状案　〈永正二乙丑〉十一月九日　一通

室町後期写、竪紙、首欠、楮紙、縦二二・三cm、横二六・五cm、一紙、

（首）「宮内神人」（書止）「寺門成／敗之最中候恐々謹言」（差出）「執行正預祐弥判／神主師種判」（日下）（充所）「箸尾殿」

（礼紙端裏上書）「立文　箸尾殿　神主師種」

3　春日社下遷宮記　〔大永七年〕　一通

室町後期写、続紙、尾欠、楮紙、墨書訂正アリ、仮名交リ文、縦二二・二cm、横二六・五cm、一紙、

（端裏書）「壁」（端書）「廿一个年相当依而式年御替為来六月下遷宮」（文首）「大永七年丁亥卯月□日ヨリ遷殿料理始／有之」（尾）「一移殿御内ニノ用具共被置タル床／其外」

4　近衛家歴名　一通

室町後期写、小切紙、楮紙、縦二一・二cm、横一五・四cm、一紙、

（文首）「近衛殿尚通大閤様六十九　御息関白殿植（稙）家卅九」（文末）「天文十一年壬寅二月廿五日関白御辞退云々／一条殿云々」

5　遷宮番匠方葺方雑事書付　天文十五年丙午十月廿八日　一通

室町後期写、続紙、首欠、楮紙、墨書訂正アリ、仮名交リ文、縦二二・〇cm、全長二六・七cm、二紙、

（首）「此時番匠両人使者一人ハ源七」（文末）「赤飯両サヲクミ汁／雑煎ナリ酒数盃飲也」（差出）「春」（日下）

6　卜西書状　三月七日　一通　京都公事

室町後期写、続紙、首欠、楮紙、縦二二・五cm、横二八・三cm、近衛殿（文中）一紙、

（首）「一在京候て公事と申事人のひまも伺可申候」（書止）「一いかにいそき候へ共延引事京都公事のならひ／御座候恐々謹言」

（差出）「卜西（花押）」（日下）（充所）「宮内丞殿」

7　進藤某書状　五月廿三日　一通

室町後期写、竪紙、楮紙、縦二一・三cm、横二六・五cm、一紙、

（書出）「先度之以後無音無御心元候／社中より重而又御家門様へ」（書止）「便宜候間馳筆候恐々謹言」（差出）「進藤」（日下）

（充所）「宮」

8　守種書状　十二月十九日　一通　地子銭

室町後期写、竪紙、楮紙、右袖ニ追而書アリ、縦二一・一cm、横二六・〇cm、一紙、

（書出）「此間久不申承候御床しく存候／就其地子銭儀」（書止）「何様以面拝能々御礼可／申入候恐々謹言」（差出）「守（花押）」（日下）

（端裏捻封上書）「のた藤兵衛　（墨引）善兵衛尉殿進覧候　守種」

9　東御廊畳・ついたて等調度品敷設図　一鋪

室町後期写、竪紙、楮紙、縦二二・〇cm、横二八・二cm、一紙、

10　諸職人献酒代注文　一通

室町後期写、竪紙、楮紙、縦二一・二cm、横二六・四cm、一紙、

（文首）「塗師　献酒　丹塗　献酒　壁塗　献酒」（文末）「両常住ニ二百文さた云々」

11　某書状　一通　北郷常住職宮内之家（文中）

室町後期写、続紙、尾欠、楮紙、縦二二・四cm、横二六・四cm、一紙、

（書出）「急度為飛脚差上神人候巨細可被対／談候」（尾）「但近日／一乗院并陽明より被仰事候処長者之」

大宮家文書　第八十二括

続紙一通、本括ヨリ第二十二括ヲ分割スル、

1　大般若会料田検見注文　永正七年庚午十月二日　一通　大般若会料田検見

室町後期写、続紙、楮紙、縦二二・四cm、全長一六八・二cm、六紙、

（書出）「庚午／大般若会料田毛見事」（書止）「合且田数三丁四反九十歩歟」（差出）「守景／守村」（日下）

○左奥ニ検見注文ノ追記アリ、

第八十二括裏打紙文書

裏1　東大寺旧記抜書　一通　天地院　東大寺要録（文中）

江戸後期写、続紙、楮紙、縦一七・一cm、全長八〇・二cm、四紙、

（文首）「奈良ニおゐて春日野院と云処今大佛／殿有之処と云」

（文末）「従五位上行紫微少忠葛木連戸主」

○第1号第一紙〜第三紙ノ裏打紙、

裏2　上代之巻藁台之図　一鋪

江戸後期写、竪紙、楮紙、縦一七・一cm、横二四・五cm、一紙、

○第1号第四紙ノ裏打紙、

裏3　春日社禰宜願書案　戊七月廿八日　一通　屋敷地子赦免ニ付

江戸前期写、竪紙、楮紙、縦二二・三cm、横三一・六cm、一紙、

（端裏書）「三十三石弐斗余被下候」（書出）「乍惶言上／春日祢宜□屋敷　権現様之御時／より地子御赦免被成被下候」（書止）「被仰上候而被下候ハ、忝可奉／存候仍如件」（差出）「春日社／祢宜中」（日下）（充所）「御奉行衆様」

○第1号第五紙・第六紙ノ裏打紙ナリ、充所下ニ「同九月六日ニ朱印被下候」トアリ、左奥ニ禰宜人数ト石高ヲ記シ、更ニ「後ニ寛永十年四月廿一日御朱印被下候」ト記ス、

大宮家文書　第八十三括

巻込、但シ第1号～第2号・第3号～第4号ハ貼継、

1

遊佐英盛書状　十一月一日　一通　巻数

室町後期写、竪紙、楮紙、縦二五・六cm、横三八・八cm、一紙、　春日御師

（書出）「就入国於当社　御神前／被抽精誠御巻数送／賜候」（書止）「遂向／顔可申述候恐々謹言」（差出）「英盛（花押）」（日下）

（充所）「春日御師野田宮内丞殿進之候」

2

遊佐就盛書状　（文亀三年カ）〈癸亥〉（別筆）十二月廿日　一通　歳暮之巻数

室町後期写、竪紙、楮紙、縦二五・四cm、横三九・六cm、一紙、

（書出）「歳暮之巻数給候／目出令頂戴候」（書止）「委細麻太／帯刀左衛門尉可申候恐々謹言」（差出）「就盛（花押）」（日下）（充所）「野田宮内丞殿進之候」

3

澄祐書状　十月廿三日　一通　西京井関田

室町後期写、竪紙、楮紙、縦二五・六cm、横三四・九cm、一紙、

（書出）「西京井関田五段券文／弐枚売文一紙給候了」（書止）「放券／状雖不載此旨不可有子細／候者也恐々謹言」（差出）「澄祐（花押）」（日下）（充所）「宮内殿」

4

某書状　迺時　一通　燈明料

室町後期写、竪紙、楮紙、右袖ニ追而書アリ、縦二四・五cm、横三八・一cm、一紙、

（書出）「芳冊及拝見候然者／例年之燈明料之／儀蒙仰候」（書止）「如何様以貴面究可／申達候恐惶謹言」（差出）「（花押）」（日下）

（端裏捻封上書）「円明院御内四郎左□　（墨引）宮内様　」

5

高田為政書状　六月十九日　一通

室町後期写、竪紙（現装貼継）、楮紙、右袖・行間ニ追而書アリ、縦二四・六cm、横（第一紙）四一・九cm（第二紙）四一・九cm、二紙、

（書出）「先日者為御使蔵人方越被申懇之／至候」（書止）「宮内／兵庫と同前ニ社参之時者可申付候以／此面御調憑存候恐々謹言」

（差出）「為政（花押）」（日下）

（端裏切封上書）「（墨引）　高田参川守　野田殿　御宿所　為政」

6

高田為政書状　十二月廿日　一通　きたう（文中）

室町後期写、竪紙、首欠、楮紙、縦二四・八cm、横三五・五cm、一紙、

（首）「申事こゝろもとなく候」（書止）「誠ニめいわく共これニ／すき候はす候事候謹言」（差出）「（貼紙）三河守」為政（花押）」（日下）

（礼紙上書）「順教殿御返事　為政」

7

某書状　〈永正十五〉八月卅日　一通　常住職　守富（文中）

室町後期写、折紙、楮紙、折紙右袖ニ追而書アリ、縦二五・六cm、横三八・八cm、一紙、

（書出）「常住職之事今日／巳貝定下臈分之／集会被相催候て」（書止）「急候間／一筆申候目出候恐々謹言」（差出）「□（花押）」（日下）（充所）「宮内尉（ママ）殿へ／助九郎殿へ」

（折紙端裏切封上書）「（墨引）　久助□御返事　□」

8

麻太守国書状　庚申二月六日　一通

室町後期写、折紙、楮紙、縦二七・一cm、横三七・〇cm、一紙、

（書出）「今度藤兵衛殿／被越申て御懇ニ／被仰下候」（書止）「委

細／藤兵衛殿へ申候間／令省略候恐々謹言」（差出）「麻太四郎左衛門尉守国（花押）」（日下）（充所）「野田宮内丞殿御宿所」

9 **権専当琳勝書状案**　正月十七日　一通　大和国田井兵庫荘中東・宮内（文中）

室町後期写、竪紙、楮紙、縦二五・四cm、横四一・一cm、一紙、（端裏書）「学侶御状写」（書出）「若宮祭礼二月十七日可有執行之旨諸役者方江／相催候」（書止）「旨学侶／集会評定候也恐々謹言」（差出）「権専当琳勝」（日下）（充所）「越智又八郎殿」

〇「神人」ヲ後筆ニテ「祢宜」ニ改変スル、第百十五括1号ト関連スル、

10 **某書状**　卯月廿三日　一通

室町後期写、竪紙、楮紙、右袖ニ追而書アリ、縦二四・二cm、横三八・九cm、一紙、

（書出）「昨日者社頭御清祓事民部方へ申候処」（書止）「たき火たいまつ／堅禁制事条々御掟可為肝要候／恐惶謹言」（差出）「実（花押）」（日下）

（端裏捻封上書）「（墨引）宮内丞殿御宿所　実」

〇差出花押ハ第七十九括7号ニ同ジ、

11 **上田助勝書状**　十一月十三日　一通　燈呂田（文中）

室町後期写、竪紙、楮紙、右袖ニ追而書アリ、縦二三・七cm、横四〇・二cm、一紙、

（書出）「一昨日者被懸御意候矢田へ参／詣申候て不懸御目候」

（書止）「尚以面上可／申入候恐々謹言」（差出）「助勝（花押）」（日下）

（端裏捻封上書）「　上田兵部丞
（墨引）宮内善太郎殿進之候　助勝」

12 **六方衆等書状**　十一月十五日　一通　大和国兵庫田井荘

室町中期写、竪紙、楮紙、縦二六・四cm、横四一・三cm、一紙、

（本文）「先段申入候兵庫／田井之庄御米之事／于今宮内方江無収納／之由候太不可然候早々彼方江／被相渡候者可為珍重之由／六方集会評定候也恐々謹言」（差出）「六方衆等」（日下）（充所）「越智又八郎殿」

13 **遊佐元繁書状**　十二月廿七日　一通　歳暮之巻数

室町後期写、竪紙、楮紙、縦二五・五cm、横三五・一cm、一紙、

（本文）「歳暮之巻数賜候／目出頂戴候弥御／祈念憑入候恐々／謹言」（差出）「元繁（花押）」（日下）（充所）「野田宮内殿御返報」

第八十三括裏打紙文書

裏1 **藤氏長者近衛内前宣写**　明和二年十一月廿四日　一通

江戸中期写、竪紙、楮紙、縦二四・七cm、横三一・七cm、一紙、

（書出）「一社司等自今猶更／長者之御命可相守候」（書止）「右三箇条以三社務之取計三座／神人以上へ可申渡候若於違〔背〕輩之／輩者可被処厳科／長者　宣如此悉之以状」（差出）「左中弁判」（日下）

（充所）「春日社神主殿」

〇第4号ノ裏打紙、

裏2 **白毫寺鎮守宝殿三社由緒書**　一通

室町後期写、竪紙、尾欠カ、楮紙、仮名交リ文、縦二四・四cm、横三八・七cm、一紙、

（文首）「白毫寺／鎮守宝殿三社／南白山権現　御本地あみた如来」（文末）「天文二年癸巳六月廿七日守家神木并（追筆）「野田宮内丞下部一人召具」／久御剣等奉納之勧請申了／春日□□□木ヲ持参ス□□祢宜一人奥」

○第7号ノ裏打紙、

裏3

書付断簡　一葉

江戸後期写、断簡、楮紙、縦五・一cm、横二・七cm、一紙、

(全文)「大工二日／□□」

○第9号ノ裏打紙(右)、

裏4

書付断簡　一葉

江戸後期写、断簡、楮紙、縦六・八cm、横三・四cm、一紙、

(全文)「一六堵三義」

○第9号ノ裏打紙(左下)、

大宮家文書　第八十四括

第1号〜第13号・第14号〜第16号・第17号〜第18号・第19号〜第21号ハ貼継、第22号ハ巻込、素紙表紙、

(表紙)「第二号

八講記　藤浪舎

請取書　巻内」

1　大宮両常住神殿守代銭請文案　天正七年己卯四月九日　一通　御八講第初日世俗料

桃山写、竪紙、楮紙、縦二五・六cm、横三二・五cm、一紙、

(端裏書)「第初日大宮両常住世俗代銭方」　(本文)「謹請御八講第初日世俗料之事／合弐百文者／右所請申状如件」　(差出)「大宮両常住神殿守春議判／守統判」(日下)

○左奥ニ「若宮常住請文別ニ持参了」トアリ、第9号ト同文、

2　三方常住神殿守代銭請文案　天正七年己卯四月十一日　一通　御八講第三日引物代

桃山写、竪紙、楮紙、縦二五・五cm、横三二・三cm、一紙、

(端裏書)「第三日三方常住引物代銭方」　(本文)「謹請御八講第三日引物代銭之事／合百廿三文者賀銭／右所請申状如件」　(差出)「三方常住神殿守守統判／春議判／宗照判」(日下)

3　三方常住神殿守代銭請文案　天正七年己卯四月十三日　一通　御八講第五日世俗代

桃山写、竪紙、楮紙、縦二五・五cm、横三二・〇cm、一紙、

(端裏書)「第五日三方常住世俗代銭方」　(本文)「謹請御八講第五日世俗代銭之事／合参百文者／右所請申状如件」　(差出)「三方常住神殿守守統判／春議判／宗照判」(日下)

○第4号ト同文、

4　三方常住神殿守代銭請文案　天正七年己卯四月十三日　一通

桃山写、竪紙、楮紙、縦二五・九cm、横三〇・五cm、一紙、
（端裏書）「第五日三方常住世俗代銭方」（本文）「謹請御八講第五日世俗代銭之事／合参百文者／右所請申状如件」（差出）「三方常住神殿守守統判／春議判／宗照判」（日下）
○第3号ト同文、

5　惣行事顕乗銭請取状　天正七年己卯卯月九日　一通　御八講免田御神供銭
桃山写、縦切紙、楮紙、縦二五・九cm、横一〇・〇cm、一紙、
（本文）「請取　御八講免田御神供銭事／合壱貫文者　北郷神人宮内沙汰之」（差出）「惣行事顕乗（花押）」（日下）

6　惣行事顕乗銭請取状　天正十一年癸未卯月八日　一通　御八講免田御供銭
桃山写、縦切紙、楮紙、縦二六・一cm、横八・三cm、一紙、
（本文）「請取　御八講免田御供銭事／合壱貫文者　北郷方宮内上之」（差出）「惣行事顕乗（花押）」（日下）

7　常住神殿守幣串請取状　天正十一年四月九日　一通　御八講大座御幣串
桃山写、竪紙、楮紙、縦二五・〇cm、横三六・〇cm、一紙、
（書出）「御八講大座御幣串百六十事／両惣官廿本宛此之内長十四本みちかき六本」（書止）「南郷廿五本此之内十四本短き十四本／以上」（差出）「常住請取」（日下）

8　御八講ヵ僧交名注文　一通
桃山写、折紙、楮紙、縦二四・九cm、横三〇・四cm、一紙、
（文首）「尋憲大僧正大乗院都／兼深権僧正東北院」（文末）「賢清擬得業大喜院香観房／代明禅房」

9　大宮両常住神殿守代銭請文案　天正七年己卯四月九日　一通　世俗料
桃山写、竪紙、楮紙、縦二五・七cm、横三〇・九cm、一紙、
（端裏書）「第初日大宮両常住世俗代銭方」（本文）「謹請御八講第初日世俗料之事／合弐百文者／右所請申状如件」（差出）「大宮両常住神殿守春議判／守統判」（日下）
○左奥ニ「若宮常住請文別而（ママ）ニ持参申候」トアリ、第1号ト同文、

10　御八講座中代銭書上　一通
桃山写、竪紙、楮紙、縦二五・八cm、横二四・〇cm、一紙、
（端裏書）「御八講了」（書出）「座中／一雑類八十三具一具別卅二文ッ、」（文末）「一諸神供十五膳／六具卅二文ッ、此代百九十五文」

11　酒殿両奉行拝領銭書上　一通　世俗
桃山写、竪紙、楮紙、縦二六・五cm、横三三・九cm、一紙、
（書出）「酒殿両奉行／初日世俗代二百文　遷殿権別当喜多院殿惣行事方ヨリ請取」（文末）「此内半分四百六十四文　北郷方酒殿奉行拝領分」

12　南北一臈拝領銭書上　一通　世俗
桃山写、竪紙、楮紙、縦二六・五cm、横三三・三cm、一紙、
（書出）「南北一臈拝領分／初日世俗代二百文　権別当奉行ヨリ請取」（書止）「合五百五十一文北郷方一臈拝領分」
○第12号・第13号間ニ補紙アリ（縦二五・五cm、横一〇cm）、「自此奥散乱ニ因一向不弁然トモ八講記ニ可有之散乱」トアリ、

13　御供御役次第書付　一通
室町前期写、続紙、尾欠、楮紙、縦二六・五cm、横二二・八cm、一紙、
（首）「□□人／御供御役次第事／一御殿　神主殿師盛　二御殿

正預殿祐主」（尾）「至御神前御幣者若宮方之氏人役也古例」

14 春日社神事次第 一通

室町後期写、続紙、首尾欠、楮紙、墨書訂正アリ、仮名交リ文、縦二一・三cm、横二六・二cm、一紙、
（首）「一正預殿依為御老体」（尾）「一臈神殿守守貞 二臈之永秀 三臈之包国／四臈之守深 五臈之永基 六臈之利貞」
○第14号・第17号・第19号〜第21号ハ同一ノ記録ナラン、

15 春日社御八講執行書上〔永正三年四月〕 一通 春日社御八講

室町後期写、続紙、尾欠、楮紙、縦二一・三cm、横二五・九cm、一紙、
（端裏書）「古帳延徳二年庚戌卯月九日常住代守家」（端書）「慈明坊」（書出）「春日社御八講執行事／自永正三年丙寅四月十九日／同至廿三日而五ヶ日也」（尾）「五寿命坊三最福院六堯禅房」

16 進藤筑後書状写 三月四日 一通 神人興守 守家（文中）

室町後期写、竪紙、楮紙、縦二一・八cm、横二八・一cm、一紙、
（端裏書）「進藤築（マヽ）後殿より中東殿へ返事状」（書出）「誠久不申通候処預御状候祝着候」（書止）「神慮更不可有別儀由仰／事候此趣具御演説可然存候恐々謹言」差出書・充所ナシ、

17 春日社神事次第 一通 御酒上分 北郷方・南郷方 世俗（文中）

室町後期写、続紙、首尾欠、楮紙、墨書訂正アリ、仮名交リ文、縦二一・四cm、横二六・〇cm、一紙、
（首）「タマワツテ常住支配之／一御酒上分三提役〔×事〕人事」（尾）「一御酒上分両座（三人）末役ニテ初日ハ北郷」
○第14号等ト同一記録ナラン、

18 野田党中置文案 永正十七年壬六月十七日 一通 野田党

室町後期写、竪紙、楮紙、縦二一・五cm、横二五・八cm、一紙、
（書出）「野田党中置文事／一於社頭御神前外様（出合）所役并御寺門取次／公事役」（書止）「可蒙其神罰者也仍置文状／如件」（差出）「野田党各等」（日下）
○左奥下ニ「各名判有別紙」トアリ、

19 春日社神事次第 一通

室町後期写、続紙、首尾欠、楮紙、仮名交リ文、縦二一・五cm、横二六・一cm、一紙、
（首）「ヨリ御前ニ参其ヨリ楼門ヲ通／テ神宮寺御前」（尾）「奥殿々々令注進御ワリ文ヲ」
○第14号等ト同一記録ナラン、

20 春日社神事次第 一通

室町後期写、続紙、首尾欠、楮紙、仮名交リ文、縦二一・四cm、横二六・一cm、一紙、
（首）「□□□□神主殿▨神宮寺ノ／御前ヲ通テ」（尾）「神主殿ニ西」
○第14号等ト同一記録ナラン、

21 春日社神事次第 一通

室町後期写、続紙、首欠、楮紙、仮名交リ文、縦二一・四cm、横二六・〇cm、一紙、
（首）「方ニ人南郷方一人第二日ハ南郷方」（文末）「一絵馬付テ送中紙二帖ノ内」
○第14号等ト同一記録ナラン、

22 某書状草案　　一通　霜月祭礼之時(文中)

江戸中期写、竪紙、楮紙、本文紙背ニ及ブ、書キサシ、縦二三・六cm、横三三・六、一紙、

(書出)「態飛札以啓上仕候　御家門様増御安泰／可被成御坐恐悦至極奉存候」　(尾)「後々迄《茂》其例式ニ／罷成候段迷惑至極奉存候右之趣御家門様へ」

第八十四括裏打紙文書

裏1 春日社長日祈禱文案　　文禄弐年癸巳十月吉日　　一通

桃山写、竪紙、楮紙、縦二五・〇cm、横三七・〇cm、一紙、

(端書)「礼紙之書付之面うつし」　(書出)「春日社　長日御祈禱御巻数白《敬》」　(書止)「殊者　御施主武達《(ママ)》長久／奉祈所状如件」　(差出)「春日社宮本」(日下)

○第7号ノ裏打紙ナリ、日付前行ニ「太閤様へ進上之時之写」トアリ、

裏2 記録抜書　　一通

江戸前期写、竪紙、楮紙、仮名交リ文、縦二〇・九cm、横二五・〇cm、一紙、

(文首)「水屋殿之事／子《壬》□月十八夜水屋社カサリヲトル并同／拝殿机棚ノ板ヲトル」　(文末)「若奉加有之者神供／領地社中知行分寺門マへ可有知行ト也」

○第7号・第8号ノ裏打紙、

裏3 陀羅尼　　一通

江戸前期写、竪紙、楮紙、墨点(句切点・声点、江戸前期)、縦二五・八cm、横三三・〇cm、一紙、

(文首)「ラへイハサランハ、トマ、シャリランサラハ」　(文末)「チシンチタマカホタンイソハカ」

○第10号ノ裏打紙(左)、

裏4 某書状案　　〔文久三年〕　　一通

江戸後期写、竪紙、尾欠、楮紙、縦二三・三cm、横三〇・七cm、一紙、

(書出)「前文略ス然は下拙廿六日には田原本ニ而／泊り廿七日ニは土佐ニ而泊り廿八日同所ニ而滞／留被仰出明日は浪人打取様子ニ相成候」　(尾)「其跡《江》浪人／手下数百人□《ヲも》たる物六七十人大木筒三挺」

○第10号(右)~第11号ノ裏打紙ナリ、天誅組ノ変ニ関スル書状ナラン、第三十七括裏10号ニ接続スル、

裏5 春日社社司次第　　一通

室町後期写、切紙、楮紙、墨書注記アリ、縦二一・八cm、横二六・五cm、一紙、

(文首)「社司次第／家統　祐維ゝゝ　家康ゝゝ　祐園　家賢」　(文末)「祐金　祐庭　祐父　延昌」

(奥書)「于時天文四年乙未十月廿二日　守家記之」

○第12号ノ裏打紙、

裏6 古文書貸出覚書　　一通

江戸中期写、折紙、楮紙、縦二五・五cm、横二一・〇cm、一紙、

(文首)「戻りゝゝ／廷《延》元々年五月五日勘ケ由次官判」　(文末)「天正十九年八月四日／藤原守根／内蔵大輔《(ママ)》」

○第13号ノ裏打紙ナリ、延元元年五月五日勘解由次官判ハ成巻第十巻6号ナラン、

大宮家文書　第八十五括

第1号～第3号・第4号～第5号ハ貼継、他ハ巻込、

1　麻太守国書状　正月八日　一通　御神供
室町後期写、竪紙、楮紙、右袖ニ追而書アリ、縦二五・六cm、横四五・〇cm、一紙、
（書出）「年初珍重候仍而／御神供同御礼之通／則致披露候」（書止）「あまりに執乱候ま丶／不能子細候猶御使へ申候／恐々謹言」（差出）「守国（花押）」（日下）（充所）「野田宮内丞殿御返報」

2　菩提寺相春書状　正月廿六日　一通
室町後期写、竪紙、首欠、楮紙、縦二五・五cm、横四〇・六cm、一紙、
（首）「証文を以御申候ハ丶、いよ〳〵／可然候由候」（書止）「尚委細此御使／可令申入候恐々謹言」（差出）「相春（花押）」（日下）
（礼紙切封上書）「（墨引）　菩提寺
野田宮内□殿御返報　相春」

3　遊佐堯家書状　拾一月一日　一通　祈禱御巻数
室町後期写、竪紙、楮紙、縦二四・八cm、横四一・一cm、一紙、
（書出）「就出張之儀於御神前為／祈禱御巻数送給候」（書止）「猶委細森谷土佐可申候恐々謹言」（差出）「堯家（花押）」（日下）（充所）「野田宮内丞殿進御報」

4　十市遠勝書状　正月二日　一通　御神供
室町後期写、竪紙、楮紙、縦二四・九cm、横四〇・二cm、一紙、
（書出）「誠改年之嘉詳〔祥〕千喜／万悦更不可有際限候」・（書止）「弥於御／神前武運長久之御祈念／肝要候恐々謹言」（差出）「遠勝（花押）」（日下）（充所）「野田宮内大輔殿御返事」

5　遊佐就盛書状　正月七日　一通＊17　御神供
室町後期写、竪紙、楮紙、縦二六・八cm、横四三・五cm、一紙、
（書出）「年首之佳兆珍重候／仍而　御神供済々／頂戴目出候」（書止）「従是祝儀／可申候恐々謹言」（差出）「就盛（花押）」（日下）
（充所）「野田宮内丞殿御返報」

6　専千代丸書状　（別筆）〈享禄五壬辰〉正月六日　一通　御神供
室町後期写、竪紙、楮紙、縦二四・九cm、横四二・六cm、一紙、
（書出）「新春御慶千秋／万歳候仍御神供」（書止）「尚重而可申候也／恐々謹言」（差出）「専千代丸」（日下）（充所）「野田宮内丞殿御返報」

7　直江実綱書状　六月廿八日　一通＊15　牛玉・油煙墨
室町後期写、竪紙、楮紙、右袖ニ追而書アリ、縦二六・一cm、横三九・六cm、一紙、
（書出）「御書中具披見申候然者／昨日者牛王〔玉〕并油煙給之候」（書止）「不可有疎意候／依之一筆及御返事候／恐々謹言」（差出）「実綱（花押）」（日下）（充所）「野田宮内大輔殿御報」

8　上田助勝書状　霜月六日　一通　大和国佐保田内燈呂田 文明年中より地子（文中）
室町後期写、竪紙、楮紙、右袖ニ追而書アリ、縦二三・六cm、横三七・〇cm、一紙、
（書出）「態申入候佐保田内燈呂田百／姓事」（書止）「以面猶可申候／恐々謹言」（差出）「助勝（花押）」（日下）
（端裏捻封上書）「（墨引）宮内殿善太郎殿進之候　上田兵部丞
助勝」

9

越智家頼書状　十二月四日　一通　大和国田井兵庫荘

室町後期写、竪紙、楮紙、縦二六・一cm、横四二・四cm、一紙、(書出)「就田井兵庫庄年貢之儀中東方与／宮内祢宜申事」(書止)「此由可預御披露候恐々／謹言」(差出)「家頼(花押)」(日下)(充所)「六方沙汰衆御中」

10

某書状　一通　御供并御樽

室町後期写、竪紙、尾欠、楮紙、右袖ニ追而書アリ、縦二五・二cm、横四二・七cm、一紙、(書出)「今度者御出持／神前御供并御樽御祝着由」(尾)「いよ〳〵／可申談候拙者御祈念」

11

某書状　一通　神供新免八石　宮内かた　神主殿(文中)

室町後期写、竪紙、尾欠、楮紙、縦二五・六cm、横四〇・七cm、一紙、(端裏書)「春日御神供事」(書出)「御神供新免八石事／宮内かたへ可渡之由承候」(尾)「且無本意／候へ共御意難黙止候之間」

12

遷宮記断簡　一葉

室町後期写、断簡、楮紙、縦二五・〇cm、横一〇・五cm、一紙、(首)「一廿九日若宮殿御柱」(尾)「水火他所ノ火」

〇「天文十六年五月廿八日」ノ先例ヲ引ク、

第八十五括裏打紙文書

裏1

藤井守矩家系書　一通　藤井守矩　大宮藤原守慶(文中)

明治写、竪紙、楮紙、縦二五・一cm、横三一・九cm、一紙、(首)「此家系ハ堺県ヘ中ヶ間惣代ヨリ分家ノヲ建ルニ／其代々不詳ナカラ其事済ヲ専一トシテ造系ヲ以テ出サル故」(書止)「元祖／清貞三十一世孫守旧二男／守之二男／守矩　元治元年藤井守政跡相続ス」

〇第2号ノ裏打紙、

裏2

光泰書状案　五月十四日　一通　中分御口入

室町後期写、竪紙、楮紙、縦二一・六cm、横二八・〇cm、一紙、(端書)「南曹代中御門殿状」(書出)「従寺門重而申状之趣委細令披露候／関白殿中分御口入之儀」(書止)「此旨可／然様可申之由候也恐々謹言」(差出)「光泰判」(日下)(充所)「柚留木掃部助殿」

〇第8号ノ裏打紙、

大宮家文書　第八十六括

巻込、

1　両常住神殿守遷宮雑事注進状写　応永十六年二月七日　一通　水屋社 下遷宮雑事 正遷宮雑事

江戸後期写、続紙、楮紙、紙背文書アリ、縦三一・五cm、全長九八・一cm、四紙、

（書出）「注進　水屋社下遷宮雑事等事」（書止）「右任先規注進言上若漏事候者重／可注進申之状如件」（差出）「両常住神殿守等／春立／徳守」（日下）（奥書）「右之書　氷室社神庫ニ奉／納／明治廿四年五月二日　守長」

○文中ニ「一正遷宮雑事等事」トアリ、

〔紙背1〕奉夫料包紙　一枚

江戸後期、竪紙、楮紙、縦三一・二cm、横二四・九cm、一紙、

（全文）「奉夫料」

○第二紙紙背、

〔紙背2〕御初穂包紙　一枚

江戸後期、竪紙、楮紙、縦三一・三cm、横二四・五cm、一紙、

（全文）「（墨引）西京奥村ゆた／御初穂」

○第三紙紙背、

〔紙背3〕御膳料包紙　一枚

江戸後期、竪紙、楮紙、縦三一・五cm、横二四・八cm、一紙、

（全文）「戌年ノ御方／御膳料」

○第四紙紙背、

2　楽頭譲状写　一通　楽頭

江戸中期写、竪紙、楮紙、縦三一・六cm、横四七・八cm、一紙、

①福井勘右衛門等楽頭譲状写　享保六年辛丑三月六日

○第4号ノ写ナリ、

②長命清左衛門楽頭寄進状写　寛文拾弐年壬子二月十五日　大和国秋篠寺宮楽頭場 大和国安堵村楽頭場

（書出）「春日社奉寄進　大和あきしの寺の宮同あんと／両村かくとうおはともニ永代寄進仕候」（書止）「我等罷出急度相済可／申者也仍状如件」（差出）「長命清左衛門角印ニ重角也」（日下）（充所）「福井勘右衛門殿」

○①・②間ニ墨引アリ、

3　福井勘右衛門等楽頭譲状　享保六年辛丑三月六日　一通

江戸中期写、竪紙、楮紙、縦三一・三cm、横四七・五cm、一紙、

（書出）「譲り申楽頭之事／一合弐ケ所之楽頭大和国あきしの寺之宮楽頭場共 大和国あんと村之楽頭場共」（書止）「御難儀掛申間敷候仍而為後日之証文如件」（差出）「譲り主福井勘右衛門（円黒印）／同同母おゆり（円黒印）／請人高井外記（円黒印）／口入若宮源六（円黒印）」（日下）（充所）「丸山彦之丞殿」

（奥書）「右長命清左衛門殿ゟ之寄進状

其許江相渡シ申候以上　」

4　福井勘右衛門等楽頭譲状　享保六年辛丑三月六日　一通　山城国瓶原郷西村天神宮楽頭場

江戸中期写、竪紙、楮紙、縦三一・五cm、横四七・〇cm、一紙、

（書出）「譲り申楽頭之事／一山城国瓶原郷西村天神宮之楽頭場共譲り申所／実正也」（書止）「御難儀掛申間敷候仍而／為後日之証文如件」（差出）「譲り主福井勘右衛門（円黒印）／同同母おゆり（円黒印）／請人高井外記（長方黒印）／口入若宮源六（円黒印）」（日下）（充所）「丸山彦之丞殿」

（奥書）「右長命休意殿ゟ之寄進状

其方江相渡シ申候以上　」

○第2号①ハ本号ノ写ナリ、

5　丸山伊織出世証文　寛政六寅年三月朔日　一通

江戸中期写、竪紙、楮紙、縦三〇・七㎝、横二九・四㎝、一紙、
（書出）「出世証文之事／一今度元銀六百目ニ而相成御座候ヲ印形之者共」（書止）「急度返済可申候為其／世話人連印仍而如件」（差出）「かり主本人丸山伊織（円黒印）／親類請人山口作之丞」（日下）以下計五名連署、（充所）「紙屋善兵衛殿参」

6

中川村坂原村役人等銀子借用状　文化十四丑六月　一通　大和国中川村 大和国坂原村

江戸後期写、続紙、楮紙、紙継目裏印七顆（差出印ト同ジ）、縦三一・〇㎝、全長五六・八㎝、二紙、
（書出）「借用申銀子之事／一合銀四貫目也／右之銀子ハ連印之者共へ借用申所実正明白也」（書止）「其時／一言之申分無御座候為後日証文仍而如件」（差出）「大蔵弥太郎知行所 添上郡中川村／庄屋伝七（長円黒印）」（日下）以下計一〇名連署、（充所）「丁子屋嘉七殿」

7

中川村坂原村役人等銀子借用状　文化十四丑六月　一通　大和国中川村 大和国坂原村

江戸後期写、続紙、楮紙、紙継目裏印一〇顆（差出印ト同ジ）、縦三一・〇㎝、全長五一・九㎝、二紙、
（書出）「借用申銀子之事／一合銀三貫目也／右之銀子者連印之者共借用申所実正明白也」（書止）「其時／一言之申分無御座候為後日証文仍而如件」（差出）「大蔵弥太郎知行所 添上郡中川村／庄屋伝七（長円黒印）」（日下）以下計一〇名連署、（充所）「丁子屋嘉七殿」

8

魚屋鉄治郎借家請一札　天保十三壬寅年九月　一通

江戸後期写、竪紙、楮紙、縦三一・九㎝、横四八・八㎝、一紙、
（書出）「借家請一札之事／一此度御借屋私借宅仕候処実正也」
（書止）「依而借家請状如件／附り家主様之樹木材木等其外何ニ不寄取掠 申間鋪堅く相守可申候仍而為念如件」
（差出）「借家借り主魚屋鉄治郎（円黒印）／引受人魚屋幸助（円黒印）」
（日下）（充所）「御家主高井隼人様」

9

武田兵庫口上書　弘化二年巳三月　一通　氷室社神人職ニ付明株（文中）

江戸後期写、続紙、斐紙、紙継目裏印一顆（差出印ト同ジ）、縦三二・〇㎝、全長六五・五㎝、二紙、
（書出）「奉願上口上書／一　私義／松平甲斐守家来武田性（ママ）丹羽等之介／実弟ニ」（書止）「右之趣御聞済被成下候ハ、重々／難有可奉存候以上」（差出）「武田兵庫（円黒印）」（日下）（充所）「一臈所窪伊予守様」

大宮家文書　第八十七括

巻込、

1　春日社北郷神人職補任状　享保十年五月十四日　一通　北郷神人職

江戸中期写、竪紙、楮紙、「福」方朱印五顆、縦三一・一cm、横四八・一cm、一紙、

（書出）「春日御社政所補北郷神人職之事」（書止）「所補／如件敢不可違失故下」（差出）「神主正三位大中臣朝臣経賢（花押）」（奥上）藤久充、

2　春日社北郷神人職補任状　寛延三年七月三日　一通　北郷神人職

江戸中期写、竪紙、楮紙、「福」方朱印一顆、縦三三・三cm、横四五・五cm、一紙、

（書出）「春日御社政所北郷神人職之事」（書止）「所／補如件敢不違失故下」（差出）「神主正三位大中臣時令（花押）」（奥）主馬之助充、

3　春日社北郷神人神殿守職補任状　天明四甲辰年七月十八日　一通　北郷神人神殿守職

江戸後期写、竪紙、楮紙、「福」方朱印三顆、縦三三・二cm、横四五・六cm、一紙、

（書出）「春日御社政所符北郷神人神殿守職之事」（書止）「早任先例宜相従神事／之状如件不可違失故下」（差出）「神主正三位大中臣時啻（花押）」（奥）集〔隼〕人永程充、

4　春日社北郷神人職補任状　天明七丁未年八月廿七日　一通　北郷神人職

江戸後期写、竪紙、楮紙、「福」方朱印五顆、縦三一・一cm、横四四・八cm、一紙、

（書出）「春日御社政所北郷神人職之事」（書止）「所／補如件敢不違失故下」（差出）「神主正三位大中臣時啻」（奥）北郷藤久充、

5　春日社北郷神人職補任状　寛政六年十二月廿八日　一通　北郷神人職

江戸後期写、竪紙、楮紙、「福」方朱印五顆、縦三三・八cm、横四五・三cm、一紙、

（書出）「春日御社政所北郷神人職之事」（書止）「所補如件敢／不可違失故下」（差出）「神主正三位大中臣成隆（花押）」（奥）北郷万治充、

6　春日社北郷神人職補任状　文政三年二月八日　一通　北郷神人職

江戸後期写、竪紙、楮紙、「福」方朱印五顆、縦三一・七cm、横四三・〇cm、一紙、

（書出）「春日御社政所北郷神人職之事」（書止）「所／補如件敢不可違失故下」（差出）「神主正三位大中臣成郷（花押）」（奥上）北郷繁治郎充、

7　春日社北郷神人職補任状　文政六年十二月朔日　一通　北郷神人職

江戸後期写、竪紙、楮紙、「福」方朱印五顆、縦三一・六cm、横四五・七cm、一紙、

（書出）「春日御社政所補北郷神人職之事」（書止）「所／補如件敢不可違失故下」（差出）「神主正三位大中臣朝臣成郷（花押）」（奥）亀喜代充、

8　春日社北郷神人神殿守職補任状　天保九年七月五日　一通　北郷神人神殿守職

江戸後期写、竪紙、楮紙、「福」方朱印一顆、縦三一・六cm、横四五・六cm、一紙、

（書出）「春日御社政所符北郷神人神殿守職之事」（書止）「早任先

例宜／相従神事之状如件不可違失故符」（差出）「神主正三位大中臣朝臣師寿（花押）」（奥上） 北郷隼人守淳充、

9 春日社北郷神人職補任状 万延二年二月十六日 一通 北郷神人職

江戸後期写、竪紙、楮紙、「福」方朱印一顆、縦三二・四cm、横四五・四cm、一紙、

（書出）「春日御社政所北郷神人職之事」（書止）「所補如件敢不違失故下」（差出）「神主正三位大中臣時真（花押）」（奥下） 北郷安三郎充、

10 春日社北郷神人職補任状 慶応二年二月三日 一通 北郷神人職

江戸後期写、竪紙、楮紙、縦三二・七cm、横四四・七cm、一紙、

（書出）「春日御社政所北郷神人職之事」（書止）「所／補如件敢不違失故下」（差出）「神主正三位大中臣時真（花押）」（奥下） 喜一郎充、

11 春日社北郷神人職補任状 慶応三年十月 一通 北郷神人職

江戸後期写、竪紙、楮紙、縦三二・八cm、横四四・二cm、一紙、

（書出）「春日御社政所北郷神人職之事」（書止）「所／補如件敢不違失故下」（差出）「神主従二位大中臣時真（花押）」（奥下） 喜代丸充、

12 春日社北郷牧務膳部職補任状 明治二巳年七月廿五日 一通 北郷牧務膳部職

明治写、竪紙、楮紙、縦三二・〇cm、横四六・一cm、一紙、

（書出）「春日御社政所北郷牧務膳部職之事」（書止）「所仰状如件敢不可違失／故下」（差出）「北郷牧務中東摂津守時庸（花押）」（奥上） 高井隼人充、

大宮家文書 第八十八括

巻込、（紙縒上書）「七十」

1 神余昌綱書状 〈永正八年〉十二月廿三日 一通 上洛 歳暮之御巻数

室町後期写、横切紙、楮紙、縦一七・四cm、横四四・二cm、一紙、

（書出）「誠去年御上洛之時／以面上申承候本望候」（書止）「仍歳暮之御巻数／送給候目出候旁期／明春候恐々謹言」（差出）「昌綱（花押）」（日下）（充所）「野田宮内丞殿御返報」

2 釣燈呂一件覚書 〔文化十四年〕 一通 釣燈呂

江戸後期写、続紙、首欠、楮紙、縦一六・八cm、全長四五・八cm、三紙、

（首）「幼少之頃取失イ歎ケ敷／奉存候」（書止）「是等之／儀亦以御願奉言上候／文化十四年八月廿二日」

3 日並記 〔明治二年十月〕 一綴

明治写、大宮守栄筆カ、仮綴、楮紙、縦一七・二cm、横二二・四cm、一六紙、

（文首）「明治二巳年十月／一今般西丹波守殿新権神主拝賀執行被致／候事」（文末）「如何致し候哉一応御尋申入候事」

○右端上ヲ紙縒ニテ仮綴スル、右端下ニ「一」～「六」ノ丁付アリ、第七紙以下ハ白紙、本号ハ第百二十一括17号ト一連ノ記録カ、

4 日並記 一綴

江戸後期写、仮綴（綴紐欠失）、首尾欠、楮紙、縦一八・〇cm、横二三・四cm、八紙、

（首）「ニ四日御寺務様ゟ呼ニ来ル明／七月六日銀子被申渡」（尾）

「御神供まへ社頭奉行被申来候／者御神供請御道具御渡」

5
某願書草案　丑八月廿二日　一通　釣燈呂ニ付

江戸後期写、続紙、首欠、楮紙、縦一七・二cm、全長一二七・二cm、六紙、

（首）「来リ候趣申出候上者慥ニ証拠／御座候事と奉存候」（書止）「右之通御願奉申上候御賢慮之程／奉願上候以上」　差出書・充所ナシ、

6
某書状草案　一通　殿様　春日社御祈禱御札

江戸中期写、横切紙、楮紙、書キサシ、縦一七・八cm、横三八・六cm、一紙、

（書出）「一筆啓上仕候薄暑之節御座候処／先以／殿様益御機嫌能」（尾）「春日社御祈禱之御札奉差上候／間御序之節可然様御披露／奉願上候恐悦」

○遷宮関係図ノ上ニ重書スル、

7
某書状草案　一通

江戸中期写、小切紙、尾欠、楮紙、縦一七・六cm、横一〇・二cm、一紙、

（書出）「一筆啓上仕候薄暑之節御座候処」（尾）「御勤仕珍重奉存候然者」

○遷宮関係図ノ余白ニ記ス、

8
春日社下遷宮次第　一通

江戸後期写、続紙、楮紙、縦一七・八cm、全長四五・四cm、二紙、

（文首）「一始一御殿守栄鎰合春雄春堅移殿ニ入」（文末）「注進之上中之口出守栄御錠掛ル」

9
榎本社上棟図　一鋪　榎本社

江戸後期写、小切紙、楮紙、縦一八・二cm、横二二・六cm、一紙、

○「榎本社上棟図印」トアリ、

大宮家文書　第八十九括

巻込、（紙縒上書）「七六」

1　大宮守家書状　　後十月十四日　　一通　　春日領摂州納所

室町後期写、横切紙、楮紙、右袖ニ追而書アリ、縦一六・八cm、横四二・五cm、一紙、

（書出）「先度御懇之預御言伝本／望之至候仍春日領於摂州／此方納所分」（書止）「目出度期来信候恐々／謹言」（差出）「守家（花押）」（日下）（充所）「南郷今西殿御宿所」

2　某書状　　一葉　　飢饉

室町後期写、断簡、楮紙、縦一六・一cm、横二五・八cm、一紙、

（首）「□／」飢饉存命あやうく候」（尾）「不可御覧放之旨／」尤畏存候」

3　某書状　　一葉

室町後期写、断簡、楮紙、縦一五・三cm、横三三・二cm、一紙、

（首）「御けうかいて候ま」（尾）「もかたき事」

4　進藤長定書状控　　（別筆）〈寛文元年〉臘月十四日　　一通　　宮内跡目ニ付

江戸前期写、横切紙、楮紙、縦一六・五cm、横四六・〇cm、一紙、

（首）「御札之趣令披見候寔以／其以来者久々不能面上候」（書止）「可申承候間不／能細筆候恐々謹言」（差出）「（別筆）「近衛殿御内」進藤筑後守」（日下）（充所）「中東玄番殿御報」

5　散銭出入覚書　　〈寛文十一年〉十二月廿六日　　一通　　奈良奉行溝口信勝社参ニ付

江戸前期写、横切紙、縦一七・〇cm、横五〇・九cm、一紙、

○奥下ニ「下書ヲ給ル也」トアリ、

（書出）「散銭出入之事／寛文拾壱年極月朔日ニ奈良／御奉行溝口豊前守殿御社参／被成」（書止）「以来とても／番之祢宜可給者也是神前えさ／被申候也」（差出）「大宮常住千勝」（日下）

6　禰宜家録知行等条々　　一通

江戸後期写、横切紙続紙、楮紙、縦一六・四cm、全長一〇一・五cm、二紙、

（書出）「一祢宜家録知行帳／一祢宜神供燈明料（但し御朱印油料並他ヨリ寄附油料）」（書止）「後例ニ可被用候筋ハ是又／委敷可被書出候事」

7　稲生社等尊号書付　　寅孟春ノ二日　　一通

江戸中期写、切紙、竹紙、縦一六・八cm、横三九・四cm、一紙、

（書出）「稲生社／四大神（住吉大神）」（書止）「御尊号所望によつて／書付進上致候以上」（差出）「秀能井主膳」（日下）（充所）「藤井宮内様」

8　御神供図断簡　　一葉

江戸後期写、断簡、楮紙、縦一六・〇cm、横二〇・〇cm、一紙、

9　神人充廻状断簡　　八月　　一葉

江戸後期写、断簡、首欠、楮紙、縦一六・六cm、横二三・五cm、一紙、

（差出）「中垣」（日下）（充所）「山本様／大宮様／榊様／酒殿様／山口様／梅木様／丹坂様／山口様／山口様／大宮様／梅木様」（奥書）「乍御面倒早々御順達可被下候」

○本文ハ欠失スル、

大宮家文書　第九十括

巻込、本括ヨリ第二十六括ヲ分割スル、

1　大中臣氏人等注文　　慶安三年〔庚寅〕十二月十日　　一通

江戸前期写、菅原永通筆、続紙、首欠、楮紙、縦二〇・四cm、全長二五・〇cm、三紙、

(首)「冠者　祐元／一大中臣氏人」　(文末)「千藤殿　師言」

(差出)「北郷内蔵永通(花押)」〔日下〕

〔紙背〕甲辰歳粟殿領段銭段米算用帳　　一通　　粟殿領段銭・段米

桃山写、続紙、中欠ヵ、尾欠、楮紙、縦二〇・四cm、全長二五・〇cm、三紙、

(書出)「〔甲辰〕歳粟殿領段銭段米算用帳」　(尾)「壱段五段印」

○錯簡アリ、甲辰歳ハ慶長九年ヵ、

2　春日神影并三社詫宣一件記　〔文化十三年六月〕　一通

江戸後期写、横切紙、楮紙、縦一八・一cm、横四八・九cm、一紙、

(書出)「文化十三年六月何日ゟ社家惣蔵おゐて／春日神影并三社詫宣案内之者」　(書止)「吟味中ニ付／願書預り置候左様相心得可申段被／申渡候事」

3　春日神木入洛略記　〔康和五年～正応四年〕　一通　　春日神木

江戸前期写、小切紙、楮紙、縦一八・七cm、横二三・五cm、一紙、

(文首)「癸未　春日神木入洛〔三月廿六(マヽ)四帰座〕／七月廿五興福寺供養〔康和五年〕」　(文末)「辛卯　神木金堂遷座／正十九神木着御木津二月廿二帰座〔四年〕」

4　辛榊社修理日並記　　一通

江戸後期写、仮綴(綴紐欠失)、楮紙、縦一八・七cm、横二三・七cm、七紙、

(文首)「寛政三〔辛亥〕年八月廿八日渡ス／六斗遷宮料〔主殿内蔵〕／右八月廿日大風分」　(文末)「一御神供節楼門ニ而正預殿へ辛榊社／御修理御祓之義相済趣内蔵ゟ／申延置候事」

○各紙右端上ニ「一」～「七」ノ丁付ヲ記ス、

5　遷宮祝詞　　一通

江戸後期写、小切紙、楮紙、縦一八・六cm、横二一・四cm、一紙、

(書出)「再拝々々惟当歳月其日ノ今時吉日良辰ヲ撰定テ」　(書止)「夜ルノ守リ昼ノ守ト常葉垣葉ニ守リ給ヱト恐／レミ々ミモ申テ申サ久ト申奉ル」

(奥書)「　口伝　守家

木綿四手　下遷宮別ニ口伝有也　　(以上本奥書)

(別筆)「右氷室神社古文書ニ奉納ス

于時明治廿四年五月三日　三通ノ内」」

大宮家文書　第九十一括

巻込、樹皮片漉込素紙表紙、〔紙縫上書〕「四十の四」

〔表紙表書〕「三巻之内　藤浪家蔵

上願書　甲

合　通　」

○第1号ノ右端ニ表紙・紐ヲ貼リ付ケテ全体ヲ巻キ込ム、

1　**北郷禰宜口上書控**　一通

江戸前期写、竪紙、楮紙、縦三二・五cm、横四二・〇cm、一紙、

（書出）「一毎年為恒例正月元日二日三日同七日此四个日御神前」

（書止）「被為遂御僉義先規之通／被為　仰付被下候ハ、難有可奉存候以上」　差出書・充所・日付ナシ、

正月御神供支配ニ付

白飯・黒飯

北郷・南郷当番祢宜（文中）

2　**春日社上奥高名年貢算用状**　〔明応八己未年十一月〕　一通

室町後期写、続紙、尾欠、楮紙、縦二二・五cm、横二六・六cm、一紙、

（書出）「春日社上奥高名御年貢算用状事／合明応八年己未十一月日」　（尾）「一定斗分合（三分一免）」

○第五十九括裏3号ト関連スル、

上奥高名

3　**下遷宮記断簡**　〔寛文十一年〕　一通

江戸前期写、続紙、首尾欠、楮紙、縦二三・三cm、横三三・七cm、一紙、

（首）「一下遷宮方入道具事／御幣串二本（奉行方ヨリ御沙汰也）散米折敷二膳（日事）」　（尾）「一神宮寺殿下遷宮ニ付両惣官出仕有テ／ヨリ両常住方ヨリ夫以テ申ス御遷官〔宮〕ニ取掛ル」

4　**春日祭天和二年先例書**　一通

春日祭上卿

江戸中期写、縦切紙、楮紙、縦三〇・七cm、横二三・六cm、一紙、

（書出）「春日祭ニ付上卿者丹波殿天和二年壬戌二月六日也」　（書止）「其時宝蔵之役人ハ大東右近殿正預欠講ニ而成不申候」　（差出）「北郷常住神殿守守房（花押）」（奥下）

5　**大宮常住神殿守精進料米請取状控**　元禄三年庚午四月廿九日　一通

江戸中期写、竪紙、楮紙、縦二四・一cm、横三四・一cm、一紙、

（本文）「請取申米之事／合弐拾石弐升九合者（但京升納也）／右者紀伊社祓戸社太刀辛社〔雄脱〕／神宮寺殿精進料也仍而請取／申所如件」　（差出）「梅木主殿判／大宮常住神殿守／大宮宮内判」（日下）　（充所）「御寺務様御奉行所／森田庄左門殿〔衛門殿〕／杉田平六殿」

紀伊社・祓戸社・太刀辛雄社・神宮寺殿

6　**某口上覚草案**　元禄五年正月廿九日　一通

江戸中期写、竪紙、楮紙、縦三五・五cm、横五二・四cm、一紙、

（端裏書）「口上之下書若宮勘介以御家老中へ是指□」　（書出）「口上覚／今度南北両座之就相論拙者儀懇ニ被仰付」　（書止）「右之段々宜／御取成奉願候恐惶謹言」　（充所）「御家門様御家老進藤〔長房〕筑後守様／今大路〔光好〕出羽守様」

○一時期貼リ継ガレテイタ痕跡アリ、

常住職召放赦免願ニ付

7　**禰宜大宮守房・守胤口上覚**　元禄十五年午正月廿三日　一通

祢宜成

藤原道長

江戸中期写、竪紙、楮紙、縦三一・七cm、横四五・三cm、一紙、

（書出）「奉願口上之覚／右奉願候北郷常住祢宜成御訴訟申上候」

（書止）「乍恐祢宜成被為仰付頂戴／仕候ハ、難在奉存候愈於　御神前御祈禱之／可奉抽精誠候／以上」　（差出）「〔祢宜〕北郷守房（長円黒印）／同守胤（円黒印）」（日下）

○文中ニ「御堂関白通〔道〕長公御時藤井清〔『自清貞五代』『国』〕□□□」「先祖清〔『国ヨ』〕□□リ守

胤迄二十三代」トアリ、文字ノ一部ニ後世ノ改変アリ、

8
大宮守胤覚書　宝永四年亥十月廿一日　一通　金燈呂
江戸中期写、縦切紙、楮紙、縦二九・六cm、横二一・八cm、一紙、(端裏書)「宝永四年金燈呂綱」(書出)「覚／一今度春日社御遷宮ニ付楼門金燈呂移殿ノ／御廊ヘ釣申候」(書止)「先規／ヨリ御遷宮之御時ハ毎度如此御座候以上」(差出)「北郷常住内蔵」(日下)(充所)「成身院様」

9
大宮守胤覚書　享保十一丙午年七月三日　一通　金燈呂
江戸中期写、縦切紙、楮紙、縦三〇・〇cm、横二六・七cm、一紙、(端裏書)「享保十一年金燈呂綱」(書出)「覚／一今度春日社御遷宮ニ付楼門金燈／呂一釣移殿ノ御廊江釣申候」(書止)「先規ヨリ御遷／宮御時者毎度如此御坐候以上」(差出)「大宮内蔵(長円黒印)」(日下)(充所)「連蔵院様」

10
春日社正遷宮道具請取状控　享保十三戊申年六月十八日　一通
江戸中期写、続紙、楮紙、縦三〇・九cm、全長一〇六・五cm、三紙、(端裏書)「享保十三年守胤」(書出)「春日社御本社正遷宮請取申御道具」(書止)「一楽所薄縁　(追筆)「内蔵」　拾弐枚七枚／已上」(差出)「北郷常住神殿守大宮内蔵守胤／若宮常住神殿守若宮宮内春説／南郷常住神殿守梅木主殿春積」(日付前行下)

11
住吉社遷宮道具受取状控　元文六辛酉年正月廿九日　一通　住吉社
江戸中期写、竪紙、楮紙、縦二八・六cm、横三〇・五cm、一紙、(書出)「住吉社正下遷宮受取申御道具之事」(書止)「以上／当日五日ニ受取申候」(差出)「両常住神殿守守理(円黒印)／春精(円黒印)」(日下)(充所)「別会五師中蔵院様」

12
大宮内蔵覚書　明和元甲申年八月二十八日　一通　金燈呂
江戸中期写、竪紙、楮紙、縦三〇・六cm、横三〇・九cm、一紙、(端裏書)「明和元年金燈呂綱」(書出)「覚／一今度春日社御遷宮ニ付楼門金燈籠／壱釣移殿御廊江釣申候」(書止)「右之通下遷御時者先規ヨリ毎度／如斯御座候以上」(差出)「北郷常住神殿守大宮内蔵」(日付前行下)(充所)「観禅院様」

13
榎本社水谷社正遷宮参勤役割　明和二乙酉年三月廿七日　一通　御指几帳・御導・沈香・御傘
江戸中期写、続紙、楮紙、縦二四・五cm、全長六六・六cm、二紙、(書出)「正遷宮参勤役割／榎本社　御指几帳　北郷成胤／御導　南郷春村／沈香　北郷守福／御傘　南郷春一」(文末)「沈香　南郷春一／御傘　北郷守福」(左奥裏書)「長者宣写始扱込」

14
大宮内蔵口上覚草案　天明四甲辰年四月九日　一通　宮内悴禰宜入ニ付　遷宮惣官(文中)
江戸後期写、続紙、楮紙、縦三〇・八cm、全長六三・六cm、二紙、(端裏書)「一乗院宮様へ初参願追訴差上ル下書」(書出)「乍恐追訴を以御願奉申上候口上之覚」(書止)「御憐愍ヲ以／先格之通御許容被為成下候ハヽ冥加至極難有奉存候以上」(差出)「北郷常住神殿守大宮内蔵印」(日下)(充所)「御寺務／一乗院宮様／御家老中様／御勘定所御役人中様御披露候」

15
春日社日並神事記表紙　〔寛政九年〕　一葉
江戸後期写、袋綴装断簡、楮紙、表紙ノミ、縦二四・三cm、横三三・五cm、一紙、(外題)「春日社日並神事記」(外題左)「冬之部」(外題右)「寛政九丁巳年従十月朔日至十二月晦日迄」(外題左下)「北郷常住神殿

守内蔵守寿兼一﨟」

16　三方常住神殿守口上書控　天保十三壬寅年十月二日　一通　衣服等新調代拝借願ニ付

江戸後期写、竪紙、楮紙、縦二三・四cm、横三一・七cm、一紙、黄衣・大帷子等（文中）

（書出）「乍恐奉願上候口上之覚／一春日社御遷宮ニ付」（書止）「御役ニ相随ヒ／可申上千万難有可奉存候以上」（差出）「南郷常住神殿守梅木主計春衛／代梅木但馬櫨春印／北郷常住神殿守大宮内蔵守栄印／若宮神殿守若宮宮内春雄印」（日下）（充所）「御寺務／一乗院宮様／御奉行様／下奉行衆中参」

○充所ノ下ニ「十月十六日／十七日」トアリ、

17　本社正遷宮道具請取状　天保十五年十二月七日　一通

江戸後期写、竪紙、楮紙、縦二六・五cm、横三八・六cm、一紙、

（書出）「御本社正遷宮請取申御道具之事」（書止）「右之品々慥ニ以請取申状如件」（差出）「南郷守――梅木主計春位印／――太／――」（日下）

（奥書）「十二月八日大宮内蔵御役所参願書相越候事」

18　某書状草案　一通　若宮祭礼献上ノ鳥ニ付

江戸後期写、竪紙、楮紙、縦二四・〇cm、横三一・四cm、一紙、

（書出）「一筆啓上仕候甚寒之節御座候得共／先以殿様益御機嫌能被為遊」（書止）「右之段貴公様宜敷／御取成可被下候様奉願上候以上」

〔紙背〕春日社正遷宮関連文書〔天保十五年〕　一通

江戸後期写、折紙、楮紙、縦二四・〇cm、横三一・四cm、一紙、

①南曹雑掌長門守祐随書状写　十一月三日

（端書）「南曹雑掌ゟ惣官へ付文也」（書出）「当社立柱上棟正遷宮之事／則令　奉聞給候所」（書止）「内々／其旨可有沙汰由南曹弁殿／仰所候也恐々謹言」（差出）「長門守祐随」（日下）（充所）「謹上　春日社両惣官／御中」

②正遷宮日時勘文文例

（全文）「正遷宮日時／十二月十二日甲辰時子／外認方上棟同様也」

③官宣旨写　天保十五甲辰年十一月十日

（書出）「左弁官下　春日社／応任日時令勤行当社／立柱上棟日時之事」（書止）「者社宜承知依宣行也（ママ）」（差出）「大史小槻宿祢奉（以寧）／（花押影）」（日下）「右中弁藤原朝臣（坊城俊克）（花押影）」（奥上）

19　大宮守栄祈禱状　安政五午年十二月吉日　一通

江戸後期写、縦切紙、楮紙、縦二七・五cm、横一〇・〇cm、一紙、

（本文）「春日社　奉祈禱／右奉天下泰平国土安全殊ニ者／信心之願主息災延命所依之状如件」（差出）「大宮内蔵守栄」（日下）

20　春日社移殿行事先例書〔応永十四年・三十四年〕　一通

江戸中期写、続紙、楮紙、縦二八・六cm、全長八七・三cm、三紙、

（文首）「応永十四年／一七月廿三日承仕円教以常住代官社家江／申入候」（文末）「凡今度事当座及神事／違乱之間雖新儀随仰畢於向後／者堅可歎申者也」

21　社家加任預祐遠記〔永正十四年〕　一通　辰市祐遠

江戸前期写、続紙、尾欠、下部欠損、楮紙、墨書注記アリ、縦二三・四cm、横三三・七cm、一紙、

（内題）「永正十四年丁丑正月加任預祐遠記」

（端書）「此記当時東辰市家ニ所□」（文首）「一北郷座中ゟ披露云五﨟神殿守被補常住／候処日番可沙汰いか丶之由」（文末）「南北郷常住ニ下知候ハ、則／彼座ニも即体ニも畏テ領納之由返事申候□（也）」

22　北郷座中口上書控　七月廿四日　一通　御神鏡従役

江戸中期写、竪紙、楮紙、縦二三・八cm、横三四・〇cm、一紙、（書出）「乍恐口上之覚／一御神鏡従役之義者先規より右方南郷／左方北郷立合」（書止）「被為遂　御僉議被下候者難有／可奉存候以上」（差出）「北郷座中」（日下）（充所）「一乗院御門跡様／御奉行様」

23　三方禰宜訴詔一件書付　十一月三日　一通　遷宮ニ黄衣修覆料下行願ニ付

江戸中期写、竪紙、楮紙、縦二五・五cm、横三四・二cm、一紙、（書出）「一十一月三日就御遷宮六月廿二日三方祢宜／大乗院御寺務様江御訴詔曰」（書止）「三方神役勤者二百三十七人壱人別ニ／京升六升ツ、配分之畢」（奥裏書）「遷宮ニ付／精進料／政長卿」

〔紙背〕南郷中臣氏人書付

江戸中期写、折紙、楮紙、縦二五・五cm、横三四・二cm、一紙、（全文）「南郷中臣氏人／東地井左衛門祐孝不参／富田延庫／大東延栄／辰市祐棟」

24　神事物品書上　一通

江戸中期写、続紙、楮紙、墨書訂正アリ、縦二四・三cm、全長六七・七cm、二紙、（端裏書）「年号不分」（文首）「一楽所ノ畳紫縁畳　二畳」（文末）「一讃岐円円（ママ）　弐枚」

25　若宮常住米代銀覚　十一月十六日　一通

江戸後期写、縦切紙、楮紙、縦二四・七cm、横一六・一cm、一紙、（書出）「覚／一米三石三斗九升弐合／代弐百三匁五分弐厘」（書止）「且悪金悪札等有之候ハ、可被仰聞候以上」（差出）「若宮常住」（日下）（充所）「南北両常住／御中」

26　下行物注文　一通

室町後期写、竪紙、楮紙、縦二四・二cm、横三七・二cm、一紙、（書出）「□下行　五百文／□ヨウシ　サシハサミ五種ツ、カキシテ」（書止）「ソメ合六十坏　タチハナ六十坏」

27　某口上覚写　一通　御神供ニ付

江戸前期写、竪紙、楮紙、縦三一・七cm、横四三・〇cm、一紙、（端裏書）「左近殿／うつし」（書出）「御神供米五師之御衆より御下行之覚／一此間御渡し被成候米一段あしく」（書止）「当分かやうニ有之事いか、御座候をや／以上」　差出書・充所・日付ナシ、

28　遷宮記断簡　一葉

江戸前期写、袋綴装断簡、楮紙、縦二四・六cm、横三九・六cm、一紙、（首）「如何但御吉事間可謂吉事云々」（尾）「職事方又座中ニ出敷惣座ニテ皆」

29　御廊畳敷ニ付書付　一通

江戸中期写、竪紙、楮紙、縦二二・八cm、横二九・一cm、一紙、（書出）「一東御廊畳敷紫縁九帖四壱帖者高麗／縁合十帖」（書止）「此所ニ写書予入置候畢／畳請取節ゟ入置」

30　某口上書草案　一通　率川社遷宮祝詞ニ付　南郷・北郷常住（文中）

江戸中期写、竪紙、楮紙、裏書アリ、縦二四・三cm、横三四・一cm、一紙、（書出）「謹而乍恐奉願上口上／一此度　率川社就御遷宮小社二座御／遷宮《之儀》ニ付」（書止）「先規之通被為　仰付被／下候者難有可奉存上候」　差出書・充所・日付ナシ、

○第31号トホボ同文、

31 某口上書草案　一通　率川社遷宮祝詞ニ付

江戸中期写、竪紙、楮紙、縦二四・四cm、横三三・八cm、一紙、(書出)「謹而乍恐奉願上口上／一率川御社依御遷宮小社二座御遷宮ニ付」(書止)「被為／仰付被下候者難有可奉存上候」差出書・充所・日付ナシ、

○第30号トホボ同文、

32 包紙　一枚

江戸中期写、縦切紙、楮紙、縦二九・八cm、横一八・一cm、一紙、(全文)「陪従御神楽絵図／御影参之事」

33 北郷常住年中御供受取之覚　一通　神戸小神供旬御供節供小神供

江戸中期写、続紙、尾欠、楮紙、縦二三・三cm、横三四・〇cm、一紙、(端裏書)「受取之覚」(書出)「(追筆)年中北郷常住受取之覚受□／正月朔日ゟ十日迄ワウルメ二疋ツヽ／白食壱坏」(尾)「一節供小神供二膳分并四十六膳二坏餅」

34 榎本社水谷社下遷宮参勤役割　一通　御指几帳・御導・沈香・御傘(文中)

江戸後期写、縦切紙、楮紙、縦二四・四cm、横一七・七cm、一紙、(書出)「天保度下遷宮／榎本社」(文末)「沈香　承春　御傘　守和」

35 春日社遷宮行列次第断簡　一冊

江戸後期写、袋綴装(綴紐欠失)、首・中・尾欠、楮紙、裏書アリ(第二紙)、縦二八・四cm、横四二・三cm、三紙、(第一紙首)「一ノ御殿御コマイヌ御コマイヌ／次ニ／二御殿御コマイヌ御コマイヌ」(第二紙首)「三ノ御殿御燈籠／一ノ御殿御道具御道具」(第三紙首)「御長柄物　市九郎／三ノ御殿御行レツノ次第」

○第一紙・第二紙ハ連続スル、第三紙ハ不明、

36 松柏城等解釈条々　一通

江戸後期写、竪紙、楮紙、縦二二・三cm、横三〇・六cm、一紙、(文首)「一松柏城之象莚／松柏城ハ久シキ祝シテ云」(文末)「芥子劫磐石劫トコトアリ」

37 某口上覚控　一通　春日社遷宮役者料拝借願ニ付

江戸後期写、続紙、尾欠、楮紙、縦二四・六cm、横二〇・九cm、一紙、(書出)「乍恐奉願上候口上之覚／一春日社大宮殿若宮殿中社小社御遷宮役者／料」(尾)「難有奉存候且又追々中社小社御遷宮之義」

第九十一括裏打紙文書

裏1 充名書断簡　一葉

明治写、断簡、楮紙、縦二七・〇cm、横八・二cm、一紙、(全文)「堺県令税所篤殿」

○第27号ノ裏打紙、

大宮家文書　第九十二括

貼継、素紙表紙、

（表紙）「三巻之中　藤浪氏
上願書　丙
合　通　」

1 春日社禰宜物中言上書控　寛文五年三月廿七日　一通　祢宜屋敷・祢宜町ニ付

江戸前期写、菅原永通筆カ、続紙、楮紙、縦二六・八cm、全長一〇五・一cm、三紙、

（書出）「乍恐謹言上／一春日社祢宜居屋敷之事去ル文禄四年ニ前大閤／秀吉公御赦免之御朱印頂戴仕候」（書止）「被仰／付被下候者難有可奉存候仍謹上如件」（差出）「春日祢宜惣中山田平兵衛／中恒万丞／梅木久左衛門／若宮藤兵衛／中村源右衛門／梅木主殿助」（日下）（充所）「御奉行所」

○左奥ニ「御裏書／如斯訴状差上上者被返答書来ル五月九日／前江戸へ参向可有対決并庄屋久右衛門参候／様ニ可被申付者也／井上河内御印判（後略）」トアリ、本号ハ第百二括1号ト同文、

2 春日社出納雑司口上覚控　一通　神供米ニ付大御所様上洛

江戸前期写、菅原永通筆カ、竪紙、楮紙、縦二六・八cm、横三六・七cm、一紙、

（書出）「覚／一春日社御神供米五師衆ヨリ御下行ニ付度々あしく御渡／候ニ付」（書止）「右之条々可然様ニ聞召被分候て可被下候以上」（差出）「春日社出納等／雑司」（奥下）（充所）「板倉伊賀様」　日付ナシ、

○第5号ト同文、

3 燈呂釣下料ニ付口上書草案　一通　燈呂釣下料ニ付

○第8号・第18号ト関連スル、

〔1〕某口上書草案

江戸後期写、続紙、首尾欠、楮紙、縦二八・六cm、横二〇・六cm、一紙、

（首）「数度及催促候処何方ゟも請取不申由申ニ付釣下シ／料無之燈呂と存空敷年月送リ罷在候」（尾）「及返答候故不得止事」

〔2〕某口上書草案　燈呂釣下料ニ付

江戸後期写、続紙、首尾欠、楮紙、裏書アリ、縦二六・五cm、全長五八・二cm、二紙、

（首）「外様役人迄願出候趣」（尾）「御糺候而被成下候様御願奉言上候」

4 大宮守房口上覚控　元禄二年巳五月八日　一通　祈禱所細蔵ノ修理

江戸中期写、竪紙、楮紙、縦二四・〇cm、横三二・〇cm、一紙、

（端裏書）「元禄二年細蔵」（書出）「口上之覚　大宮宮内／今度就当社御遷宮御坐候拙者代々／取持仕候祈禱所細蔵と申候」（書止）「右之旨宜修理被成下候者有難奉存候誠／恐謹言」（差出）「裏判」（日下）（充所）「一乗院様／御奉行様」

5 春日社出納雑司口上覚控　一通

江戸前期写、菅原永通筆カ、続紙、楮紙、縦二八・一cm、全長五二・八cm、二紙、

（書出）「覚／一春日社御神供米五師中ヨリ御下行ニ付度々あしく／御渡候ニ付」（書止）「右之条々可然様ニ聞召被分候て／可被下候以上」（差出）「春日社出納等／雑司」（奥下）（充所）「板倉伊賀様／御奉行所」　日付ナシ、

○第2号ト同文、

6
神前惣代口上書控　一通
江戸中期写、竪紙、楮紙、縦二七・八cm、横三九・八cm、一紙、
（書出）「奉願上口上書／一社頭東廻廊之外山内ニおゐて御遷宮砌諸／職人之仮便所桶御座候処」（書止）「一流難有仕合ニ奉存候以上」（差出）「神前惣代｜／｜」（奥下）（充所）「｜｜」

7
大宮守国目安　宝徳三年十二月　日　一通　大宮守職、相節ヲ拝領
室町中期写、竪紙、楮紙、縦二八・〇cm、横二六・八cm、一紙、
（書出）「目安　春日社□□守国謹言上／右子細者　御門跡御祈禱代々申入」（書止）「仍粗謹言上如件」（差出）「宮内尉守国上」（日下）
○「神人」トアル部分ヲ二次的ニ切断スルカ、

8
燈呂釣下シニ付口上書　二通
○第3号等ト関連スル、

〔1〕某返答書　文化十三年閏八月七日　燈呂釣下シ料ニ付
江戸後期写、続紙、尾欠、楮紙、縦二七・九cm、全長八四・〇cm、二紙、
（書出）「奉差上返答書／一此度大宮楼門ニ有之候金燈呂釣下シ之義ニ付北郷宮内ゟ／御願申上候」（尾）「往古ゟ仕来リ之義ニ而館林殿御燈呂ニ限リ」

〔2〕口上書写　燈呂釣下シ料ニ付
江戸後期写、続紙、首欠、楮紙、縦二六・六cm、全長七三・五cm、二紙、
①南郷主計口上書写　文化十三子とし壬八月七日
（首）「私一己にて釣下し致し候と申義」（書止）「右之段宜取御調被成下候様御願奉申上候／已上」（差出）「南郷主計／付添／同左衛門／同右兵衛」
②北郷小春口上覚写　文化十三年後八月廿日
（書出）「口上之覚／一楼門金燈籠之儀ニ付去二日書付を以／御願申上候ニ付主計ゟ返答書差上候故」（書止）「此段／御聞届被下候様御願申上候以上」（差出）「北郷／小春」（日下）（充所）「｜」

9
某口上覚写　一通　宗旨改ニ付
江戸中期写、竪紙、楮紙、縦二四・八cm、横三四・三cm、一紙、
（書出）「奉願上候口上之覚／一当村ニおゐて被官源蔵跡後家まさ方江／先比より無宗旨之者相囲ひ」（書止）「御威光ヲ以御糺明被為成／下候様奉願上候」差出書・充所・日付ナシ、

10
大宮守胤口上覚　宝永四年亥十一月十一日　一通　細殿普請願
江戸中期写、竪紙、楮紙、縦二九・四cm、横四二・三cm、一紙、
（端裏書）「書状有之／願書色々有之」（書出）「奉願口上之覚／一大宮殿北ノ廻廊ニ細蔵と申屋北郷常住代々（黒印）／所持仕候処ニ」（書止）「御普請成被下候ハヽ／難有奉存候／以上」（差出）「北郷常住内蔵（円黒印）」（日下）（充所）「御寺務大乗院様／御奉行様」

11
原城内矢文字　（寛永十五年）戊寅正月十三日　一通　天草吉利支丹（文中）
江戸前期写、菅原永通筆カ、竪紙、楮紙、墨点（仮名・返点、江戸前期）、縦二八・五cm、横三七・七cm、一紙、
（端裏書）「天草ノ状也」（書出）「今度下々トシテ及籠城候若国ヲモ望国主ヲモ／背申様ニ可被思召候聊非其義候」（書止）「此等之趣御陳〔陣〕中可預披覧誠恐惶謹言」（差出）「城内」（日下）（充所）「御上使中惣陳〔陣〕中門申上」

12
北郷刑部守政・重太郎請状控　寛文元年辛丑七月十七日　一通　宮内殿跡式
江戸前期写、続紙、楮紙、縦二三・八cm、全長七一・四cm、三紙、

(書出)「請状之事／一今度北郷宮内殿御煩ニ付われら子重太郎と／宮内殿息女ちか女郎と両人へ跡式ヲ／一円ゆつり給候ニ付」
(書止)「仍後日之証文／如件」　(差出)「北郷行〔刑〕部／重太郎」(日下)
(充所)「北郷宮内殿／母義様／おすて上郎様」以下計六名充、
○第百一括8号ト同文、

13
春日社神人野田党目安案(土代)　永正十七年卯月　日　一通　黄衣

室町後期写、続紙、楮紙、縦二五・六cm、全長五六・九cm、二紙、
(書出)「目安／当社神人野田党各謹言上／右子細者今度水屋御神楽之砌舞之時／野田衆黄衣〔寄狩衣ヲ着用〕混乱于他方事」　(書止)「益可奉　藤門御繁昌御祈申之由／〔野田一到〕各謹言上如件」　(差出)「野田衆等」(日下)

14
春日社司等言上状案　永正十四年三月　日　一通　守家常住職ヲ解キ興守ヲ補ス

室町後期写、竪紙、楮紙、縦二五・六cm、横三五・〇cm、一紙、
(書出)「春日社司等謹言上／右当社北郷前常住守家事去年八月／四日就社中沓役之儀帯兵具令乱入神前」　(書止)「之旨一社一同謹言上／如件」　(差出)「卅余人連判也」(奥下)
○第六十二括2号等ト関連スル、

15
大宮守胤願書控　六月廿五日　一通　備前国荒野郡祈禱

江戸中期写、竪紙(現装貼継)、楮紙、縦二七・六cm、横(第一紙)三八・一cm(第二紙)三七・一cm、二紙、
(書出)「奉願覚／南都春日社祢宜大宮内蔵守胤／往昔御国主様／春日社御崇敬被成候而備前荒野郡ニ／おゐて某先祖江知行被下置」
(書止)「不審為成事ニ御座候ハヽ／御屋敷迄御出入成共被仰付候様／奉願候」　(差出)「大宮内蔵丞守胤」(日下)　充所ナシ、

16
大宮守旧・守之口上覚届書草案　〔文化十四年〕丑九月二日　一通　楼門燈籠

江戸後期写、続紙、楮紙、紙継目裏ニ円黒印アリ、縦三八・九cm、全長三九・六cm、二紙、
(書出)「口上之覚／一去月廿九日被為　仰付候楼門六釣燈籠ニ付／寛文年中前後社中ゟ常住江被申聞候儀」　(書止)「右之通御寺務様江奉差上候ニ付写書差上申候」　(差出)「北郷宮内(円黒印)／北郷内記(円黒印)」(日下)　(充所)「御一臈代様」
○「御寺務／大乗院御門跡様／御奉行様」充ノ口上覚ノ届書ナリ、第百五括7号・第百十九括1号ト関連スル、

17
大宮守富言上状案(土代)　永正十四年十二月　日　一通　常住職ノ由緒父守家・寺勘ニ付

室町後期写、続紙、楮紙、縦二五・〇cm、全長一一六・三cm、三紙、
(書出)「謹言上　当社北郷常住神殿守職事／右件常住職者守富先祖代々相伝之／重職」　(書止)「能々被聞食分御成敗可為／御神慮専一候」
○第六十二括2号等ト関連スル、

18
某口上覚控　一通　燈呂ニ付

江戸中期写、続紙、楮紙、縦二七・六cm、全長八四・八cm、二紙、
(書出)「口上之覚／一去ル十六日被為　召出被為　仰出候儀奉畏罷在」　(書止)「此段被為　聞召分乍恐夫々／御吟味被為　成下候ハヽ、難有仕合ニ奉存候已上」　差出書・充所・日付ナシ、
○第3号等ト関連スル、

19
某祈願状　元文四己未年四月　一通　神鹿ニ付

江戸中期写、続紙、楮紙、縦二八・〇cm、全長六一・五cm、二紙、
(書出)「祈願申上候／累年鹿角切過町中之血気強盛之若キ者／大

少子共捧竹ヲ持男鹿ヲ取巻打擲さいなみ候／事」（書止）「偏神慮奉願候／以上／右之仕業相止候様奉祈願候」（差出）「願主」（日下）（充所）「上」

20 当番神人等口上書届書　弘化三午年九月五日　一通　金燈呂紛失ニ付

江戸後期写、続紙、楮紙、縦二七・一cm、全長五六・二cm、二紙、
（書出）「奉差上口上書／一此度社頭金燈呂五釣紛失仕候ニ付去ル二日私共被為／召出御尋被為遊候ニ付左ニ申上候」（書止）「右之通御寺務様江奉差上候ニ付写書／差上申候以上」（差出）「北郷多（山口）仲（円黒印）／南郷蔵人（梅田）（円黒印）／若宮駿河（福井）（円黒印）」（日下）（充所）「御一臈代様」
○「御寺務／一乗院宮様／御奉行様」充ノ口上書ノ届書、

21 興福寺学侶衆徒群議状案　一通　大和国宇智郡・宇陀郡ノ外二、官軍入部（文中）

室町中期写、竪紙、楮紙、縦二七・〇cm、横三五・四cm、一紙、
（書出）「興福寺学侶衆徒郡（群）議倆／近日学侶六方令一味同心可致神訴之由及御沙汰云々」（書止）「早被成下御下知者寺社属静／謐弥可抽懇祈之旨郡（群）議如斯」
○第七十五括5号ト関連スルカ、

22 春日社社家言上状控　寛文五年乙巳三月廿七日　一通　舎利佛体寄進

江戸前期写、菅原永通筆、竪紙、続紙、楮紙、縦二七・〇cm、全長七八・二cm、三紙、
（端裏書）「（別筆）舎利件」／宮本社家中ヨリ目安」（書出）「謹而言上／一和州南都　春日社若宮神前江去慶長年中に／始而舎利佛体寄進仕候者御座候」（書止）「被成御裁許被下候者奉難有存候仍而／言上如件」（差出）「中東玄番（蕃）頭　判／中式部少輔　判／中西左京亮　同／南木工助　同／相残り惣社家中」（日下）（充所）「御奉行所」
○左奥ニ裏書写アリ、「御裏書之覚／如此訴状差上候上者致返答書五月九日以前／江戸江参向可有対決者也／三月廿七日　井河内　御印判　賀々甲斐　同／五師役者中」、第百二括1号紙背ト関連スル、

第九十二括裏打紙文書

裏1 大宮守家常住職拝領覚書　（明応四年）　一通

室町後期写、竪紙、楮紙、縦二五・五cm、横二七・六cm、一紙、
（文首）「当社北郷方常住職之事故守国／宮内丞五郎丸守家為実子処」（文末）「寺／社之御充状以下拝領仕候了」
○第7号ノ裏打紙、

大宮家文書　第九十三括

巻込、（紙縒表書）「七四」

1　細井戸郷天満大自在天神社正遷宮祝詞　天正十二年甲申二月十日　一通　大和国細井戸郷天満大自在天神

桃山写、切紙続紙、斐紙、縦一七・六cm、全長七五・二cm、二紙、（書出）「かけまくもかしこき大和／国のほそいとのかうにを／はします」（書止）「よるの／まもりひるのまもりに／まもりさいわひおそれみ／おそれみも申」（差出）「守統」（日下）　大和国のほそいとのかうてんまんたいしさいてんしん充、

○日付前行ニ和歌ヲ記ス、

2　宣命　一通　春日神四柱

江戸中期写、横切紙続紙、尾欠、楮紙、縦一八・一cm、全長七三・六cm、二紙、

（書出）「宣命詞切紙／天皇我大命尓坐世恐岐鹿嶋坐／健御賀豆智命」

（尾）「天皇我／朝廷尓伊加志夜久波叡能」　春日神四柱充、

3　春日社勧請文並神供祝詞　一通　神供祝詞

江戸中期写、小切紙、楮紙、墨点（仮名・返点、江戸中期）、縦一八・九cm、横二一・七cm、一紙、

（書出）「勧請文／今年今月今日天津神国津神殊者／春日五社大明神」（書止）「夜るの守り日るの守りに守賜幸賜おと（ママ）／申す」

4　某注進状　一通　横浜商人宅浪士乱入等ニ付

江戸後期写、横切紙、楮紙、縦一七・三cm、横四八・四cm、一紙、

（書出）「江戸／一十月廿五日夜五ツ時頃ゟ市中搔／々鋪所々にて切害有之」（書止）「右之趣江戸表ゟ申参候而此段御注／進奉申上候以上」　差出書・充所・日付ナシ、

大宮家文書　第九十四括

巻込、第1号～第2号ハ貼継、（紙縒上書）「九一」

1 某仮名消息　一通

室町中期写、竪紙、楮紙、散ラシ書、縦二五・七cm、横四〇・八cm、一紙、

（書出）「まことにこの／はるより／の御よろこひ」（書止）「なを／〳〵かさねて／御よろこひ／とも申まいらせ候」

2 権専当琳智書状　二月五日　一通　中東方・宮内方 六方集会評定

室町後期写、竪紙、楮紙、縦二六・三cm、全長八五・五cm、二紙、

（書出）「中東方与宮内紛之儀付御下知并／学侶書状之趣委細御披露候」（書止）「六方集会評定候也／恐々謹言」（差出）「権専当琳智」（日下）（充所）「越智殿」礼紙切封墨引アリ、

○第七括裏6号ノ正文ヵ、

3 礼物覚書　一通

室町中期写、続紙、首欠、楮紙、縦二二・八cm、横二五・〇cm、一紙、

（首）「二百文□／一芝方絵師方ヨリ礼分三百文／致其沙汰古例也」（文末）「守国百文取之十一月十三日」

4 春日社遷宮記　（永正三年ヵ丙寅）　一通　春日社遷宮

室町後期写、続紙、首尾欠、楮紙、墨書訂正多シ、縦一九・四cm、横二九・六cm、一紙、

（首）「□八月廿二日／就御釿始之事京都江御注進ハ去月／廿八日也」（尾）「一来年丁卯年為御造替御無為無事之御祈」

---

5 光泰書状案　五月二日　一通　関白拝任

室町後期写、竪紙、楮紙、縦二一・六cm、横二七・二cm、一紙、

（端書）「たてふみ」（書出）「関白御拝任之御礼／為満寺」（書止）「能々可申之旨南曹弁殿／所候也恐々謹言」（差出）「左衛門尉光泰」（日下）（充所）「興福寺供目代御房」

6 春日社神事次第　一通

室町後期写、続紙、首尾欠、上部欠損、楮紙、指図アリ、墨書訂正アリ、縦二二・四cm、横三三・四cm、一紙、

（首）「為先規近日極暑之間被略之了」（尾）「御宝前奏」

〔紙背〕懸紙　一枚

室町後期写、竪紙、楮紙、縦三三・四cm、横二二・四cm、一紙、

（全文）「宮内とのへ　□□」

7 紀伊社釿始記　〔天正十六年六月〕　一通　紀伊社

桃山写、続紙、尾欠、楮紙、仮名交リ文、縦二四・二cm、横三〇・八cm、一紙、

（文首）「天正十六年六月二日ヨリ紀伊社殿ノ御／テウノ始アリ」（尾）「一東方ムネノヤウカムラヤナリ西ムネナルワトカリ」

8 納所納米下行帳　〔（慶長十八年）丑～元和二年〕　一通　納所

桃山～江戸前期写、続紙、首尾欠、楮紙、縦二二・九cm、横三六・七cm、一紙、

（首）「弐斗弐升丑五月分同七月分二个月分下行納所堯範（方黒印）」（尾）「壱斗壱升九月分　納所清院（円黒印）」

○首部ハ第四十六括1号付ヨリ接続スル、

9 大宮燈明料米下行帳　夏中屋納所

〔延宝八年十二月～元禄十一年十二月〕　一通

江戸中期写、続紙、首・中・尾欠、楮紙、紙継目ニ円黒印アリ、
縦二三・七㎝、全長一二一・〇㎝、三紙、
（首）「延宝八暦〔庚〕□申十二月　日／夏中屋納所胤慶権律師（花押）」
（尾）「元禄十一年戊寅十二月日多聞院（円黒印）」
〇第一紙ハ延宝八年ヨリ貞享二年、第二紙ハ元禄三年ヨリ元禄六年、第三紙ハ元禄九年ヨリ元禄十一年ナリ、第二紙・第三紙間ニ第十四括裏8号ガ接続スル、

大宮家文書　第九十五括

巻込、但シ第3号～第5号ハ貼継、

1　上ノ社中各知行高書上　一通　上ノ社中　四个村大楊生・東九条・中城・大江（文中）

江戸前期写、菅原永通筆、続紙、楮紙、素紙候補表紙、紙縒紐、
縦二六・二㎝、全長一九五・二㎝、五紙、（紙縒上書）「旅泊夏月」
（表紙）「上之社中　永正七年
各知行高　守村筆」
（内題）「上ノ社中各知行高」
（端裏書）「永益」（文首）「四个村ノ高／参百九拾八石壱斗三合四勺五才／大楊生」（文末）「惣都合八百廿九石九斗壱升九合」
（奥書）「慶長十三年申八月吉日上ノ知行分カル也　永通（花押）」

2　拝賀一献支度覚書　〔寛永十五年戊寅十一月五日〕　一通

江戸前期寛永十五年写、菅原永通筆、続紙、仮名交リ文、楮紙、
縦二五・五㎝、全長一三七・二㎝、四紙、
（文首）「大宮神□殿□□御拝賀ニ付壱献并北郷座中へ一献覚」
（文末）「三献／五ト入ニ シホ鯛三キレ」
（奥書）「寛永十五年戊寅十一月五日　永通（花押）」
〇文首ノ一部ノ文字ハ二次的ニ切リ取ラレル、

3　由布四手切形図　一鋪

江戸後期写、竪紙、楮紙、縦二七・四㎝、横三九・九㎝、一紙、
（内題）「由布四手切形」
（識語）「大宮守栄」

4　二之鳥居上棟指図　一鋪

江戸後期写、縦切紙、楮紙、縦二二・六㎝、横三一・一㎝、一紙、

（識語文首）「二之鳥居藤之鳥居拝之屋上棟□当日」

5　大宮殿上棟図　一鋪

江戸後期写、竪紙、楮紙、縦三〇・〇cm、横四四・一cm、一紙、

（識語）「大宮上棟之図／大宮殿上棟之式／各々着座如左」

6　若宮殿上棟図　一鋪

江戸後期写、竪紙、楮紙、縦三〇・一cm、横四三・七cm、一紙、

（識語1）「若宮殿御上棟之／図印」（識語2）「若宮引手物／之図印」

7　春日臨時御神楽図カ　一鋪

江戸後期写、竪紙、楮紙、縦二五・〇cm、横三三・一cm、一紙、

8　春日社細蔵図　一鋪

江戸後期文化六年写、大宮守旧筆、竪紙、楮紙、縦二四・七cm、横三三・七cm、一紙、

（識語1）「天明之頃大乗院家御尋ニ付細蔵屋大宮々内所持／差上ル支配屋一列也」（識語2）「右図文化六巳年五月守旧細ニ書之／後世不可混雑也」

大宮家文書　第九十六括

貼継、（紙縒上書）「廿□〔三カ〕」

1　大宮守理口上覚草案　（元文四年五月二十一日）　一通　高山上水谷社御遷宮勤役願ニ付

江戸中期写、竪紙、楮紙、縦二八・五cm、横四一・〇cm、一紙、

（端書）「文和元年壬辰　广〔応〕永十九年壬辰　文明四年壬辰（後略）」

（書出）「乍恐奉願口上之覚／此度御山内高山上水屋社御造替之被仰付候之旨」（書止）「厚大之御慈悲偏難有奉存候」差出書・充所・日付ナシ、

○第6号ト関連スル、

2　大宮方諸神社御遷宮注進状案　慶長十七年壬子十一月七日　一通　大宮方諸神社

江戸前期写、竪紙、楮紙、縦二八・八cm、横五〇・七cm、一紙、

（端裏書）「慶長十七年春房守通」（書出）「大宮方諸神社御遷宮注進状之事」（書止）「合百六拾七石八斗九升八合也」（差出）「南郷常住神殿守春房判／北郷常住神殿守守通判」（日下）

（奥書）「一乗院権大僧正へ之ヲ上申候下書也

則大所ニテ初夜時分ニ奉行左京殿へ

渡之也

如此ニシテ供目代磨〔摩〕尼朱院ヘモ

同九日ニ是ヲアクル也

」

3　春日社中社小社諸遷宮精進料米請取状案　一通　遷宮精進料

江戸前期写、竪紙、楮紙、縦三一・九cm、横四九・〇cm、一紙、

（書出）「春日社中社小社下遷宮正遷宮／両度之清（ママ）進料ニ両常住請取申候／米之事」（書止）「如此ニテ相済両常住配（ママ）領申畢」差出書・充所・日付ナシ、

4　八雷社下遷宮道具注進状控　貞享四年丁卯九月十一日　一通　八雷神社顚倒

江戸中期写、竪紙、楮紙、縦三〇・三cm、横四六・四cm、一紙、（端裏書）「八雷神日記貞享四年」（書出）「一八雷神社顚倒付俄ニ別殿江奉移可申旨」（書止）「御神事精進御改（役カ）相随候条宜敷被成／可被下候」（差出）「常住神殿守春章／同守房」（日下）（充所）「別会御五師竹林院様」

5　御囃子組書上　一通

江戸中期写、竪紙、楮紙、縦三二・五cm、横四四・八cm、一紙、（裏書）「近衛様御家来／進藤殿ゟ　御状／北郷宮内丞□□□□」（書出）「御囃子組／高砂次郎大夫」（書止）「近衛様基熈様御当職ノ時御祝義御囃子」

6　大宮守理口上覚控　元文四己未年五月廿一日　一通　高山上水谷社御遷宮勤役願ニ付

江戸中期写、竪紙、楮紙、縦二八・六cm、全長六六・一cm、三紙、（書出）「乍恐奉願口上之覚／此度御山内高山上水谷御造替／被仰付候之旨」（書止）「此旨宜御沙汰奉／願上候以上」（差出）「北郷常住神殿守大宮々内判」（日下）（充所）「御寺務大乗院御門跡様／御奉行様」

○左奥ニ「一臈所江も書付御同断也／右之通　御寺務様奉願上候以上／元文四己未年五月廿日仁上ル／御一臈代様」トアリ、第1号ト関連スル、

7　大宮守旧言上状　文化三丙寅年八月廿七日　一通　長尾社遷宮参役願ニ付

江戸後期写、続紙、楮紙、紙継目裏円黒印アリ、縦二八・三cm、全長五〇・三cm、二紙、（書出）「乍恐御願言上／一今般山内長尾御社御遷宮被為　仰出候へ者／愚拙参役仕度ニ付」（書止）「此段御聞届被成下候ハヽ、千万／難有奉存候已上」（差出）「北郷常住神殿守大宮宮内守旧（円黒印）」（日下）（充所）「御寺務大乗院御門跡様／御奉行様／駒喜多大学様／松本帯刀様／上田主膳様」

大宮家文書　第九十七括

貼継、

1　**松本右近家屋鋪譲届書**　□□□寅□十二月　一通　新開村

江戸後期写、竪紙、首欠、楮紙、縦二九・三cm、横二一・五cm、一紙、

（本文）「間五尺四寸《ゟおくへ五間五尺四寸》／右之家屋鋪此度中垣石見殿江相譲り申候間／乍御世話三方蔵本并町内宜敷御披露御頼／申〔×上〕入候以上」（差出）「松本右近（円黒印）」（日下）（充所）「新□□〔開村〕／年寄年預中参」

2　**山口外記家屋敷譲受一札**　安政三年丙辰十二月　一通　新開村

江戸後期写、竪紙、楮紙、縦三〇・六cm、横二八・二cm、一紙、

（書出）「一札之事／一新開村南側有之候藤林筑後殿所持之家屋敷」（書止）「此度拙者方江譲受申候旨御／町内面御切替可被下候以上」（差出）「譲受主山口外記（方黒印）」（日下）（充所）「新開村年寄□□□殿」

3　**七郎・八蔵宮屋敷請状**　明暦三年酉／拾月九日　一通　新開村

江戸前期写、竪紙、楮紙、縦三〇・二cm、横四七・三cm、一紙、

（書出）「新開村宮屋敷請状之事／一今度宮屋敷八蔵預り申ニ付」（書止）「為其後日証文如件」（差出）「請人七郎（花押）／かりぬし八蔵（花押）」（日下）（充所）「新開村中／各々様参」

4　**南郷九蔵屋敷売券**　承応三年甲午七月九日　一通　新開村

江戸前期写、竪紙、楮紙、縦二二・九cm、横三二・五cm、一紙、

（書出）「うりわたすやしきの事」（書止）「慥ニ請取申候仍売券／状如件」（差出）「南郷九蔵（花押）」（日下）（充所）「新開村各々様まいる」

5　**若宮宮内借銭状**　安永三午年六月二日　一通　新開村

江戸中期写、竪紙、楮紙、裏書アリ、縦二四・五cm、横三四・〇cm、一紙、

（端裏書）「午八月切　新開村惣代宮内殿」（書出）「預り申銭之事／一合弐貫五百文者」（書止）「為後証／一札如件」（差出）「新開村惣代若宮宮内（花押）」（日付前行下）（充所）「紙屋善五良殿」

〇十二月八日付紙屋善兵衛ノ裏書アリ、

6　**市本燈明田配分状**　元文二丁巳年正月吉日　一通　市本燈明田

江戸中期写、竪紙、楮紙、縦二四・六cm、横三四・〇cm、一紙、

（書出）「市本燈明田之事／一高九〔斗〕計者」（書止）「右之人数左記／大宮々内／梅木主殿／南郷吉左衛門尉／北郷助四郎／同吉之進」（差出）「北郷常住神殿守宮内守理」（日下）

7　**梅木右兵衛屋鋪地譲受一札**　嘉永二酉年三月　一通　新開村

江戸後期写、竪紙、楮紙、縦二五・〇cm、横三四・七cm、一紙、

（書出）「一札之事／一新開村北側有之候屋鋪地」（書止）「依而為念一札如件」（差出）「譲り受／忠左衛門代梅木右兵衛（円黒印）」（日下）（充所）「新開村／御役人衆中参」

8　**山口河内屋敷地預ケ一札**　文政五午年八月　一通　新開村

江戸後期写、竪紙、楮紙、縦二五・〇cm、横三四・四cm、一紙、

（書出）「一札之事／一此度我等所持之当村北側ニ／有之候屋敷地壱个所」（書止）「為念御断申上候以上」（差出）「山口河内（円黒印）」（日下）（充所）「新開村／年寄中参」

9　**藤林筑後家屋敷譲渡一札**　安政三丙辰年十二月　一通　新開村

江戸後期写、竪紙、楮紙、縦二七・八cm、横三八・〇cm、一紙、

（書出）「一札之事／一新開村南側ニ有之候我等所持之家屋敷壱ケ所」（書止）「依而町内面御／切替可被下候為後念一札如件」（差出）「譲り主藤林筑後（円黒印）／親類受人大宮内蔵（円黒印）」（日下）（充所）「新開村年寄梅木幡（ママ）摩殿」

10 **酒殿大炊家屋敷譲請一札** 嘉永二酉年三月 一通 新開村

江戸後期写、竪紙、楮紙、縦二七・九cm、横二〇・〇cm、一紙、

（書出）「一札之事／一新開村南側ニ有之候福井駿河殿所持之家／屋敷壱ケ所」（書止）「御町内面御切替可被下候以上」（差出）「譲り受主酒殿大炊（円黒印）」（日下）（充所）「新開村年寄梅木図書殿」

11 **福井駿河家屋敷譲渡一札** 嘉永二己酉年三月 一通 新開村

江戸後期写、続紙、楮紙、紙継目ニ円黒印二顆アリ、縦二七・九cm、全長二九・六cm、二紙、

（書出）「一札之事／一新開村南側有之候我等所持之家屋敷壱ケ所」（書止）「依而町内面御切替可被下候為後念一札如件」（差出）「譲り主福井駿河（円黒印）／親類引受坂木治郎大夫（円黒印）」（日下）（充所）「新開村年寄梅木図書殿」

12 **御神供所出納覚書控** 元和弐年八月二日 一通 春日社御神供

江戸前期写、続紙、楮紙、縦二六・六cm、全長七五・九cm、二紙、

（書出）「春日社御神供米ニ付覚／一春日御神供毎日巳ノ刻以前ニ参申事ニ候」（書止）「御城米をも返弁申事難成御座候而迷惑／不尽之候事／以上」（差出）「御神供所出納」（日下）（充所）「興福寺―／三輩衆御中」

13 **藤谷木工借屋貸与一札** 天保十五辰年霜月 一通 新開町

江戸後期写、竪紙、楮紙、縦二五・二cm、横三四・八cm、一紙、

（書出）「差入申一札之事／一御町内ニ有之候拙者所持之借屋」（書止）「為後日／差入申一札依而如件」（差出）「藤谷木工（円黒印）」（日下）（充所）「新開町／御年寄中参」

14 **若宮蔵治・山口その離別一札** 文政十二己丑年八月 日 一通

江戸後期写、竪紙、楮紙、縦二七・六cm、横三九・一cm、一紙、

（書出）「一札之事／一我々儀離別仕候ニ付以応対新開村ニ在之候」（書止）「依之為後日連印一札如件」（差出）「若宮蔵治（円黒印）／親類南郷左近（円黒印）／山口その（爪印）／親類北郷肥後（円黒印）」（日下）（充所）「新開村／年寄中参」

第九十七括裏打紙文書

裏1 **系図断簡** 一葉

江戸後期写、断簡、楮紙、縦一八・四cm、全長八・六cm、二紙、

（文首）「武内大臣（孝元天皇）――」（尾）「内大臣 ―┬―」

○第6号ノ裏打紙、

裏2 **系図断簡** 一葉

江戸後期写、断簡、楮紙、縦一六・七cm、横六・五cm、一紙、

（全文）「―木免大臣―真鳥―鮪―久比―」

○第12号ノ裏打紙、

大宮家文書　第九十八括

貼継、（紙縫上書）「七七」

1　春日社万事覚之日記　（万治二年十二月晦日～三年正月六日）　一通　鉦鼓

江戸前期万治三年写、大宮守尚筆、続紙、楮紙、仮名交リ文、紙背文書アリ、縦二七・九cm、全長八九・六cm、三紙、

（内題）「春日社万事覚之日記」

（文首）「一御晦日ニ神前ニ而請取申覚」（文末）「金燈呂神主殿之屋ヘアツケ申候／一」

（文中奥書）「万治二年亥ノ十二月御晦日北郷常住神殿守守尚」

〔紙背〕具注暦　万治元年十一月一日　一通

江戸前期写、続紙、首欠、楮紙、墨界、朱書アリ、仮名文、縦二一七・九cm、全長八九・六cm、三紙、界高二二・六cm、界幅一・七cm、

（首）「廿八きのと《とり》《なる》よろし」（文末）「廿九日ひのえ《たつ》《みつ》かん日」

2　北郷出納菅原永通覚書　元和八年壬戌十月　日　一通　補任料支払ニ付

江戸前期写、竪切紙、楮紙、縦二六・二cm、横二四・三cm、一紙、

（書出）「一元和八年壬戌五月廿一日正真院殿経長御死去也」（書止）「則後日九月廿八日ニ補任出之者也仍如件／但壱人別本升ニ弐石六斗六升七合ツ、上ル之也」（差出）「北郷出納永通（花押）」（日下）

○裏書ニ「古記ニ曰／春日」トアリ、

3　南北郷常住代一札控　一通　若宮祭礼ニ鉦鼓ノ撥損ニ付

江戸後期写、竪紙、楮紙、縦二五・八cm、横三七・〇cm、一紙、

（書出）「差上申一札之事／一去月廿六日若宮御祭礼ニ付任例神前之鉦鼓を／仕丁武重江相渡候」（書止）「以後万端念入間違無之様ニ可仕候為其一札如件」（差出）「南郷常住代南郷与三右衛門判／北郷常住代北郷外記判」（日下）（充所）「神主三位様／正預三位様」

○日付ハ「年号月日」トノミアリ、第4号ト関連スル、

4　南北郷常住神殿守差上一札控　一通　若宮祭礼ニ鉦鼓ノ撥損ニ付

江戸後期写、竪紙、楮紙、縦二五・七cm、横三六・四cm、一紙、

（書出）「差上申一札之事／一去月廿六日若宮祭礼ニ付神前之鉦鼓を／仕丁へ常住代相渡候」（書止）「以後者万端代番之者共へ申渡候旨／个様之不念不仕候様ニ急度可申渡候為其／一札如件」（差出）「南郷常住主計判／北郷常住宮内判」（日下）（充所）「神主三位様／正預三位様」

○日付ハ「年号月日」トノミアリ、第3号ト関連スル、

大宮家文書　第九十九括

巻込、（紙縒上書）「六」

1
常住神殿守精進料請取状控　慶安五年壬辰四月十日　一通　春日社中社・小社遷宮ニ付

江戸前期写、竪紙、楮紙、縦三二・二cm、横四六・五cm、一紙、（書出）「請取申候米之事／合五拾壱石壱斗四升者但京升納也」（書止）「両度清進料(ママ)ニ慥ニ請取申者也仍而／後日之状如件」（差出）「大宮常住神殿守梅木源左衛門判／同北郷宮内判」（日下）（充所）「賢聖院様／大乗院様御奉行桐山与市郎殿／同赤堀源太郎殿／中坊様御奉行岡本源兵衛殿／同田中与介殿」

○裏判ニ「表書之米無相違御渡可有者也／辰卯月十日／田中与介判（以下計五名連署、省略）／森屋勝右衛門殿／辻源左衛門殿」トアリ、

2
北郷方神殿守襷禪代請状　元禄三年庚午五月　一通　正遷宮襷禪

江戸中期写、竪紙、楮紙、縦三一・〇cm、横三三・七cm、一紙、（書出）「謹請正遷宮御時北郷方神殿守等襷禪／以下代物事加常住神殿守七人分」（書止）「右所謹請状如件」（差出）「常住神殿守守房／六﨟神殿守永周／五﨟神殿守成昌／四﨟神殿守基能（円黒印）／三﨟神殿守守積／二﨟神殿守成明／一﨟神殿守基寛」（日下）

3
三方常住神殿守精進料米請取状　宝永四年丁亥三月廿一日　一通　子守社・小社遷宮ニ付

江戸中期写、竪紙、楮紙、縦三〇・九cm、横三六・三cm、一紙、（書出）「請取申米之事／拾壱石五計〔斗〕四升三合但京升納也」（書止）「仍而請取申所如件」（差出）「北郷常住内蔵守胤（円黒印）／南郷常住主計春廉（円黒印）／若宮常住宮内春次（円黒印）」（日下）（充所）「御寺務様／御奉行様」

4
三方常住神殿守精進料米覚書草案　享保十三戊申年四月二日　一通　春日社中社・小社遷宮

江戸中期写、続紙、楮紙、紙継目裏書「守胤」アリ、縦二九・四cm、全長九〇・八cm、二紙、（端裏書）「享保十三戊申年四月吉日御寺務様へ差上申之節」（書出）「春日社中社小社正下遷宮精進料米覚」（書止）「右之内先達而五十石御拝拝(ママ)借／被成下残テ三《おく》十六石一斗九升〔×四十石九斗四升四合〕也／与御坐候以上」（差出）「三方常住神殿守三梅木主計春廉／二大宮内蔵守胤／一若宮々内春説」（日下）（充所）「御寺務一乗院宮様／御奉行様／下奉行杉田丹下様／小倉主殿様」

5
大宮守胤酒肴料請取状控　享保十三戊申年六月　一通　立柱上棟

江戸中期写、縦切紙、楮紙、縦三〇・四cm、横一八・〇cm、一紙、（端裏書）「享保十三年上棟」（本文）「謹受立柱上棟酒肴料事／合五百文者但京升納五斗也／右受取所状如件」（差出）「北郷常住神殿守守胤判」（日下）充所ナシ、

6
三方常住神殿守精進料米請取状控　天明四辰年八月廿八日　一通　中社・小社

江戸後期写、竪紙、楮紙、縦二八・三cm、横二七・八cm、一紙、（書出）「請取申中社小社精進料米之事」（書止）「慥ニ以／請取申処仍而如件」（差出）「三方常住神殿守大宮内蔵印〔×守寿〕／同若宮々内印〔×春貞〕／同梅木主殿印〔×春季〕」（日下）（充所）「御寺務一乗院宮様／御下奉行北森大学殿」

7
酒殿並北郷座替御供所指図　一鋪

江戸後期文化六年写、大宮守旧筆、竪紙、楮紙、縦三一・二cm、

横四五・六cm、一紙、
（内題）「酒殿并北郷座替御供所之図」
（識語）「文化六春守旧写」

8 享保年中率川社遷宮精進覚書　一通
江戸中期写、竪紙、楮紙、仮名交リ文、縦二九・一cm、横四五・五cm、一紙、
（書出）「享保年中率川御社御遷宮精進之事」（書止）「此度守胤与弟守理参役也」

9 移殿指図　一鋪
江戸後期写、竪紙、楮紙、縦四七・五cm、横二八・六cm、一紙、
（識語）「移殿指図」

大宮家文書　第百括

貼継、

1 大宮家跡目一件書付　一通
江戸前期写、続紙、首欠、楮紙、縦三二・九cm、横四一・八cm、一紙、
（首）「一右之書付　一乗院様江上ケ申候得者則京都／仙洞様へ被懸御目ニ」（書止）「御奉行喜多／監物殿ゟ中東玄蕃殿江御書書参申候」
○左奥ニ喜多監物書状写（寛文元年十二月十二日、中東玄蕃殿充）アリ、

2 大宮守寿口上覚案控　安永二癸巳年二月　日　一通　金燈呂御寄附ニ付　藤井清貞
江戸中期写、続紙、楮紙、縦三二・八cm、全長八〇・六cm、二紙、
（端裏書）「安永二癸巳年二月日／近衛　関白様江金燈呂願書　下書」（書出）「謹而奉願上候口上之覚／一　我等先祖藤井清貞儀／乍恐御寄進之御時ヨリ」（書止）「前代より奉願上候通／御寄附被為有候様奉希候以上」（差出）「大宮内蔵印」（日下）（充所）「林数馬様」

3 大宮守房・守胤口上覚控　元禄十三年正月　日　一通　藤原家常燈籠寄進ニ付　関白通（道）長・藤井清貞以来ノ由緒ヲ記ス（文中）
江戸中期写、続紙、楮紙、後筆ノ朱書注記アリ、縦三三・六cm、全長一二八・九cm、三紙、
（書出）「乍恐口上之覚／一今度春日社江常御燈籠御寄進之義奉願候」（書止）「藤門之御祈禱／可奉抽精誠ヲ所之状仍而如件」（差出）「北郷常住神殿守房／同守胤」（日下）
○第六十九括1号ト関連スル、

4 上幸町半七請書　天保五午年十月十三日　一通　披官（文中）

江戸後期写、竪紙、楮紙、後筆ノ墨書注記アリ、縦三一・九cm、横四一・一cm、一紙、
（書出）「奉差上御請書／一新開町北側ニ在之御所持之地面」（書止）「御地子之義先年ゟ定之／通無滞御上納可仕候仍而御請書奉差上候以上」（差出）「紀寺村之内／上幸町半七（円黒印）」（日下）（充所）「御地主大宮内蔵様／新開町御役人中様」

大宮家文書　第百一括

貼継、素紙表紙、紙縒紐、
（表紙）「寛文年間
　　秀能井争論記　　　藤浪氏所蔵
　　　上願書も有之　　　　　　　」
○表紙ト本紙ノ紙継目ニ花押（大宮守長）二顆アリ、

1 大宮重太郎・千勝返答書控　（寛文元年）壬八月廿一日　一通　宮内家跡目相論ニ付　宮内家、重太郎ヲ養子ニ契約　民部家ト相論（文中）

江戸前期写、続紙、楮紙、縦三二・五cm、全長八二・一cm、二紙、
（書出）「乍恐返答／一北郷宮内去ル春より少々相煩申ニ付／実子御座候得とも」（書止）「彼民部ヲ糺明被成急度／曲事ニ被仰付被下候ハ、可辱候仍言上／如件」（差出）「北郷重太郎判／同千勝印」（日下）（充所）「御一﨟代様」
○第二紙ノ紙背ニ表文書ノ草案（全体ヲ墨引抹消）アリ、本号ト第2号～第3号ハホボ同文、

2 大宮重太郎・千勝返答書草案　（寛文元年）閏八月十五日　一通　宮内家跡目相論ニ付

江戸前期写、続紙、首欠、楮紙、縦三二・四cm、全長七八・〇cm、三紙、
（首）「一北郷宮内去ル春より少々相煩／申ニ付実子御座候得とも」（書止）「此旨被聞召／分宮内家相立申様被仰付被下候者／可忝候仍而言上如件」（差出）「北郷重大〔太〕郎／同千勝」（日下）（充所）「御一﨟代様」
○第三紙ハ別筆（菅原永通筆カ）、縦法量異ナル（縦三〇・八cm）、

3 大宮重太郎・千勝返答書草案　（寛文元年）閏八月十五日　一通　宮内家跡目相論ニ付

江戸前期写、菅原永通筆カ、続紙、楮紙、縦三〇・八cm、全長九一・六cm、二紙、

（書出）「乍恐返答／一北郷宮内去ル春より少々相煩申ニ付／実子〔千勝〕御座候得とも」（書止）「宮内家／相立申様被仰付被下候ハ、可忝候／仍言上如件」（差出）「北郷重太郎（円黒印）／同千勝（円黒印）」（日下）（充所）「御一﨟代様」

4

大宮千勝言上状控　寛文元年辛丑十二月廿八日　一通　先祖吉守

江戸前期写、竪紙、楮紙、縦三〇・二cm、横四六・八cm、一紙、（書出）「謹言上　当社北郷神殿守常住職事／一今度北郷民部と申者北郷常住宮内家の系図／の似物を仕り」（書止）「宮内と民部と同家と申所御吟味被／為成被下候ハ、難有奉存候仍如件」（差出）「北郷常住千勝（方黒印）」（日下）（充所）「御寺務様／御奉行衆」

○第6号ト同文、

5

大宮千勝・重太郎言上状控　寛文元年丑十月廿八日　一通　宮内家系図・燈明田（文中）

江戸前期写、竪紙、楮紙、縦三一・四cm、横四八・二cm、一紙、（書出）「謹言上　当社北郷常住神殿守職事／一今度北郷宮内相果申候ニ付其跡目／として」（書止）「右之趣被為聞召分被下候者／難有可奉存候仍如件」（差出）「宮内実子千勝（方黒印）／同養子重太郎」（日下）（充所）「御寺務様／御奉行衆」

6

大宮千勝言上状控　寛文元年辛丑十二月廿八日　一通

江戸前期写、竪紙、楮紙、縦三〇・二cm、横四六・九cm、一紙、（書出）「謹言上　当社北郷常住神殿守職事／一今度北郷民部と申者北郷常住宮内家の系図／の似物を仕り」（書止）「宮内と民部／と同家と申所御吟味被　為成被下候ハ、難有／奉存候仍如件」（差出）「北郷常住千勝印判」（日下）（充所）「御寺務様／御奉行衆」

○第4号ト同文、

7

大宮千勝言上状控　寛文元年丑十一月十三日　一通

江戸前期写、竪紙、楮紙、縦三〇・五cm、横四七・八cm、一紙、（書出）「言上　当社北郷常住神殿守職事／一今度北郷民部と申者常住宮内か家の系図ノ／にせ物を仕御公儀江指上申候」（書止）「此度急度御吟味被成被下候ハ、可被忝候／仍言上如件」（差出）「北郷常住千勝（花押）」（日下）（充所）「両惣官様／同社中衆御中」

8

北郷刑部守政・重太郎請状控　寛文元年辛丑七月十七日　一通

江戸前期写、永通筆カ、続紙、楮紙、縦二九・八cm、全長九三・一cm、二紙、（書出）「請状事／一今度北郷宮内殿御煩ニ付われら子重太郎と宮内殿／息女ちか上郎（ママ）と両人へ跡式を一円ゆつり給候ニ付」（書止）「仍後日証文如件」（差出）「北郷刑部守政／同重太郎」（日下）（充所）「北郷宮内殿／母義様／同おすて上ノ様」以下計六名充、

○第九十二括12号ト同文、

9

大宮重太郎・千勝連署言上状控　（寛文元年）九月四日　一通

江戸前期写、竪紙、楮紙、縦三〇・一cm、横四八・一cm、一紙、（書出）「一北郷常住宮内跡養子実子御座候而／相違成事無御座候所ニ民部なんだいを／申掛」（書止）「此方之／系図ニ相見え申候間仍而言上如件」（差出）「北郷常住宮内〔×跡〕跡／重太郎（花押）／千勝（花押）」（日下）（充所）「惣宮本御中様」

○第16号ト関連スル、

10

大宮千勝等言上状控　（寛文元年）丑後八月　一通

江戸前期写、続紙、楮紙、縦二八・三cm、全長七三・七cm、二紙、（書出）「一北郷宮内去ル春より少々相煩申／ニ付実子御座候へとも大分の借銀／御座候ニ付養子の合力ヲ相請」（書止）「此旨被聞

召分／宮内家相立申様ニ所仰候仍言上／如件」（差出）「千勝四歳／重太郎八歳／内記／藤兵へ／宮内母／北郷靫負／八衛門／小兵へ」（日下）（充所）「御一﨟代様」

11 某言上状草案　（寛文元年）　一通　宮内家跡目ニ付

江戸前期写、永通筆カ、竪紙、楮紙、縦二七・八cm、横三七・五cm、一紙、

（書出）「一北郷宮内去春より少々相煩申ニ付去七月十七日ニ／我等子重太郎を養子ニ仕置候間」（書止）「然ハ彼目安／之内ニ相続可仕と申上候事一向相違之事不審存候」

12 大宮重太郎・千勝言上状草案　（寛文元年）壬九月二日　一通

江戸前期写、竪紙、楮紙、縦二八・五cm、横四五・六cm、一紙、

（書出）「乍恐重而《追而》言上／一北郷常住宮内系図少ニ而もちかひ《宮内家ノ系図少ニ而もちかひ御座候ハ、》／御座候ハ、」（書止）「為其言上如件」（差出）「北郷常住宮内養子十太郎／実子千勝」（日下）（充所）「御一﨟代様／御下﨟分中様各御中」

○第七十括1号紙背ノ草案、

13 秀井民部福守言上状写　（寛文元年）辛丑ノ八月二日　一通　宮内家跡目ニ付

江戸前期写、菅原永通筆カ、竪紙、楮紙、縦二七・七cm、横三九・二cm、一紙、

（端裏書）「御一﨟代へ則裏判出ル也／野田民部ヨリ／目安也」

（書出）「乍恐言上／一今度北郷祢宜宮内去ル七月廿五日ニ池へ身を／なけ不慮ニ相果申候」（書止）「則只今以系図指上申候間御聞分被為成／被下候者難有可奉存候」（差出）「秀井民部福守判」（日下）（充所）「御一﨟代様」

（裏判写）「如此目安指上之間右之返答書

早々可仕上者也

丑八月十七日　一﨟代判

北郷宮内殿　」

○第14号・第19号①ト同文、

14 秀井民部福守言上状写　（寛文元年）八月二日　一通

江戸前期写、菅原永通筆カ、竪紙、楮紙、縦二七・九cm、横三九・六cm、一紙、

（書出）「乍恐言上／一今度北郷祢宜宮去《内》ル七月廿五日池へ身を／なけ不慮ニ相果申候」（書止）「則只今以使《（ママ）》系図指上申候間御聞分被為成／被下候者難有可奉存候」（差出）「秀井民部福守判」（日下）（充所）「御一﨟代様」

○第13号等ト同文、裏判写アリ、

15 大宮家親類等言上状草案　（寛文元年）丑ノ後八月　一通　民部目安ニ付

江戸前期写、続紙、楮紙、縦二七・六cm、全長七三・五cm、二紙、

（端裏書）「北郷民部ノ申分書」（書出）「一北合《郷》宮内去ル春より少々相煩申ニ付／実子御座候得とも」（書止）「此旨　被聞／召分宮内家相立申様ニ所仰候仍／言上如件」（差出）「実子千勝四歳／養子重太郎八歳」（日下）以下計九名連署、（充所）「御一﨟代様」（奥書）「下書」

16 大宮重太郎・千勝言上状草案　（寛文元年）九月四日　一通

江戸前期写、竪紙、楮紙、縦二四・三cm、横三三・八cm、一紙、

（書出）「一北郷常住宮内跡養子実子御座候而相違／無御座候ニ民部なんたいヲ申掛」（書止）「系図御吟味被成て／被下候仍《ハ、有難候》而言上如件」（差出）「北郷常住宮内跡／十太郎／千勝」（日下）（充所）「惣宮本御中様」

○第9号ト関連スル、

17 十二郎書状 (寛文元年)九月八日 一通 宮内家跡目ニ付

江戸前期写、竪紙、楮紙、縦二四・二cm、横三三・三cm、一紙、
(書出)「此中新之丞使ニ而申上候へ共御母義様も／おの〳〵様も御承引無御座候由」(書止)「万事／頼奉存候恐々謹言／御母儀様へも其通御申頼候」(差出)「(花押)」(日下)(充所)「内記様／藤兵へ様／八衛門様／小兵へ様」
(端裏捻封上書)「(墨引)内記様 十二郎」

18 十二郎書状 (寛文元年)九月十二日 一通 宮内家跡目ニ付

江戸前期写、竪紙、楮紙、縦二四・〇cm、横三〇・八cm、一紙、
(書出)「一筆申上候此中も切々申上候通宮内之／跡知行ニても」(書止)「左様ニ／御心得可被成候為念申上候」(差出)「(花押)」(日下)
(端裏捻封上書)「(墨引)内記様 権兵衛様 十二郎」

19 大宮守尚跡相続一件書付 (寛文元年) 一通

江戸前期写、続紙、尾欠、楮紙、縦二四・一cm、全長一六九・四cm、六紙、
(端裏書)「北郷宮内之案也」(書出)「乍恐言上／北郷常住宮内養子十太郎／実子千勝」(尾)「於于今無御座候所ニ民部なんたいを／申掛候間急度於重科者難有可／奉存候以上」
○文書中ニ、①秀井民部福守言上状(八月二日、第13号ト同文)、②大宮重太郎・千勝返答書(壬八月廿一日、第1号ト同文)、③大宮重太郎・千勝言上状草案(尾欠)ヲ引用スル、(③書出)「春日社北郷常住宮内守尚跡／養子十太郎(ママ)／実子千勝／謹言上」、③ノ末尾ハ第19号末尾ニ同ジ、③ハ吉守以来ノ由緒ヲ述ベル、

第百一括裏打紙文書

裏1 老中寺社奉行連署定書写 延宝六年十二月廿七日 一通 長柄傘ニ付

江戸前期写、横切紙続紙、楮紙、縦一五・八cm、全長八一・五cm、二紙、
(端裏書)「延宝年中従関東被下候御条目御書付写」(書出)「定／一今度春日祢宜参府奉行所江／訴之年来長柄傘差来之処」(書止)「向後奉背 御条目違失／社法於致私之訴論者可被処厳科者也」(差出)「松山城守御判／板石見守同／大加賀守同／土但馬守同／久大和守同／稲美濃守□」(日下)(充所)「祢宜中」(奥下)
○第19号第一紙～第三紙ノ裏打紙、

裏2 大宮守栄・藤岡左近口上書写 (明治元年) 一通 神人共相止ニ付祢宜称号(文中)

江戸後期写、横切紙続紙、楮紙、縦一五・九cm、全長五七・六cm、二紙、
(端裏書)「近衛様へ指上願書」(書出)「口上書／一今般大政御一新ニ付去ル後四月私共／身分旧格御取立之儀奉歎願候処」(書止)「御採成之御／節被為 成下候様此段謹而奉願上／以上」(差出)「大宮内蔵／藤岡左近」(日下)
○第19号第三紙～第五紙ノ裏打紙、

裏3 妻紅扇子所持一件文書 一通 若宮社御能ニ付

江戸後期写、横切紙、楮紙、縦一五・九cm、横三一・一cm、一紙、
①某口上書案
(書出)「奉差上口上書／一当二月若宮御社御能之節妻紅／扇子所持仕候ニ付」(書止)「此度之儀／偏御仁憐之程奉願上候以上」
差出書・充所・日付ナシ、
②某一札草案

（書出）「奉差上一札之事／一当二月若宮御社御能之節妻紅／扇子所持仕候」（書止）「急度／相心得可申候為其一札奉差上候／已上」差出書・充所・日付ナシ、

○第19号第五紙ノ裏打紙ナリ、第十四括裏3号等ト関連スル、

大宮家文書　第百二括

続紙一通、

1　春日社禰宜物中言上状控　寛文五年三月廿七日　一通　祢宜屋敷・祢宜町ニ付

江戸前期写、続紙、楮紙、紙背文書・裏書アリ、墨書訂正アリ、縦三〇・二cm、全長一一八・八cm、四紙、

（書出）「乍恐謹言上／一南都　春日社祢宜居屋敷之事／去文禄四年九月ニ　前大閣〔閤〕秀吉公／御赦免之御朱印頂戴仕候而より以来」（書止）「被仰付被下候ハヽ、難有可／奉存候仍謹言上如件」（差出）「春日社祢宜惣中山田平兵衛／中垣万之丞／梅木久左衛門／若宮藤兵衛／中村源右衛門／梅木主殿助」（日下）（充所）「御奉行様」（裏判写）「如此訴状差上候間被返答書／来五月九日前ニ江戸へ参向可／有対決并庄や久右衛門参候様ニ可被／申付者也／三月廿七日」裏判写ノ差出ハ「井川内判／加々甲斐判」（日下）、充所ハ「成身院／五師役者中／福園院弟子／前一臈代」、

○第九十二括1号ト同文、

〔紙背〕春日社佛舎利一件記録　〔寛文二年十二月～九年五月〕　一通

江戸前期写、続紙、楮紙、仮名交リ文、縦三〇・二cm、全長一一八・八cm、四紙、

（文首）「寛文弐年寅十二月六日ニ若宮拝殿有之佛舎利を社家中評定／にて　春日大明神ハ宗源之社之上有間敷物とて取退被申候」

（文末）「神慮はかりかたき事ニ御座候」

○第九十二括22号ト関連スル、

大宮家文書　第百三括

巻込、樹皮漉込素紙表紙包紙、（紙縒上書）「十六」
（包紙表書）「明治廿弐年霜月修之
　　諸書
　　　本紙綴込
　　　　藤浪舎大宮家所蔵（方朱印）」
○包紙中央上部ニ料紙横使イニテ「一乗院殿／御教書」トアリ、ソノ包紙ノ転用ナラン、第1号・第3号・第4号・第6号・第8号ハ共通ノ綴穴アリ、一時一括サレテイタモノナラン、

1　**長命清左衛門楽頭寄進状写**　寛文拾弐年／壬子二月十五日　一通　春日社宮楽頭両所

江戸前期写、竪紙、楮紙、縦二九・二cm、横三七・五cm、一紙、（書出）「春日社奉寄進宮楽頭両所永代／寄進仕候」（書止）「若楽頭ニ余人ゟ申分候ハヽ、我等罷出急度／相済シ可申候者也」（差出）「長命清左衛門印」（日下）（充所）「福井勘右衛門殿」

2　**福井勘右衛門等楽頭譲状写**　享保六辛丑年三月六日　一通　山城国和束郷・瓶原郷宮楽頭

江戸中期写、竪紙、楮紙、縦二九・四cm、横四五・三cm、一紙、（書出）「講〔譲〕申楽頭之事／一合弐个所山城国和束郷同国瓶原郷宮楽頭講申処／実正也」（書止）「依而為後日証文如件」（差出）「譲り主福井勘右衛門印／同同女おゆり印／証人高井外記印／口入若宮源六印」（日下）（充所）「丸山彦之丞殿」

3　**大宮守寿等譲状一札**　安永九子歳七月廿九日　一通　大祓講仲ヶ間ニ付

江戸中期写、続紙、楮紙、紙継目ニ円黒印アリ、奥書アリ、縦二八・四cm、横四九・五cm、二紙、（端裏書）「右受戻シ候節ハ正味銀壱枚也乗セ銀ヲ書セ出申候也」（書出）「一札之事／一従先々祢宜仲ヶ間おゐて為大祓講天下泰平社頭／繁昌之御祈禱無懈怠致勤取候」（書止）「譲り状差遣候上者毛頭違乱無之候仍而連印一札如件」（差出）「譲り主大宮内蔵（円黒印）／同断同宮内（方黒印）／大祓講中拝殿五郎左衛門／右同断加藤左□／大宮氏親類受人中垣右作（円黒印）」（日下）（充所）「梅木掃部殿参」

4　**中ノ川村坂原村庄屋金子借用証文**　文政八酉年七月　日　一通　大和国の中川村・坂原村

江戸後期写、竪紙、楮紙、縦二九・二cm、横四六・三cm、一紙、（書出）「借用申金子之事／一金拾両也　但シ利息壱割定也／右之金子者江戸表地頭大蔵弥太郎／要用ニ付」（書止）「依而後日為念借用証文如件」（差出）「借用人中の川村庄屋伝七（円黒印）／同人坂原村庄屋善四郎（円黒印）／請人山口弥九郎（円黒印）／同人高井弥八郎（円黒印）／同人増田仁兵衛（方黒印）／同人森嶋孫助（筆軸印）」（日下）（充所）「米屋半兵衛殿」
○差出者ノ伝七・山口弥九郎・高井弥八郎ハ印ヲ墨抹スル、第5号ト関連スル、

5　**大蔵弥太郎義絶状**　文政八乙酉年／四月八日　一通

江戸後期写、竪紙、楮紙、縦二八・一cm、横三〇・六cm、一紙、（本文）「書附を以申渡候／一其方儀此度存奇〔寄〕有之知行支配之儀／退役申付候帳面万端南都弟子共／一統江可相渡候然ル上者以来致義絶候／仍如件」（差出）「大蔵弥太郎（花押）」（日下）（充所）「香具屋伊兵衛殿」
○第4号ト関連スル、

6　**屋敷地預リ状届書**　〔天保五年〕午四月　一通　松南院村祢宜地

江戸後期写、竪紙、楮紙、縦三〇・〇cm、横四四・二cm、一紙、（書出）「屋敷地之事／一松南院村西側祢宜地壱个所」（書止）「右

一札被差出預り置候以上」（差出）「外様役者中（円黒印）」（日下）
（充所）「高井隼人殿」
○東地井陸奥守屋敷地預リ状（天保五年四月、丸山伊織代高井隼人充）ヲ届ケタ届書、

7　懸紙　一通
室町前期写、竪紙、楮紙、縦四七・七cm、横二九・四cm、一紙、
（全文）「進上　春日御社政所殿　六車郷沙汰人請文」
○成巻第十七巻3号ノ懸紙カ、

8　年貢代銀納帳　一葉
江戸後期写、横帳断簡（折紙）、尾欠、楮紙、縦一四・三cm、横四三・六cm、一紙、
（書出）「銀納／十月廿八日一金百四拾六両七両三歩弐朱ト三百九拾文替」（尾）「銭差ゟ受取」

9　大宮家系図　一通
室町後期写、続紙、首尾欠、楮紙、紙背文書アリ、縦二五・〇cm、横二八・〇cm、一紙、
（首）「「吉守―」（尾）「「守之」」
○首部ハ成巻第一巻1号ヨリ接続スル、
〔紙背〕高田為政書状
室町後期写、竪紙、尾欠、楮紙、紙背文書アリ、縦二五・〇cm、横二八・〇cm、一紙、
（書出）「如芳札新春之御慶」
○末尾ハ成巻第一巻1号ニ接続スル、

10　北郷常住神殿守系図断簡　一葉＊3
南北朝写、断簡、尾欠、楮紙打紙、縦一三・四cm、横三一・一cm、一紙、
（外題）「北郷常住神殿守系図」（外題下）「神守」
（内題）「北郷常住神殿守系図」
○成巻第一巻2号等ト同一文書ナリ、

大宮家文書　第百四括

巻込、素紙包紙ニテ包ム、包紙ニ紙縒紐アリ、（紙縒上書）「六九」

（包紙表書）「天保十四卯年二月九日
妻紅扇子一件之案文右之中入置
尤薪御社御能之節次第也
大宮守栄」

1　大宮守栄請書控　〔三月〕　一通　妻紅扇子ニ付

江戸後期写、横切紙、楮紙、縦一六・四cm、横五五・一cm、一紙、

（書出）「奉御請書《差上》　北郷内蔵《当番》／当二月　御社御能之節於　社頭／妻紅扇子持之候儀不埒ニ付」（書止）「右之通被為　仰付恐入奉畏候／依而御請書奉差上候以上」（差出）「当番北郷内蔵」（書出下）

○左奥ニ「奉差上御請書」トアリ、第十四括裏3号等ト関連スル、

2　大宮守栄等請書草案　天保十四卯年三月廿四日　一通　妻紅扇子ニ付

江戸後期写、竪紙、楮紙、縦二一・六cm、横二七・四cm、一紙、

（書出）「奉差上御請書／当二月御社《申渡ス》御能之節妻紅扇子用之／右者先年従御寺務被仰渡」（書止）「右之通被為　仰付難有奉畏候／承候依而御請書奉差上候以上」（差出）「北郷内蔵印／若宮大輔印」（日下）（充所）「一臈代様」

○第十四括裏3号等ト関連スル、

3　学侶集議書付　〔永正十五年四月〕　一通　守番守家寺勘（文中）

室町後期写、竪紙、楮紙、仮名交リ文ヲ含ム、縦二一・六cm、横二五・八cm、一紙、

（書出）「永正十五年戊寅卯月二日社中ヨリ下臈分エ依披露守富」

（書止）「仍同十二月廿／九日学侶等守富へ被仰付了御宛状／又拝領候了令落居候了目出候了」

4　春日社両惣官連署状　六月一日　一通　南曹御奉書女房御奉書（文中）

室町後期写、竪紙、楮紙、左奥ニ追而書アリ、縦二一・四cm、横二五・〇cm、一紙、

（書出）「先日御衆議旨一昨日伺申入京／都候処」（書止）「以此旨可有御披／露御集会候恐々謹言」（差出）「正預祐辰／神主家統」（日下）（充所）「供目代御房」

5　下正隆・河合頼忠連署状案　三月九日　一通　大和国田井・兵庫荘六方

室町後期写、竪紙、楮紙、右袖ニ追而書アリ、縦二一・六cm、横（第一紙）二六・八cm（第二紙）二六・九cm、二紙、

（書出）「就田井兵庫庄御米半分之儀従六方／厳重御届まいり候間」（書止）「以御分別宜心得／肝要候恐惶謹言」（差出）「下治部丞正隆判／河合近江守頼忠判」（日下）（充所）「谷坊／観禅院まいる／御同宿中」　中東方・宮内方（文中）

6　御動座次第日記　〔明応十年二月二十八日〕　一通　動座

室町後期写、続紙、尾欠、楮紙、墨書訂正アリ、仮名交リ文、縦二二・〇cm、横二六・〇cm、一紙、

（文首）「御動座次第／一寺訴条々事／合文亀元年《明応十年》辛酉六月一日《二月廿八日》」

（尾）「依無承引／無力御動座成シ被申畢仍条々」

○第七十括1号等ト関連スル、

7　御動坐閉門之日記　一通　武家ノ乱入・押領

室町後期写、横切紙、楮紙、墨書訂正アリ、仮名交リ文ヲ含ム、縦二〇・八cm、横四七・〇cm、一紙、

（内題）「御動坐閉門之日記」

（文首）「右子細者自去々年冬之比／就令乱入武家当国寺社領□押領之儀」（文末）「一ハンシヤウ方へ《ハ》両物管〔官〕ヨリ旬御供二／殿瓶

子壱双被遣也」

8
春日社手力雄社下遷宮次第　〔天文廿二年七月〕　一通

室町後期写、続紙、楮紙、仮名交リ文、縦二一・二cm、全長一二五・三cm、三紙、
（文首）「春日社御太力をの明／神下せんくうの事」（文末）「上センクウほんみやエ／天文廿二年七月廿日」

9
遷宮事始並釿始次第　〔寛永八年〕　一通

江戸後期写、続紙、首尾欠ヵ、楮紙、仮名交リ文ヲ含ム、（第一紙）縦二二・二cm、横三〇・五cm、（第二紙）縦二一・四cm、横二五・四cm、二紙、
（文首）「一御事始日時之事／寛永八年辛未十一月廿五日巳一点」
（文末）「以後ハ惣一献へ各四人／可行由堅可有記録アルヘキ由初諾候了」

10
記録奥書断簡ヵ　一葉

江戸中期写、断簡、首欠、楮紙、縦二二・四cm、横一九・〇cm、一紙、
（全文）「依／春日社遷宮所下賜／大宮内蔵也／明和元年九月二日／進藤木工権頭長興」

11
某書状断簡　一通　宮内祈禱師　美河守

室町後期写、竪紙、尾欠、楮紙、右袖ニ追而書アリ、縦二一・〇cm、横二五・四cm、一紙、
（端裏書）「たか田の御状」（書出）「就宮内祈禱師之儀度々預／御使者候」（尾）「彦次郎ハ参河守／分まいらせ候我等此筋目更以不可有」

12
問者床衆等書状　卯月十二日　一通　北郷神人

室町後期写、竪紙、首欠、楮紙、縦二一・二cm、横二六・二cm、一紙、
（書出）「被召出今日明日両日分者雖無先規」（書止）「之由問者度□（々カ）評定候也恐々謹言」（差出）「問者床衆等」（日下）（充所）「□□御房」

13
摂津国山城国所領書上　一冊　東重国名　下狛　祝園　木津荘（文中）

室町後期写、袋綴装、首尾欠ヵ、楮紙、仮名交リ文、墨点（仮名、室町後期）、縦二一・六cm、横一二・二cm、二紙、
（第一紙首）「下狛／今ハ字《東》カワハタ畠ト云　古帳ハ田也」（第二紙首）「東重国名公事銭　摂津国在▨佃別紙一反別百卅文充云々」
○本来ハ第二紙・第一紙ノ順ノ可能性アリ、

14
某年十二月仮名暦断簡　一葉

江戸後期、断簡、首欠、下部欠損、楮紙、墨界、縦一二・二cm、横三六・六cm、一紙、界幅一・〇cm、
（首）「十二月小　建」（文末）「廿九日きのとのいひらく火」

15
仮名暦断簡　一葉

江戸後期写、断簡、楮紙、墨界、縦一二・二cm、横八・〇cm、一紙、界幅一・〇cm、
（首）「月とくきこ天火らくしやく」（尾）「天おん月とくち□」

大宮家文書　第百五括

巻込、但シ第4号・第5号ハ貼継、

1　大宮守房襷襷料請取状　貞享五年戊辰五月　一通

江戸中期写、縦切紙、楮紙、縦二九・七cm、横一四・七cm、一紙、(書出)「謹請下遷宮御時北郷方神殿守襷襷料事」(書止)「右七人分加常住神殿守謹請取所状如件」(差出)「常住神殿守守房(円黒印)」(日下)

2　大宮両常住神殿守精進料請取状控　元禄二年己巳六月八日　一通　榎本社・水屋社

江戸中期写、竪紙、楮紙、縦二九・二cm、横三九・七cm、一紙、(端裏書)「榎本水や下遷宮ノ請取也」(本文)「請取申米之事／合拾壱石四斗四升者但納京升也／右者榎本社水屋社下遷宮精進料也／仍而請取申所如件」(差出)「大宮常住神殿守／梅木主殿判／大宮内判」(日下)(充所)「御寺務様御奉行所／森庄左衛門殿／杉田平六殿」(奥書)「此手形六月八日ニ但馬屋ニテ下奉行平太殿ヲ以テ内侍原／法印殿へ指上申候　使宮内／南郷代主計」

3　大宮守理燈明料受取状控　元文三戊午年十二月朔日　一通　石燈籠寄附

江戸中期写、竪紙、楮紙、縦二八・八cm、横三八・六cm、一紙、(端裏書)「請取下書／宇治郷／菱木直右衛門殿御燈明料寄進」(書出)「春日社神前／石燈籠／右為常夜燈御寄附之／所也」(書止)「仍為燈明料白銀十枚／慥以受取候之処如件」(差出)「大宮々内」(日下)(充所)「宇治住人菱木猶右衛門殿」

4　七十八禰宜惣代金子借用状控　天明六丙午年壬十月　日　一通

江戸後期写、竪紙、楮紙、縦二九・五cm、横三五・七cm、一紙、(書出)「借用申金子之事／一金壱両也／右之金子者此度御燈明料田祢宜仲ヶ間」(書止)「為其七拾人／祢宜惣代加印之状如件」(差出)「御燈呂預り借り主大宮内蔵印／右同断同宮内印／七拾人惣代加印中坂河内印」(日下)(充所)「半田丁／魚や平七殿」

5　当番神人燈籠銀請取覚控　明和九壬辰年六月十七日　一通　金燈呂寄進　燈呂代・永代油代

江戸中期写、竪紙、楮紙、縦三〇・五cm、横四五・七cm、一紙、(本文)「御燈籠銀請取覚／一金子五両者　但シ金燈呂　壱釣御寄進仁付／御燈呂代并永代油料慥ニ請取申処也猶以／於　神前御家内安全御息災延命子孫繁昌奉／祈禱所之状如件」(差出)「和州大和国添上郡／春日社広前当番梅木主計／大宮内蔵」(日下)(充所)「遠州山名郡南田村／鈴木惣右衛門殿」

○奥書アリ、燈籠寄進ノ経緯ヲ記ス、

6　三常住神殿守口上覚草案　文化拾四丑年九月十五日　一通　率川社屋根等破損

江戸後期写、縦切紙、楮紙、縦二九・二cm、横二五・二cm、一紙、(書出)「口上之覚／一率川社御屋根其外所々及破損候ニ付」(書止)「御修理／急速被為　仰付候様奉言上候已上」(差出)「三常住北郷宮内／南郷主計／若宮石見」(日下)(充所)「御寺務大乗院御門跡様／御奉行様」

7　大宮守旧・守之口上覚　文化十四丑年八月廿三日　一通　金燈呂

江戸後期写、続紙、楮紙、紙継目裏ニ円黒印(北郷宮内印)アリ、縦二八・六cm、全長八四・二cm、五紙、(書出)「口上之覚／金燈呂六鉤〔釣〕取下シ三旬五節句其外度々鉤下シ候」(書止)「右之通ニ御座候以上」(差出)「北郷宮内(円黒印)／北郷内記(円黒印)」(日下)(充所)「御寺務大乗院御門跡様／御奉行様」

○第百八括1号ハ本文書ノ届書ナリ、第百二十一括3号ハ本文

書ノ草案ナリ、第九十二括16号等ト関連スル、

8 南北両郷神人遷宮役勤仕沙汰書案（土代）　一通　神鏡奉納御桶（文中）

鎌倉後期写、竪紙、楮紙、縦二八・〇cm、横三八・九cm、一紙、

（書出）「南北両郷神人等御□／之旨為有沙汰候申談神主泰長与一同加／下知候」（書止）「其子細即令参入言上候畢」

大宮家文書　第百六括

1 北郷禰宜中言上願書控　元禄弐年七月廿五日　一通　南郷祢宜参勤次第相違ニ付

江戸中期写、続紙、楮紙、縦三一・四cm、全長一五七・九cm、四紙、

（書出）「乍恐追而言上／一春日中社榎本社水屋社被成御造宮候仍／北郷常住宮内南郷常住主殿両人御遷宮仕候」（書止）「先規之通被仰付被下候者有難／奉存候仍如件」（差出）「北郷祢宜中」（日下）

大宮家文書　第百七括

巻込、

1 向井師屋書状　（別筆）（元禄七年戌）二月朔日　一通　春日祭関白代参人宿ニ付

江戸中期写、横切紙続紙、楮紙（漉返紙雲母引）、縦一五・五cm、全長四〇・四cm、二紙、

（書出）「一筆申入候弥其元無事ニ／御座候哉」（書止）「兼而左様ニ御心得可有之／候為心得申入候以上」

（端裏切封上書）「（墨引）　ゟ　大宮内蔵殿 同 宮内殿　向井信濃守」

2 常住大宮宮内等口上書控　丑六月廿六日　一通　館林宰相様（徳川綱吉）御簾中ノ燈籠寄進ニ付

江戸後期写、横切紙続紙、楮紙、縦一四・九cm、全長六二・六cm、二紙、

（端裏書）「大宮神主ゟ下書遣候故其返認メ遣候事」（書出）「口上之覚／一此度両常住燃〔燈〕籠預り方之／儀ニ付」（書止）「忝仕合奉存候何分宜奉願／上候已上」（差出）「常住大宮宮内（円黒印）／弟同内記（円黒印）」（日下）（充所）「大宮神主三位様」

3 春日大明神勧請次第・勧請文・神供祝詞　一通

江戸後期写、横切紙、楮紙（檀紙）、一行一〇字前後、墨点（仮名、江戸後期）、縦一五・九cm、横五四・三cm、一紙、

（文首）「勧請次第／先着座一拝拍手三度」（文末）「夜／乃守利日乃守利仁守／賜幸賜陪止申須」

4 大炊殿ヨリ請取米覚書　一通

江戸後期写、横切紙続紙、楮紙、縦一四・七cm、全長二七・〇cm、二紙、

（書出）「覚／一毎月晦日ニ大炊殿ヨリ請取／可申米之事」（書止）「隔年ニ三ツ橋庄清祓　壱升／辰正月改」

5 遷宮書付　一通

江戸後期写、小切紙、楮紙、縦一四・六cm、横一八・八cm、一紙、

（文首）「四月朔日／祓戸社剣先道留」（文末）「朝御神供上殿守旧勤」

6 請書文案　一通

江戸後期写、小切紙、楮紙、縦一六・三cm、横一三・四cm、一紙、

（全文）「前文――／右之通被　為仰付難有奉畏候／以来御祈念之外所持仕申間鋪候依而／御請書奉差上候以上／――／――／――」

7 銀高覚書　一通

江戸後期写、小切紙、楮紙、縦一五・一cm、横五・五cm、一紙、

（全文）「覚／一拾五匁壱分弐厘菊屋方入用残銀／七人割弐匁壱分六厘」

8 某書状　一通　寄合欠席ニ付

明治写、小切紙、尾欠、楮紙、縦一五・二cm、全長二六・五cm程度、二紙、

（書出）「最御清適奉出」（充所）「大宮守慶様」

第百七括裏打紙文書

裏1 一乗院宮門蔵奉行口上書　申十二月廿五日　一通

江戸後期写、小切紙、楮紙、縦一五・二cm、横二六・五cm、一紙、

（書出）「口述／当冬渡御祈禱料」（書止）「御越／可被成候以上」

（差出）「一乗院宮門蔵奉行」（日下）（充所）「大宮宮内殿」

○第8号ノ裏打紙ナリ、左奥ニ「御下行米書状也」、日付・差出書間ニ別筆ニテ「未年凶作ニ付米下行弐斗五升／被下置」等トアリ、

大宮家文書　第百八括

貼継、（紙縒上書）「十九」

1　**大宮守旧・守之口上覚届書**　〔文化十四年〕丑八月廿三日　一通

江戸後期写、続紙、楮紙、紙継目裏ニ円黒印アリ、縦二八・八cm、全長九九・六cm、四紙、

（書出）「口上之覚／金燈籠六鉤〔釣〕取下シ三旬五節句其外度々鉤下シ候」（書止）「右之通御寺務様江奉差上候ニ付写書進上申候」（差出）「北郷宮内（円黒印）／北郷内記（円黒印）」（日下）（充所）「御一臈代様」

○第百五括7号ノ届書、

2　**大宮守胤口上書案**　宝永六年丑九月晦日　一通　楽所ノ畳替ニ付

江戸中期写、竪紙、楮紙、縦二九・三cm、横四五・二cm、一紙、

（端裏書）「楽所畳并縁取七枚之内三枚往古ヨリ北郷常住支配之」（書出）「一今度御遷宮ニ付楽所之畳縁取新替」（書止）「此節もせん〳〵の通／御わたし被下候ヘハ有かたく奉存候以上ヲク」（差出）「北郷常住内蔵（円黒印）」（日下）（充所）「御寺務大乗院様／御奉行衆様」

○日付次行ニ「一此度縁取先規之通御渡シ被下難有／仕合奉存候以上」トアリ、

3　**宝永六年遷宮置文**　宝永六年丑九月廿七日　一通　楽所畳ニ付

江戸中期写、竪紙、楮紙、縦三〇・三cm、横四六・四cm、一紙、

（端裏書）「本社正下遷宮／（別筆）「宝永六年」旧記」（書出）「今度御遷宮ニ付楽所之畳縁取／新替」（書止）「常住代／若宮藤兵衛宗信書之」（差出）「北郷常住内蔵／下奉行柏山玄蕃／後藤宗八」（日下）（充所）

「御寺務大乗院様／御奉行衆」

大宮家文書　第百九括

巻込、但シ第1号～第4号・第5号～第6号ハ貼継、素紙表紙（第1号ニ貼付）、紙縒紐、（紙縒上書）「十三」

（外題）「　神楽所収納及式場ト云々

神供米之諸事　　　　藤浪氏蔵

二巻之内　乙部　　　　」

○第8号～第15号ハ共通ノ綴穴アリ、一時一綴サレテイタモノナラン、

1　隆円・道乗書状　　　六月十四日　　　一通　　　御神供米大豆

江戸中期写、竪紙、楮紙、縦二四・〇cm、横二八・八cm、一紙、（本文）「但申年ヨリ／御神供米大豆之儀寺よりは／廿分一下行申候間其外之義は／不存候恐々謹言」（差出）「□□（花押）／□□（花押）」（日下）（端裏捻封上書）「（墨引）神人内蔵殿人々御中　隆円 道乗」

2　大宮守寿一札控　　　安永三甲午年四月廿八日　　　一通　　　神人職補任料ニ付

江戸中期写、竪紙、楮紙、縦二三・五cm、横三三・三cm、一紙、（書出）「一札之事／一此度私悴千勝義神人職／御補任之事御願申上」（書止）「曽而／仕間敷候仍テ一札如件」（差出）「大宮内蔵印」（日下）（充所）「中神主三位様」

3　山本大学覚書控　　　天明四辰年七月廿八日　　　一通　　　燈明田譲リニ付

江戸後期写、竪紙、楮紙、縦二四・五cm、横三四・〇cm、一紙、（書出）「覚／一当時我等所持之燈明田之内」（書止）「蔵本へ／宜被仰入可被下奉頼候以上」（差出）「山本大□〔学〕」（日下）（充所）「新開村／御年寄中」

4　神殿守年中行事条々書上　一通　大和国三橋荘

江戸中期写、続紙、首欠、楮紙、仮名交リ文ヲ含ム、縦二四・六cm、全長一三七・五cm、四紙、

(首)「一三橋庄北郷方名主之時者御供所ニテ清祓／有之」(文末)「一子守御鎰同少カき以上弐つ四十五人中へ預申候」

○左奥裏ニ紙継目裏花押断簡アリ、モト連券、

5　北郷座中掟書写　正徳三癸巳年二月廿一日　一通　若宮方子孫、北郷方へ祢宜成

江戸中期写、竪紙、楮紙、縦二八・四cm、横四六・二cm、一紙、

(書出)「北郷座中掟之条々／一向後若宮方之子孫北郷方江祢宜成／有之候者北郷方之衆中之養子仁」(書止)「為養子当座江祢宜成之事／堅可為無用候者也」(差出)「北郷常住神殿守大宮内蔵守胤／舎弟同宮内守政／書写之」(日下)

(奥書)「右掟北郷座中之写也別而北郷方常住家之儀者従

往古藤原氏之姓歴代之処猥ニ他之姓ヲ不可受様

万一相続之姓家ニ無之時者同座藤浪氏姓より

可養子事依而藤原氏姓不堪様覚悟可有事

以上

」

6　南郷北郷職事常住惣代連署一札控　正徳弐年壬辰二月廿日　一通　南郷方ノ躵北郷祢宜ニ仕ルベキニ付

江戸中期写、竪紙、楮紙、縦二八・六cm、横四四・八cm、一紙、

(書出)「一札之事／先年南郷左嶋躵歯具(ママ)老中西神主時雅卿／御補任頂戴仕北郷祢宜ニ可仕之旨」(書止)「然上者／於両座申分無御座候為其一札如件」(差出)「南郷職事善兵衛／北郷職事平左衛門」(日下)以下計六名連署、(充所)「富田正預三位様(延英)」

7　高井隼人口上書　文化十四丑年十月　一通　春日社御祓奉納願ニ付

江戸後期写、続紙、楮紙、紙継目裏ニ円黒印二顆アリ、縦二一・五cm、全長七三・三cm、二紙、

(書出)「乍恐謹而奉願口上／一御一山次ニ御出入之御方之／御家別ニ／春日社御祓相納申度偏／御願申上奉り候」(書止)「莫太之御慈愍与／難有奉存候以上」(差出)「高井隼人(円黒印)」(日下)(充所)「長谷寺／御年預慈心院様」

8　弁才天社正遷宮祝詞　〔文久三亥年二月廿五日〕　一通　新開村弁才天社守和

江戸後期写、竪紙、楮紙、縦二五・二cm、横三四・四cm、一紙、

(端裏書)「新開村弁才天社正遷宮」(書出)「弁才天社正遷宮祭文／夫文久三亥年二月廿五日吉日良辰を／ゑらひさため て申て申さく」(書止)「かしこみ〳〵もおそれみ〳〵も申て／申さくと藤原守和申たてまる／さいはい〳〵」(差出)「守和(花押)」(奥下)三笠山弁才天社充、

9　大宮守慶世相風刺詩歌　慶応元丑年／六月　一通

江戸後期写、小切紙続紙、楮紙、縦八・四cm、全長五九・〇cm、三紙、

(文首)「国道騒／家中困」(文末)「せめやせめ行も／かへるも姫路まて／死ぬもしなぬも／大坂城」(差出)「大宮守慶」(奥)

10　銀札番付　〔慶応二寅五月吉日〕　一通

江戸後期写、竪紙、楮紙、縦三三・七cm、横二四・八cm、一紙、

(外題)「銀札之見立」

(右段文首)「大関　小泉／関脇　田原本／小結紀州三山」(左段文末)「世話人　上市」(右端)「慶応二寅五月吉日　北大宮守慶」

○相撲ノ番付形式ニテ格付スル、

11 御築地内外御固附並諸大名方洛外御出張固（版） 一通
江戸後期刊、竪紙、楮紙、縦三四・五cm、横二五・一cm、一紙、
○内裏・洛外ヲ警固スル諸大名ヲ記ス、

12 遷宮日並記 〔六月〕 一綴
江戸中期写、切紙仮綴（綴紐欠失）、首・中・尾欠、楮紙、縦二二・七cm、横二七・五cm、二紙、
（第一紙首）「御散米チンコウ被成ツ、其後」（第一紙尾）「東向テ口ヘミガク〳〵ト云テ八足口ヘ出也其後常住」（第二紙首）「一同六月十一日正遷宮有之」（第二紙尾）「新造御殿御清メノ御祓有之」
○第一紙ハ六月五日前後、第二紙ハ六月十一日ノ記録、

13 大教院教導職説教日程書上 （明治六年二月） 一通 神道教導職
明治写、続紙、楮紙、縦二四・七cm、全長四五・二cm、三紙、
（文首）「明治六年二月／毎月午後第一時ヨリ／二日 三日 住吉社／四日 五日 天満天神社」（文末）「阿波座壱番町／春安舎」

14 虎列刺予防方心得書（版） 明治十二年八月 一通
明治刊、竪紙、楮紙、金属活字版、一行二八字、付刻点（仮名）、縦二一・五cm、横三三・八cm、一紙、
（書出）「〇堺県庁より御達に相成たる流行病用じん書の御趣意を採摘して／諸人に施与する者なり／虎列刺病予防方心得書」（書止）「神佛の慈／悲を以て必らず利益したまうもの也」（差出）「奈良 徳融寺住職少講義 仲野順海」（日下）
○日付次行ニ「官許印施」トアリ、

15 明治初年神楽並御田植式等関連文書 一綴
○文書七通ヲ仮綴スル、

〔1〕明治五年再興神楽料取決書控 （明治五年） 一通
明治写、折紙、楮紙、縦二三・九cm、横二八・三cm、一紙、
（端書）「明治五年再興取極扣」（書出）「神楽料の事」（書止）「祝詞申神楽相済候上右之内」

〔2〕神楽料取決書 一通
明治写、折紙、楮紙、縦二四・五cm、横三三・〇cm、一紙、
（書出）「神楽料の事」（書止）「同 四 出勤の人員／右」

〔3〕御田植式次第 一通
明治写、折紙、楮紙、縦二四・三cm、横三四・〇cm、一紙、
（書出）「御田植式／一初鍬／初ニ神前ニ向テ三度鍬つか／うへし」
（文末）「道具持から櫃ニテ 二人」

〔4〕明治六年春日御田植式図 （明治六年） 一鋪
明治写、竪紙、楮紙、縦三〇・五cm、横二二・九cm、一紙、
（識語）「明治六年／春日御田／植式」
○鋪設ノ指図ナリ、儀式次第ノ略記アリ、

〔5〕御田植式道歌行列書 一通
明治写、竪紙、楮紙、縦二四・八cm、横三二・五cm、一紙、
（内題）「道歌人員レツ／ガキ」
（文首）「初青竹持人足 青竹持人足―舞人七員」（文末）「―道具人足」

〔6〕祝詞文例 一通
明治写、竪紙、楮紙、墨点（仮名、明治）、縦二四・三cm、横三二・六cm、一紙、
（書出）「此乃御殿尓長仁鎮 座 言巻毛」（書止）「突抜弖畏美〳〵母白須」

〔7〕下行米等覚書 一通
明治写、折紙、楮紙、朱書注記アリ、縦二四・九cm、横三三・二cm、一紙、
（書出）「覚／「富田旧式照合ス氏ハ朱書」（別筆）一弐斗正月午房代 下行」（文

末)「一三石　地蔵燈明料」

16　**福井靱負金燈呂預リ一札控**〔慶応四年正月〕　一通

江戸後期写、切紙、楮紙、縦二二・五cm、横二八・八cm、一紙、藤堂高猷寄進金燈呂ニ付

(書出)「一札之事／一金燈呂　壱釣／春日社奉寄進　預り主福井靱負」(書止)「越度可被仰付候依而一札如件」(差出)「――／――」(日下)(充所)「――」

17　**二度御幸祝詞草案**〔明治二巳年四月〕　一通

明治写、続紙、楮紙、墨点(仮名、明治)、共紙表紙(左奥)、縦一五・五cm、全長七七・四cm、三紙(表紙共)、

(書出)「掛巻毛畏支御笠山乃下津／岩根尓大宮柱太敷立」(書止)「幸／閉《給へ》登畏美々母禱申須」

(表紙)「　皇我命東国閉

二度御幸乃祝詞

明治二巳年四月作留礼」

18　**梅木氏臈次書上**　一通

江戸後期写、縦切紙、楮紙、縦二三・四cm、横二一・〇cm、一紙、

(文首)「庄兵衛一臈春叙　伊兵衛副役春友」(文末)「主殿常住春章代内蔵介官春庭　六右衛門副役春芳」

19　**金銭勘定書**　一通

江戸後期写、横帳断簡(折紙)、首尾欠、楮紙、縦二三・〇cm、横三一・六cm、一紙、

(首)「一八三百文七拾弐文／右ハ菊治切手弐枚」(尾)「江近(ママ)屋吉兵へ　倉藤兵衛」

20　**津守国礼等詠草**　一通

江戸後期写、竪紙、楮紙、縦二六・一cm、横三一・二cm、一紙、

(文首)「五常の心をよめる　従三位国礼」(文末)「介兼貢書」

大宮家文書　第百十括

続紙一通、

1　春日社中社小社遷宮精進料関係文書　〔享保十三年四月〕　一通　精進料米

江戸中期写、続紙、楮紙、紙継目裏ニ「守胤」トアリ、縦二九・七cm、全長一六九・〇cm、四紙、

（端裏書）「享保十三戊申年中社小社御遷宮精進料／願書写木〔本〕也／外一通者中社小社ノ石付ヲクニ給置候也」

〇文書二通ノ書継案文、

①三方常住神殿守口上覚控　享保十三戊申年四月二日

（書出）「乍恐奉願口上之覚／一此度就　春日社中社小社御遷宮三方／常住精進科〔料〕米」（書止）「中社／小社正下遷宮精進科米書付別紙奉／指上ケ候以上」（差出）「三方常住神殿守梅木主計春廉／大宮内蔵守胤（円黒印）／若宮々内春説」（日下）（充所）「御寺務一乗院宮様／御家老中様／下奉行衆／杉田丹下様／小倉主殿様」

（奥書）「右之書付中東治部少輔殿書写畢」（充所前行）

②三方常住神殿守精進料米覚書控　享保十三戊申年四月二日

（書出）「春日社中社小社下正遷宮精進料米覚」（書止）「残テ三十六石一計〔斗〕九升と御座候以上」（差出）「三方常住神殿守若宮宮内春説／大宮内蔵守胤／梅木主計春廉」（日下）（充所）「御寺務一乗院宮様／御奉行様／杉田丹下様／小倉主殿様」

大宮家文書　第百十一括

巻込、（紙縒上書）「四十八」

1　新開村惣代口上書　宝暦十二午年五月十六日　一通　北郷右兵衛ノ屋敷貸与ニ付

江戸中期写、続紙、楮紙、紙継目裏ニ方黒印アリ、縦二九・七cm、全長二三二・四cm、五紙、

（書出）「乍恐奉願上候口上之覚／此度北郷右兵衛所持之屋敷玉井藤五郎と申仁江貸シ／申度趣」（書止）「厚太之御慈悲と／難有奉存候以上」（差出）「新開村惣代南郷理右衛門（円黒印）／北郷次郎太夫（円黒印）／同内匠（円黒印）」（日付前行下）（充所）「御寺務大乗院御門跡様／御奉行様」

2　高畠町宗旨人別送リ一札　嘉永二酉年三月　日　一通　精進料米

江戸後期写、竪紙、楮紙、縦二四・八cm、横三一・八cm、一紙、

（書出）「宗旨人別送り一札之事／一当町内ニ罷居候米屋佐兵衛」（書止）「為後日／宗旨人別送り一札依而如件」（差出）「高畠町／年寄七兵衛（円黒印）」（日下）（充所）「地蔵町／御役人中」

大宮家文書　第百十二括

巻込、（紙縒上書）「廿五」

○各文書右端ニ綴穴六穴アリ、一時一綴サレタモノナラン、

1　高井隼人覚書　安永四乙未年七月晦日　一通　燈明田取リ戻シ申スニ付

江戸中期写、縦切紙、楮紙、縦二九・六cm、横一六・九cm、一紙、（書出）「覚／一井上村南郷左嶋殿へ銀子利分ニ燈明田五石取遣シ置候を」（書止）「為其差出し如件」（差出）「神坊村北郷隼人（長方黒印）」（日下）（充所）「神坊村年寄北郷六之進殿／南郷郡司殿」

2　高井隼人覚書　安永五丙申年七月廿九日　一通　燈明田取リ戻シ申スニ付

江戸中期写、縦切紙、楮紙、縦三〇・二cm、横一二・二cm、一紙、（書出）「覚／一先達而井上村南郷左嶋殿方へ銀子利分ニ相預ケ候燈明田之内ヲ」（書止）「其為以書付御断申候以上」（差出）「神之坊村北郷隼人（長方黒印）」（日下）（充所）「神坊村年寄北郷六之進殿／南郷郡司殿」

3　高井隼人覚書　天明八申年八月二日　一通　燈明田ヲ遣シ申スニ付

江戸後期写、縦切紙、楮紙、縦二九・五cm、横二一・六cm、一紙、（書出）「覚／一先達而井上村北郷兵庫殿ニ銀子借用／申候ニ付此度我等所持之燈明田」（書止）「右之段蔵本へ御差出し御出シ被下候様頼／申候以上」（差出）「高井隼人（長方黒印）」（日下）（充所）「神坊村／年寄中垣万之丞殿」

4　辰巳祐高禰宜屋敷預リ証文写　文政六癸未年七月　一通　丸山村

江戸後期写、竪紙、楮紙、縦三〇・〇cm、横三四・二cm、一紙、（端裏書）「社家辰巳ゟ帰り一札写右ハ蔵本へ相断リ申候世話人丸山伊豆殿へ」（書出）「一札之事／一此度丸山村ニ在之候其許所持之祢宜屋敷／壱ヶ所」（書止）「為後日仍而／一札如件」（差出）「祢宜屋敷ノ預主辰巳伊豆守／御判」（日下）（充所）「丸山主鈴殿」

5　藤谷織部屋敷譲状　文政未六年八月　一通　丸山村

江戸後期写、竪紙、楮紙、縦二八・八cm、横二九・六cm、一紙、（書出）「一札之事／一丸山村北側東ゟ三軒目我等所持之／屋敷」（書止）「仍而為後日譲り一札／如件」（差出）「地面譲り主藤谷織部（円黒印）」（日下）（充所）「丸山主鈴殿」

6　高井隼人屋敷地証文紛失状　天保五甲午年四月廿八日　一通　松南院村

江戸後期写、縦切紙、楮紙、縦三〇・二cm、横二五・二cm、一紙、（書出）「屋鋪地之事／一松南院村西側祢宜地壱ヶ所」（書止）「右ニ付他ゟ之差構無之候以上」（差出）「丸山伊織親類代高井隼人（大中臣祐延）」（日下）（充所）「東地井陸奥守殿」

7　滞銀猶予願書届書控　天保九戊戌八月　一通

江戸後期写、竪紙、楮紙、付箋アリ、縦二九・八cm、横四一・二cm、一紙、（書出）「乍恐御猶予奉願上候／一中清水町横田屋九兵衛ゟ春日祢宜高井隼人／請人若宮宮内燈明田引請人福井伊織事」（書止）「右之通り御寺務大乗院様へ奉差上候ニ付右写書／差上申候以上」（差出）「北郷隼人／付添」（日下）（充所）「御一臈代様」

○九兵衛等滞銀猶予願書（同月、「大乗院御門跡様／御奉行様」充）ノ一臈代ヘノ届書、

大宮家文書　第百十三括

続紙一通、

1　三方常住神殿守連署言上書控　天明四辰年四月　一通
（子守社精進料ニ付）

江戸後期写、続紙、縦二六・四cm、全長一五九・四cm、四紙、（端裏書）「（別筆）遷宮」／天明四年精進料」（書出）「乍恐謹而御願言上／一子守社下正遷宮精進料之義者」（書止）「先規之通御下行被為成下候様／乍恐謹而御願言上仕候已上」（差出）「北郷常住神殿守大宮内蔵守寿／若宮常住神殿守若宮宮内春貞／南郷常住神殿守梅木主殿春孝」（日下）（充所）「御寺務／一乗院宮様／御奉行様」

大宮家文書　第百十四括

巻子本一巻、紙継ニ題箋ヲ挿ム、

（題箋）「御所
近衛家拝領会符及提燈御紋章ニ関スル取調之件
寛政三年六月　用紙大小六張」

1　近衛家拝領提燈紋章取調一件記録　（寛政三年六月〜七月）　一巻

江戸後期写、巻子本、楮紙、紙背文書アリ（包紙、第四紙紙背）、縦二四・四cm、全長一八五・八cm、六紙、（文首）「寛政三亥年六月十五日従／御寺務大乗院御門主様社家祢宜／召ニ来ル」（文末）「右荒増書留能々可勘弁事」

○文中ニ大宮内蔵覚書（亥ノ六月十五日、「四拾五人中／外様衆」充）、大宮内蔵覚書（寛政三亥年七月十八日、「御寺務／大乗院御門主様／御奉行様」充）ノ写アリ、

大宮家文書　第百十五括

紙縒一括、

1　権専当琳勝書状案　　三月六日　　一通　　中東方跡目

室町後期写、竪紙、楮紙、縦二四・四cm、横二一・七cm、一紙、（端書）「立文」（書出）「就中東方跡目仁巨細承候宮内儀者」（書止）「六方／御集会評定候也恐々謹言」（差出）「権専当琳勝」（日下）（充所）「越智又八郎殿」

○第八十三括9号ト関連スル、

2　近衛様蝙蝠扇拝領勘例　　丑霜月吉日　　一通　　元禄三年〜享保十一年ノ例

江戸中期写、竪紙、楮紙、縦二三・九cm、横三〇・三cm、一紙、（書出）「従近衛様蝙蝠扇拝領仕候勘例」（文末）「一享保十一丙午年八月十五日従／近衛家久公御扇一本内蔵守胤拝領畢」

3　三笠山飛来天神社正遷宮祝詞　　〔寛政三年九月二十二日〕　　一通　　三笠山飛来天神社

江戸後期写、竪紙、楮紙、縦二四・三cm、横四〇・二cm、一紙、（書出）「祝詞文／唯当礼留年次寛政三辛亥年九月廿二日／吉日良辰乎撰比定天申天申佐久」（書止）「夜乃／守日乃護守リ幸給陪止申須」（差出）「北郷常住兼四臈神殿守藤原守寿／代官同守旧」（奥下）（充所）三笠山飛来天神充、

○左奥ニ和歌アリ、

4　某書付　　一通　　娘家出ニ付

江戸中期写、続紙、首尾欠、楮紙、縦二三・六cm、横三三・四cm、一紙、（首）「先方におゐて何之子細も無御座／候は」（尾）「家出仕候ものに候得者私宅へ」

5　春日祭勅使覚書　　一通

江戸中期写、竪紙、楮紙、縦二四・九cm、横三一・四cm、一紙、（全文）「一十一月七日春日大宮御祭礼ニ付勅使御参向／上卿勧修寺／弁万里小路」

大宮家文書　第百十六括

紙縒一括、(紙縒上書)「八十」

1　竹村家建立燈籠覚書　十二月十五日　一通

江戸中期写、続紙、尾欠、楮紙、縦二四・五cm、全長五九・九cm、二紙、

(左奥端裏書)「竹村八郎兵衛殿ゟ御尋に被下候書付之／うつし」

(書出)「南都春日社江建置候燈籠之覚／一石燈籠 慶長六年三月吉日 竹村九郎右衛門嘉利」 (書止)「右預り丸山彦之丞右之趣／御支合可被下候以上」 (差出)「竹村八郎兵衛」(日下)

○本奥書・奥書アリ、本奥書ニ「享保十五年かのへいぬ正月九日に書留申候以上」トアリ、

2　丸山伊織旦那譲状写　寛政十卯年八月　日　一通　旦那ノ譲状

江戸後期写、竪紙、楮紙、縦二四・〇cm、横三二・八cm、一紙、

(書出)「一札之事／一此度拙者不勝手ニ付拙者所持之旦那／左之書付之通其許へ相譲り申候」 (書止)「仍而為後日加印之証文一札如件」 (差出)「丸山伊織／町請人」(日下) (充所)「榊原兵庫殿／同豊前殿」

3　路橋掃除修覆入用帳断簡　〔文政二年〕　一葉

江戸後期写、横帳断簡(折紙)、楮紙、縦二五・一cm、横三四・一cm、一紙、

(首)「大宮宮内／山本左衛門／藤兵衛」 (尾)「一弐百八拾八文 十四軒分 新薬師」

4　藤谷織部屋敷譲届書写　文政五未年(ママ)八月　一通

江戸後期写、竪紙、楮紙(樹皮片多シ)、縦二四・六cm、横三四・六cm、一紙、

(端裏書)「藤谷織部殿ゟ／差出写書」 (書出)「差出候一札之事／一丸山村北側表」 (書止)「右屋敷此度丸山主膳殿へ譲り申候ニ付村方／帳面御切替可被下候仍而差出一札如件」 (差出)「新開村藤谷織部印」(日下) (充所)「丸山村／御年寄中」

○左奥ニ「右之通町内召預ヶ申候者也／文政五未年八月」トアリ、

5　藤谷織部屋敷譲状写　文政六未年八月　一通

江戸後期写、竪紙、楮紙(樹皮片多シ)、縦二四・六cm、横三四・〇cm、一紙、

(端裏書)「藤谷織部殿ゟ／譲り一札写」 (書出)「一札之事／一丸山村北側東ゟ三軒目我等所持之／屋敷」 (書止)「仍而為後日譲り一札如件」 (差出)「藤谷織部印」(日付前行下) (充所)「丸山主膳殿」

6　大蔵弥太郎義絶状写　文政八乙酉年／四月八日　一通

江戸後期写、竪紙、楮紙、縦二四・四cm、横三四・二cm、一紙、

(書出)「書附を以申渡候／但シ写書／一其方儀此度存寄有之知行支配／之儀退役申付候」 (書止)「然ル上者以来／致義絶候仍如件」 (差出)「大蔵弥太郎(花押)」(日下) (充所)「香具屋／伊兵衛殿」

7　中ノ川ヵ村役人銀子借用願書　文政十亥年十二月日　一通　南都弟子一洗

江戸後期写、竪紙、楮紙、縦二四・八cm、横三四・六cm、一紙、

(書出)「乍恐御願書／当亥六月洪水ニ付井手野道荒／一銀四百五拾目 尾州黒鍬代」 (書止)「合百四拾七匁弐分四厘」 (差出)「庄屋伝七(円黒印)／年寄新兵衛(円黒印)」(奥下) (充所)「山口弥九郎様／高井弥八郎様」

8　丸山伊織屋鋪届書　天保五午年四月　一通

江戸後期写、竪紙、楮紙、縦二四・九cm、横三一・四cm、一紙、（書出）「覚／北郷丸山伊織屋鋪／一北南間口九間半」（書止）「右之通相違無御座候以上」（差出）「丸山伊織／親類高井隼人」（日下）（充所）「松南院村／御年預中」

9　異鳥風聞書付　天保九戊戌十二月廿三日　一通　肥前国平戸

江戸後期写、竪紙、楮紙、鳥ノ図アリ、墨点（仮名、江戸後期）、縦二三・九cm、横三三・六cm、一紙、（文首）「一肥前国平戸ニおひて何国ともなく此鳥飛来／諸人群集其節声を／聞に我は是神の使也」（文末）「此度我姿を見るものは／其病を遁れ万福長久と／いふて何国とも無飛さりけん」

10　神之坊村居屋敷売券写　天保拾弐丑年八月三日　一通

江戸後期写、竪紙、楮紙、縦二四・六cm、横二五・四cm、一紙、（書出）「居屋敷売券状之事／一神ノ坊村持之借屋壱ヶ所有之候」（書止）「為後日之証文依而／如件」（差出）「神之坊村売主中村右衛門／同村〃〃受人高井隼人」（日下）（充所）「加藤左京殿」

11　神之坊村借屋売渡始末書付　〔天保十二年〕　一通

江戸後期写、竪紙、楮紙、縦二四・〇cm、横三三・三cm、一紙、（書出）「村借屋売渡し始末之事／一梅木中務当村ニ所持之屋敷此度新家相建申度」（書止）「左京江相譲り候事」○祝儀包紙ヲ転用スル、左奥ニ「御祝儀　岩助 善七」トアリ、

12　坂原村八朔御礼書上　〔戌七月二十八日〕　一通　大和国坂原村　八朔御礼

江戸後期写、竪紙、楮紙、縦二四・一cm、横三一・六cm、一紙、（書出）「戌七月廿八日八朔御礼勤来候／坂原村」（尾）「合弐石九斗　不足／外ニ銀四拾八匁　山年貢」

13　湯舟村神事能料約定覚書　卯九月十六日　一通　山城国湯舟村　神事能

江戸後期写、竪紙、楮紙、縦二四・八cm、横三三・五cm、一紙、（書出）「覚／一当村神事之節御能定銀百三匁／御座候得共」（書止）「右之通相渡可申候」（差出）「湯舟村庄屋辰右衛門」（日下）（充所）「南都高畑丸山主冷〔鈴カ〕殿」

14　東安堵村翁料送状　十月十四日　一通　大和国東安堵村　翁料

江戸中期写、竪紙、楮紙、右袖ニ追而書アリ、縦二四・〇cm、横三三・四cm、一紙、（書出）「一筆致啓上候弥々其元様／御堅固ニ可被成御座候由」（書止）「何様貴面ニ万々可申上候／恐々謹言」（左奥上書）「東安堵村ゟ　四郎 又八郎　丸山彦之丞様まいる」

15　惣蔵出米覚書　丑十二月　一通　惣倉

江戸後期写、縦切紙、楮紙、縦二四・五cm、横一六・三cm、一紙、（書出）「覚　梅木対馬／高井隼人／和上谷縫殿／一壱石六斗権神主出納」（書止）「代五百四十七匁弐分八リ／又札十六匁弐分弐リ」（差出）「惣倉（円黒印）」（日下）

16　惣蔵出米覚書　うし十二月十七日　一通　惣倉

江戸後期写、縦切紙、楮紙、縦二四・六cm、横一六・九cm、一紙、（書出）「覚　高井隼人／一壱石六斗六升七合弐勺弐才　権神主出納」（書止）「此代　五百三十四匁弐分八リ／又札　八匁七分五リ」（差出）「惣倉（円黒印）」（日下）

17 惣蔵出米覚書　とら十二月八日　一通　惣くら

江戸後期写、縦切紙、楮紙、縦二四・八cm、横一七・一cm、一紙、（書出）「覚　権神主殿出納高井大炊／一壱石六斗六升七合弐勺弐才壱月分」（書止）「代壱貫六百七十壱匁五分三リ／又札四匁六分」（差出）「惣くら（円黒印）」（日下）

18 惣蔵出米覚書　とら二月廿一日　一通　惣倉

江戸後期写、縦切紙、楮紙、縦二五・〇cm、横一七・四cm、一紙、（書出）「覚　両惣官出納／一弐石　八種供菜料」（書止）「代壱貫百四匁六分八リ／又札四匁七分七リ」（差出）「惣倉（円黒印）」（日下）

19 惣蔵出米覚書　う十二月廿七日　一通　惣くら

江戸後期写、縦切紙、楮紙、縦二四・三cm、横一五・六cm、一紙、（書出）「覚　権神主殿出納高井大炊／一壱石六斗六升」（書止）「代七百八十弐匁八分一リ／又札三匁三分八リ」（差出）「惣くら」（日下）

20 惣蔵出米覚書　午十二月廿四日　一通　惣蔵

江戸後期写、縦切紙、楮紙、縦二四・四cm、横一六・三cm、一紙、（書出）「覚　権神主出納高井隼人／一壱石六斗六升七合弐勺二才」（書止）「代九両三歩壱朱／弐百九文」（差出）「惣蔵（円黒印）」（日下）

21 惣蔵出米覚書　申十二月十八日　一通　惣倉

江戸後期写、縦切紙、楮紙、縦二四・一cm、横二〇・〇cm、一紙、（書出）「覚　福井勘ケ由 高井大炊／一四斗八升　正預殿出納／閏月分」（書止）「代八十弐匁壱分三リ／又札七匁三分壱リ」（差出）「惣倉（円黒印）」（日下）

22 惣蔵出米覚書　申十二月十八日　一通　惣倉

江戸後期写、竪紙、楮紙、縦二四・五cm、横三四・二cm、一紙、（書出）「覚　高井大炊／一五石八斗五升　正預殿出納」（書止）「代九百三十匁七分五リ／又札弐匁六分九リ」（差出）「惣倉（円黒印）」（日下）

23 惣蔵出米覚書　酉十二月十八日　一通　惣倉

江戸後期写、竪紙、楮紙、縦二五・一cm、横三四・一cm、一紙、（書出）「覚　高井大炊／一五石八斗五升　正預殿出納」（書止）「代七百八十六匁弐分五リ／又札弐匁弐分八リ」（差出）「惣倉（円黒印）」（日下）

24 惣蔵出米覚書　い十二月　一通　惣蔵

江戸後期写、縦切紙、楮紙、縦二四・九cm、横一六・五cm、一紙、（書出）「覚　高井隼人／一壱石六斗六升七合／二勺弐才」（書止）「又三匁五分五リ五／此代三匁▨▨六分壱リ」（差出）「惣蔵（円黒印）」（日付前行下）

25 惣蔵出米覚書　十二月廿一日　一通　惣倉

江戸後期写、縦切紙、楮紙、縦二四・九cm、横一七・二cm、一紙、（書出）「高井隼人／一壱石六斗六升七合二勺二才　権神主出納」（書止）「又札三匁七分八リ／此札三匁八分六リ」（差出）「惣倉（円黒印）」（日下）

26 惣蔵出米覚書　十二月廿六日　一通　惣倉

江戸後期写、縦切紙、楮紙、縦二四・四cm、横一六・五cm、一紙、（書出）「高井隼人／一壱石六斗六升七合二勺二才　権神主出納」（書止）「代七十八貫文／又〇弐百十三文」（差出）「惣倉」（日付前行

下）

27
物蔵出米覚書　十二月廿六日　一通　物倉
江戸後期写、縦切紙、楮紙、縦二四・〇cm、横一六・二cm、一紙、（書出）「後月分　梅木対馬／高井隼人／和上谷縫殿／一壱石六斗」（書止）「代八十壱貫文／又〇百四十四文」（差出）「物倉」（日下）

28
旧社司出米覚書　午十一月廿五日　一通
明治写、縦切紙、楮紙、縦二四・三cm、横一六・六cm、一紙、（書出）「覚　両物官出納／一壱石　八種供菜料」（書止）「〆壱石弐斗／代九両壱朱ト／百二十五文」（差出）「旧社司」（日下）

29
旧社司出米覚書　午十一月廿五日　一通
明治写、縦切紙、楮紙、縦二四・三cm、横一六・三cm、一紙、（書出）「覚　神主出納両人／一弐斗五升　午御酒神供料」（書止）「〆弐斗七升五合／此代弐匁三部ト／四百六十八文」（差出）「旧社司」（日下）

30
越後屋銀子受取手形　辰六月廿九日　一通
江戸後期写、縦切紙、楮紙、縦二四・八cm、横一一・〇cm、一紙、（本文）「覚　大蔵弥太郎殿／六分銀／□□／（木版刷）「右之通封印之儘慥ニ受取無相違相届ケ可申候／尤御吟味もの三ヶ年切ニ御座候以上」」（差出）「南都橋本町越後屋孫市（長方黒印）」（日下）（充所）「高井弥太郎様」

31
越後屋銀子受取手形　酉十二月十三日　一通
江戸後期写、縦切紙、楮紙、縦二四・四cm、横一一・六cm、一紙、（本文）「覚　賃四匁五分／大蔵弥太郎様へ／一六分銀手形入状壱ツ／（木版刷）「右之通封印之儘慥ニ受取無相違相届ヶ可申候／尤御吟味もの三ヶ年切ニ御座候以上」」（差出）「南都橋本町越後屋孫市（長方黒印）」（日下）（充所）「森孫助様」

32
御神供日記　〔一月〜九月〕　一通　大和国福智荘・庵治荘・神戸・西野荘・三橋荘・乙木荘（文中）
江戸後期写、続紙、首欠、楮紙、縦二四・五cm、全長一〇〇・五cm、三紙、
（首）「同十五日／一御粥二个度調進四御殿御粥柱之餅」（尾）「右ノ何茂座中ニテ取之／同白メシニテハカリメシ有之也」

33
榎本社水谷社正遷宮日時等書付　一通
江戸後期写、竪紙、楮紙、縦二四・二cm、横三三・八cm、一紙、（文首）「榎本社　水屋社正遷宮時日／九月十三日　時戌」（文末）「二三日中入申候間御越／可有候」

34
春日社献燈由緒書　一通　保延年中
江戸後期写、竪紙、楮紙、縦二四・四cm、横三三・〇cm、一紙、（書出）「春日大御神者神護景雲二年六月廿一日南都／春日里三笠山御鎮座後保延年中ゟ御燈籠／献燈相始り」（書止）「御祈禱於神前朝暮／抽丹誠可奉候以上」

35
肥前国梅豆羅乃県鎮座鏡明神濫觴記　一通　肥前国鏡明神　玄昉
江戸後期写、竪紙、楮紙、一行一八字前後、墨点（仮名・返点、江戸後期）、縦二四・四cm、横三四・〇cm、一紙、（内題）「肥前国梅豆羅乃県／鎮座鏡明神之監〔濫〕觴」（書出）「日本紀神功皇后北方到火前国松浦県而」（書止）「頭堕興福寺其頭上有玄昉之二字今頭塔甍〔葬〕之亦堕其肘之処曰肘墳」

36 高井家疱瘡口上書写　明治九年十二月　一通

明治写、切紙、楮紙、縦二一・八cm、横二七・一cm、一紙、（書出）「口上書／一文久三亥年五月十日本疱瘡仕候事　高井守約安政三辰年三月生」（書止）「右之通御座候以上」（差出）「高井守約印」（日下）（充所）「年番什長御中」

37 榊原守幸取替条約証書　明治十年十二月　一通　榊原守正ニ付

明治写、竪紙、楮紙、縦二四・四cm、横三二・五cm、一紙、（書出）「為取替条約証之事／一是迄新薬師町榊原守正方之儀ニ付」（書止）「互ニ申分無之候／為後日為取替申条約証如件」（差出）「榊原守幸（円黒印）／取曖岡山栄清（円黒印）」（日下）（充所）「高井守約殿」

○左奥ニ付文書ヲ貼リ継グ、紙継目ニ方朱印「岡山／守清」アリ、

37付 条約証添証文　明治十年十二月四日　一通

明治写、横切紙、縦一五・八cm、横三二・五cm、一紙、（書出）「本文之通此度取曖申和諭相整候条々」（書止）「右五ヶ条之外ニ相洩申儀有之候共右ニ準シ／取斗可弁申若両家ニ而難取斗義相洩／有之時ハ曖之中人江御相談有之度候也」（差出）「取曖岡山栄清（方印）」（日下）

大宮家文書　第百十七括

巻込、（紙縒上書）「五九」

○全号右端ニ綴穴アリ、複数ノ綴穴アルモノアリ、又一部ニ左端ニモ綴穴アルモノモアリ、モト横帳ニ綴ジタ時期アリ、又綴ジ直シモアルベシ、成巻第十八巻裏37号・裏42号・裏43号・第十九巻裏2号・裏18号・裏19号・裏20号ト関連スル、

1 中山道掃除賃町別割宛書付　〔文化十三年二月〜十四年七月〕　一通

江戸後期写、折紙、楮紙、縦二五・〇cm、横三四・〇cm、一紙、（文首）「文化十三子年二月拾日／大宮御祭礼ニ付二日前中山／道掃除」（文末）「四文相残箱ニ七文也／年預坂木左京大宮々内」

2 中山道掃除賃町別割宛書付　〔文化十四年十一月〜文政元年七月〕　一通

江戸後期写、折紙、楮紙、縦二四・九cm、横三四・一cm、一紙、（文首）「文化十四年十一月廿一日／大宮御神事ニ付／勅使上卿池尻殿奥家／御旅館ニ付中山道御／通行ニ付杉町与申合掃／除申付畢」（文末）「都合七文箱ニアリ／年預山本大学中垣石見」

3 中山道掃除賃町別割宛書付　〔文政元年十二月〜二年七月〕　一通

江戸後期写、折紙、楮紙、縦二四・九cm、横三四・一cm、一紙、（文首）「文政元戊寅年十二月／例年之通年暮之中山／道掃除町内主典丸／弥八へ申付ル賃銭七拾文」（文末）「酒殿太夫／梅木修理／坂木次郎太夫／坂木左京」

4 中山道二ツ橋造営入用覚等書付

〔（文政七年）申八月〜九年四月〕　一通

江戸後期写、折紙、楮紙、縦二四・六cm、横三四・一cm、一紙、（文首）「申八月ゟ／酉七月迄／年預山口主税 丹坂采女／申年分／百四拾八文杉町ゟ／百四拾八文新開村ゟ」（文末）「一銭弐百弐拾文仮リ橋相懸候之節／日雇手間賃」

5　中山道掃除新開町軒割注文　〔文政十二年十二月日〕　一通　新開町

江戸後期写、折紙、楮紙、縦二四・七cm、横三四・一cm、一紙、（文首）「文政十二丑年十二月日」（文末）「掃除年預／山口大輔／丹坂図書」

6　中山道掃除賃町別軒割書付　〔天保二年九月〜（三年）卯十二月〕　一通

江戸後期写、折紙、楮紙、縦二四・三cm、横三三・四cm、一紙、（文首）「天保二年卯〔寅〕九月ゟ／中山道年預酒殿大炊／福井蔵治」（文末）「家数十四軒分／十四文ツ、左(ママ)之通り」

7　中山道掃除賃町別軒割書付　〔七月〕　一葉

江戸後期写、横帳断簡（折紙）、首欠、楮紙、縦二六・〇cm、横三五・三cm、一紙、

（首）「同年七月八朔掃除主典丸／吉兵衛江申付ル賃銭四百文」

（文末）「年預梅木修理 坂木治郎太夫」

8　中山道掃除賃町別軒割注文等書付　〔七月〕　一葉

江戸後期写、横帳断簡（折紙）、首欠、楮紙、縦二四・五cm、横三四・五cm、一紙、

（首）「坂木左京　坂木治郎太夫」（文末）「年預／梅木修理／坂木治郎太夫」

大宮家文書　第百十八括

巻込、（紙縒上書）「四十七」

1　口上覚草案　（文化十三年）　一通　禁裏御所千日参ニ付

江戸後期写、竪紙、楮紙、書キサシ、縦三一・七cm、横四五・五cm、一紙、

（書出）「御願奉申上口上覚／一禁裏御所様ゟ　春日社江千日参御祈禱之儀」（尾）「享保／年中文化文政年中ニ兄弟両人相勤罷有候」

○本文全面ヲ黒線ニテ抹消スル、第2号ト関連スル、左奥ニ書状草案ヲ記ス（差出書・充所・日付ナシ）、（書出）「一昨廿八日出之候御書状今晦日申之刻至〔到カ〕着仕」（書止）「愚筆ヲ以文記御座候／恐惶謹言」

2　大宮守旧・守之口上覚草案　文化十四年正月　一通　千日参ニ付

江戸後期写、竪紙、楮紙、縦三〇・二cm、横四七・〇cm、一紙、

（書出）「口上之覚／一昨年千日参之儀御願申上候願意之内ニ」

（書止）「尤両人共同居体様候右之通ニ／御座候已上」（差出）「大宮宮内（円黒印）／同内記（円黒印）」（日下）（充所）「橘御殿様／御家司中様」

○端下ニ経緯ヲ書キ付ケル、第1号ト関連スル、端裏ニ「御桃燃〔桃燈カ〕被成下候願之通被下候事」等ノ習書、左奥下ニ「大宮内記」「増田千右衛門様」等ノ習書アリ、

3　金銀請取払方目録　一通

江戸中期写、竪紙、尾欠、楮紙打紙（雲母引）、朱書注記アリ、縦三〇・七cm、横二三・一cm、一紙、

（書出）「金銀請取払方惣目録／一大判四枚」（尾）「四百三拾両弐□□現金内ニ元ノ字悪金弐両有」

大宮家文書　第百十九括

巻込、

1　大宮守旧・守之口上覚　文化十四丑年九月十六日　一通　燈籠之儀ニ付

江戸後期写、竪紙、楮紙、縦二九・二cm、横三六・三cm、一紙、

(書出)「口上之覚／一昨十五日被尋　仰付候燈籠之儀ニ付蒙御察度／奉恐入候」　(書止)「此段御賢慮之／程奉願上候以上」　(差出)「北郷宮内(円黒印)／北郷内記(円黒印)」(日下)　(充所)「御寺務大乗院御門跡様／御奉行様」

○第2号ハ本文書ノ届書ナリ、第九十二括16号等ト関連スル、

2　大宮守旧・守之口上覚届書草案　(文化十四年)丑九月十六日　一通

江戸後期写、続紙、楮紙、紙継目ニ円黒印アリ、縦二九・二cm、横三九・四cm、三紙、

(端裏書)「九月十七日上ル也」

(書出)「口上之覚／一昨十五日被尋　仰付候燈籠之儀ニ付蒙御察度／奉恐入候」　(書止)「右之通御寺務様江奉差上候ニ付写書差上申候已上」　(差出)「北郷宮内(円黒印)／北郷内記(円黒印)」(日下)　(充所)「御一臈代様」

○第1号ノ届書、

3　奈良奉行所裁定書写　〔卯三月〕　一通　塩鯛寸法ニ付

江戸中期写、横切紙続紙、首欠、楮紙、縦一八・七cm、全長六八・〇cm、二紙、

(首)「弐百石之内より差遣候儀ニ付」　(書止)「右之通御奉行所ゟ被渡候へ共慥成／旧記出候ハヽ、願出可然事」

4　銀貸借覚書　辛酉十一月四日　一通

江戸後期写、縦切紙、楮紙、縦三一・〇cm、横八・六cm、一紙、

(本文)「当酉三月ゟ来十月迄八ヶ月之間利足／六匁又元銀不足五匁〆拾壱匁かし」　(差出)「亘理」(日下)　(充所)「紺屋伝兵衛殿」(奥下)

5　買銀覚書　一通

江戸後期写、縦切紙、楮紙、縦二四・四cm、横八・八cm、一紙、

(全文)「一銀弐貫拾五匁　北天満町平三郎／右付あい御座候者弐三匁かい可申候／以上」

6　北郷内記口上書断簡　一葉

江戸後期写、断簡、首欠、楮紙、縦二九・二cm、横四・九cm、一紙、

(全文)「北郷内記(円黒印)／御一臈代様」

7　文書断簡　一葉

江戸後期写、断簡、首欠、楮紙、縦二八・九cm、横三・七cm、一紙、

(全文)「御奉行様」

8　遷宮記録断簡　一葉

江戸中期写、断簡、楮紙、縦二四・八cm、横八・一cm、一紙、

(首)「一◦下鳥居ノ◦内額本ヲ限東ニ二御殿前ヲ北郷方敷之」　(尾)「京都自／掃部寮下テ敷之畢」

4 石燈呂金蓋盗取一件書付 〔天明三年五月四日〕 一通 石燈呂

江戸後期写、続紙、楮紙、縦二〇・四cm、全長五二・九cm、四紙、

(文首)「天明三卯歳五月四日未ノ刻頃／二ノ鳥居之内里道ノ角ヨリ東へ拾四本目／表通ニ相建有之」 (文末)「差出シ候様被申越左ニ／相認遣之也」

○左奥ニ大宮内蔵覚書写(卯五月四日、燈呂奉行中充)アリ、

5 燈呂施主書付 一葉

江戸後期写、続紙、首尾欠、楮紙、紙背文書アリ、縦二四・〇cm、横三〇・〇cm、一紙、

(首)「延宝六年□吉日／一施主和州添上郡 楢村中 山口木工」 (尾)「在所榎本の下青竜橋ゟ西に拾本目／但し西側裏廻り」

〔紙背〕 神事日並記 一通

江戸後期写、続紙、首欠、楮紙、注連縄ノ図アリ、縦二四・〇cm、横三〇・〇cm、一紙、

(首)「若宮宮内ゟ若宮神主宅へ右同様申参候事」 (尾)「一南郷常住方にも同様之事并若宮常住方にも同様に▨神事／相支申候事」

6 某口上書草案 一通 金燈籠ニ付 館林殿(文中)

江戸後期写、続紙、楮紙、尾欠、縦二八・七cm、横四三・三cm、一紙、

(書出)「奉願上候口上書／□五構門ニ金燃竜〔燈籠〕六釣右金燈呂取下シ／三旬五節句其外度々釣下シ候」 (尾)「右両人ゟ請取居候処北郷／常住へ半分通り□」

○端裏・端下ニ文書草案・習書アリ、

7 覚書草案 一通 参詣人取次ニ付

江戸後期写、横切紙、楮紙(漉返紙雲母引)、縦一五・七cm、横四七・五cm、一紙、

(書出)「覚／去九月二日ニ御神前御参向相勤罷有候／処相勤候者〔参詣之仁〕梅木加右衛門と名差」 (書止)「相成不申候様ニ奉存候」

○成巻第二十一巻裏12号トホボ同文ナリ、裏6号等ト関連スル、

大宮家文書　第百二十括

巻込、（紙縒上書）「七五」

1　後殿備殿隔子覚書　亥十一月三日　一通

江戸中期写、小切紙、楮紙、縦一六・一cm、横二二・八cm、一紙、
（書出）「後殿備殿隔子之事／一慶安年中御遷宮之砌者」（書止）
「一貞享年中御遷宮之砌者／シタミ之義不被仰付候以上」

2　杉田丹下・小倉主殿連署状　八月十一日　一通　二之鳥居倒候事ニ付

江戸後期写、横切紙続紙、楮紙（雲母引）、縦一五・三cm、全長四
九・六cm、三紙、
（書出）「筆紙申候言之外之大風」（書止）「梅木斗勤番／之様ニ承
候故如此候謹言」　左奥端ニ切封帯アリ、
（左奥端切封上書）「（墨引）　大宮宮内様　杉田丹下 小倉主殿」

3　檜皮葺師口上書　四月□□〔二ヵ〕　一通

江戸後期写、横切紙続紙、楮紙、縦一五・九cm、全長五〇・六cm、
二紙、
（書出）「口上／昨日者御上棟無滞相済／目出度奉存候」（書止）
「猶近々以／参御礼可申上候已上」（差出）「檜皮葺師／肝煎庄左衛門
／京右衛門／彦兵衛」（日下）（充所）「大宮内蔵様」

4　穴栗社並辛榊社清祓覚書　〔文政八年正月～四月〕　一通

江戸後期写、小切紙続紙、楮紙、縦一五・九cm、全長一八・一cm、
二紙、
（書出）「文政八乙酉年正月八日／一穴栗社　辛榊社千木御掃へ」
（書止）「壱石　清祓／祭物料／頂戴／廿七日宮岡江渡之」

5　上水谷社並長尾社遷座年書上　一通

江戸中期写、横切紙、楮紙、縦一五・三cm、横三四・三cm、一紙、
（文首）「上ノ水屋／慶長十七年壬子六月三日／守通」（文末）「天
文廿一年壬子卯月廿五日」

6　榎本社並水谷社遷宮日時覚　一通

江戸中期写、小切紙、楮紙、縦一六・三cm、横二〇・二cm、一紙、
（書出）「三月十日於陳〔陣〕被相定日時／榎本社水谷社仮殿遷宮之事」
（書止）「右之通官符　宣到来之事」

7　北郷・南郷常住取替置文写　一通　摂社役目配分ニ付

江戸中期写、横切紙続紙、楮紙、縦一四・六cm、全長八六・三cm、
三紙、
（端裏書）「不分」（書出）「一手力雄社祓戸社御戸釘／開納之事」
（書止）「右之通此度北郷永叙／取扱ヲ以相定双方得心／之上書付
取替し置もの也」（差出）「――／――」（奥下）（充所）「――」

8　手力雄社遷宮先例書上　一通

江戸後期写、横切紙続紙（朱染）、縦一五・三cm、全長七四・九cm、
二紙、
（書出）「手力辛〔ママ〕雄社御遷宮ニ付／御体之役并ニ御鉾御塔／之事」
（文末）「一文政／御体二座共　南常／御塔　北常／御鉾　南常」

9　某口上書草案　一通　借銀ニ付

江戸後期写、横切紙続紙、楮紙、縦一六・〇cm、全長一二二・一cm、
三紙、
（書出）「奉願口上書／私方之儀従〔当〕御方様　春日／社頭奉仕ニ往
古先祖之もの」（書止）「御許容之程／伏而〔謹而〕御歎奉願上候以上」

○貼紙「未幼年之私」アリ、糊ハガレ、

10 神楽所旧社司社納物書上（明治三年〜四年） 一通 神楽舞再興

明治写、横切紙続紙、楮紙、縦一五・五cm、全長六二・八cm、二紙、

（書出）「神楽所付手水屋／旧社司社納物午十月ゟ未九月迄／一五斗四合 十一月十六日大黒祭」

（文末）「一 唐院ゟ／仕丁神楽」（裏書）「神楽舞再興御用ニ付／右伝説分無残所可／令相伝者也／―― 大宮司、／――」

大宮家文書 第百二十一括

巻込、（紙縒1上書）「六五」（紙縒2上書）「六八」

○モト二括、同一文書混在スルニ依リ、一括ニ統合スル、

1 卜西書状 正月十四日 一通 陽明様（文中）

室町後期写、横切紙、楮紙、右袖ニ追而書アリ、縦一七・九cm、横四二・二cm、一紙、

（書出）「尊札拝見申候誠先日者御／在洛之砌珍敷不御取合申候条」（書止）「不能巨細候事候／恐惶謹言」（差出）「卜西（花押）」（日下）（充所）「蓮花院御坊中／人々御中御報」

2 大宮内記書状草案 （寛政十二年）九月廿二日 一通 書付差上候様被仰下ニ付

江戸後期写、小切紙、楮紙、縦一六・二cm、横二六・五cm、一紙、

（書出）「御札忝拝見仕候」（書止）「期後音之時候恐ー」（差出）「大宮内記」（日下）（充所）「主計正様／主計様」

3 大宮守旧・守之口上覚草案 （文化十四年八月二十三日）一通 金燈呂ニ付

江戸後期写、横切紙続紙、尾欠、楮紙、縦一六・三cm、全長八三・八cm、四紙、

（端書）「丑八月廿三日被仰付候」（書出）「口上之覚／金燈呂六釣三旬五節句／其外度々釣下シ候」（尾）「釣下シ／被相頼候事ニて奉」

○第百五括7号ノ草案、

4 大宮守之子亀松養子一件記録 （文政元年）（九月〜十一月） 一通

江戸後期写、小切紙、楮紙、法量後掲、四紙、

○本号ハ各紙モト分散スルモ、元来ハ連続スル一通ノ記録ト認

メラレルニ依リ、ココニ納メル、

①〔九月〕縦一六・四㎝、横二二・〇㎝、一紙、
（文首）「弟内記悴出産ニ付近衛様へ」（尾）「被仰下／内記退出ス」
○左奥ニ「一」トアリ、

②〔九月～十月〕縦一七・二㎝、横二二・二㎝、一紙、
（首）「廿二日帰南ス同月廿八日返書／一乗院様御里坊ゟ御本坊へ来リ」（尾）「（十月）十四日／諸大夫中名当之書面壱通／飛脚屋へ此方ゟ飛脚屋孫英差出事」
○左奥ニ「二」トアリ、

③縦一六・七㎝、横二二・〇㎝、一紙、
（首）「右返翰廿二日夜来り候由」（尾）「此方／ゟ脚料払差出ス」
○右端ニ「三」トアリ、

④〔十一月〕縦一七・〇㎝、横二一・〇㎝、一紙、
（首）「十一月朔日春日祭ニ付御代参」（書止）「七日ゟ内記上京土産物持参」（奥書）「此度ハ先般相違仕候間／相認置可申也」
○右端ニ「四」トアリ、

5

大宮守之願書草案　文政元寅年九月　一通　悴座入祝義用脚先借ニ付

江戸後期写、横切紙、続紙、楮紙、紙継目裏ニ円黒印アリ、縦一七・八㎝、全長一二二・七㎝、三紙、
（書出）「奉願上口上之覚／一今般御願奉申上候儀御座候者」（書止）「前借被為　仰付／被下候ハ、難有仕合奉存候以上」（差出）「願人大宮内記（円黒印）」（奥下）（充所）「立野丹後守様／木村左兵衛尉様」

6

大宮守旧・守之願一札控　（文政元年）十月十二日　一通　内記悴亀松ノ相続ニ付

江戸後期写、小切紙、楮紙、縦一六・五㎝、横二一・七㎝、一紙、
（端書）「弟内記悴出産ニ付御殿へ先般御願奉申上候事」（書出）「一札之事／一此度私実子無之故」（書止）「宜敷御添／書奉願候已上」（差出）「大宮々内印／舎弟藤井内記印」（日下）（充所）「中東豊前守様」

7

中東時芳書状写　（文政元年カ）十月十二日　一通

江戸後期写、横切紙続紙、首欠、楮紙、縦一六・六㎝、横二一・五㎝、一紙、
（本文）「義と御座候間此段可然候／御執成御披露奉願上候／恐惶謹言」（差出）「中東豊前守時芳判」（日下）（充所）「近衛様御殿／御諸大夫／御中」

8

某願書控　一通　北郷・南郷・若宮祢宜座次相論ニ付

江戸後期写、横切紙続紙、楮紙（雲母引）、縦一五・九㎝、全長一三七・三㎝、四紙、
（書出）「一四月二日三日四日五日水屋社／御神楽執行之節」（書止）「右之若宮常住共御咎メ被下候／様ニ　御寺務様へ被仰遣被下度／奉願候已上」差出書・充所・日付ナシ、

9

榎本社并水谷社遷宮記　〔文政七年二月～八月〕　一綴　榎本社・水谷社

江戸後期写、小切紙仮綴（綴紐欠失）カ、首欠カ、中欠、楮紙、法量後掲、一三紙、
○本号ハ各紙モト分散スルモ、元来ハ同一ノ記録ト認メラレルニ依リ、ココニ納メル、②～④ハ綴穴一致、但シ連続セズ、

①〔二月〕縦一六・七㎝、横二〇・九㎝、一紙、
（首）「二月廿八日於陣被相定日時／榎本社、水▨（屋）社仮殿遷宮」
（尾）「右之通官符　宣到来」

②〔文政七年七月〕縦一六・七㎝、横二一・〇㎝、一紙、
（首）「四日差紙ニ而呼来ル／請取申精進料米之事」（尾）「一米五

石壱斗八合／代銭三百九文三厘常住若宮」
③〔八月〕裏書アリ、縦一六・一cm、横二一・一cm、一紙、
(首)「八月二日常住兼二臈当番／一榎本社水屋社」(尾)「一興福寺役僧社中／祢宜中出仕」
④縦一六・二cm、横二〇・七cm、一紙、
(首)「申度由申来ル右之儀／両惣官へ申入」(尾)「水屋社御燈呂同立十二日足之机」
⑤〔八月〕縦一八・一cm、横二一・八cm、九紙、
(首)「八月六日渡り屋ゟ両常住呼ニ／来ル」(文末)「大縵華串神宮寺殿江／為運置也」
○⑤ハ現在紙縒ニテ綴ジラレテアリ、

10

祓戸社並紀伊社等遷宮記　一綴　祓戸社・紀伊社等中社小社

江戸後期写、大宮守旧筆カ、小切紙仮綴(綴紐欠失)カ、中・尾欠、楮紙、法量後掲、二二紙、
○本号ハ各紙トモ分散スルモ、元来ハ同一ノ記録ト認メラレルニ依リ、ココニ納メル、①～⑳ハ綴穴一致、①～④・⑤～⑧ハ連続スル、
①縦一六・七cm、横二一・〇cm、一紙、
(文首)「大宮方下遷宮／一神宮寺殿　下遷宮」(尾)「一紀伊社正遷宮」
②縦一七・五cm、横二一・六cm、一紙、
(首)「一祓戸社　正遷宮／十一月廿日廿二日奉畏候」(尾)「一辛榊社」
③縦一七・一cm、横二一・七cm、一紙、
(首)「一青柳社／一住吉社」(尾)「椿本社」
④縦一七・〇cm、横二一・八cm、一紙、
(首)「右之御社ハ大宮殿手取ニ御座候／間」(尾)「一大宮方中社小社御遷宮之儀書付先／言上候」
⑤縦一七・四cm、横二一・六cm、一紙、
(首)「十四日／一御神供前役所ゟ大宮宮内呼ニ来ル」(尾)「神宮寺殿　下遷宮」
○習書ヲ重書スル、
⑥縦一七・四cm、横二一・六cm、一紙、
(首)「手力雄社　下遷宮」(尾)「大宮々内参上駒喜多大学殿」
○習書ヲ重書スル、
⑦縦一七・二cm、横二二・〇cm、一紙、
(首)「被申聞候者右両社」(尾)「可然一決相極り御返事」
○習書ヲ重書スル、
⑧縦一七・二cm、横二二・二cm、一紙、
(書出)「十七日快晴／一今西正(祐木)預三位殿ゟ下部呼ニ参ル」(尾)「御遷宮別段之事故□□□」
○紙背ニ習書アリ、
⑨縦一七・〇cm、横二二・〇cm、一紙、
(首)「一御神供後役所参了昨日／御願申上候精進料」(尾)「様申入候儀常住共ゟ相願候者」
⑩縦一七・三cm、横二一・四cm、一紙、
(首)「旧記見及候処近来見当リ不申候」(尾)「差急候旨被申聞候事」
⑪縦一七・〇cm、横二二・四cm、一紙、
(首)「被申候て両常住中へ壱石御遣し」(尾)「遷宮被仰付候間右之通申渡候」
⑫縦一七・〇cm、横二二・四cm、一紙、
(首)「神事入之儀ニ夜三日ニ而被相／務候」(尾)「此度昇退御遷宮御急ニ付」
⑬縦一七・〇cm、横二二・三cm、一紙、
(首)「一正預三位殿へ先程申入候舎弟内蔵申遣口上ハ」(尾)「前祭入大門ニ□□り神

事／記書之」

⑭　縦一七・〇cm、横二三・一cm、一紙、

（首）「十八日／一両常住同道ニ而役所へ参り申上候ハ」（尾）「相構罷在候義ニ御座候□□」

⑮　縦一七・〇cm、横二三・二cm、一紙、

（首）「一困窮之私共ニ御座候へは以御／憐愍為精進料米」（尾）「送り酒肴□□も神供役／□之」

〇前半ハ書状案（文化三寅年五月十八日）、

⑯　縦一六・六cm、横二三・〇cm、一紙、

（首）「旧記有之いかにも此度ハ」（尾）「祓戸社者北郷常住勤紀伊社」

⑰　縦一七・二cm、横二三・一cm、一紙、

（首）「南郷常住務然ル処昨廿日ニ」（尾）「一渡り屋参り獅子狗犬下奉行所へ」

⑱　縦一七・一cm、横二三・四cm、一紙、

（首）「相渡之趣後ニ届ル明日旬参／ニ付」（尾）「今／ハ違ひ相済上相届」

⑲　縦一七・〇cm、横二三・〇cm、一紙、

（首）「一紀伊社舁退未ノ剋両常住」（尾）「舎弟内記遣／即座ニ宝頭壱座給之」

⑳　縦一七・一cm、横二三・二cm、一紙、

（首）「廿一日三拾八社　組建／廿二日祓戸社　組建」（尾）「南郷座普請申了／如此也」

〇左奥ニ「御造営日並／虫廉御造営記」等トアリ、

㉑　縦一七・二cm、横二三・二cm、一紙、

（首）「小社殿内荒こも事／紀伊社御本殿旧殿踏次之事」（尾）「祓戸紀伊社御寺務様へ／案内不及候哉／吟味事」

㉒　〔十月〕　縦一七・六cm、横二一・六cm、一紙、

（首）「十月廿七日神主殿ゟ呼来ル」（書止）「来月十日祓戸社／紀伊社正遷宮之義申渡／候様被申渡候也」

11　藤ノ鳥居木造始記　（文化五年カ）　一綴

江戸後期写、小切紙仮綴（綴紐欠失）カ、首欠カ、楮紙、法量後掲、三紙、

〇本号ハ各紙モト分散スルモ、元来ハ同一ノ記録ト認メラレルニ依リ、ココニ納メル、

①　縦一七・四cm、横二一・〇cm、一紙、

（首）「十一日旬上役　北郷方一臈進／朝夕上役　同断一臈守旧進」（尾）「明後十六日藤ノ鳥井／藤ノ（ママ）鳥井拝屋木作始」

②　縦一七・六cm、横二一・八cm、一紙、

（首）「十四日職事へ被申渡候ニ付」（尾）「藤ノ鳥井木作始時刻」

③　縦一七・四cm、横二一・八cm、一紙、

（首）「しきりニ雨降候故／大工出仕」（尾）「荒薦／敷大工左〔作〕法有之也」

12　日並記　水谷社神楽（文中）　一綴

江戸後期写、小切紙仮綴（綴紐欠失）カ、首尾欠、楮紙、法量後掲、二紙、

〇本号ハモト分散スルモ、元来ハ連続スル同一ノ記録ト認メラレルニ依リ、ココニ納メル、

①　縦一七・五cm、横二一・六cm、一紙、

（首）「三方祢宜場所／若宮拝屋内ニ而」（尾）「榊原兵庫廿六日廿七日廿八日／廿九日下奉行中ゟ只今役所へ」

②　縦一七・四cm、横二一・八cm、一紙、

（首）「参り候様申来ル中司駿河殿被申渡候ハ／先達而穴栗社御祓料」（尾）「御神楽者水谷社ニ而先例／之通執行」

13　日並記　一綴

江戸後期写、小切紙仮綴(綴紐欠失)カ、首・中欠、法量後掲、四紙、

○本号ハモト分散スルモ、元来ハ同一ノ記録ト認メラレルニ依リ、ココニ納メル、①〜②・③〜④ハ連続スル、

① 縦一七・四cm、横二一・八cm、一紙、

(首)「御神供定／一四日社頭参後只今三拾八社へ」(尾)「僧俗立別社中方仲ケ間／同断」

② 縦一七・四cm、横二一・四cm、一紙、

(首)「一五日巳ノ祓幣殿」(尾)「八講屋細工所／被□□」

③ 縦一七・四cm、横二一・八cm、一紙、

(首)「六日／急度明後日春日祭」(尾)「十三拵之用意」

④ 縦一七・四cm、横二一・六cm、一紙、

(全文)「七日春日祭之内御代参／六日春日祭ニ社頭出事付立番申来処也」

14　春日社神供勤役交名　一綴

江戸時代後期写、小切紙仮綴(綴紐欠失)カ、首・中・尾欠カ、楮紙、法量後掲、二紙、

○本号ハモト分散スルモ、元来ハ同一ノ記録ト認メラレルニ依リ、ココニ納メル、

① 縦一七・四cm、横二一・二cm、一紙、

(首)「一之御殿北郷守旧南郷春勝　北郷一臈南郷一臈」(尾)「合斗　南郷二臈　副役春友」

② 本文紙背ニ及ブ、縦一七・四cm、横二二・〇cm、一紙、

(首)「一之御殿守旧春勝／北郷四臈矩永」(尾)「若宮御殿／合斗　副役六臈春兼」

15　春日社祭神書付　一通

江戸後期写、折紙、楮紙、朱点(仮名、江戸後期)、縦一七・八cm、横二二・〇cm、一紙、

(文首)「一御殿　武甕槌命／二御殿　経津主命」(文末)「井栗社　高主鬼命」

16　弁天社御神供覚　一通

江戸後期写、切紙、楮紙、縦一五・八cm、横二八・〇cm、一紙、　御神供・幣帛ノ配列ヲ図

(書出)「覚／一乗院宮様／弁弁(ママ)天社御神供」

○社殿ノ指図アリ、

17　大宮守栄日並記　(慶応四年)　一綴

江戸後期写、大宮守栄筆、小切紙仮綴(綴紐欠失)カ、首・中・尾欠、墨書訂正アリ、法量後掲、五一紙、

○本号ハモト分散スルモ、元来ハ同一ノ記録ト認メラレルニ依リ、ココニ納メル、①〜③・④〜⑥・⑦〜⑧・⑬〜⑮・⑯〜⑱・⑲〜㉘・㉛〜㉜・㉝〜㊳・㊵〜㊶・㊸〜㊹・㊻〜㊼・㊾〜(51)ハ連続スル、第八十八括3号ハ本号ト一連ノモノカ、

① (慶応四年正月) 楮紙、縦一五・八cm、横二〇・五cm、一紙、　大合戦

(首)「九日／一伏見淀トハ大合戦ニ付而」(尾)「四日　継日　五日大合戦ニ相成／大坂落城ニ付徳川方」

○全体ニ抹消線アリ、

② (慶応四年正月) 縦一七・四cm、横二一・二cm、一紙、

(首)「落武者社頭へ参詣有之候／六日七日八日／同断」(尾)「一御殿番常住朝五ツ時ゟ昼七ツ」

○全体ニ抹消線アリ、

③ (慶応四年正月) 縦一七・三cm、横二一・二cm、一紙、

(首)「時延刻相成候ハ、五ケ月散銭／落ト三座一開候事」(尾)「但し若宮方嘉番壱人つ、相勤」

○全体ニ抹消線アリ、
④（慶応四年）〔辰正月〕　縦一五・八cm、横二〇・〇cm、一紙、
（首）「辰年／正月廿五日／一夜戌之刻頃ニ両惣官使刀祢丸」
（尾）「申十八ニ南曹殿ゟ被仰出候」
⑤（慶応四年正月～二月）　縦一五・八cm、横二〇・四cm、一紙、
（首）「被仰出之文状此処入／廿七日一七ケ日御祈禱之事」（尾）
「無不参集会蔵本之集会主／典丸触ニ来ル事」
○全体ニ抹消線アリ、
⑥（慶応四年二月）　縦一五・八cm、横二〇・五cm、一紙、
（首）「三日昼／一三座臈分肝煎中蔵本ニ而／集会有之守栄出勤申
候処」（尾）「十五人月迫出勤之ニ開有之／と候事」
⑦（慶応四年二月）　縦一五・八cm、横二〇・八cm、一紙、
（首）「同五日／一酉之刻ゟ晦（ママ）年薪能出仕初」（尾）「申入に而能拝
見ニ不及候／事」
⑧（慶応四年二月）　縦一七・三cm、横二一・二cm、一紙、
（首）「御供所弐人ツ、参籠／有之候事」（尾）「上卿正親町殿　弁
羽室殿／コンヱシ武者小路殿」
○前半部ニ抹消線アリ、
⑨（慶応四年二月カ）　縦一五・八cm、横二〇・〇cm、一紙、
（首）「候ニ付右之御達申入候承之／退出申候事」（尾）「御祈触書
／有之方へ主典丸持参候事／左之通」
○全体ニ抹消線アリ、
⑩（慶応四年）　縦一五・七cm、横一九・六cm、一紙、
（首）「朝庭／上様大坂へ御幸被為遊候ニ付」（尾）「四臈梅木修理
若宮一臈山口刑部」
○全体ニ抹消線アリ、
⑪（慶応四年）〔辰四月〕　縦一七・八cm、横二一・五cm、一紙、
（首）「暫有テ一統ニ南円堂廻り披露有之」（尾）「代物銭八拾七文
ツ、両常住へ預り廿日」
⑫（慶応四年四月カ）　縦一六・五cm、横二一・三cm、一紙、
（首）「慶応四辰年五月朔日／同九申年四月晦日迄」（尾）「後ゟ左
様可申候事」
⑬（慶応四年閏四月）　縦一六・八cm、横一九・六cm、一紙、　ゲンゾク
（首）「一毎月廿八日御祈参勤」（尾）「一一乗院御門跡様大乗院御　佛具取払
門跡并／興福寺一山承仕仕丁丸セントウ／衆徒ゲンゾク之儀太政
官ゟ」
○抹消線アリ、
⑭（慶応四年）〔閏四月〕　縦一七・四cm、横二二・六cm、一紙、
（首）「被仰出候ニ付何レもゲンゾク有之／候事」（尾）「佛具取払
ニ付／社頭へ見分若宮御廊見分有之／□〔相カ〕済」
○全体ニ抹消線アリ、
⑮（慶応四年閏四月）　縦一七・四cm、横二二・五cm、一紙、
（首）「次ニ大宮御廊見分有之両常住／同道ニ而案内申見分相済候
事」（尾）「御承知／有之候事退出申事」
○全体ニ抹消線アリ、
⑯（慶応四年閏四月）　縦一六・七cm、横二〇・〇cm、一紙、
（首）「佛具取払ニ相成今日ゟ神祇道／相成候ハ、」（尾）「寺務ゟ
達シ／御座候得共承仕方之儀者不存候」
○全体ニ抹消線アリ、
⑰（慶応四年閏四月）　縦一六・七cm、横二〇・〇cm、一紙、
（首）「御廊へ上ヱイニ而者差当申候処」（尾）「上ヱイニ而柴下カ
サ織ニ而参勤申」
⑱（慶応四年閏四月）　縦一七・三cm、横二一・三cm、一紙、
（首）「祈有之候事／参仕両三人取次申居候事」（尾）「同日／御廊
之加持之屋佛供今日ゟ祢宜へ下不申候事」
○「西御廊図」「長構御廊図」ノ指図アリ、全体ニ抹消線アリ、

⑲（慶応四年閏四月）縦一七・三cm、横二一・一cm、一紙、
（首）「惣宮中惣蔵ゟ両常住呼来候」（尾）「一応御尋有之佛体ニ者無相違儀申」
○全体ニ抹消線アリ、
⑳（慶応四年閏四月）縦一七・〇cm、横二一・〇cm、一紙、
（首）「候得共明晩ニヒソカニ一応見分ニ参リ」（尾）「神宮寺殿内々見分佛体之今／一応為拝見分申ハケン申上候而内々」
㉑（慶応四年閏四月）縦一七・三cm、横一八・七cm、一紙、
（首）「佛体カキ抜塔入有之箱取出二つ共／細蔵入置候事」（尾）「右鍵相渡候即刻▨▨▨▨▨／申候事」
㉒（慶応四年閏四月）縦一八・八cm、横二四・二cm、一紙、
（首）「一七日早朝四十五人燈呂奉行益枝帯刀下役／召連神宮寺御燈呂クサリ共取下シ」（尾）「守栄十三才ゟ相勤候尤悴舎人守有／十四才ゟ相勤申候尤守栄五臈神殿守」
○㉒〜㉕ハモト第九十括ニアリ、今回移動スル、
㉓（慶応四年閏四月）縦一八・七cm、横二四・一cm、一紙、
（首）「相勤居候得共悴相勤候儀者クルシ／からス候事」（尾）「御／預リ置可申候様被申候事」
㉔（慶応四年閏四月）縦一八・六cm、横二四・一cm、一紙、
（首）「一南丹後守被聞候者」（尾）「明昼後ニは社頭へ参詣致度旨被申候」
㉕（慶応四年閏四月）縦一八・七cm、横二三・八cm、一紙、
（首）「元湯院町大和屋庄助へ宿ニ而引取有之」（尾）「長講御廊迄も拝見有之次ニ後殿次ニ祈」
㉖（慶応四年閏四月）縦一六・九cm、横二〇・〇cm、一紙、
（首）「禱所へ翌〔暫カ〕休足有之候而」（尾）「神宮寺建物取払／之儀被申聞候承之退出申ス」
㉗（慶応四年閏四月）縦一六・九cm、横二〇・〇cm、一紙、
（首）「辰之刻過ニ／一本殿中社小社迄も雲形懸ケ申候事」（尾）「同夜／一宝蔵開封有之朱大箱大若ニヤ経」
㉘（慶応四年閏四月）縦一六・九cm、横二〇・〇cm、一紙、
（首）「十六日又者佛キ之品々取出し惣蔵／迄日雇ニ申付持行候事」（尾）「十六日／一神宮寺建物不残取払相成候而／マンシウ形迄取払右場所へ芝値〔植〕／置候事」
㉙（慶応四年閏四月）縦一六・九cm、横二〇・〇cm、一紙、
（首）「同日／一花棚取払相成候事」（尾）「但し続ノキニ而相済候一聞候事」
㉚（慶応四年閏四月）縦一七・七cm、横二一・二cm、一紙、
（首）「候ニ付後殿井垣戸ヒジツホ惣廻廊屋根」（尾）「山口多仲役人南郷座申談置候様申／置候事」
㉛（慶応四年閏四月）縦一七・四cm、横二二・六cm、一紙、
（首）「一是迄通用之事」（尾）「千六百石余之趣相願候事／鎮台へ留　三座一統中」
㉜（慶応四年閏四月〜五月）縦一七・四cm、横二二・五cm、一紙、
（首）「右者大ユウ〔献〕様之節願之儀取落し／相成候ニ付」（尾）「大宮内蔵外用ニ而参リ候処」
㉝（慶応四年五月）縦一六・五cm、横二一・〇cm、一紙、
（首）「五月四日／一神供中ニ御内ニ而南丹後守被申聞／候者」（尾）「南丹後守へ向別会参リ候義」
㉞（慶応四年五月）縦一六・五cm、横二一・四cm、一紙、
（首）「延引致候旨」（尾）「申入可有之候様御申ニ付承之」
㉟（慶応四年五月）縦一六・五cm、横二一・一cm、一紙、
（首）「退出畢／七日／一旧別会延寿院へ主殿参り候口上者」（尾）「申込候処仲間ニおゐて而〔マヽ〕も尤ニ」
㊱（慶応四年五月）楮紙、縦一七・八cm、横二二・七cm、一紙、
（首）「八日雨下／大宮当日辰前／一北郷当番久保主水」（尾）「尤

頭ケンソクニ付カムリ上ニノリ不申候ニ付／無之候事」
㊲（慶応四年五月） 縦一七・七cm、横二一・六cm、一紙、
（首）「一次ニ橘御殿新神司御社参ニ付飛鳥御殿／御同様ニ候間」
（尾）「宮岡へ面会候処請煎所見分之所也」
㊳（慶応四年五月） 縦一七・七cm、横二一・五cm、一紙、
（首）「被尋候ニ付候事／一大宮当番／一飛鳥御殿新神司御社参之節者」 （尾）「橘御殿同様候得共西御廊御入有之節／東ノ御廊妻戸口ニヲシヲ懸居飛鳥御同／様ニ取計可申候事」
㊴（慶応四年五月ヵ） 縦一七・四cm、横四三・七cm、一紙、
（首）「同／一若宮宮内拝殿蔵人代若宮宮内／北郷座参リ」 （尾）「右之人体へクシ上リ候ニ付五月一日ゟ／相勤可申候事」
○横切紙ヲ半折スル、
㊵（慶応四年五月） 縦一七・七cm、横二一・六cm、一紙、
（首）「▨ニ者□□廊座方役人渡之候事」 （尾）「旧別会有之／通リ申入候様御申ニ付承之即刻／退出」
㊶（慶応四年五月） 縦一六・五cm、横二一・四cm、一紙、
（首）「両郷常住ニも右之申入置候事／十三日大雨下」 （尾）「被／申当番右者《福井帯刀》承之置候事」
㊷（慶応四年五月ヵ） 縦一七・四cm、横二一・一cm、一紙、
（首）「ツモリ被申候事当番福井左馬／天気成次第取懸リ可申候」
（尾）「平日掃除之節町内手取方ゟ／取計候事」
㊸（慶応四年）〔七月〕 縦一七・三cm、横二一・一cm、一紙、
（首）「七月十一日／一御神前へ申参リ候者《社頭奉行》旧別会所延寿院／之処差支ニ付」 （尾）「別段宜敷候而相済神供少シ延刻／相成候事」
㊹（慶応四年七月） 縦一七・四cm、横二一・〇cm、一紙、
（首）「十三日／一大炊殿御飯要ク候而御前江備進ニ／不相成候ニ付」 （尾）「散米清祓致執申候事／両常住代大宮宮内相勤申候事」
㊺（慶応四年）〔八月〕 縦一六・五cm、横二一・一cm、一紙、
（首）「八月三日／一辰《雨》市若狭守殿拝賀ニ付明後五日／候間」
（尾）「直会殿之式例之通リウタイ弐番／有之候事」
㊻（慶応四年）〔八月〕 縦一六・五cm、横二一・五cm、一紙、
（首）「祓戸大神之式梅木主殿役ニ而」 （尾）「一▨▨《九月十八日》上様幸行幸被為 遊候事／東京江一七ケ日之間御祈申来ル／事」
㊼（慶応四年）〔八月〕 縦一六・五cm、横二一・三cm、一紙、
（首）「一八月廿四日／一移殿風宮大神前迄血気有之候ニ付」
（尾）「但し古桶壱合ツ、両常住へ頂戴／致し候事」
㊽（慶応四年） 縦一六・五cm、横二一・二cm、一紙、
（首）「館ニクヰ弐所打御殿▨其儘ニ而テント／ウ不致候様」
（尾）「一早朝ニ社頭奉行石屋又兵へ召／連手力辛雄神前参リ見分」
㊾ 縦一七・三cm、横二一・一cm、一紙、
（首）「一▨▨▨《廿三日》／一近衛殿御代参御下向有之候事」 （尾）「都合壱石弐斗／五臈神殿／大宮内蔵／守栄」
○右端ニ落書墨線アリ、
㊿ 縦一七・四cm、横二一・二cm、一紙、
（首）「一米七斗／一五斗／都合壱石弐斗／常住神殿守／大宮内蔵守栄」 （尾）「午之御酒参勤料／内蔵」
(51) 縦一六・六cm、横一九・九cm、一紙、
（首）「一 午之御酒参勤料／常住代悴舎人／一 当日上卿江／出向ノ料／内蔵守栄」 （尾）「惣〆」

18 春日社摂社遷宮先例書付 一綴

江戸後期写、小切紙仮綴（綴紐欠失）ヵ、首尾欠ヵ、楮紙、（第一紙）縦一六・八cm、横二三・四cm、（第二紙）縦一五・八cm、横二二・九cm、二紙、
（第一紙首）「元文年中大風ニ而住吉社御殿御屋／根江杉枝倒及大破御遷宮之御事」 （第一紙尾）「急々御調可被下候以上／御損届十

日」（第二紙首）「元文六辛酉年二月廿八日ニ渡／一壱石　遷宮料両常住／大宮宮内／梅木主計」（第二紙尾）「廿七日宮岡入来」

19　春日社領填免覚断簡　（明治三年十二月）　一葉

明治写、小切紙、楮紙、縦一六・七cm、横二三・〇cm、一紙、（首）「明治三／午十二月六日／一三百六拾九石七斗九升／弐合七勺五札東九条村」（尾）「拾四石壱升六合／六勺九才」

20　北郷神人書上　一綴

江戸後期写、小切紙仮綴（綴紐欠失）カ、首尾欠カ、楮紙、（第一紙）縦一六・五cm、横二一・二cm、（第二紙）縦一六・五cm、横二一・二cm、二紙、

（第一紙首）「北郷一臈藤馬出雲」（第一紙尾）「若宮二臈丹坂大蔵」（第二紙首）「廿日／北郷三臈榊左内」（第二紙尾）「廿一日／北郷四臈藤屋木工／同　榊原式部」

大宮家文書　第百二十二括

巻込、（紙縒上書）「六二」

1　正預東地井祐園書状　十二月三日　一通　（春日祭　南曹）

室町後期写、小切紙、楮紙、左奥ニ追而書アリ、縦二〇・七cm、横二四・九cm、一紙、

（端裏書）「クワンチヤウノ□モノナリ」（書出）「当季春日祭之事京都之儀／伺申入之処南曹御返事如此候」（文末）「以此旨可有御披露／御集会候恐々謹言」（差出）「正預祐園」（日下）（充所）「供目代御房」

2　某仮名消息　六月六日　一通

桃山写、竪紙、下部欠損、楮紙、縦一六・七cm、横三五・二cm、一紙、

（本文）「なに事の□／おほつかな□／さてはこの使□／事きこし□／御はからひ□／□あな□」（充所）「せさい□」

○左奥上ニ別筆ニテ「寺訴事」トアリ、

3　某口上書草案　一通　（妻紅扇子ニ付）

江戸中期写、竪紙、楮紙、縦一九・二cm、横二三・二cm、一紙、

（書出）「奉差上口上書／一当二月若宮御社御能之節妻紅扇子／所持仕候ニ付」（書止）「以御憐愍之程奉願上候以上」（差出）「――」（奥下）（充所）「――」　日付ナシ、

○第十四括裏3号等ト関連スル、

4　春日社遷宮次第　一通

江戸中期写、小切紙、楮紙、本文紙背ニ及ブ、縦一九・三cm、横三〇・一cm、一紙、

（文首）「葺師大工御檜皮持テ一ノ御殿／御柱三所ニ結付申」（文末）「四日取入也社頭奉行沙汰也」

5 水谷社並榎本社等遷宮日次書上　一通

江戸中期写、続紙、楮紙、縦二〇・一cm、全長二六・六cm、三紙、

（書出）「水谷社榎本社／四月廿一日ゟ廿五日迄／両社下遷宮」

（書止）「三十八社／仮殿遷宮　九月廿六日」

6 遷宮記　〔十二月〕　一綴

江戸後期写、小切紙仮綴（綴紐欠失）、首尾欠、楮紙、法量後掲、三紙、

① 〔十二月〕　縦二〇・三cm、横二四・五cm、一紙、

（首）「官符□神主上京主典上京／一十二月八日木作始」（尾）「一十三日移殿屋根マクリ／両惣官へ」

② 〔十二月〕　縦二〇・二cm、横二四・三cm、一紙、

（首）「一十五日前斎入／手水桶受取」（尾）「細蔵へ守旧呼参ル」

③ 〔十二月〕　縦二〇・五cm、横一七・〇cm、一紙、

（首）「并中社小社同行」（尾）「一御事始翌日ゟ□□□〔能沙汰カ〕下候事」

7 祭礼次第断簡　一葉

江戸後期写、断簡、楮紙、縦二〇・五cm、横九・四cm、一紙、

（首）「六日祭礼御神供御備進砌路次挑燈採申事」（尾）「任先規時出納ヨリ挑燈採之」

8 辛榊社千木修理記　〔慶応二年八月～十月〕　一綴　辛榊社

江戸後期写、小切紙仮綴（綴紐欠失）、尾欠カ、楮紙、墨書訂正アリ、法量後掲、五紙、

① 〔慶応二年八月〕　縦一九・七cm、横二四・一cm、一紙、

（文首）「辛榊社千木落候事／慶応二丙寅年八月八七日七日夜大風あめ／亥子之刻比ゟ大風ニ而」（尾）「神主殿被申候者社頭辺」

② 〔慶応二年八月〕　縦一九・七cm、横二四・〇cm、一紙、

（首）「向其外道筋▨木折処々タヲレ木」（尾）「タヲレ御▨燈呂」

③ 〔慶応二年八月～〕〔十月〕　縦一九・七cm、横二四・二cm、一紙、

（首）「少々テントウ候事」（尾）「文政度近例ニ候間申置候事」

④ 縦一九・八cm、横二四・〇cm、一紙、

（首）「一／一宮岡殿社頭向両常住ニ面会致し度」（尾）「文政八酉年正月廿五日穴栗社辛榊社／清祓之御事」

⑤ 縦一九・八cm、横二四・〇cm、一紙、

（首）「右之通旧記ニ相見へ候」（尾）「右者当月五日／住吉社下遷宮精進料」

9 奉送並祓祝詞　一通

江戸後期写、竪紙、楮紙、墨点（仮名・返点、江戸後期）、縦二〇・〇cm、横二四・五cm、一紙、

（書出）「奉送／掛毛畏幾天地海降／臨鎮座一切諸神等」（書止）「汚濁波非浄志」（奥書）「右ハ大宮内蔵謹写」

10 諸神勧請祝詞　一綴

江戸後期写、小切紙仮綴（綴紐欠失）、楮紙、墨点（仮名、江戸後期）、横二四・三cm、全長一四六・八cm、六紙、

（書出）「一諸神勧請祝詞／掛毛畏幾大日本国天神」（尾）「賜陪等恐美恐美毛／申寿」

○各料紙右端ニ「一」～「六」ノ丁付ヲ記ス、

11 かます等枚数書上　一葉

江戸後期写、断簡、楮紙、縦二〇・三cm、横二六・八cm、一紙、

（首）「市　新米／かハウケ一枚」（尾）「一かまス　同壱枚《弐枚》／一さかすき　四枚」

○料紙横使イノ習書等アリ、

〔紙背〕風宮社社頭指図　　一葉

江戸後期写、断簡、楮紙、縦二六・八cm、横二〇・三cm、一紙、

大宮家文書　第百二十三括

巻込、（紙縒上書）「六四」

1　古祝詞　　一通　　諸神勧請祝詞

江戸後期写、横切紙、楮紙打紙、一行一三字程度、墨点（仮名、江戸後期）、素紙後補表紙、縦一一・八cm、横六四・五cm、一紙、

（表紙）「古祝詞　品々」

（文首）「諸神勧請祝詞／掛毛畏幾大日本国天神七代／地神五代」

（文末）「神楽大事三光印／阿々波礼阿那於茂志呂阿那多／能志阿那佐夜憩飫憩之」

2　某書状断簡　　一通

室町後期写、竪紙、尾欠、楮紙、縦二六・五cm、横三四・二cm、一紙、

（書出）「御文返々可□□存入候／くはんすめてたく《巻子目出度》」（尾）「申させ給候へ」

○上下二片ニ分離シテアリ、

3　林乗書状　　十月十七日　　一通

江戸前期写、横切紙、楮紙、左奥ニ追而書アリ、縦一二・四cm、横三五・〇cm、一紙、

（書出）「先日はねんころニ状給り悦着〔喜〕／申候」（書止）「委細者見参／之時目出可申承候恐々／謹言」（差出）「林乗（花押）」（日下）

（充所）「宮内殿まいる」　右端ニ切封紐痕アリ、

（端裏切封上書）「　（墨引）　□教伝

ナラタカハタケ宮□殿進之　林乗」

4　遷宮書付　　〔天明五年十二月〕　　一葉

大宮家文書　第百二十四括

1　三方常住神殿守精進料米受取状控　享保十一丙午年八月廿四日　一通　春日社中社・小社御遷宮精進料米

江戸中期写、竪紙、楮紙、縦二七・八cm、横二九・七cm、一紙、

（書出）「受取申精進料米之事／春日社中社小社御遷宮精進料米」（書止）「重而御指引／可被下候以上」（差出）「若宮宮内春説判／大宮内蔵守胤判／梅木主計春廉判」（日下）（充所）「杉田丹下様／小倉主殿様」

2　竹屋政八願書　戌二月廿二日　一通　竹売買ニ付

江戸中期写、続紙、楮紙、縦二四・六cm、全長六四・八cm、二紙、

（書出）「一乍恐申上候竹屋御年寄年番／様へ御願申上候瓶原郷西村万寿や与三郎殿／一件之事」（書止）「宜御取斗／可被下様呉々奉希上候仍而如件」（差出）「年行事木津千童寺村竹屋政八」（日下）（充所）「竹屋御年寄様／竹屋御年番様」

3　北郷並常住神殿守正遷宮入用米書上　一通

江戸前期写、永通筆カ、竪紙、楮紙、縦二四・四cm、横三三・九cm、一紙、

（書出）「正遷宮方北郷神殿守并常住神殿守加テ七人分」（書止）「都合拾五石四斗」

4　社家交名　一通

江戸中期写、折紙、縦一三・七cm、横四七・三cm、五紙、

（文首）「大宮神主　奥三位／正預　今西三位」（尾）「奥三位／今西三位／千鳥筑後守／西山城守」

○折紙ヲ切断シテ文字ノ向キヲ合ワセタモノナラン、江戸後期写、袋綴装断簡、楮紙、縦一二・二cm、横三四・二cm、一紙、

（首）「覚／一御浄之白布　壱端」（尾）「廿四日旧殿移殿」

5　神役次第書付　一通

江戸後期写、折紙、縦二七・〇cm、横四〇・四cm、一紙、

（書出）「御磨御役之次第／一北郷常住 南郷常住　北一臈 南一臈」（文末）「御傘常住宗明 副役清行／南勤之 北勤之」

6　白乳社遷宮書付　一通　白乳社

江戸後期写、横切紙、楮紙、縦一〇・四cm、横二七・六cm、一紙、

（書出）「覚／白乳社正月十八日出火／翌十九日別会申入事」（書止）「九日と申入事同日別会へ／書付差出ス事」

7　石高覚書　一通

江戸後期写、小切紙、楮紙、縦一二・〇cm、横二二・〇cm、一紙、

（書出）「覚／一三拾八石壱斗九升／此内五石壱斗八合／若宮」（文末）「此内七石五斗八升壱合／□守方□」

8　銀高書付　一通

江戸後期写、小切紙、楮紙、縦一〇・二cm、横二四・〇cm、一紙、

（書出）「一元銀五百目／四月ゟ十一月迄九ケ月／利八拾壱匁」（文末）「差引八匁壱分□□／又壱匁九分六リ引」

9　諸入用覚書　一通

江戸後期写、小切紙、楮紙、縦一二・四cm、横一九・一cm、一紙、

（書出）「覚／一七百弐拾弐匁弐分五厘　諸入用高」（文末）「差引而／拾壱匁壱分弐厘五毛／過□▨高」

5　八幡宮神人訴訟記　〔宝徳三年八月〕　一通　八幡神人　管領畠山徳本（持国）　兵庫（文中）

江戸後期写、縦折紙、楮紙、一行一五字前後、書キサシ、縦二四・九cm、横三四・一cm、二紙、

（文首）「宝徳三年辛未八月十三日依八幡之／神人等之訴訟当管領畠山徳本」　（尾）「同廿三日午貝可／□学侶六方集会在」

○袋綴装ニ綴ジル予定ニテ途中マデ記録ヲ書写シタモノ、

6　和歌詠草　一通

江戸後期写、折紙、楮紙、墨書訂正アリ、縦二四・二cm、横三二・二cm、一紙、

（文首）「寄国祝／よそまてもかゝやき渡る／日の本の」　（文末）「立野の小野のこしらむと声のひまなき」

○全体ニ抹消線アリ、

7　伝弁慶筆若木の桜制札影写　一通

明治写、竪紙、楮紙、籠字、縦三四・九cm、横一八・一cm、一紙、

（端書）「弁慶筆　須广〔磨〕寺什物」　（全文）「此花江南所無也一枝於折盗／之輩者任天永紅葉之例伐／一枝可剪一指／寿永三年正月二日」

○端書ハ墨書、他ハ籠字、

8　某書下写　一通

明治写、竪紙、首欠、楮紙（薄様）、籠字、縦三五・六cm、横二五・〇cm、一紙、

（全文）「祈禱之事可（ママ）精誠之状如件」

大宮家文書　第百二十五括

貼継、（紙縒上書）「二十六」

1　奈良奉行所達書写並蔵本廻状　（慶応元年）丑八月廿日　一通　観行院様（橋本経子）逝去ニテ鳴物停止ニ付

江戸後期写、続紙、楮紙、縦二七・七cm、全長五八・三cm、二紙、

（書出）「観行院様去ル十四日御逝去ニ付／鳴物者」　（書止）「右之通奉行所ゟ申来候間被得其／意村々順達之上留候ゟ蔵本江御戻可／有之候以上」　（差出）「蔵本」（日下）　（充所）「忠左衛門村年預／井上村年寄帯刀／丹坂村同　右近／客養寺村同　数馬（円黒印）／勝願院村同　同人／新開村　民部（円黒印）」（奥下）

○奈良奉行所達書写（丑八月廿日、「安駿河守」差出、「春日／祢宜中」充）ノ廻状、

2　奈良県達書写並蔵本廻状　（明治三年）午十月七日　一通　出願手続ニ付

明治写、続紙、楮紙、縦二六・八cm、全長二三二・四cm、八紙、

（書出）「自今出願之儀双方／精々及懸合可相成丈／示談可致」　（書止）「右之通被達候間被得其意／村々順達留候ゟ年預宅へ／御返却可有之候已上」　（差出）「蔵本」（日下）　（充所）「忠左衛門村年預／井上村年寄帯刀／丹阪村年寄木工／客養寺村年寄数馬／勝願院村年寄同人／新開村年寄対馬」

○奈良県達書写（十月）ノ廻状、

大宮家文書　第百二十六括

貼継、

1　奈良県達書写並蔵本廻状　四月三日　一通　士族等止宿ニ付

明治写、続紙、縦二四・五cm、全長一〇一・七cm、三紙、
（書出）「物事多端之当節厳／重ニ取締可致条」（書止）「右之通従当県被達候間／被得其意村々順達留候ゟ／蔵本江御返却可有之候以上」（差出）「蔵本」（日下）（充所）「忠左衛門村年預／井上村年寄／丹阪村年寄／客養寺村年寄／勝願院村年寄／新開村年寄」（奥下）
○奈良県達書写（四月二日）ノ廻状、

2　奈良県達書写並蔵本廻状（明治四年）未三月廿五日　一通　士族等滞留ニ付

明治写、続紙、楮紙、縦二四・二cm、全長九九・九cm、四紙、
（書出）「他所之士族卒神職／僧侶等当市中ニ／おいて一夜滞留／たりとも」（書止）「留候ゟ蔵本江御返却／可有之候以上」（差出）「蔵本」（日下）（充所）「忠左衛門村年預／井上村年寄／丹阪村年寄／客養寺村年寄／勝願院村年寄／新開村年寄」（奥下）
○奈良県達書写（未三月廿四日）ノ廻状、

3　達書写並蔵本廻状　未四月廿六日　一通　印鑑拝借ニ付

明治写、続紙、楮紙、縦二四・六cm、全長九六・九cm、三紙、
（書出）「印鑑拝借之儀方今／一区として被願出候／右ニ付年預方江彼是／御沙汰之次第も有之／候間」（書止）「右之通相成候ニ付急／速御順達留候ゟ蔵／本江御返却可有之候以上」（差出）「蔵本」（日下）（充所）「忠左衛門村年預／井上村年寄／丹阪村年寄／客養寺村年寄／勝願院村年寄／新開村年寄」（奥下）

大宮家文書　第百二十七括

巻子本一巻、（紙縒上書）「三十三」

1　和歌詠草　一通

江戸中期写、巻子本、楮紙、裏書アリ、表紙欠失、縦三〇・五cm、横一〇〇・五cm、三紙、
（文首）「虚無責得／林花色」（文末）「めつらしき／ひかり／さし／添／盃は／もちなからこそ／ちよもめくらめ」

大宮家文書　第百二十八括

1　観音経　　一巻

江戸中期写、巻子本、尾欠、楮紙、一紙一七行、一行一五字、青染原表紙、縦二八・三cm、全長二四三・七cm、六紙、

（内題）「妙法蓮華経観世音菩薩普門品廿五」

（文首）「爾事無尽意菩薩即従座起」（尾）「念彼観音力　火坑変成池」

大宮家文書　第百二十九括

1　春日社職名沿革之記〔大正八年〕　　一通

大正八年写、大宮守秀筆、続紙、楮紙、紙継目印アリ、仮名交リ文、墨点（仮名・返点、大正）、縦三七・〇cm、全長一〇三・五cm、二紙、

（内題）「職名沿革之事」

（文首）「古来ヨリ吾氏神官幣大社　春日神社ニ伝フル職名多ケレド是ヲ要スルト家職社職公職ノ三種ニシテ」（文末）「中功ハ瓶ヲ除／キテ大功ノ七分ト定メ無解〔懈〕怠工作スト見ヘタリ／以上」

（奥書）「大正写八年四月調進　　四世孫守秀記す」

○包紙ハ本紙ニ貼リ付ケテアリ、紙継目及ビ包紙・本紙間ニ単廓方朱印「藤波／北／迺舎」各二顆ヲ捺ス、

（包紙表書）

「　　寸法竪三尺四寸五分 横壱尺二寸弐分

春日社職名沿革之記

　　北藤波迺舎「（単廓方朱印）藤波／北／迺舎」

裏書社家祢宜之軒数

」

大宮家文書　第百三十括

第1号ノ包紙中ニ第2号モ納メル、

1　大宮武麿祖霊祭詞　大正十一年八月八日　一通

大正写、続紙、楮紙、縦一九・五cm、全長五九・二cm、二紙、

（書出）「維大正十一年八月八日嗣子武麿設祭儀／謹告　祖宗之霊曰」（書止）「時方盛夏奠儀缺厳多／神霊不咎尚格饗」（差出）「嗣子従七位大宮武麿／敬白」（奥下）

（包紙表書）「祭詞」

2　祝詞控　一通

大正写、続紙、楮紙（青色染紙）、縦一六・三cm、全長四三・七cm、二紙、

（書出）「神霊宝前ニ言左久」（書止）「御子輩乃弥向後／——」

大宮家文書　第百三十一括

巻込、

1　遷宮記後補表紙　一枚

明治写、縦切紙、楮紙、縦二九・二cm、横一四・六cm、紙紐アリ、一紙、

（外題）「暦裏云　幕仕立形

遷宮記応安元年七月廿七日　北郷常住兼一臈神殿守 従五位薩摩守　神守筆」

延文五年暦

（見返）「明治廿壱年修之　大宮所蔵（方朱印）「藤浪／屋印」」

○第八括1号ノ後補表紙、

2　春日社神宮寺殿遷宮記後補表紙　一枚

明治写、縦切紙、縦二六・六cm、横一一・八cm、一紙、

（全文）「応安元年戊申五月九日　常住神殿守兼一臈 従五位薩摩守藤原神守筆

春日社神宮寺殿下正遷宮記　壱巻」

○第九括1号ノ後補表紙、

3　大宮神守筆典籍後補貼紙　一葉

明治写、縦切紙、楮紙、縦二五・八cm、横一〇・九cm、一紙、

（全文）「散乱ニ付従是奥不見／正五位神守筆」

解説

第一章　調査の経緯

岩坂七雄・吉川　聡

この解説では、大宮家文書の理解に資する点について、簡潔にまとめておくこととする。まず、第一章で調査の経緯をのべ（岩坂七雄・吉川聡）、第二章で、目録に収録した文書の概略を述べる（吉川聡）。第三章では、春日社とその神人について基礎的な解説を加え（松村和歌子）、第四章では、大宮家文書の伝来・利用の経緯について述べる（大宮守友）。最後に第五章では、大宮家の系図について、主なものを何点か紹介しておく（吉川聡）。

史料の所有者である大宮家（奈良市春日野町）は、明治初年まで、春日社の北郷常住《ほくごうじょうじゅう》神殿守《かんどのもり》を務めていた。その後は春日社を離れ、手向山八幡神社祠掌を務めるなどしたのち、明治八年（一八七五）から氷室神社宮司を務めている。

同家文書は、平成十一年（一九九九）度の奈良市教育委員会による歴史資料調査で、その一部である近世奈良町関係の史料を紹介したことがきっかけとなり、家蔵の文書を奈良市に寄託されることになった。平成十二年から数回にわたり、史料保存館（奈良市脇戸町一一）に運び込み、最後の平成十五年度に、成巻文書が搬入された。

文書の多くは、数種類の木製収納箱に収められていた。文書には「甲函」〜「庚函」のラベルが貼られているものがあるが、寄託された時には系統的に収納されてはおらず、ラベルなどがなく未整理のまま一括されている文書も少なくなかった。

保管のためには文書の概要を把握する必要があり、収納スペースの関係で収納箱のまま保管することも困難であったので、所蔵家の了解を得て、平成十三年度から文書整理用の紙箱に、少しずつ文書を移し替えながら仮目録の作成を進めた。おおよその内容を把握するのが精一杯であったが、同十五年末の時点で、一応、次のように文書を把握した。

①成巻文書　歴代当主別に成巻された文書群。文書を貼り継いで、軸・表紙をつけて成巻したもの。

②未成巻文書　個々の文書を巻き込んで、一本の巻子状の形にしてあるもの。今後成巻しようとしたものか。

③「甲函」〜「庚函」のラベル・印を付けた文書　右記のように成巻するのではなく、ラベルを貼付して分類をはかったもの。

「甲函」は鎌倉中期から江戸初期など比較的古い時期の文書が集められ、「乙函」には春日社の遷宮関係の記録類、「丙函」から「戊函」は宝物図や境内図などの図像類、「己函」には大宮家及び春日社禰宜の系図類、「庚函」には古今伝授等芸道関係の書類などが集められている。

④その他の近世文書　ラベル等もないもの。

⑤近世の版本類や明治以降の書翰等

以上が、大宮家にもとから伝わっていた史料群である。それ以外に、右に挙げる⑥⑦も、現在、大宮家が所蔵しているものである。

⑥近世奈良町関係史料　近世奈良町の上町代高木家の史料

⑦旧東家文書　南都の楽家であった東家旧蔵の史料

⑦は『奈良市古文書調査報告書』一（奈良市一九八五）、⑥は『奈良市歴史資料調査報告書』一六（奈良市二〇〇〇）でそれぞれ目録を掲載して紹介している。また⑥の春日若宮祭礼大宿所関係史料は、『奈良市歴史資料調査報告書』二二（奈良市二〇〇六）に翻刻を掲載している。このほか奈良奉行所関係絵図を『奈良市歴史資料調査報告書』一七（奈良市二〇〇一）で紹介している。

この寄託を契機として、これからの調査について奈良市文化財保護審議会委員の綾村宏氏（当時奈良文化財研究所文化遺産研究部長）に相談、同家文書の中心と考えられる成巻文書から、あらためて調査を始めることになった。平成十五年度に奈良文化財研究所の協力を得て、同研究所が成巻文書を撮影し、十六・十七年度に調書作成をおこなった。調査員は次の通りである。綾村宏（奈良市文化財保護審議会委員　京都女子大学教授）・吉川聡（奈良文化財研究所）・大宮守友（奈良県立図書情報館）・松村和歌子（春日大社宝物館学芸員）・森本仙介（当時奈良県立民俗博物館学芸員）。史料整理とデータ入力は奈良市教育委員会の桑原文子（史料保存館勤務）・明石佳子（同）があたり、その成果をまとめて、平成十八年度に成巻文書の目録を公表した（奈良市二〇〇七。以下、奈良市報告書と称す）。またその調査で得た知見の一端を『奈良文化財研究所紀要』に公表している

（吉川・桑原二〇〇七）。

それ以降の調査は、それまでも奈良文化財研究所より助力を得ていたが、さらに円滑に進めていくうえで、奈良市教育委員会と、奈良の寺社史料の調査研究に精通する奈良文化財研究所とが、共同で調査をおこなうべきであるとあらためて認識し、両者の共同研究として残りの史料群を調査することにした。そして、調査関係者のあいだで「未成巻文書」と呼んでいた②の史料群を調査することとなった。

平成十九年度より、独立行政法人国立文化財機構民間等共同研究取扱規程にもとづく共同研究、平成二十三年度以降は制度変更により連携研究として調査をおこなった。調査においては、写真撮影は奈良文化財研究所が実施した。調書作成は、森本氏を除く右の調査員に、奈良文化財研究所派遣職員（当時）の水谷友紀・根ヶ山泰史が加わり作業を進めた。調書作成は平成二十三年度に終了し、その後は目録原稿作成・目録原稿校正の作業をおこなった。目録原稿作成は桑原文子・明石佳子があたり、目録原稿の校正作業は、奈良文化財研究所の吉川聡歴史研究室長を中心として、客員研究員の小原嘉記、派遣職員の山田徹（当時）・根ヶ山泰史（当時）・林晃弘（当時）・宇佐美倫太郎・谷本啓・中町美香子、有期雇用職員の山本倫弘、京都大学大学院生の佐藤稜介らが作業にあたった。その成果として、目録に解説をつけて、本書を刊行するものである。なお別途、大宮家文書のデータベースを作成し、奈良文化財研究所のホームページ上で運用を開始している。

第二章　大宮家文書について

吉川　聡

大宮家は、奈良県の春日大社の常住神殿守を、中世・近世に世襲した家である。中世・近世の春日社は、社司の下に神人が編成されていたが、常住神殿守とは、その神人集団の頭が就く地位である。よって大宮家文書とは、春日大社における、神人の頭のもとに集積された文書群と言える。その年代は平安時代から近代にまで及び、内容も寺領経営・式年遷宮・御師活動・神木動座など、多彩な内容を誇る。神社研究・神人研究・荘園研究等々、多方面にわたって有益な史料であることは疑いない。

近年、奈良市教育委員会・奈良文化財研究所が調査を実施し、その一部の目録が完成したので、ここに公刊するに至った。未整理の史料も存在するので、いまだにその全貌が判明しているわけではないのだが、現状で判明している点について、概略を説明しておく（奈良市二〇〇七も参照）。

Ⅰ　大宮家文書の構成

大宮家文書は、全体的に、近代に整理がなされている。整理の経緯については第四章を参照されたい。現状は、形状で分類すると、第一章で述べているように、①成巻文書・②未成巻文書・③「甲函」～「庚函」のラベル等がある文書・④その他の近世文書・⑤近世の版本類や明治以降の書翰等に分類できる。なお、⑥⑦他家旧蔵の文書も存在するが、それらは新しい時代に大宮家の手元に入った文書群なので、狭義の大宮家文書からは除外したい。

ただし実際の形状は、①～⑤に截然と区別できるわけではない。成巻されていても軸がないものや、何通かを貼り継ぎ、何通かを巻き込んで一本の巻子状にしたものなど、近代の整理の形は様々である。

調査ではまず、最も形が整っている①について、奈良市教育委員会が主体となって調査を実施したが、その際、合計二五巻を成巻文書として把握した。その成果として、成巻文書の目録を奈良市報告書（奈良市二〇〇七）に公表している。その後、平成十九年度からは奈良市教育委員会と奈良文化財研究所の共同研究・連携研究として、②を調査した。また成巻文書も含めて再検討をおこなった。その成果をまとめたのが本書である。それゆえ、奈良市報告書との重複もいとわず、既調査分すべての目録を本書に掲載した。その際、全体の分類としては、形状より大きく二つに分けることとし、「成巻文書」全二五巻（前記の①）と、それ以外の「括文書」（前記の②③④）とに分けることとした。括文書については、③④は未整理なので、本書に収めたのは②のみである。以下では、本書に目録を掲載した成巻文書①と括文書の②の分について、その概略を述べておく。未整理分である③④については、その詳細の解明は今後の課題としたい。以下③④の未整理分に言及する際には、「未整理文書」、または「未整理「〇函〇号」」（③ラベルが貼付してある場合）と表記する。

1 成巻文書

奈良市報告書において、成巻文書を全二五巻と定め、本書も踏襲した。文書は、成巻第○巻○号と呼称する。

成巻文書の中核をなすのは、第二巻～第二十一巻の、年代順に編集された編年文書である。ただし編年文書には第一巻がないので、第一巻を系図とした。また、補任状をまとめて成巻した巻が四巻あるので、それらを成巻文書の第二十二巻から第二十五巻とした。

第一巻（系図） 第一巻は系図で、「己函第壱号共壱巻」のラベルが貼付してある。よって本巻は、元来は前記の③の、ラベルが貼られた文書に分類されるものである。しかし本巻は、大宮家の由緒を考える上で重視すべき古系図を収めており、そのためか、寄託時には成巻文書と共に保管されていた。そして表紙・軸も存在しているので、成巻文書の第一巻としたものである。表紙は他の成巻文書と異なり、より古風である。しかしやはり新しい時期の改変も受けている。第五章参照。

第二巻～第二十一巻（編年文書） 成巻文書の中心をなすのは、第二巻より第二十一巻までの一群である。それらの外題には、例えば第四巻には題簽に「第肆号吉守」とあり、巻号と、大宮家の当主名を記載している（大宮家の当主名は第五章の系図参照）。これら一群の巻は、大宮家の当主ごとに巻を分け、文書を当主ごとに編年順に配列・成巻しているのである。またこの一群は体裁も基本的に共通し、表紙・軸・組紐を付けている。このうち第二巻より第十七巻までは、表紙は四種類の文様のいずれかを用い、外題は原則として、雲紙の題簽に記している。一方第十八巻より第二十一巻までは、白麻布の表紙に、外題を直に記している。そして第二巻より第二十一巻のすべての表紙見返しに、明治二十二年十一月に修理した旨を記している。大宮家文書のなかで、最も整理された一群と言える。

文書の内容は様々だが、大宮家が関与した所領関係文書が多い。その中には備前国上道郡荒野や摂津国垂水荘関係文書など、荘園史研究上ですでに著名な史料も存在する。また様式上も、藤氏長者宣・院宣など、注目すべきものを多く含んでいる。よって一部の文書は、『平安遺文』『鎌倉遺文』『南北朝遺文』や自治体史などにその釈文が公表されているものが存在する。

ただし、これら一群の巻には現在、外題に「第一巻」とあるものは見当たらない。また第二巻も、外題題簽に「第弐号清国」とあるが、その収録文書は、江戸時代から明治初年にかけての所蔵文書貸出・焼失に関する文書であり、外題と内容が合致していない。その理由は、第一巻・第二巻の時代が古すぎたことによるのだろう。第二巻の外題に見える清国は、第五章所収の「大宮家系図」では平安時代中期の人となっている。その時期の文書がほとんどなかったために、第一巻は編集されずに終わり、第二巻は、古文書の貸出等の文書を収録するに止まったのだろう。

第二十二巻～第二十五巻（補任状） 第二十二巻から第二十五巻は、大宮家の補任状を集成したものである。体裁は四巻共通で、素紙表紙に外題を直に記す。紙縒の紐をつけ、軸はない。表紙と本紙の紙継目に「守長」の草体の花押をすえている。近代に大宮武麿（守長）が整理したのだろう。今回これらを成巻第二十二巻から第二十五巻とした。

2 括文書

それ以外については、右に述べたように、本書には従来②未成巻文書と呼称していた文書群を収録した。ある程度近代に整理されているが、成巻文書ほどではない文書群である。今回の整理で全一三一括を把握した。文書は、第○括○号と呼称する。

雑多な文書群であるので、その内容を明確に分類することは難しい。しかし今回、比較的内容が近いと思われるものを集めて配列して括の番号をつけた。その基準は、おおむね次のようなものである。

第一括～第三十一括　遷宮記
第三十二括～第四十一括　遷宮祝詞
第四十二括～第四十三括　神社由緒書
第四十四括～第四十五括　日記
第四十六括～第五十二括　帳面・記録
第五十三括～第五十六括　加判状
第五十七括～第百二十四括　中世文書・近世文書
※第八十三括・第八十五括は国人の書状。第八十四括は春日社八講関係文書。第八十七括は神人職補任状。第百二十一括は日並記。
第百二十五括～第百三十一括　幕末～近代文書・その他

これらは、外見は一巻の巻子状を呈している。しかし軸はなく、表紙もないことが多い。多くは、単体の文書を巻き込んで一本の巻子状の形にしてある。ただし、形態は必ずしも一定しておらず、文書同士を貼り継いであることもある。また、特に遷宮記などは長大な記録であることもあり、そのような場合、一点で一巻をなしていることも多い。おそらくは、近代に文書を整理し、似たものを集めて一部には表紙もつけ、貼継もおこなったが、完全な形に至る前に整理が終了したものだろう。なお通常、括は紙縒でくくってある。紙縒の先端は題簽状にし、そこに墨書で番号が書き込んであることが多い。ただし、番号は必ずしも連続しないので、番号を整理の参考にはしなかった。

３　裏打紙文書

本書所収の文書には、裏打が施してあることが多い。その裏打紙には、しばしば反故文書が用いられている。それら裏打紙文書は、江戸時代中期・後期のものが多いが、一部には中世文書も存在する。内容的にも重要なものもある。今回の調査では、文字が確認できた裏打紙文書は、できるかぎり目録に収録することとした。それぞれの巻・括の末尾に、通し番号をつけて掲載した。文書は、成巻第〇巻（または第〇括）裏〇号と呼称する。

Ⅱ　留意点

大宮家文書を利用する上で、注意すべき点を述べておく。まず、大宮家文書は近代に整理されており、その整理のために原形が分かりにくくなっていることがある。例えば墨書の上に裏打ちして、裏打紙の上から墨書を影写したり、あるいは、欠損部分に紙を充てて補筆したりしていることがある。さらには、おそらくは整理前の幕末から明治初年頃の処置と思われるが、元来の文字を意図的に摺り消し、後筆で書き直して、内容を改変してあることがある。特に「神人」という言葉を忌避しており、全体にわたって、「神人」を「禰宜」や「神司」などに改変してある。このような後筆は、注意すれば見抜けるので、目録の釈文には後筆は『　』でくくって示した。文字を改変した理由は不明だが、第百一括裏2号大宮守栄・藤岡左近口上書写は、参考になるかもしれない。この文書は文中に「去ル後四月」とあるので、慶応四年閏四月以降の作成である。この文書は、神人共が「悉皆神勤相止」られてしまったことに対する口上書であり、神人たちは自らの由緒について、「大御神御鎮座已後、従　御先君御由緒ヲ以、祢宜奉仕被為　仰付」と述べている。つまり、我々は神人でなく禰宜なのだ、と主張している。大宮家文書の神人の語句を執拗なまでに消去しているのは、この時期のこのような事情が関係しているように思われる。

ただし、第三章で述べるように、大宮家が禰宜と呼ばれることが、かなり古くからあったことも事実である。今回目録収録分では、付年号の案文だが、成巻第十巻4号⑤、建武三年十二月二十八日の修理亮某書状案に、「春日社祢宜殿」と見えるのが最も古い例と思われる。禰宜の称号については、今後さらに検討する必要があろう。

また大宮家文書の中には、文書全体を籠字で写した、文書の籠字の写が存在する。本書収録分では、成巻第二巻3号・4号、第二十一巻7号・8号・12号、第六十九括1号～6号、第百二十四括7号・8号である。このうち、第六十九括・百二十四括は年紀が中世以前であり、藤原道長書状写すらある（第六十九括1号）。しかし内容的には、その時代の文書とするにはかなり問題があるようである。よく検討の上利用すべきだろう。

Ⅲ　内　容

文書の内容は、先にも触れたように、所領関係文書・遷宮記など、春日社の運営に関わる重要な文書・記録が多い。それ以外にも、室町時代後期以降の遷宮祝詞や、江戸時代の燈籠の管理に関する文書など、各時代の活動がうかがえる。くわしくは第四章を参照されたい。ただし、室町時代後期頃～江戸時代前期には大和の国人・河内畠山氏・越後上杉氏などと取り交わした書状が多く残っているが、各巻・括に分散して存在している。人名が釈読できない場合・名が知られない場合も多いのだが、主なもののみ、下記にまとめておく。

大和国人関係

麻太守国　成巻第十五巻裏20号・第三十二括6号・第七十九括4号・第八十三括8号・第八十五括1号・第八十六括1号

越智家頼　成巻第十六巻11号・第三十二括5号・第七十六括5号・第七十八括13

号・第八十五括9号
越智又八郎　第八十三括9号・12号・第百五括1号・（第九十四括2号「越智殿」）
高田為政　成巻第一巻1号紙背2・第八十三括5号・6号
十市遠勝　第八十五括4号
箸尾為国　成巻第十八巻11号・12号・第五十八括8号・（第五十八括9号「箸尾上野介」・10号「箸尾次郎」・第八十一括2号「箸尾」）
為宗（新十郎）　成巻第十八巻11号③・13号

河内畠山氏関係

遊佐就盛　成巻第十八巻10号・第八十三括2号・第八十五括5号
遊佐英盛　第八十三括1号
遊佐元繁　第八十三括13号
遊佐堯家　第八十五括3号
かわち遊左殿　成巻第五巻4号紙背

越後上杉・長尾氏関係

上杉憲将　成巻第十巻4号⑥
上杉房安等　成巻第十九巻1号
上杉景勝　成巻第二十巻裏12号・第七十八括裏2号（二号とも天正一六年社参記）
神余昌綱　成巻第十八巻19号・第八十八括1号
直江実綱　第八十五括7号
直江兼続後家　成巻第七巻裏5号（寛永二年社参記）・成巻第二十一巻4号
直江兼続息女　成巻第二十一巻5号・第七十九括3号
某家長　第七十八括12号

右に挙げた以外にも、名の知られない国人などからも、多くの書状が届いている。これらからは、室町時代後期から、大宮家が御師として大和・河内の有力者、さらには越後上杉氏と接触を持っていたことがうかがえる。春日信仰の広がりを示す貴重な記録といえる。

国人以外にも、近衛家の家司である進藤氏と交わした書状なども多く存在する。その他、例えば第百二十一括には、日並記の断簡が多く存在している。仮綴の紙縒が外れてバラバラの状態だったが、今回の整理により、ある程度、本来の形を復元できた。その中の第百二十一括17号は慶応四年の大宮守栄による日並記である。もちろん欠損は多いが、明治維新時の動向を記録したものとして、注目される。

Ⅳ　大宮家の歴史

大宮家の歴史については、今後の課題とすべき要素が大きい。ただし、第五章で系図の検討をしており、その検討から、「北郷常住神殿守系図」は、南北朝成立の古系図を書き継いだものと考えている。よって、同系図の南北朝成立部分は、かなり信憑性が高いと思われる。この点を踏まえて、現状で何点かを確認しておきたい。

1　姓・家名

大宮家は、鎌倉時代には藤井姓を称していた。しかしその後、藤原姓に改姓している。改姓時期を確認しておく。藤井姓の確実な例で最も時代が下るのは、本目録所載史料では成巻第六巻4号、文永二年（一二六五）二月の大宮守安私領処分状に「藤井守職」とある例と思われる。一方、藤原姓で最も時代が上がる確実な事例は、第十四括1号の「水谷社遷宮記」の康応元年（一三八九）十二月二十八日の奥書に、「常住神殿守藤原豊守（花押）」とあるのが古い（籠字の写ならば第六十九括3号に正平九年（一三五四）の例があるが、信憑性に問題がある）。とすると、文永二年から康応元年の間ということになるが、ここで、「北郷常住神殿守系図」の裏書に次のようにあることが注目される。

代々藤井姓也。□□（而カ）□（元カ）年被補□□助之時、改本姓被成藤原畢。口宣在之。

後世に摺り消されている箇所があるのが惜しいが、年は「元年」の可能性が高い。そこで「北郷常住神殿守系図」で文永二年から康応元年の間に元年に助に補された例を探すと、守職が嘉暦元年（一三二六）六月二五日に内蔵権助に任じられている。そして、未整理「己函11号」は江戸時代中期の守胤の時に作成した系譜であり、また「己函13号」も江戸時代作成の系譜を集成したものと思われるが、その守職の項には次のようにみえる。

一、嘉暦元年被補内蔵権之助時、改本性（ママ）被成藤原畢。（「己函11号」）
一、嘉暦元年被補内蔵権助時、改寺性（ママ）被為成藤原ニ畢。（「己函13号」）

これは「北郷常住神殿守系図」の摺り消し前の記述を踏まえているのだろう。よって、同系図の摺り消し箇所は、元来は「而嘉暦元年被補内蔵権助」と文字があったはずであり、嘉暦元年に藤井から藤原に改姓されたことが明確になる。

また家名については、大宮家は室町時代には、野田と称されていることが多い。鎌倉時代前期の大宮吉守の時期から室町時代にかけて、春日社の北方の野田に堂舎を所有していたためである。野田は、春日大社の北郷・南郷という二つの社家町のうちの北郷にあたり、現在の奈良公園の新公会堂周辺だった。ここが大宮家の中世における拠点だったはずである。その後、住居は江戸時代のある時点で、南郷の高畑に移っている。そのためか、江戸時代には野田の称は用いられなくなり、北郷・大宮などと呼ばれることが多い。このように、大宮家の呼称は時期によって異なるが、本書では煩雑を避けて大宮に統一した。

2 吉守とそれ以前の大宮家

大宮家が活躍した年代についても確認をしておく。大宮家文書の年紀は、確実なものでは、平安時代院政期以降のものが現存する。しかし平安時代の文書はすべて本券文の写であり、大宮家とは直接関係ない文書である。大宮家に確実に関係する文書正文で最古のものは、成巻第四巻10号・11号の、嘉禄二年（一二二六）十二月七日・八日の売券だと言えよう。いずれも「神殿守吉守」に土地を売った記録である。この点、大宮家の中世の拠点である、野田の堂舎を創建したのも吉守である（成巻第五巻3号）。この大宮吉守こそが、後の大宮家の基礎を築いた人物であることは疑いない。現存する大宮家文書は、吉守以降に集積されたものと考えてよいだろう。

吉守は、成巻第五巻2号によると、嘉禎四年（一二三八）の時に自ら、「職已為神職卅九年、于茲年齢又七十四歳」と語っている。ということは、永万元年（一一六五）に生まれ、正治二年（一二〇〇）に神職になったことになる。一方、「北郷常住神殿守系図」には、南北朝時代の筆で、建長元年（一二四九）に八四歳で逝去したと記録されているので、仁安元年（一一六六）の生まれになる。生年に一年の相違があるが、系図の記載もかなり信頼が置けると言ってよかろう。そして「北郷常住神殿守系図」には、吉守の先代の利重に次のような注記を付けている。

自寺門被命社家、停止利重常住、則被補任吉守畢。可子孫相伝之由連暑〔署〕状在之。

建保二年甲戌五月七日

これによれば、建保二年（一二一四）に常住神殿守が利重から吉守に替わり、それ以後、吉守の子孫が相伝すべきことが命じられたという。正確な事情は不明だが、前後の状況を見ても、信頼できる記録のように思われる。

大宮家の立場が吉守の時に確立したという認識は、その後、江戸時代に至るまで保持されており、例えば寛文元年（一六六一）の文書と思われる第百一括19号でも、右の建保の連署状を家の由緒としている。しかし一方で、後世には、大宮家の始祖は平安時代に、備前国の正八幡宮の神官をつとめており、藤原道長と関係を持って春日社に仕えたという伝説が存在している（第三章参照。また第六十九括1号の、偽文書と思われる藤原道長書状写や、「大宮家系図」（第五章参照）の清国の項には、清定（清国）は正八幡宮の人だったが、永延二年に藤原道長の命で春日大社の清兼の後を継いだとある）。実際、右に引用した「北郷常住神殿守系図」では吉守の前代の利重も、常住神殿守だったと伝承されている。また、備前国の正八幡宮については、成巻第四巻1号の八幡宮権神主職補任状が留意される。これは、鎌倉時代前期の建久八年（一一九七）三月一日に、藤原吉元を八幡宮権神主職に補任したものである。現在、この文書は貼紙に「備前国小島郡正八幡宮補任吉守」とあり、八幡宮とは備前国児島郡の正八幡宮のことで、藤原吉元とは大宮吉守のこととされている。確かに、「北郷常住神殿守系図」の吉守の項には「本名吉元」とあり、同一人物である可能性がある。ただし、大宮吉守は後には藤井姓だったことは確実なので、藤原姓である点、問題は残る。しかし、この文書が大宮家文書中に伝来している点を重視するならば、大宮家と八幡宮とが関係を持っていたと考えられるようにも思われる。そもそも、「北郷常住神殿守系図」では清貞を初代として、吉守の前まで六代を書き上げるが、記載は極めて簡略である。平安時代の大宮家の伝説については、今のところ確実な史料がほとんど見当たらず、詳細不明とせざるを得ない。そもそも吉守より前の系譜については、それ以後の大宮家の歴史とは、また別途の考察が必要になるのかもしれない。今後もさらに追求していくべき課題だろう。

第三章　春日社神人の活動と組織

松村和歌子

Ⅰ　春日社の基本組織

本解説では春日社神人の最重要職である常住神殿守家大宮家の所蔵文書の背景を示すものとして、春日社組織の中での本社神人の活動を論述する。記述を多く先行研究に負うものであるので、末尾に掲げた参考文献を参照されたい。

まず春日社の組織図を示しこれに沿って述べる(図1)。なお本図に包括されないものとして散所の神人と本社周辺で臨時に勤仕した白人神人がある(永島一九四四・秋元一九七二A・村岡一九八九・村岡一九九一・松村二〇〇四・松村二〇〇三)。

図1は近世の史料に基づくが、権官に若干増員があったことと「惣禰宜と平禰宜」の区分が近世以降の成立であることを除けば中世初期から殆ど変わらない。

この事は大宮家に残る記録「天文年日勤規則書」や『大乗院寺社雑事記』明応三年(一四九四)十月九日の条から中世後期にまで遡ることが示されていたが(大宮一九八三)、更に大宮家文書第六十括1号「北郷神人末利注進状案」(文永十年(一二七三))等により鎌倉時代中期に確立しており、初期にまで遡ることが推察できる。春日社組織の理解に好適な史料であるので文末に翻刻を掲載した。

1　社　司

藤原氏の氏長者に補任された上級祠官である社司が組織の上層を占める。

社司に任官しうる家を社家といい、所生の男子が初参して階位を授かると氏人として社司を補佐する役割を果たし、社司に欠員が出来れば、原則的には氏人としての臈次に従って任官した。位階は平安・鎌倉時代には六位ないしは外従五位下から始まり、四位に留まったが、時代とともに高位化し南北朝時代には、従三位、室町時代には正三位下に上る者も現れた。

社司は神主(大中臣姓)、正預(中臣姓)、若宮神主(中臣姓)を筆頭とする三方に別れ、神主・正預の下にはそれぞれ権官数名がいた。神主・正預を両惣官と言い、それに若宮神主を併せた三者を三惣官と称した。

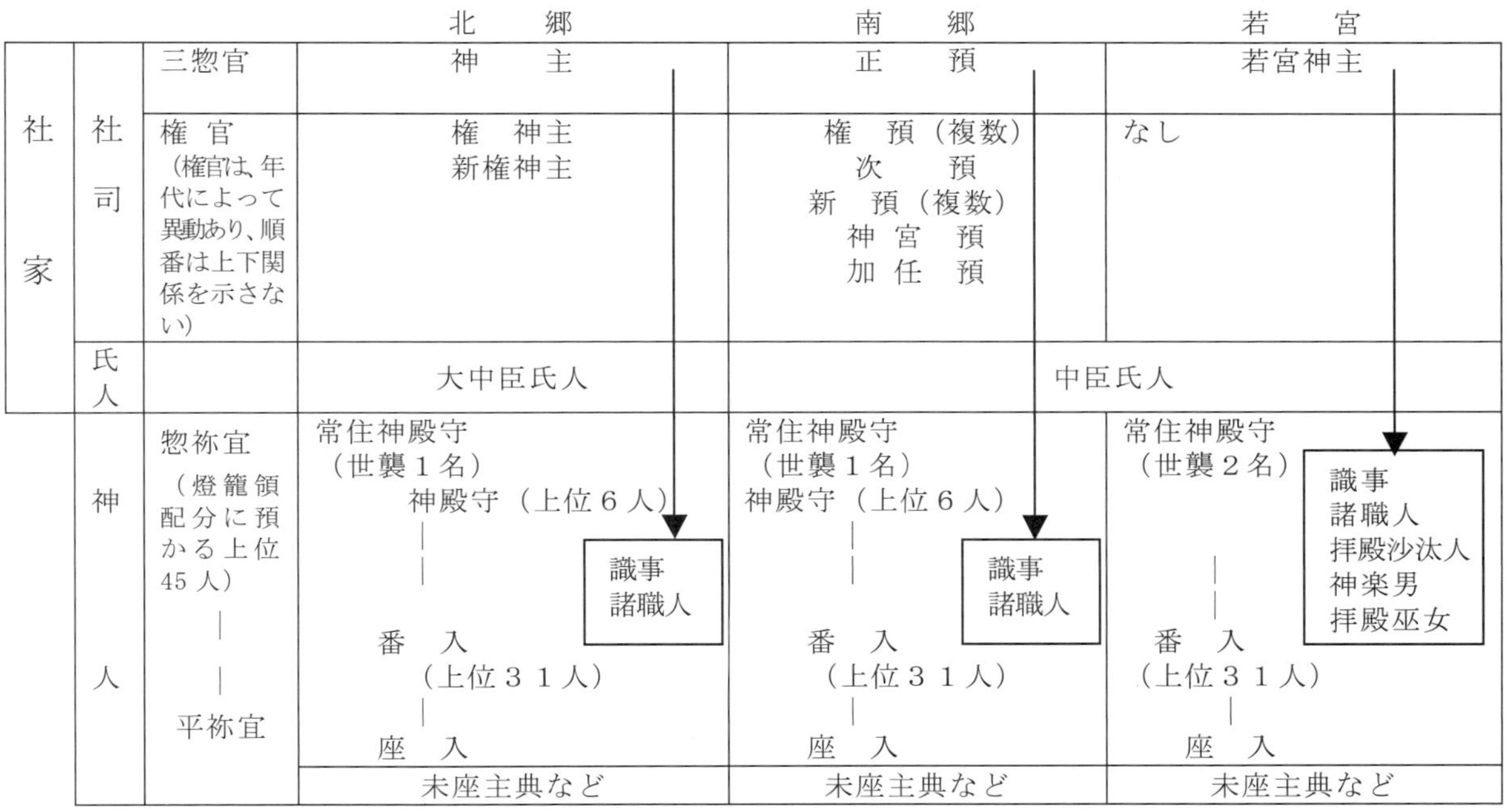

社家			北　郷	南　郷	若　宮
	社司	三惣官	神　主	正　預	若宮神主
		権官（権官は、年代によって異動あり、順番は上下関係を示さない）	権神主　新権神主	権預（複数）　次預　新預（複数）　神宮預　加任預	なし
	氏人		大中臣氏人		中臣氏人
	神人	惣祢宜（燈籠領配分かる上位45人）｜｜平祢宜	常住神殿守（世襲1名）　神殿守（上位6人）｜｜番入（上位31人）｜座入　　識事・諸職人	常住神殿守（世襲1名）　神殿守（上位6人）｜｜番入（上位31人）｜座入　　識事・諸職人	常住神殿守（世襲2名）｜｜番入（上位31人）｜座入　　識事・諸職人・拝殿沙汰人・神楽男・拝殿巫女
			未座主典など	未座主典など	未座主典など

図1　春日社組織図

神主・正預・若宮神主のそれぞれが頂点となり、権官・氏人とそれに従う神人も併せ、北郷・南郷・若宮のまとまりを形成した。若宮神主は、保延元年(一一三五)の若宮社の創健とともに中臣姓社司から分立したものである。若宮神主を世襲した千鳥家の嫡子も、一旦は本社の中臣姓社司として任官し、先任若宮神主の死去に伴い若宮神主となった。よって社司は基本的に大中臣姓と中臣姓の二つのグループに分かれていた。

ちなみに大中臣

姓社司の本家筋が中東家、中臣姓社司の本家筋が大東家と辰市家であって、ここから更に細かく分家していった。本書の目録中に見える家名でも、中東家・中家・向井家は大中臣姓、辰市家・辰巳家・東地井家は中臣姓である。

また社司は平安から鎌倉初期までは管理する神供領に分住したことが知られるが、鎌倉中期頃から大中臣姓社司は、春日社の北側の野田に集住したことから北郷社司、中臣姓社司は、南側の高畑に集住したことから南郷社司とも呼ばれたのである（大東二〇〇三・松村二〇〇八・松村二〇〇九）。

2　神　人

上級祠官である社司の下で神事や社務の補助にあたったのが本社神人で、黄色い狩衣たる黄衣を着した。神主に従う神人が北郷神人、正預に従うのが南郷神人であり、若宮神主に従うのが若宮神人である。

神人の語は、伊勢神宮や賀茂上下社においては、神官として高い地位を占め、官位、位階にも預かった禰宜等をも指すが、概して下級の祠官を指す。しかし春日社神人は春日社祠官として幅広い活動を展開した。

平安時代末の中臣姓社司の日記（『春日社記録　日記一』臨泉書店刊、以下『記録　日記○』と表記）には神人はいずれも個々の社司の名を冠して書き上げられている。例えば、「旧記勝出」大治二年（一一二七）□月六日の条に御八講の神供の御飯に関し「椎木御飯給神人恒貞、給御前後行、西預神人重里件飯奪取、御器破畢、椎木幣取神人友重給ヲ、西預神人武末幣有所カラ一尺五寸奪折取了」とある。椎木預配下の神人が給わるべき椎木荘から備進された御飯や御幣を、西預配下の神人が奪ったことが記される。ここからは神供献進を媒介に奉行たる社司と神人が個別に深く結びついていた様子がうかがわれるが、神人は鎌倉時代初期には三惣官に分属する座を構成し、座組織が強固になるにつれ、個別社司への従属度は減じたと思われる。

「弘長三年（一二六三）若宮神主中臣祐賢記」（松村・藤原二〇一三）二月～三月条は、神人が黄衣を一の鳥居に懸けて訴訟する初見史料だが、神人国弘が黄衣を一の鳥居に懸けて訴訟し解職されたことから、一時は本社神人が一斉に黄衣を懸ける大事件に発展する。三月末には興福寺大衆の強い働きかけにより社家が黄衣を取り事態は収束するが、落書によって張本が探られる一方で、国弘の解職は取り下げられたのであり、神人集団の積極的活動が知られる。

しかし近世に至るまで神供備進に関して社司が個別に任じる職もあり、座と個別社司へ二重に属する構造が継続した（松村二〇〇三・松村二〇〇八）。

神人の補任は各惣官から出されるが、同時に各座への加入（座入り）は、座衆の加判状をもって認められ、座の独立性は高かった。大宮家文書にも多くの補任状（成巻第二十二巻～第二十五巻に含まれるもの他多数）と座入加判状（第五十三括1号～4号・第五十四括1号・第五十五括1号・第五十六括1号など）がある。

座の上位三一人は番入りし御殿の日番を勤め、上位六名は神殿守に任じられ、その上に世襲の常住神殿守がいた。

翻刻した「北郷神人末利注進状案」中の「御前番役事」の条を見れば第一殿は社司が分担して管理責任を持ち、代官として被官の神人（殿番）を出す仕組みであり、神人が個別の社司に分属する要素がうかがわれる。第二殿は管理責任を負う北郷神人座から一人、第三殿は管理責任を負う南郷神人座から一人の日番が出たことが了解される。第四殿の管理責任は常住神殿守北郷一人、南郷一人が受け持ったとあり、常に御殿に詰める者としての常住神殿守の職務が理解される。御殿ごとの分割責任が実際に機能していたかどうかは不明だが、整然とした記述で理解し易い。

また看過できないものに興福寺との関係がある。基本的には春日社全体として興福寺の支配を受けたもので、興福寺の神人への支配は奉行たる社司を通じておこなわれるのが原則であった。しかしⅡ節で示すように神人は興福寺により、春日社の神威を背負って社外に頻繁に派遣されたのであり、興福寺も積極的に神人を掌握した。神人の罪科や免除は興福寺によってもおこなわれたし、時には補任にも口入がおこなわれた。近世にあっては興福寺の管理する神領の神供下行が直接、出納職等に対しておこなわれたことも重要である。また中世後期からは神人が興福寺門跡や子院の御師になることもあった。

3　北郷と南郷

北郷と南郷は度々対立し訴訟を繰り返す。この関係は大宮家文書の理解に欠かせないものだが、これを知るには社司と神人の発生を振り返る必要がある。

①南郷　鎌倉中期の成立と考えられる『古社記』（『神道大系　春日』所収）中「時風置

文」には神護景雲二年（七六八）春日社創立の時、中臣姓社司の祖先中臣時風、秀行兄弟が、鹿島社より祭神の伴をしてきたことが記される。

確かな史料として『新抄格勅符抄』巻十「神事諸家封戸」に「春日神廿戸、常陸国鹿島社奉寄、天平神護元年（七六五）」とあり、この頃鹿島社祭神が春日社へと分祀されたことが確かめられる。『新抄格勅符抄』延喜二十年（九二〇）太政官符には（春日祭の祭料が香取鹿島の神封を割いて当てられ、これに伴って以前からの神封二〇烟が停止された）とあり、創立からこの時点までは祭祀料の基盤が鹿島・香取にあったことが分かる。財政基盤が共通する鹿島社から祭神と共に祠官も派遣されていた蓋然性は高いと言えよう。

創立当初社司はこの子孫たる中臣姓の神宮預職・造宮預職の二名のみであったのが、徐々に増員していった（大東二〇〇三・松村二〇〇八・松村二〇〇九）。

南郷の神人の由緒は、近世成立の社記類、例えば「春日神社記改正」（『神道大系　春日』所収）では梅木家の祖乙野丸が鹿島から春日明神に従ってきたと記される。

個人名はないものの「建治元年（一二七五）中臣祐賢記」（『記録　日記一』）八月八日条に記載される「文永元年春明記録」において、南郷神人は自らを大明神降臨当時からの神奴であると主張する。同日条の南郷社司申状には、「最初の規模之本神人」とあり、社司も神人の主張を認め、由緒に従って権利を主張するのを扶助したのである。

②北郷　正暦三年（九九二）、春日祭に神祇官から派遣される非常勤の神主が、常勤の春日社司たる春日神主となった。これが大中臣姓社司の祖である。実は平安時代初期には、祭祀の分野で春日社司の果たしていた役割は少なく、大中臣姓社司の成立により春日社の自立的な組織が発展する基礎が出来たのであり、神祇官出身の大中臣姓の神主は、当初より中央側から春日社の管理者として社司の上席に位置づけられていた（松村二〇〇八）。

享保年間成立の「興福寺由来其他記」・享和二年（一八〇二）成立の「先規録」（春日大社蔵、未刊行）等には北郷常住神殿守大宮家が備前国正八幡宮神主であり、秀能井家とともに藤原道長よりの神供領寄進に伴い付属され、他の神人は頼長、忠実の神供寄進に伴い付属されたという。

大宮家文書中にもこれに関係する史料は多い。後に成立する近衛家など摂関家との御師関係を補強するための由緒であり、第六十九括1号「藤原道長書状写」などはそのままに受け取ることは出来ないが、神供の備進には多くの神人の存在が不可欠で、神供こそが春日社の組織の根底をなすことを思えば、検討するにたる由緒だと言える。神供領は概ね由緒の主張する時代に摂関家によって成立していると言えるし、『中右記』承徳元年（一〇九七）三月二十八日の行幸記事には一二人の神殿守に給禄記事が見え、すでに各郷六人の神殿守の制度が整っていることが知られる。

③北郷と南郷の対立　制度的には北郷の神主が社司の最上席と位置づけられたが、南郷社司は人数も多く、当初からの社司としてその由緒を強調しつつ大中臣社司に拮抗した。本社と並び立つ若宮社の惣官である若宮神主を南郷方である千鳥家が独占的に継承したのも大きかったといえる。

平安中期までは社司の代表者として氏の長者から召されるのも神主が多かったが、藤原忠実の日記『殿暦』には神主と並んで預（正預）実経（信）の名も見えるようになる。また「徳治二年（一三〇七）祐春記」（未刊行、国立公文書館蔵、奈良県図書情報館に写真版配架）十月二十六日の記事には、鷹司基忠が伏見院に中臣祐春を推挙するに当たり「祐春自鹿嶋扈従之子孫之由之事マテ被申了云々」とあって、この由緒は社家が御師として有力な旦那を獲得しようとする際にも積極的に語られたことが分る（松村二〇〇八）。

南郷の社司と神人は、ともに鹿島より春日明神に従ってきた祀官であるという由緒をもって北郷に対抗しようとしていたのである。

「文永十年（一二七三）中臣祐賢記」「文永十二年中臣祐賢記」（『記録　日記二』）には神殿守の上役勤仕についての北郷神人と南郷神人の争論に関する細かな記述があるが、中臣姓社司の日記である故に南郷方神人の主張を主に取り上げることになる。

「北郷神人末利注進状案」はこの争論に関する北郷当事者の注進状であり、北郷神殿守一臈が上役である白杖役を常に勤仕したと主張する。

長く続いた争論の決着は「御成敗之上者、非年預方神人交事無之」（「文永十二年祐賢記」七月一日条）であり、神殿守勤役は白杖・御幣・散米とも御供調進年預の社司が北郷か南郷かによって定まることとなり、北郷神人末利の主張は退けられたようだ。しかし本史料は先に検討した「御前番役」以外にも、日供の調進が上旬の初め五日が神主、後五日が正預、中旬が神主、下旬が正預という風に必ず一方の社司が責任者となり、旬御供は神主・正預が月毎に御供調進の上役を替わったとする記述、御供の備進について「一御殿神主、二御殿正預、三御殿権神主、四御殿中臣権官」の分担で、祝詞役は常に神主が勤めたという記述なども当時の他の史料と合致するものが多く信憑性がある。

南北郷争論の検討も『春日社記録』と大宮家文書に収録される北郷方史料を併用してはじめて全体像が描けるものと言えそうだ。

Ⅱ　本社神人の活動

1　神供関係

春日社神官の職務の中でも御神供備進は、毎日朝夕の日供、旬ごと、節供ごとの御供を始め、種々の神供料所からの献備などその量も膨大であった。『記録　日記一』に所載の平安末期から鎌倉時代初期の中臣社司の日記には、〇〇庄御神供の表記の横にしばしば年預、名主、奉行の記載がある。社司は年預、名主、奉行として神供領を知行し神供備進の責任を負ったのである。そして所領からの年貢の徴収に始まり、(現物の貢納も含め)材料の調達、調製、献備など膨大な実務に当たったのが神人であった。具体的にはⅢ節を参照されたい。

また本社神人は社司の被官として社領管理にも携わった。垂水荘等で神殿守が牧務たる社司の下で目代として管理に携わったことについては、既に詳しい研究があり大宮家文書も活用されているが(秋元一九七二B・一九七三A・小山・田中二〇〇九)、未活用の史料も多くある(第四章参照)。目代以外にも定使として定期的に在地に派遣されるなど(丹生谷一九九三)の役割を果たす中で多くの所領を集積したものと思われる。

2　参詣者への対応

日番や殿番として社殿に終日詰め参拝者の応対に当たった。詳しくはⅢ節参照。神前への供え物は原則として神殿番の得分になったので、御師との間に種々の争論が生じた。大宮家文書にもこれに関わる史料が見られる。

3　祭　祀

春日社の神人は、本社祭祀の補助に当たるばかりでなく、摂社や末社での神事を主体として勤め、自立した祠官としての活動を早くから示す。大宮家文書に含まれる多数の中小社遷宮記がその活動を示す。第六十四括1号榎本社遷宮日記(建保二年(一二一四))はその古い史料である。

また大宮家文書には多くの神木動座関係の文書を含むが、祠官としての自立性を成長させるきっかけの一つが神木動座や神木立てであったのではないかとの見通しを持っている。次項参照。

また大宮家では春日社近在の神社や師檀関係を持つ在地領主領内神社の遷座などの祭礼を勤仕することも多かったようで、第三十二括～第四十一括を中心に春日社に属さない神社の祝詞が多く見られる。

4　社外への派遣

①神木立て　神人は黄衣を着し、神木たる榊を護持して、興福寺・春日社と争論を生じた土地に派遣された。神木が立てられれば、田地も住居も犯すべからざる所として、立ち入りもままならず、神人により祀り上げられるまでは全ての業務を停止させる権威があった。

②神木動座　御本殿の御正躰(御鏡)を付けた八尺の榊に神様を勧請し、これを押し立て強訴する神木動座は歴史的にもよく知られ、社会に大きな影響を与えた。これに中心的に供奉したのが神人であり大宮家文書には神木動座関係の重要な史料が多く、先年遠藤基郎氏と共同で「建久嘉禎年間神木動座文書集」(松村担当)、「徳治三年興福寺奏状案」(遠藤氏担当)を翻刻した(松村・遠藤二〇一二)が、関係史料全体が神人の活動を把握するのに重要であるので、概観しておく。

i　詳細な年序記

『春日神木動座年表』(未整理「甲函三七号」)

ii　興福寺の発給、受給した文書の写

「建久嘉禎年間神木動座文書集」(第五十七括1号)

「徳治三年興福寺奏状案」(未整理「乙函一号」)

iii　常住神殿守大宮氏による神木動座日記

正和年間・嘉暦二年・暦応年間・貞治年間・応安七年・宝徳年間・明応十年のものがあり、宝徳(未整理「甲函四一号」)分が一冊にまとまっている他、暦応年間のものもある程度まとまりがある。貞治年間のものは、それぞれ断簡だが、三点はつながることが確認でき、精査により、他の断片が見出せる可能性がある。

神木動座中興福寺僧や春日社社司が動座地を離れた際にも、同地を離れず現場の責任者としての役割を果たすのが常住神殿守であったことは、「嘉禎二年中臣祐定記」(『記録　日記二』所収)正月四日条所載の「宇治留神人申上社家状」等に明らかであり、iiiのような詳細な記録がなされ、同時にi・iiのような神木動座関連文書が収集された背景と考えられる。

「徳治三年興福寺奏状案」は紙背から神守が反古書状を再利用し暦応三年正月頃に書写されたと考えられるもので、暦応二年の神木動座(「春日社遷宮記」(第三括1号))が書写のきっかけであったと推察出来る。

長期に亘る動座を通して供奉した常住神殿守以下の神人には、神供備進や祝詞といった資質が不可欠である。「建治元年(一二七五)中臣祐賢記」八月八日条は、神木動座において興福寺金堂遷座中の御幣の祝詞役勤仕についての北郷神殿守と南郷神殿守の争論を記す。南郷神人等の言上案に副進された文永元年春明記には「一、依御寺訴訟、自寛治年中以来、大明神御遷座之時、南郷常住神殿守代々申勤請之祝」とあったとあり、平安時代以来神木動座時の御幣の祝詞役を神人が果たしていたことがうかがわれる。

興福寺により多くの他行を課せられることは神人にとって大きな負担であったが、一方で広く社会で活動するきっかけにもなり、社家に対する独立性を強め、祀官としての資質を高める役にも立ったと考えられよう。

5　御師活動

御師とは決まった家、個人の祈禱を継続的におこない、神社と旦那の仲介役を果たす祠官のことで、参拝時の祈禱をおこなうのは勿論、燈籠寄進を斡旋し、旦那へは盆暮れに手土産と祓物を届け、神饌料、燈籠の油料を得、油料の納められた燈籠には、毎晩の点火の義務を負った。また参拝時の飲食の接待や宿所の提供をおこなった場合もあり、礼銭は当然御師の得分となる。旦那は、神官個人につくもので、譲渡や相続の対象となった。社家もこれにあたるが、神人も幅広い御師活動を展開した。

大宮家文書の柱の一つがこれらに関するもので、室町期の越智氏、十市氏など大和国人との関係を示すもの他、越後の直江、関東上杉氏などの大和以外の武将との師檀関連文書が注目される。近衛家、興福寺一乗院、足利将軍家との御師関係を示す史料もある。これら有力者の多くは社家も同時に御師を勤めたものだが、その後も豊臣政権、徳川政権下でも社家と分担してその祈禱を担っており、活発な御師活動は近世における神人の地歩を固めるものとなったと言えよう。

御師活動の重要な柱が燈籠奉納の寄進であった。天正十三年の神人分指出一六二六石余を神饌燈明料と称したのは、その中に神供領と燈籠田を含んでいた事を示す。また文禄の太閤検地後に燈明田として一六五一石余が認められたが、これは具体的には燈籠の点燈を保証する領地として認識されていたことが知られる(松村一九九二・松村二〇〇四)。大宮家文書には、燈籠寄進及びその後の管理についての文書が多く含まれ、師檀関係を示す文書と合わせて燈明田形成の具体像を描くに足る量と質を含んでいる。

春日社神人は中世初期から自らは禰宜を名乗るようになり、中世末には公私の文書記録にも神人と並行して禰宜の呼称が見られるようになり、その後も春日社興福寺での公式の名称は神人であるが、豊臣・徳川政権からの文書は禰宜宛となっている。大宮家文書の多くで神人の語が禰宜等に書き直されているが、神人の呼称を忌避する意識はかなり古くからのものだと分る。

6　その他の活動

①芸能活動　神人がセミプロの能役者として活躍し、秀吉によって名護屋城へ召された事が知られるのを始め、能が神人の生活の手段として重要であったことはよく知られる(服部一九六八・松尾一九九八・宮本二〇〇五)。大宮家文書には演能活動に関する文書は多くはないが、大和国内で翁の楽頭職を取得したことを示す第八十六括の一群、第百三括1号・2号の文書等が注目される。その他風流踊り、茶や連歌など芸能に関わる場面が多く、茶や連歌の席では、社家や興福寺上層部とも大いに交流したことも知られるのである。

②商業活動　神人の活動は、常住、神殿守、識事などの重責以外は、決まった勤番は案外に少なかった。有力な家には、多くの職が集中し、多くの旦那を抱えるなど多忙であったが、その他の神人は、(奈良団扇)など様々な生業により生計を支えていた(村岡一九八九・松村二〇〇三)。

大宮家文書の中にこれらに関する史料が少ないのは、大宮家が常住神殿守として祭祀活動を主としていたからだと考えられる。

Ⅲ　神人の諸職

1　座の構成に基づく神人の職

①常住神殿守　神人の最重要役職で南北郷各一名が世襲した。南郷常住家は名に春が付き釆女を世襲する梅木家。北郷常住は、名に守が付き、宮内を世襲する大宮家。若宮上番は若宮神主の傍系で名に宗が付き若宮縫殿と号し、下番は、南郷常住の分家で、やはり名に春が付き和上谷宮内を号した。

毎日の御殿の番、諸祭礼の重要な役、清祓など仕事は多岐に渡り(多くは代番で勤務した)、それに応じた得分を得る。若宮は、上番、下番が半月交代で勤番した。世襲で座の臈次とは独立の職だが、座の代表としての側面も持つ。中世は、兼帯が原則であったが近世は補任と同時に日番や神殿守から外れることになった。

境内に不浄があった時に執行される清祓は、常住神殿守の独占で、不浄をもたらした者に課せられる祭物料(特定できないときは、興福寺唐院蔵より下行)の配分に社司とともに預かった。

社司惣官の職が遷代(家を移る)であるのに対し、職を世襲することから、故実に詳しい者として、惣官を補佐し、社務の要となった。身分的には、社家と厳格に区別されたが、有力武家等の御師も勤め、社会的にも経済的にも有力な家であった。

②神殿守　各神人座の上臈(一～六臈)六名で、旬祭を始め恒例臨時の祭典に御供役を勤仕し全ての課役を免除された。御供役とは、旬、日並朝夕、御節供の白杖、御幣、散米などの上役である。中世には、南北どちらの神殿守が上役を奉仕するかで、頻繁に争論が起こるほど重要な役であったが、近世にはしばしばその懈怠が問題になっている。また遷宮など臨時の祭礼には様々の重要な所役を勤め、所役に応じ、神供のお下がりなど祭典の奉仕料を得る。その他座中よりのあらゆる給付も別格であった。

③日番　大宮は南北座の上座三一人が輪番で昼夜、御殿に詰めた。三〇人目までは月一日、三一人目は二ヶ月に一日勤めた訳である。仕事の内容は・神殿の掃除、神殿付近の燈火の世話・参拝者の応対などで、賽銭や臨時の供物を番全員(南北郷日番・両郷常住・殿番)で配分した。

参拝者への応対は、決まった御師がある場合は、御師へ取次ぎ、無い場合は、応対者が拝領したのである。中近世に一般の参拝が増え、賽銭も増えるに従ってこの得分の重みは増した。

④惣禰宜と平神人（四十五人の禰宜）とも言い、秀吉により燈籠領の知行を認められた禰宜。後に各知行の世襲により若干細分化する。

燈籠領の上納は一旦、三方の蔵へ納め、其処から毎日点火にあたる神人所役の手当て(平禰宜にも渡る)常夜燈の経費、領地の管理費など公費を支出、残りを分配する形をとる。

近世には太閤検地により社領がまとまり、その年貢は一括惣蔵に納められ、分割される様になり、神供をめぐる社司との個別的な関係の重みは減ずる。神人の所領も一括して三方蔵に収蔵、分配され、神人全体として燈籠への点火を請け負うなど、座が一層大きな意味を持つ。

2　社司直接補任の諸職人

座の構成に基づかず、三惣官以下の社司が実質的補任権を有する職は案外に多かった。酒殿職が重職(世襲)である以外、社司交替ごとの競望の職であったが、世襲に近い場合もあった。得分に応じた補任料を社司に納めたが、補任状を貰いながら免除されることも多く、神人は、これらの職の任命をご恩として、普段より社司の家来として奉仕をした。

①神供にまつわる諸職人　中世には、出納職、雑掌神人(現地との仲介、材料の調達)膳部職(調理)等は、神供領からの神供調達に直接的責任を負っていた名主社司から任命されるものであったが、一社の惣蔵及び興福寺の蔵(唐院・新坊)から、神供米が下行される近世にあっても、責任を負う神供毎に名主社司から出納職が補任されたことが知られる。惣官の補任が多いが権官の補任もあった。

〈出納〉　日並、旬祭、節供など神供毎の牧務、名主(神供備進の責任者)の社司よりそれぞれ補任。神饌の材料を調達、備進にも責任を持った(中世では、社領からの搬入にも責任を持った。近世では、蔵より下行を受けた米で神供材料を調えた)。

〈膳部・手知代〉　膳部は神饌の調理、盛り付けに当たる。神主、正預補任の社務膳部と牧務(北郷中東、正真院、南郷大東家)補任で日供と旬神供にあたる膳部各六名があった。

さらに御供調製の補助をさすと思われる手知代があった。各座から数名ずつが臈次の順に奉仕したもので、座の構成に基づく職だが便宜上ここに記す。

〈酒殿職〉 酒殿での酒の調製役。酒殿姓と名乗り、世襲であったが、惣官交代ごとに補任を受けた。

〈竈殿職〉 具体的に不明だが神饌の調製に関わる職。

②社頭番

〈殿番〉 仕事の内容は、日番と同様。

③中社宮司 中社(摂社)を預かる役職で、そこでの参拝者の応対にあたり、遷座他の祭祀にあたった榎本社・水屋社・紀伊社は正預に補任権があり、三十八所社は若宮神主に補任権があった。

④職事・庭主典 職事は、三惣官から公式に任じられる職で、各郷全体の用務につき惣官の下知で動く。惣官間、寺家や各座間の命令や連絡を伝える使者で、各郷社司全体に奉仕するものと考えられ、久留美荘の社司給分の三分の二が支給されていた。また中近世を通じ、神人のまとめ役として行動する局面もあった。

この他雑務にあたる庭主典があった。

⑤若宮拝殿に関する神人の職

〈拝殿沙汰人〉 若宮神主の補任であり、若宮神主傍系の神人拝殿家の世襲、拝殿五郎左衛門を名乗る。実名に清が付く。拝殿料中の拝殿分八三石、その他唐院よりの下行米等を預かり出納する。神楽銭の配分等拝殿の経営全般をマネージメントした。若宮神主の補佐役として働いた。

〈中の者〉 若宮神主より補任。沙汰人の下役として神人の内より四人が、若宮座中より補された。

〈神楽男〉 若宮拝殿に属し、神楽の奏楽を勤めるもので、一三人が三方の神人の内より任じられるが、ほぼ世襲に近く事実上神楽男内で決り、若宮神主と興福寺大行事の両方によって補任された。臈次は順次繰り上がった。

翻刻「北郷神人末利注進状案」（第六十括1号）

注進

春日御社御神事以神主為上役、以正預為下役間、奉行神人『祢宜』随亦以北郷神人『禰宜』為上役、以南郷神人『禰宜』為下役条々事

一、旬御供役社司事

一御殿神主　二御殿正預　三御殿権神主

四御殿中臣権官也、　祝役毎度神主申之、

同御供役神人『禰宜』事

白杖役北郷一臈　御幣役南郷一臈

同御供調進月宛神主上月事

正月　三月　五月　七月　九月　十一月　神主勤之、

二月　四月　六月　八月　十月　十二月　正預勤之、

一、日並御供調進日宛神主上日事

上旬上五个日神主、下五个日正預、中旬十个日神主、下旬十个日正預勤之、

同御供神人『禰宜』役事

御幣北郷一臈勤之、若不参時者南郷一臈勤之、

一、御節供備進事

最前神主調進之、北郷本神戸役也、次正預進、南郷役也、

社司随役事如旬御供、神人『禰』随役事御幣北郷一臈也、

一、二季御祭役人事

春季神主営之、北郷神戸役也、冬季正預営之、南郷役也、

第一御棚食薦役神主、　御棚役弁殿・近衛使・有官等四人被勤之、

第二御棚食薦役正預、　御棚役有官・会参氏人

第三御棚食薦権神主、　御棚役同前、

第四御棚食薦中臣権官、　御棚役同前、

第五御棚食薦中臣権官『新権神主』、　御棚役同前、

祝役春冬共神主勤之、若不参時者権神主勤之、

一、二季御八講中色々役事
初日・第二日　白妙御幣神主、　散米北郷神殿守一臈・軾同二臈
第三・第四日摂籙御幣并被物上分
一御殿御幣神主、　散米北郷神殿守一臈
二御殿御幣正預、　被物南郷神殿守一臈
三御殿御幣権神主、　被物北郷神人『祢宜』
四御殿御幣中権官、　被物南郷神人『祢宜』
第五日飾御供二座、本季頭・副季頭各一座被進之、
一御殿御幣神主、　御供北郷神人『禰宜』等
二御殿御幣正預、　御供南郷神人『禰宜』等
三御殿御幣権神主、　御供北郷神人『禰宜』等
四御殿御幣中権官、　御供南郷神人『禰宜』等

一、御参宮時供神物進上役人事
一御殿食薦役神主、　御棚御役　御所
二御殿食薦役正預、　御棚役御共(ママ)奉人
三御殿食薦役権神主、　御棚役御供奉人
四御殿食薦役中臣権官、　御棚役御共(ママ)奉人

一、御前番役事
一御殿上旬上五个日神主、下五个日正預、
中旬上三个日権神主、下七个日并下旬十个日権預等、守座次勤之、各以神人『禰宜』為
代官、奉守護一御殿、
二御殿北郷神人『禰宜』卅人、各一日一夜自一臈至卅臈守次勤之、
三御殿南郷神人『禰宜』卅人、各一日一夜自一臈至卅臈守次勤之、
四御殿常住神殿守二人北郷一人南郷一人勤之、

一、若宮御祭時社司等出仕着座等事

神主并大中臣氏人左方、又北郷神人『禰宜』同左方
正預并中臣氏人右方、　又南郷神人『禰宜』同右方也、
此外恒例臨時御供役悉神主上役随而亦北郷神人『禰宜』上役也、不違候由奉、
以前条々、御神事勤仕次第悉皆以神主為上役、以正〔預〕為下役、一事而以正預未為上足、
依之神人同随奉行所以北郷為上役、以南郷為下役之条分明也、加之六位神主着四位正
預之座上、又社家進奏状・解状之時、以神主之名字為上臈、以正預之名字為下臈、守
此次第大小千万之御神事自昔至今無違乱之処、去年九月九日御節供之時、南郷神人『禰宜』一
臈春直不用社司下知致御神事違例、又今年二月廿一日旬御供之時、南郷神人『禰宜』一臈春宗□〔以下カ〕致
御神事違例了、以外狼藉也、凡当寺当社者事不輙、皆守先規存故実、而任自由致違例、
争無御誡乎、一事若改者万事定乱歟、御神事違例、供事如之不可不痛、就中去建長四
年六月十一日、北郷神人『祢宜』一臈武貞不参之時、南郷神人一臈秋春欲勤白杖役之時、北郷
神人『祢』之二三臈防申之刻、両方訴陳究渕底之後、任道理依先例北郷神人『祢』可勤上役之由、
両方之社司群儀〔議〕畢、其後于今北郷神人『祢』之上役如元無相違、件社司▨▨▨者神主親泰・正預能
継・権神主経定・権預祐公・権神主時継・権預祐成・能延・祐基・能秀・能近・若宮
祐茂等也、此皆一社之故老、両門之先達、共弁故実各守日記、彼評議成敗寧有偏頗乎、
以此等之道理、今度相論之刻、忝被下　長者宣之間、北郷之上役如元無相違、即当季
之御八講五个日之役北郷神人『祢宜』之一臈末利上役勤之、南郷神人『祢宜』之一臈春直下役勤之事、
任先例無違乱之処、十一日旬御供之時、南郷神人之一臈春直、称正預之下知、構種々
虚誕、背　長者宣欲勤白杖之間、本旬日並御供事申入　一乗院家、依為先例即申入子
細之処、正預之申状条々虚誕露顕、無其謂之由被仰出之刻、任先例無相違、北郷神人『禰宜』
一臈〔随役之時、南郷神人一臈〕俄以籠居、触事而欲致違乱、争無御誡乎、所詮永停止南郷神人之無道、任古来
不易之例以北郷神人可令勤上役之由、忝欲蒙御成敗矣、仍注進如件、
文永十年卯月日
北郷神人末利等上

第四章　大宮家文書の伝来と利用状況

大宮守友

はじめに

大宮家文書は春日社北郷神殿守家であった大宮家に伝来した文書で、東京大学史料編纂所の影写本や写真版で利用されているが、未整理であったため紹介は部分的である。今回の目録が大宮家文書のすべての目録ではないが、この機会に今までにどのような史料がどのように紹介されたのかを見ておきたい。あわせて、明治維新という大きな変化をくぐりぬけた大宮家文書を江戸後期から明治にかけての大宮家の状況とともにその伝来の一端を紹介したい。

Ⅰ　明治維新と大宮家文書の伝来

大宮家文書の中に明治二十年七月に大宮守慶が作成した「祖先遺号録写」がある（第五章に翻刻。未整理「己函六号」）。これによれば、江戸後期に北郷常住神殿守家を受け継いでいるのは、寛政十一年（一七九九）に七〇歳で亡くなる守寿《ナガ》、文政九年（一八二六）に六六歳で亡くなった守旧《ヒサ》、それに明治六年（一八七三）に五六歳で亡くなった守栄《ヨシ》である。この内、守旧は妻帯せず子がなかったため、弟の守之の子守栄が北郷常住神殿守家を継いで明治維新にいたる。守栄の後妻くにの子に安政二年（一八五五）生まれの守正がおり、明治十一年三級訓導補となり添上郡邑地村北小学校に勤務していたが、明治十五年に二七歳で亡くなっている(1)。一方、守之には守栄を含め三男二女の子がいた。この内宗房は若宮禰宜となり嘉永四年（一八五一）に二五歳で亡くなっているが、文政七年生まれの守和が現大宮家の直接の祖になり、守慶はその子である。

新政府は明治四年五月十四日に「神官ノ世襲廃止ニ関スル」太政官布告を発令し、これに伴い春日神社では、翌五年六月二十五日大宮司水谷川忠起以下の職員を任命するとともに、七月五日「神官一等［統］免職」を申し渡して旧神官が職を失うことになった。この日に、禰宜七名を等外出仕として勤務を命じたが、この中に当時二四歳であった守慶も含まれており、同七年九月に免職となるまで引き続き春日神社に奉職した。守慶は同年十二月五日付で教導職試補となり、翌八年二月二十四日付で手向山神社社掌を拝命し、翌二十五日付で氷室神社、佐保田神社の兼務を命じられている(2)。この頃は高畑の新開町に居住し、氷室神社に居を移したのは明治十四年であったらしい(3)。守慶が書いた明治五年の「春日神官住居大略地図」によれば守栄の居宅は「旧名宮ノ前町」で新開町の守和の居宅とは目と鼻の先であった。

守栄の後妻くには息子の守正死去ののち生活に困窮し、大宮家文書を売ろうとしたらしく、守慶らは近所のものからの通報で売却を思いとどまらせて、くにを引き取り、氷室神社で明治四十三年八五歳でなくなるまで一緒に暮らしたという(4)。そして、守慶は明治十五年十二月に当時一二歳の長男武麿を大宮守正・くにの養子として本家の後を継がせている(5)。

大宮家文書の成巻文書の見返しに「明治廿二年霜月修之」と書かれているのは、明治十五年まで本家にあった文書を引き取って整理に取り掛かり、成巻文書の形に整理できたのが明治二十二年であったということであろう。守慶が中心となっておこなった整理だが、本家を継いだ武麿もそれを手伝ったようで、大宮家文書に守長とあるのは武麿のことである。武麿は漢国神社社掌など奈良市内の神社を兼務していたが、明治四十一年奈良帝室博物館技手兼正倉院掛となり昭和二十年まで勤め同年亡くなっている(6)。昭和十一年以降奈良市北半田東町に住むが(7)、町中では火災に会う危険があるということで、守慶の後氷室神社社掌となっていた三男守秀のもとで保管していた。一方、武麿には子がなかったので守秀の次男守誠《ノブ》を武麿・イワ夫妻の養子にして本家を継がせたが、昭和二十年レイテ島で三〇歳で戦死している。

明治以降文書は分家の守慶家で保管され、整理も守慶と武麿それに守秀によっておこなわれていたが、これは本家の名跡の継承を重んじる考え方と表裏をなすものであった。

Ⅱ　単一史料の紹介等

春日社北郷常住神殿守大宮家文書が最初に紹介されたのは『大和志料』（奈良県・斉藤一九一四）である。同書は大神神社宮司斉藤美澄が奈良県知事小牧昌業の委嘱によって明治二十三年（一八九〇）編纂に着手、同二十七年に完成した地誌で、古代から江戸時代にわたる大和国の史料を編集したはじめての史料集でもある。この中に三つの史料が紹介されている。その一つは、元弘元年（一三三一）八月の後醍醐天皇春日社行幸の記事である。同年八月後醍醐天皇は、倒幕計画が露顕すると密かに京都を出、南都から笠置に移ったが、南都では後醍醐天皇が春日社に潜幸し、北郷常住の神守が祈禱したことを記したものである（未整理「甲函三三号」）[8]。二つ目は、約五三〇年間の神木動座を記した記録である。斉藤美澄は神木入洛の概要を示すために大宮家文書の「当社御遷坐御進発御入洛御帰座代々日記」（未整理「甲函三七号」）を掲げている[9]。勝野隆信氏は、この記録について、全長三・二mの巻物で、延文元年（一三五六）までは同筆、その以後書継になっている。最初の部分には、全く他の記録に見えない記録がある。その他は、当時の記録とも符合していて、神木についての貴重な文献であるとしている（勝野一九六六「興福寺の巻」の項、一九頁）。三つ目は、康正二年（一四五六）の春日社領の田井兵庫荘供米注進状（未整理「甲函六二号」）を収録し、田井兵庫荘を高市郡越智岡村の大字田井荘と大字兵庫に比定して紹介している[10]。後に渡辺澄夫氏が、大和平野南部谷間の小荘園の景観が、漠然ながら彷彿される史料として全文引用している（渡辺一九六九）[11]。

昭和戦前期になると、西岡虎之助氏が正安二年（一三〇〇）四月の「備前国上道郡荒野絵図」（成巻第七巻6号）について、河口に発達する荘園の干拓による地積拡張状態を具体的に知ることができる絵図として紹介している（西岡一九三六）[12]。また、豊田武氏は、この絵図を備前鹿田荘が河口に位置する要地で、市場開設の適地であることを示す証拠としている（豊田一九三六）[13]。紀元二千六百年記念事業として永島福太郎氏が編集した『大和古文書聚英』には、大宮家文書から二点選ばれている（永島一九四三）。その一通が嘉元四年（一三〇六）七月二十二日の後宇多上皇院宣案（成巻第十四巻3号①）で[14]、もう一通はそれを伝達した同年七月二十二日の関東申次西園寺公衡施行状である（成巻第十四巻2号）[15]。

昭和戦後期には、永島氏は『中世文芸の源流』（永島一九四八、一二五〜一二六頁）で、中世芸能の発達に貢献した賤民の間に生じた紛擾に、興福寺では、奈良の警察権を有する衆中が制裁を加えた例として、応永五年（一三九八）六月八日の官符衆徒沙汰衆袖判書下案（第七十四括1号）を収載している。後に、『奈良の被差別民衆史』の第二章第一節の「南北朝の争乱と被差別民の動向」に「応永五年の評定」の項を設けてこの史料の内容を検討し、鎌倉時代大和の被差別民衆の歴史像を塗り替えるものであると指摘されている（同和問題関係史料センター二〇〇一、三一〜三三頁）。『大和国中世被差別民関係史料　奈良県同和問題関係史料第十集』（二〇〇五年）には、原本照合の上この史料を収録している（同和問題関係史料センター二〇〇五、四三頁）。

その後、永島氏は『奈良』「Ⅲ　社寺の都」の「四　興福寺の全盛」の項で、興福寺が大和国の国司職を与えられたと主張するのは鎌倉中期からであることを東大寺文書とともに大宮家文書の徳治三年（一三〇八）の興福寺奏状を典拠として述べ（永島一九六三、一二六〜一二七頁。未整理「乙函一号」）、「春日信仰—春日大社のあゆみ—」（永島一九六八）の「越後の春日山城」の項では、春日社への「直江兼続の燈籠寄進は禰宜大宮氏が受けついでいる。春日社禰宜の御師活動がさかんになり、大和のほか諸国からの奉賽を受けた」こと、「戦国時代から禰宜の御師活動がさかんになった」ことを述べており、大宮家文書を念頭に記述されている[16]。

一方、竹内理三氏が平安時代の文書を編年集成した『平安遺文』の第六巻と第七巻に、久寿二年（一一五五）十二月二十五日の紀守助田地曳進券案（成巻第三巻1号）と永暦元年（一一六〇）十二月六日の摂津国垂水牧中条寄人中時枝解案（成巻第三巻2号①）を収録している[17]。また、『奈良六大寺大観　第七巻　興福寺』（岩波書店、一九六九年）には、建治二年（一二七六）二月二日「沙弥某等連署譲状」（成巻第六巻13号）の紙背の「興福寺堂舎図」を興福寺最古の堂舎図として紹介している[18]。

『平安遺文』に続いて昭和四十六年（一九七一）から平成七年（一九九五）の二五年をかけて竹内氏が編纂した鎌倉時代の網羅的編年史料集である『鎌倉遺文』には、成巻第三巻から七通、第四巻から一四通、第七巻から九通の合計三〇通を収載している（表1参照）。この内第四巻2号の文書は『鎌倉遺文』では建永元年（一二〇六）十月四日となっているが、「建」は後に補筆された字で、原文書では判読不能であること、「元年」は明らかに「八年」と読むのが正しいと思われるが、建永八年という年号は存在しないので、本書の目録では、「文永八年ノ可能性モアルガ応永八年ヵ」としている。また、成巻第四巻6号は『鎌倉遺文』では、僧三覚院田地売券案となっているが、売券の主体は僧弁覚なので、僧弁覚田地売券案としている点が大きく異なる。一方、稲葉伸道氏は、大宮家

表1　平安遺文・鎌倉遺文・南北朝遺文掲載文書

No.	年　号	文書名	号　数	遺文巻号	備　考
1	久寿2年(1155) 12月25日	紀守助田地曳進券案	3巻1	平⑥2827	坂原郷内字長沢
2	永暦元年(1160) 12月6日	摂津国垂水牧中条寄人中時枝解案	3巻2①	平⑦3117	摂津国垂水牧
3	建久3年(1192) 12月15日	橘三子等連署田地曳進状案	3巻3	鎌②646	「遺文」の日付12月19日を訂正 大和国添上郡坂原郷内字長沢
4	建久4年(1193) 2月23日	大法師済春田地譲状案	3巻4	鎌②658	同郡坂原郷字長沢
5	建久5年(1194) 7月　日	沙弥某私領譲状	3巻5	鎌②735	摂津国島下郡内中時枝 秋元1972Bの中時枝名の項で紹介
6	建久5年(1194) 12月16日	白錦姉子田地売券	3巻6	鎌②761	右京二条一坊六坪西大路
7	建久7年(1196) 2月　日	比丘尼普光田畠相博状	3巻7	鎌②833	摂津国島下郡垂水東御牧内中時枝 秋元1972Bの中時枝名の項で紹介
8	建久7年(1196) 3月20日	沙弥某垂水東牧文書置文	3巻8	鎌②836	同郡垂水東御牧内中時枝 秋元1972Bの中時枝名の項で紹介
9	建久8年(1197) 3月1日	八幡宮権神主職補任状	4巻1	鎌②904	備前国児島郡正八幡宮 秋元1972Aで紹介
10	建久10年(1199) 2月12日	某譲状	3巻9	鎌②1037	摂津国垂水牧時枝領
11	□永8年 10月　日	興福寺官符衆徒群議状	4巻2	鎌③1643	摂津国垂水西牧 「遺文」の建永元年10月4日を訂正 文永8年か応永8年のもの
12	建暦元年(1211) 12月　日	某水田売券	4巻3	鎌④1904	大和国十市郡東郷廿条四里四坪内
13	建暦3年(1213) 3月13日	僧禅智水田売券	4巻4	鎌④1992	四至、本券面にあり
14	建保2年(1214) 3月4日	僧弁覚田地売券案	4巻6	鎌④2090	売人を「遺文」の僧三覚院から僧弁覚に訂正 大和国春日本神戸坂原郷内
15	建保5年(1217) 4月18日	日置重国田地相博状案	4巻7	鎌④2307	大和国添上郡坂原郷内
16	建保6年(1218) 7月18日	僧慶尊田地売券案	4巻8	鎌④2385	大和国春日本神戸坂原郷内
17	嘉禄元年(1225) 11月26日	信貴山公文頼賢等連署重紀定状	4巻9	鎌⑤3435	勢野郷堺
18	嘉禄2年(1226) 12月7日	藤原姉子田地売券案	4巻10	鎌⑤3552	大和国春日本神戸坂原郷内 秋元1972Aの坂原郷の項で紹介
19	寿〔嘉〕禄2年(1226) 12月8日	藤原姉子山畠地売券	4巻11	鎌⑤3556	大和国春日本神戸坂原郷内 秋元1972Aの坂原郷の項で紹介
20	寛喜2年(1230) 7月9日	大法師慶尊田地譲状案	4巻12	鎌⑥3999	坂原長沢田
21	天福2年(1234) 3月13日	春石丸田地売券案	4巻13	鎌⑦4630	大和国添上郡坂原郷内 秋元1972Aの坂原郷の項で紹介
22	嘉禎4年(1238) 3月26日	大法師重尊水田売券案	4巻14	鎌⑦5222	大和国添下郡小泉荘 秋元1972Aの小泉荘の項に紹介
23	嘉禎4年(1238) 4月7日	大和国小泉荘預所請文案	4巻15	鎌補②1235	大和国添下郡小泉荘 秋元1972Aの小泉荘の項に紹介
24	弘長元年(1261) 6月晦日	興福寺別当尊信御教書	7巻1	鎌⑫8675	藤井守職、神人職を所望
25	弘安5年(1282) 正月25日	藤氏長者鷹司兼平宣案	7巻2	鎌⑲14547	神木洛中に動座す　大和国稲梁荘
26	弘安6年(1283) 6月26日	官宣旨案	7巻11	鎌⑳14881	大和国葛下郡稲梁荘
27	弘安9年(1286) 12月25日	沙弥願仏畠地売券	7巻10	鎌㉑16079	大和国添下郡邑地郷内
28	正応3年(1290) 2月5日	藤原康助所領譲状	7巻9	鎌㉒17263	摂津国島下郡垂水東御牧中条内中時枝名 秋元1972Bの中時枝名の項で紹介
29	〈正□〔応〕5年〉 (1292)　6月6日	某書状	7巻8	鎌㉓17360	弘安5年神木御帰座
30	正応5年(1292) 12月18日	国依等連署畠地売券	7巻7	鎌㉓18073	邑地上村河原畠
31	正安4年(1302) 10月15日	僧良算水田処分状	7巻5	鎌㉘21263	多武峯悪党本券等盗取る

32	嘉元元年(1303) 8月28日	興福寺使者連署請取状案	7巻4	鎌㉘21634	河口・坂田両荘
33	延元元年(1336) 4月20日	後醍醐天皇綸旨案	10巻5	南①327	備前国上道郡荒野事
34	延元元年(1336) 5月5日	後醍醐天皇綸旨案	10巻6	南①345	備前国上道郡荒野事
35	貞和5年(1349) 7月21日	興福寺別当孝覚御教書	11巻10	南②1732	備前国上道郡荒野事 遺文では日付を7月3日と判読
36	貞和5年(1349) 7月29日	光厳上皇院宣案	12巻1	南②1739	備前国上道郡荒野一所
37	正平10年(1355) 6月15日	足利直冬書下案	12巻10①	南③2740	天下静謐祈祷事
38	正平10年(1355) 8月16日	与田大和守奉書案	12巻10②	南③2755	御祈祷巻数一枝
39	貞治4年(1365) 7月13日	足利義詮御判御教書案	14巻4①	南④3405	備前国上道郡荒野一所并佐井田今吉作田畠事
40	貞治4年(1365) 10月19日	備前国守護赤松則祐施行状案	14巻4②	南④3429	備前国上道郡荒野一所并佐井田今吉作田畠事
41	貞治4年(1365) 10月20日	備前国守護代赤松前肥前守遵行状案	14巻4③	南④3430	備前国上道郡荒野一所并佐井田今吉作田畠事
42	貞治5年(1366) 7月17日	足利義詮御判御教書案	14巻4④	南④3476	備前国上道郡荒野一所并佐井田保公文職事
43	応安6年(1373) 12月9日	室町幕府管領細川頼之奉書案	15巻4①	南④4021	備前国上道郡荒野一所事
44	応安7年(1374) 7月8日	備前守護赤松義則施行状案	15巻4②	南⑤4058	備前国上道郡荒野一所事
45	明徳3年(1392) 8月28日	下総守某契約状	16巻7	南⑥5452	備前国上道郡荒野一所事

※「遺文巻号」欄の「平」は『平安遺文』、「鎌」は『鎌倉遺文』、「南」は『南北朝遺文』中国・四国編である。

文書の中に前後欠の断簡として残っている弘長三年(一二六三)の興福寺宛太政官牒の写本(未整理「甲函六五号」)を、国立公文書館所蔵の大乗院文書をベースに部分的に大宮家文書を参考にして翻刻されている(稲葉一九八六)(19)。

南北朝時代の史料を網羅することを意図した『南北朝遺文』は現在未完だが、現状では中国四国編に、大宮家文書が成巻第十巻~第十六巻から一三通収載されている。

平成期になると、内田澪子氏は、『建久御巡礼記』の一伝本である天正十八年(一五九〇)書写の「御巡礼記」(未整理「甲函四四号」)を春日社所縁の場に伝来した注目されるべき写本として翻刻している(内田二〇〇四)。今回の調査で原本を復元の上翻刻したものに、養和二年(一一八二)正月十七日の坂上中子等田地処分状案(成巻第四巻5号)、興福寺元興寺東大寺八幡宮等記(未整理「甲函二六号二」)がある(吉川・桑原二〇〇七)。また、鎌倉時代の神木動座関係文書として、松村和歌子氏が建久嘉禎年間神木動座文書集①~⑧(第五十七括1号)の八通を、遠藤基郎氏が徳治三年(一三〇八)の興福寺奏上案(未整理「乙函一号」)を翻刻して紹介している(松村・遠藤二〇一二)。

Ⅲ 系統的な史料紹介

こうした中にあって、系統的に大宮家文書を紹介したのが秋元信英氏である。秋元氏は「中世の春日社神殿守をめぐる法と制度」(秋元一九七二A)で、部分引用のものを含めると七四通、「「大宮文書」よりみたる中世春日社領荘園の諸様相と神殿守」(秋元一九七二B・一九七三A)で二四通、「中世の春日社神宮寺修造と常住神殿守」(秋元一九七三B)で三通、計一〇一通の大宮家文書を紹介している。その大部分は春日社領関係史料で、北郷常住神殿守家の所領・所職は、鎌倉―室町中期において、大別すると都合一二の所領 ①屋地(大和国添上郡奈良南野田北辺)、②阿弥陀堂唯識院并田園(一家の氏寺)、③相伝私領某所、④大和国添上郡坂原郷、⑤山城国木津荘上津村、⑥大和国興富荘御佃御領田、⑦大和国小泉荘(二ヶ所)、⑧山城国内散在所々、⑨備前国児島郡正八幡宮権神主職、⑩備前国佐井田保公文職・今吉加作以下、⑪備前国上道郡荒野一所に分けて明らかにしている。また、これとは別に、下地所職を所有していないが、北郷常住神殿守家の事務分掌から伝来する⑫大和田井兵庫荘や⑬摂津国垂水東牧中時枝名一所、⑭春日社毎月三旬音楽料所、⑮摂津国垂水西牧六車郷の荘園史料を紹介し、春日社の荘園経営における神殿守の役割を述べている。秋元氏の論文には、「大宮兼守所蔵文書」という注があるだけで、どの史料が引用され、どの史料が紹介されていないのかはっきりつかむことができなかった。ここでは、どのような文書が紹介されているのかの確認作業をすることで、大宮家文書の利用状況を明らかにしていきたい。

まず「中世の春日社神殿守をめぐる法と制度」(秋元一九七二A)では、春日社神人の北郷(大宮氏)方の系譜を示すために「春日藤原禰宜系図乙本」(未整理「己函一四号」)を紹介し、所領の伝領関係の一助とするため「祖先遺号録写」(未整理「己函六号」)を江戸時代初期まで紹介し、若宮方の神人の系譜を示すために「若宮常住神殿守(縫殿方)家系図」(未整理「己函十六号」)を載せている。次に神殿守の補任手続を示す史料として大永六年(一五二六)十一月二十日の春日社神人職補任状(成巻第二十五巻8号)と天文二十二年(一五五三)十一月十五日北郷座衆連署加判状(第五十三括3号)を引用する。また、常住神殿守と神殿守の遷宮の神事を比較するために、貞治六年遷宮記(第七括1号)の一部を引用するとともに、常住神殿守の職掌として、神殿守が社殿に出仕する番を編成したり得分の優先順位を指示していたことを天文十一年(一五四二)四月日春日社大宮殿御番役掟書(未整理「甲函九八号」)で示している。[20]一方、夢想という項目を立てて、大宮家文書の中に「春日大明神御夢想神旨、大宮常住内蔵大夫守職一家ノ秘伝ナリ」とみえ、「秘伝の護摩を焚き夢想により神旨の啓示を授かる訳である」と述べている。しかし、ここに引用している文書は未整理「甲函一九号」であるが、引用文の「御夢想神旨」は「御夢想神膏」が正しく、「春日御夢想神授膏」ともあるので、夢想により授かった油薬の膏を秘伝とするということで、史料には護摩の調法のことは載っていない。さらに、北郷社家一同が常住神殿守への制裁の免除を氏長者に求めた例として永正十四年(一五一七)三月の春日社社司言上状案(第九十二括14号・未整理「甲函三二号」)を全文紹介している。

神殿守の定員を示すために、正応五年(一二九二)十二月日北郷神人等言上状案(第六十一括1号)から、「所詮両方十二人之神殿守」の部分を引用し、建治元年(一二七五)八月の北郷神人等言上状案(第六十一括3号)から「其の躰十二人神殿守」を引用しているが、「其の躰」は「其為躰」であると思われる。また、職事と神殿守が同格に列記されている例として、寛文九年(一六六九)十二月吉日春日社下遷宮御造替日記(未整理「乙函一八号」)の一部を引用する。ここまでは、他の史料も交えて考察するが、ここからは、「北郷常住神殿守家所領、所職の伝領関係」と題して、順次大宮家文書を引用する(表2参照)。

まず、①屋地では大和国添上郡奈良南野田北辺に所在する家地の処分状四通と、関連文書として菊王御前への地子譲状一通を紹介しているが、関連文書の大宮守職屋地等譲状と南野田敷地寄進請文案は未紹介である。②阿弥陀堂唯識院并田園は、「一家之氏寺」として天文二年(一五三三)に焼失するまで約三〇〇年間相伝していた南野田郷内の阿弥陀堂唯識院のことである。[21]この関連の文書を四通紹介しているが、阿弥陀堂を持仏堂として建立した大宮吉守置文案の引用は省略され、関連文書の大宮守職堂舎堂田譲状・野田阿弥陀堂供僧等申状は未紹介である。③相伝私領某所では、大宮守安処分状を引用して地所名が判然としない相伝の私領を示しているが、前述の大宮守職屋地等譲状も関連史料である。④大和国添上郡坂原郷関係では、大宮吉守が買得したことを示す三通の売券を掲げているが、その外の本券文等九通には触れていない。⑤山城国木津荘上津村関連文書は、欠所となった木津弥藤三の所領を興福寺が大宮守職に充行った四通の充行状を掲載し、ほかには関連文書は見当たらない。⑥大和国興富荘関係では、興福寺一乗院興富荘内の一所を大宮守職、同神守、豊守、守国に充行った四通の文書を紹介している。これ以外に大宮守祐への給田充行状など四通の関連文書があり、これらの文書から一乗院の御祈禱師をしていたことと関係があると思われる。⑦大和国小泉荘は、大宮吉守が買得した所領で阿弥陀堂唯識院の所領の中に施入されて伝領していたと見られ、その関連史料として七通紹介している。この外に嘉禎四年(一二三八)五月六日の大和国小泉荘預所等請文(成巻第五巻1号)があり、大宮吉守方寄進処分等惣目録状抜書(成巻第五巻5号)にも小泉の地名が見える。⑧山城国内散在所々の所領については、吉守が嘉禎四年に春日社毎月旬音楽酒肴料とした長文の寄進状を紹介している(成巻第五巻2号)。秋元氏は、これらの所領の所職について、山城国守護代との交渉をした文書が三通残存していると記し、引用を省略している。この文書は山城国守護代小林前上野介書状案(成巻第十六巻2号)、左兵衛尉某書状案(成巻第十六巻3号①)、沙汰衆祐深書状案(成巻第十六巻3号②)と思われる。

備前国と関連する所領・所職については、⑨備前国児島郡正八幡宮権神主職に関わる文書として吉守の補任状を紹介する(成巻第四巻1号)。⑩備前国佐井田保公文職・

表2　秋元信英氏が紹介した大宮家文書

秋元1972Ａ論文による大宮文書の紹介

年　号	文書名	号　数	紹介類別	備　考
①屋地				
文永２年(1265)　２月６日	大宮守安家地処分状	６巻６	引用	
元徳２年(1330)　３月11日	大宮守職屋地等譲状	９巻６	未紹介	
元亨３年(1323)　９月27日	南野田敷地寄進請文案	９巻８	未紹介	
永和２年(1376)　６月２日	大宮神守家地処分状	15巻５	引用	
至徳元年(1384)　10月10日	大宮神守地子米譲状	15巻７	引用	菊王御前への一期地子
明徳３年(1392)　２月10日	大宮豊守家地処分状	16巻６	引用	
応永23年(1416)　４月26日	大宮徳守家地処分状	17巻７	引用	
②阿弥陀堂唯識院并田園				
嘉禎４年(1238)　８月14日	大宮吉守置文案	５巻３	引用省略	
建長５年(1253)　３月　日	尼真阿弥陀仏堂舎田園譲状	６巻14	引用	
文永２年(1265)　２月６日	大宮守安堂舎堂田譲状	６巻５	引用	
文永３年(1266)　12月３日	某奉書	６巻11	引用	
元徳２年(1330)　３月13日	大宮守職堂舎堂田譲状	９巻７	未紹介	
［欠年］	野田阿弥陀堂供僧等重申状案	72括１	未紹介	
応永24年(1417)　11月13日	一乗院家下知状	17巻９	引用	
③相伝私領某所				
文永２年(1265)　２月〔６〕日	大宮守安私領処分状	６巻４	引用	
④大和国添上郡坂原郷				
久寿２年(1155)　12月25日	紀守助田地曳進券案	３巻１	未紹介	（表１）No. 1
養和２年(1182)　正月17日	坂上中子等田地処分状案	４巻５	未紹介	吉川・桑原2007収録
建久３年(1192)　12月15日	橘三子等連署田地曳進状案	３巻３	未紹介	（表１）No. 3
建久４年(1193)　２月23日	大法師済春田地譲状案	３巻４	未紹介	（表１）No. 4
建保２年(1214)　３月４日	僧弁覚田地売券案	４巻６	未紹介	（表１）No.14
建保５年(1217)　４月18日	日置重国田地相博状案	４巻７	未紹介	（表１）No.15
建保６年(1218)　７月18日	僧慶尊田地売券案	４巻８	未紹介	（表１）No.16
寛喜２年(1230)　７月９日	大法師慶尊田地譲状案	４巻12	未紹介	（表１）No.20
天福２年(1234)　３月13日	春石丸田地売券案	４巻13	引用	（表１）No.21
嘉禄２年(1226)　12月７日	藤原姉子田地売券案	４巻10	引用	（表１）No.18
嘉禄２年(1226)　12月８日	藤原姉子山畠地売券	４巻11	引用	（表１）No.19
延文３年(1358)　３月11日	武蔵房覚実作主職請文	12巻14	未紹介	
⑤山城国木津荘上津村				
元亨４年(1324)　８月20日	興福寺三綱没官領充行状	８巻３	引用	論文の８月24日は誤り
元亨４年(1324)　11月３日	興福寺三綱没官領充行状	８巻４	引用	
元亨４年(1324)　11月18日	興福寺三綱没官領充行状	８巻５	引用	
正中２年(1325)　10月18日	興福寺三綱没官領充行状	８巻６	引用	
⑥大和国興富荘				
［欠年］	給田充行状案	９巻９	引用	
康暦２年(1380)　６月21日	興福寺三綱給田充行状	16巻４	引用	
永徳３年(1383)　９月16日	興福寺三綱給田充行状	15巻６	引用	
至徳３年(1386)　４月28日	藤氏長者二条良基宣	16巻１	未紹介	
応永28年(1421)　９月15日	興福寺三綱給田充行状	18巻１	未紹介	
永享４年(1432)　８月４日	興福寺三綱給田充行状	18巻２	引用	
［欠年］４月26日	良昭請文	16巻12	未紹介	興富給田
永禄元年(1558)　７月　日	一乗院家御教書	19巻12	未紹介	当門跡御祈祷師宮内善太郎(守富)充
⑦大和国小泉荘				
嘉禎４年(1238)　３月26日	大法師重尊水田売券案	４巻14	引用	（表１）No.22
嘉禎４年(1238)　４月７日	大和国小泉荘預所請文案	４巻15	引用	（表１）No.23
嘉禎４年(1238)　５月６日	大和国小泉荘預所等請文	５巻１	未紹介	
寛元４年(1246)	大宮吉守方寄進処分等惣目録状抜書	５巻５	未紹介	
文和２年(1353)　５月２日	大宮神守起請文案	12巻９	引用	阿弥陀堂と関連
貞治６年(1367)　３月　日	小泉荘住人舜重目安	15巻１	引用	阿弥陀堂と関連
貞治６年(1367)　３月10日	善覚・十郎所当米請文	15巻２	引用	野田阿弥陀堂所当米事
貞治６年(1367)　５月17日	一乗院家御教書	15巻３	引用	阿弥陀堂と関連
［欠年］	野田阿弥陀堂領小泉知行条々事書案	15巻９	引用	阿弥陀堂と関連

⑧山城国散在所々				
嘉禎４年(1238) ８月11日	大宮吉守田地寄進状案	５巻２	引用	相楽郡加茂郷、毎月旬音楽酒肴料田
[至徳３年(1386)] ６月20日	山城国守護代小林前上野介書状案	16巻２	未紹介	加茂荘音楽田
[欠年] ６月30日	左兵衛尉某書状案	16巻３①	未紹介	加茂郷 「音楽田違乱之事」
[欠年] ７月10日	沙汰衆祐深書状案	16巻３②	未紹介	音楽田山城国加茂荘
⑨備前児島郡正八幡宮権神主職				
建久８年(1197) ３月１日	八幡宮権神主職補任状	４巻１	引用	(表１) No. 9
⑩備前国佐井田保公文職・今吉加作				
応永元年(1394) ８月21日	大宮徳守契約状	17巻１	引用	
応永元年(1394) ８月22日	壱岐守能保等連署契約状	16巻10	引用省略	
⑪備前国上道郡荒野荘				
春日社領荒野荘の成立				
建治元年(1275) ５月　日	＊村主幸重備前国上道郡荒野一所寄進状案	未「甲函」28	引用	
平井覚法をめぐる鎌倉末期の訴訟				
正和４年(1315) ７月10日	長者宣	不詳	引用	
正和５年(1316) ７月10日	藤氏長者鷹司冬平宣	８巻１	引用	
嘉暦２年(1327)後９月９日	後醍醐天皇綸旨案	８巻９	引用	
嘉暦３年(1328) ４月６日	伊賀光幸請文	８巻10	引用	
嘉暦３年(1328) ７月29日	後醍醐天皇綸旨案	９巻１	引用	
嘉暦３年(1328) ９月21日	後醍醐天皇綸旨案	９巻２	引用	
嘉暦３年(1328) 12月25日	後醍醐天皇綸旨	９巻３①	引用	
嘉暦３年(1328) 12月26日	関東申次西園寺公宗綸旨施行状案	９巻３②	引用	
嘉暦４年(1329) 正月20日	六波羅御教書案	９巻３③	引用	
元徳４年(1332) ２月24日	伊賀光幸請文	９巻４	引用	
元徳２年(1332) ３月20日	頓宮清観請文	９巻５	引用	
元弘・建武争乱期の訴訟				
正慶元年(1332) 12月11日	後伏見上皇院宣案	67括１付①	引用	
正慶元年(1332) 12月12日	藤氏長者鷹司冬教宣案	67括１付②	引用	
延元元年(1336) ４月20日	後醍醐天皇綸旨案	10巻５	引用	(表１) No.33
延元元年(1336) ５月５日	後醍醐天皇綸旨案	10巻６	引用	(表１) No.34
平井裳懸をめぐる内乱期の訴訟				
康永３年(1344) ７月14日	興福寺別当孝覚御教書案	67括１付⑤	引用	
貞和２年(1346) 12月12日	光厳上皇院宣案	67括１付③	引用	
貞和２年(1346) 12月19日	壬生雅顕書状案	67括１付④	引用	論文では「雅」を「経」とする
貞和５年(1349)後６月　日	大宮神守重言上状案	67括１	引用	
貞和５年(1349) ７月21日	興福寺別当孝覚御教書	11巻10	引用	論文では寺家消息とする(表１) No35
貞和５年(1349) ７月29日	光厳上皇院宣案	12巻１	引用	(表１) No36
貞和５年(1349) ７月	備前国上道郡荒野壱所次第系図	12巻２	引用	
守護大名赤松氏の進出				
貞治４年(1365) ７月13日	足利義詮御判御教書案	14巻４①	引用	(表１) No39
貞治４年(1365) 10月19日	備前守護赤松則祐施行状案	14巻４②	引用	(表１) No40
貞治４年(1365) 10月20日	備前守護代赤松前肥前守遵行状案	14巻４③	引用	(表１) No41
貞治５年(1366) ７月17日	足利義詮御判御教書案	14巻４④	引用	(表１) No42
応安６年(1373) 12月９日	室町幕府管領細川頼之奉書案	15巻４①	引用	(表１) No43
応安７年(1374) ７月８日	備前守護赤松義則施行状案	15巻４②	引用	(表１) No44
春日社の敗北				
明徳３年(1392) ８月28日	下総守某契約状	16巻７	引用	(表１) No45
応永元年(1394) ８月22日	浦上助景契約状	16巻９	引用	

秋元1972B論文による大宮文書の紹介

⑫大和国田井兵庫荘				
文永２年(1265) ７月　日	田井兵庫荘名田注進状	59括１	名田を一覧にして紹介	
嘉吉２年(1442) ２月12日	中東時茂証文	18巻３	未紹介	
宝徳元年(1449) 12月３日	田井兵庫荘納引付	78括１	名主ごとに一覧にして紹介	
宝徳２・３・４年(1450・51・52)	＊算用状	未「甲函」62	引用	

長禄２年(1458)	田井兵庫荘御供米注進状	78括４	引用	
長禄３年(1459)　９月３日	中東時茂出挙米借状案	18巻６	未紹介	
［欠年］	田井兵庫荘立用物引付	78括２	未紹介	
［欠年］　３月９日	越智家頼書状案	78括13	未紹介	
［欠年］　11月18日	越智家頼書状	76括５	未紹介	
［欠年］　12月27日	越智家頼書状案	16巻11	未紹介	
天文５年(1536)　11月29日	田井兵庫荘土帳	58括13	未紹介	
天文６年(1537)　３月17日	田井兵庫荘土帳	58括14	未紹介	
⑬摂津国垂水東牧中時枝名				
永暦元年(1160)　12月６日	摂津国垂水牧中条寄人中時枝解案	３巻２①	未紹介	吹田市史・新修茨木史・摂津市史(=三市史)掲載、(表１) No. 2
建久５年(1194)　７月　日	沙弥某私領譲状	３巻５	引用	三市史掲載、(表１) No. 5
建久７年(1196)　２月　日	比丘尼普光田畠相博状	３巻７	引用	三市史掲載、(表１) No. 7
建久７年(1196)　３月20日	沙弥某垂水東牧文書置文	３巻８	引用	三市史掲載、(表１) No. 8
建久10年(1199)　２月12日	某譲状	３巻９	未紹介	三市史掲載、(表１) No.10
建治２年(1276)　２月２日	沙弥某等連署譲状	６巻13	引用	吹田市史、摂津市史掲載
正応３年(1290)　２月５日	藤原康助所領譲状	７巻９	引用	三市史掲載、(表１) No.28
正和５年(1316)　10月21日	藤原康季田畠流文	８巻２	引用	三市史掲載
暦応３年(1340)　８月５日	大法師賢実田畠譲状	10巻９	引用	三市史掲載
康永２年(1343)　３月３日	星王丸田畠寄進状	10巻10	引用	三市史掲載
貞和４年(1348)　４月24日	頼□奉書	11巻１	引用	吹田市史掲載
貞和４年(1348)　４月28日	沙弥某施行状	11巻２	未紹介	春日拝殿堅女跡
□永８年10月　日	興福寺官符衆徒群議状	４巻２	未紹介	(表１) No.11、遺文では建永元年十月四日とする
［欠年］	藤原基通家政所下文案	３巻２②	引用	

秋元1973A論文による大宮文書の紹介

⑭摂津国垂水西牧六車郷				
明徳４年(1393)　９月19日	樋口法眼賢隆請文	16巻８	未紹介	
応永６年(1399)　４月13日	別会五師訓専書状案	17巻２①	引用	
応永６年(1399)　４月13日	目代奉書案	17巻２②	引用	
応永６年(1399)　４月17日	摂津国六車郷沙汰人書状	17巻３	引用	
応永６年(1399)　４月17日	摂津国六車郷公文代田数注進状	17巻４	引用	
応永７年(1400)　９月26日	別会五師良継書状案	17巻５①	引用	
応永７年(1400)　10月３日	目代奉書案	17巻５②	引用	
⑮春日社毎月三旬音楽料所				
長享元年(1487)　10月	＊春日社三旬音楽田納帳	未「甲函」42	作人毎に一覧にして紹介	大和国内の散在料所

秋元1973B論文による大宮文書の紹介

⑯神宮寺修造				
応長元年(1311)　11月	神宮寺殿遷宮社家記断簡	63括１	未紹介	
応安元年(1368)	神宮寺及水屋社遷宮記録	８括１	未紹介	
応安元年(1368)　４月　日	両常住神殿守申状案	２括６	引用	
応安元年(1368)　４月　日	両常住神殿守禄物注進状案	２括５	引用	
応長元年(1311)・応安元年(1368)	神宮寺修理記	９括１	引用	
応長元年(1311)～嘉慶２年(1388)	神宮寺遷宮記	未「甲函」63	未紹介	
［欠年］	巻記録勘例、神宮寺修造勘例	未「乙函」５	未紹介	
文明３年(1471)　６月	神宮寺遷宮記	22括１	未紹介	

※秋元1972Ａ論文＝「中世の春日社神殿守をめぐる法と制度」
秋元1972Ｂ論文＝「「大宮文書」よりみたる中世春日社領庄園の諸様相と神殿守(上)」
秋元1973Ａ論文＝「「大宮文書」よりみたる中世春日社領庄園の諸様相と神殿守(下)」
秋元1973Ｂ論文＝「中世の春日社神宮寺修造と常住神殿守」

今吉加作関連では、大宮徳守と備前守護赤松氏の有力被官と半済を約しているが、この時の徳守の契約状を掲げ（成巻第十七巻1号）、赤松氏被官の契約状（成巻第十六巻10号）の引用は省略している。⑪備前国上道郡荒野荘については、公武の交渉手続、備前国守護との関係に焦点をあて、当荘が春日社に寄進され、北郷常住神殿守家領に編入された建治元年（一二七五）五月の村主幸重の寄進状案（未「甲函二八号」）をはじめ三一通のすべての関連文書を引用し、紹介している。

次に「中世春日社領庄園の諸様相と神殿守」上・下（秋元一九七二B・一九七三A）では、神殿守達が中世の春日社荘園経営とどのように関わっているのかを大宮家文書の畿内荘園関係史料で考察している。この内、⑫大和国田井兵庫荘の項では、文永二年（一二六五）七月の田井兵庫荘名田注進状（第五十九括1号）の名田を一覧にして紹介し、宝徳元年（一四四九）の田井兵庫荘納引付（第七十八括1号）や同荘の宝徳二年、三年、四年の算用状（未整理「甲函六二号」）を紹介しているが、ほかにも関連文書が八通ほど確認できる。⑬摂津国垂水東牧中時枝名の項では、名主職の伝領過程を示す史料を、『鎌倉遺文』にも紹介する建久五年（一一九四）七月沙弥某私領譲状（成巻第三巻5号）を含め一〇通引用している。関連文書のなかで引用を省略し考察を保留しているのが『平安遺文』掲載の永暦元年摂津国垂水牧中条寄人中時枝解案（成巻第三巻2号①）で、ここに紹介していない史料には『鎌倉遺文』所収の建久十年（一一九九）二月十二日某譲状を含めて四通ある。[22] ⑭摂津国垂水西牧六車郷の項では、応永期の大般若会料所六車郷東重国名加地子をめぐって一連の文書六通を引用している。これの関連文書ではほかに、明徳四年（一三九三）九月樋口法眼賢隆請文（成巻第十六巻8号）がある。⑮春日社三旬音楽料所の項では、春日社三旬音楽田納帳（未整理「甲函四二号」）の記事から、神殿守達が「給人」として権利を保留していることを指摘する。⑯神宮寺修造の関連では、南北朝期の三点の史料を紹介して中世春日社神宮寺の修理と常住神殿守の関係を考察している。これ以外に、応長元年（一三一一）十一月神宮寺殿遷宮社家記断簡（第六十三括1号）ほか四点の史料が確認でき、近世の遷宮記類も残っている。[23]

おわりに

奈良女子大学図書館に寄贈されている武麿の蔵書の中には、守慶が写した「上宮聖徳法王帝説」や守秀が写した「大和国風土記」があり、武麿とともに歴史に対する関心が高かったことを偲ばせる。[24] 氷室神社に三人が残した記録類からは几帳面さが感じられ、根気の要る大宮家文書の修復・整理は、そうした大宮守慶、武麿、守秀父子であったからこそできたのではないかと思われる。

大宮家文書を系統的に紹介した秋元氏は「何分にも断片的な文書も多く、まとまった検討に供し得ないものも少なからず存する」と述べ（秋元一九七二A）、断片的でほかに史料がないものは除外している。一方単一史料の紹介も内容の紹介が不十分のもの、部分的紹介であるもの、翻刻のみのものがあるので、紹介された文書も原本での検証は欠かせない。また、大宮家は、近世には春日社北郷方関係文書の管理者のごとくなり、自家に直接関係のない文書の案文も多数保管するようになるために現存文書を使用する際にはその仕訳が眼目になる（秋元一九七二A）。応永五年（一三九八）六月八日の官符衆徒沙汰衆袖判書下も注目される内容を持つ史料であるが、関連史料が他になく史料そのものの検討が十分おこなわれているとは言い難い。

史料そのものの研究には、どのような史料がどのように紹介されたのか明らかであることが重要であり、それによって、史料研究が深まっていくことになる。そういう意味で今回の作業が今後の大宮家文書の研究に寄与できれば望外の幸せである。

第五章　大宮家系図について

吉川　聡

Ⅰ　系図解説

大宮家文書を理解するためには、大宮家の歴史を理解する必要がある。そのための基礎史料として、大宮家の系図三点を紹介する。そのうちの二点は、すでに奈良市報告書等（奈良市二〇〇七・吉川・桑原二〇〇七）で紹介しているが、重複をいとわず再録することとする。考証の細部については右の前稿を参照いただきたい。

前稿で紹介しているのは、成巻第一巻1号「大宮家系図」・2号「北郷常住神殿守系図」の二点である。現状では1号末尾の利重と2号冒頭の吉守とが朱線で結ばれており、両者を併せて一つの完結した系図となっている。しかし、1号と2号とでは法量・体裁が異なっており、本来は異なる二通の系図を、後に貼り継いでいることが分かる。そして、奈良市調査の際に1号の尾欠部分・2号の首欠部分の一部を発見することができた。その上で書誌事項を検討すると、2号「北郷常住神殿守系図」は、南北朝成立の古系図と判明する。一方の1号「大宮家系図」は、室町時代後期頃の成立かと思われる。ただし、この二通は江戸時代の記述が簡略なので、その点を補うものとして、未整理文書「己函六号」の、「祖先遺号録写」を掲載しておくこととする。それぞれの系図のもつ特徴をふまえた上で活用されるべきものであるので、書誌事項を簡潔に説明しておく。

1　「北郷常住神殿守系図」

現在、大宮家文書中に見いだしている系譜の中で、最も成立年代の古いものである。成巻第一巻2号の系図だが、前述のように現状では2号の冒頭部分を切断して、1号と二次的に接続している。これは、「北郷常住神殿守系図」は、平安時代の記述が簡潔であるため、その部分を、より詳細に記述する1号系図に取り替えたものと推測できる。しかし、その際切除した部分も、多くは断簡となって遺存している（成巻第六巻裏9号・第十六巻裏15号・第二十一巻裏9号・第百三括10号）。その配列を復元すると、原表紙以下、ほぼ、原形を復元できる。それでも文首の「清貞―清武―」と次行の「利重」までの間が欠失している。しかし、本系図の江戸時代前期の写と考えられる系図（成巻第十一巻裏3号・裏4号・未整理「己函八号」第七紙・第八紙）や、本系図を典拠に使って江戸時代に編集したと思われる系譜も存在する（未整理「己函一三号」など）。それらの史料からみて、その欠失部分には確実に、「―光則―利貞―利国」とあったはずである。翻刻ではその部分は、□内に言葉を補って示した。

本系図には、後世の加筆・修正も加わっている。しかしそれを除けば、題・裏書も含めて、巻首から南北朝時代の神守付近までは一筆で書いてあると判断される。そこで筆跡を子細に見るに、神守の記事は、応安六年（一三七三）までは同筆だが、至徳元年（一三八四）の、神守死没記事は別筆である。神守の子、豊守は永和三年（一三七七）の記事まで、孫の徳守は永徳三年（一三八三）まで、裏書は豊守妻の一行目までを、当初から一筆と判断した。また朱線も、豊守―徳守間までが当初の線である。以上の判断に誤りなければ、当初の成立は永徳三年から至徳元年の間、となる。外題下に「神守」とあることも併せ考えると、神守が作成した系図と考えることができる。その後、近代に至るまで代々書き継がれ、現在の姿となったものである。ただし、成巻第一巻2号第二紙の末尾では、江戸時代後期の守寿・守旧から延びる朱線が第三紙との紙継目で途切れているので、第三紙以降は後に付け替えていると考えるべきだろう。

現状では、古い時代については、最も信頼の置ける系図と言える。ただし、本系図には後世の加筆・修正も存在する。よって、記載内容がいつ書かれた内容かをよく検討した上で、用いる必要がある。

なお、成巻第一巻3号「神主職任系」も第2号と同筆で、同時期の系図と考えてよい。神主である大中臣氏の古系図である。

2　「大宮家系図」

現在、本系図の前半部が成巻第一巻1号となって、2号の首部に配置されている。しかし、1号の本来の末尾は、第百三括9号として別に存在していた。この発見により本系図は、冒頭の孝元天皇から江戸時代後期の守之までの系譜を確認できた。ただし現状でも、江戸時代後期の守之以降は尾欠の状態である。

本系図は人名を大ぶりに書き、そこに注記を小字で加えてある。注記は、人名とは筆跡を異にするものが多いが、明確に区別するのが難しいので、釈文上に別筆注記はしなかった。料紙は黒変し字はかすれて見にくい。そのため付箋に釈文を記してあるところがある。釈読のために奈良文化財研究所で赤外線写真を撮影したが、それでも釈読困難なところが多く、付箋や、3「祖先遺号録写」等も参照して釈読した。付箋の文字は翻刻していないが、本文が釈読不能で、付箋には釈文が記されている箇所のみ、本文の傍注として『　』にくくって示した。

本系図には紙背文書があり、第一紙紙背は八幡神関係の典籍断簡、第二紙紙背は高田為政書状である。高田為政は第八十三括2号・10号にも見える人物である。他の史料では、大和高田市常光寺の六字名号碑（天文二十四年（一五五五）六月落成）にみえる「為政」、天正十五年（一五八七）に自害したとも伝えられている「高田当麻丞為政」が存在する（『改訂大和高田市史』前編（一九八四年）二二四頁・二三一頁等、『大和高田市史』（一九五八年）一四九頁等参照）。室町時代後期から安土・桃山時代頃の当麻高田氏と考えられるので、書状の年代をその頃と推定できる。本系図の作成年代の上限もその頃におさえられる。

ただし本系図は、古い時代の人名も書き継いでいるかのように記すなど、古系図に見せようとした形跡がうかがえる。黒変しているのも、古色を出そうとしたのかもしれない。よって、作成年代はさらに下がる可能性もあるだろう。

本系図を「北郷常住神殿守系図」と較べると、一人一人の記載は簡略だが、平安時代以前の人名・内容が大きく増補されている。ということは、記載内容のうち、本系図には存在するが「北郷常住神殿守系図」に見えない内容は、新しい時代の増補である可能性が高いのだろう。

３「祖先遺号録写」

未整理文書で、「己函六号」のラベルが貼付されている。明治二十年写、縦三一・四cm、横一一四・五cmの、横長の一紙に筆写している。秋元信英「中世の春日社神殿守をめぐる法と制度」（『秋元一九七二A』）に一部が翻刻されているが、今回、全文を翻刻することとした。

平安時代の人名は「大宮家系図」を踏襲しており、信憑性は低い。しかし、江戸時代以降の記載は詳細であり、目録と見較べても、その時代の記述は信頼できるだろう。

Ⅱ　凡例

一、Ⅲ節に「北郷常住神殿守系図」（成巻第一巻1号等）・「大宮家系図」（成巻第一巻2号等）・「祖先遺号録写」（未整理「己函六号」）の釈文を掲出した。本節はその凡例である。体裁は原則として目録の凡例に準拠したが、系図釈文にのみ該当する事項を記しておく。

一、原本の体裁は尊重するように配慮したが、忠実には再現できていない。

一、改行は、特に必要と認められない場合には、追い込みに改めた。また組版の都合上、適宜改行した場合もある。文章には読点を付けた。

一、「北郷常住神殿守系図」は南北朝成立の古系図を書き継いだものと考えられ、そこにさらに、後世の加筆・修正が加わっている。後世の加筆・修正は『　』で示した。書き継ぎと後世の加筆・修正を文字から区別するのは困難を伴うが、別筆で、江戸時代の写（己函八号等）に記載がない場合には、原則としてそれ以後の加筆と判断し、『　』で示した。また、欠損部が江戸時代の写で復元できる場合には、□で囲って示した。

一、「北郷常住神殿守系図」にある裏書は、オモテに（裏書1）などと注記してその位置を示し、釈文は下段に「1」などと注記して掲出した。

一、「北郷常住神殿守系図」は、巻頭図版3に写真を掲げてある。

一、「大宮家系図」において、現状では釈読不能だが傍らの付箋には釈文がある場合には、付箋の文字を「（付箋）『　』」として傍書した。

Ⅲ　系図翻刻

1　「北郷常住神殿守系図」

（第百三括10号）

〔外題〕「北郷常住神殿守系図　　神守」

北郷常住神殿守系図

（裏書1）

清貞―清武―「光則―利貞―利国」　（成巻第十六巻裏15号）

利重　自寺門被命社家、〔時定当職時也、〕停止利重常住、則被補任吉守畢、
可子孫相伝之由連暑〔署〕状在之、建保二年甲戌五月七日　（成巻第二十一巻裏9号）

（裏書2）

『仁安元丙戌　誕生』
□□〔承安〕三年補神人〔祢宜〕、
『同四年二月十五日任宮内少輔叙□□□』　（成巻第一巻2号）

吉守　本名吉元　字新藤五　建保四年六月廿一日任常住、『同年十一月二日任正五下』　（裏書3）
建長元己酉三月六日他界、八十四歳、
□□〔建保三〕五年十二月日神主時定時代、一臈ニテ依勧賞、
当職任料子々孫々不可致其沙汰之由、
一社連判別紙在之、

永守　文治五年己酉誕生
建仁三年十二月廿七日補神人〔祢宜〕□□□
安貞二年十二月七日任常住、
承久二年庚辰十一月七日依勧賞、寺家経□
被命寺家可子孫相伝之由、一社連暑〔署〕状在之、
仁治二年七月廿六日他界、五十三歳、
『元□〔仁〕元年五月十五日任従五下』

守安　（裏書4）
本名守氏　字春徳　嘉禄元年誕生、
寛喜三年十月日補神人〔祢宜〕、
仁治二年七月十六日任常住、
正嘉元年十一月十二日任宮内丞、
『同二年三月十一日』任宮内大夫、

守職　（裏書5）
本名守元　字春満　正嘉二年誕生、
弘長元年六月晦日補神人〔祢宜〕、
文永二年乙丑二月六日任常住、『従五下』
正安元年十一月四日任宮内丞、
同　二年三月九日任宮内大夫〔マヽ〕、

裏書

1　代々藤井姓也、□□〔而カ〕□〔元カ〕年被補□□□助之時、改本姓被成藤原畢、口宣在之、

2　『利重迄ハ遺号録有ル』
吉守後家弘長元年他界、歳九十四次、
真阿弥陀仏、嘉禎四年八月十一日寄進状
ニ七十四歳云々、

3　永守後家少輔局、法名善如房、
九十六ニテ他界、

4　守安後家北京四条人也、法名真浄房
延慶元年三月十七日他界、

5　守職後家出雲国白浜八幡神主女子也、
阿古女御前云々、法名性真房、元応元年
七月廿八日他界、息女菊一女観応二年
六月三日他界、

『正元々年四月二日任従五下兵部大輔』
弘安二年五月廿七日他界、五十五歳、二臈ニテ

神守

（裏書6）永仁元年誕生、
字弁才　乾元二年六月日十一歳ニテ補神人、［祢宜］
嘉暦三年五月二日任宮内丞、
元徳二年三月十五日任常住、『正五下』
正平七年十一月十日任内蔵権助、（六）
正平九年二月十五日任薩摩守、
延文四年正月六日成二臈、六十七歳、
応安六年癸丑八月二日任一臈、八十一歳、
任当職経四十七年之後、譲嫡子豊守、
（別筆ノ書継）「至徳元年甲子十月十三日他界、九十六歳、干時一臈、実九十二歳也」

徳守

貞治三年五月廿二日誕生、
字弁才　自誕生三十箇日内ニ補神人、［祢宜］
永徳三年二月廿三日任宮内丞、
神主時徳之徳字給之間、徳守名之、
（別筆ノ書継）「応永四年十二月十三日任常住神殿守三十四歳」
応永六年正月廿五日叙従五位下、
同十七四月九日任内蔵権助、四十七才、応永廿六他界、五十三歳、

守国

（裏書8）応永廿四年丁酉　誕生、
『同廿六年十一月朔日補祢宜、
長禄元年三月十一日任常住神殿内蔵丞』

嘉暦元六月廿五日任内蔵権助、
元徳二庚午三月十五日他界、七十三歳、二臈ニテ

豊守

（裏書7）
字春徳　元弘三年十二月二日誕生、
元弘三年十二月十一日補神人、［祢宜］
自誕生当九箇日、（十）
［文和元］又正平九トモ □□□年二月十八日任宮内丞、
応安二年五月十四日任内蔵権助、
自一乗院殿被執申　御当職
鷹司殿矣、応永五年九月四日他界、六十□［六］歳、二臈ニテ
永和三年十一月三日任常住、『従五下』
（別筆ノ書継）「至徳三六月十三
任六臈神殿守
応永二六月八日 従五上兼
任薩摩守」

守資

本名守祐
字春命　嘉慶二戊辰十二月二日誕生、
同二年戊辰十二月廿六日補神人、［祢宜］
応永十七庚寅四月九日任宮内丞、廿三才、
『同二十六正月廿一日任常住神殿守』
『長禄元年他界、七十歳』

守家

（裏書9）
字五郎　文明十年戊戌二月廿九日誕生、
『同年四月朔日補祢宜』
明応四年乙卯五月廿六日任常住神殿守、

6 神守後家賀茂ウナミ殿女也、松女御前云々、永和二年二月廿七日彼岸初日出家、法名観阿弥陀仏、此時七十三歳ナル、

7 豊守妻北京四条人也、目世女云々、（別筆ノ書継）「応永十六年他界」

8 守国妻近衛殿家宮内大輔女、文亀二年八十一他界、

9 守郷、守家弟也、出而北家継、守家妻鷹女、天文十八年他界、

文明九年丁酉八月廿二日他界、六十一才、

宇藤徳『永正七年生、同十七年五月廿一日補祢宜』

守富

（裏書10）天文廿三年十月三日任宮内大輔、

『弘治元年十月十一日任常住神殿守、

天正三年他界、六十三歳』

同五年正月廿三日任宮内丞、

天文廿三年三月八日任内蔵権助、

弘治元年乙卯閏十月十八日他界、七十八才、四臈ニテ

守統

（裏書11）天正元年常住神殿守・宮□□、

慶長廿年寅(ママ)五月十三日ニ他界、八十一才、三臈ニテ

『天文四年未生』

同十一年補祢宜初参、

天正四年五月廿五日任宮内丞、

文禄二年十月廿一日任治部少輔、

『永禄六亥年生、

同七年　天正十九年八月四日任内蔵大助、

任』常住神殿守・内蔵『権助』□□、

守根

慶長十六年辛亥八月六日ニ他界、五拾一才、

『慶長十四年生、

元和二辰年十月廿九日任常住、

慶長十六年七月朔日初参』

『寛永十一年正月廿八日任』常住・宮内丞

守通

慶安二年己丑霜月廿日ニ他界、歳四十一才、

『寛永十二年生、

寛永十六年四月廿一日補祢宜、

慶安元年正月五日自近衛家任』

常住神殿守宮内丞

守尚

寛文元年丑七月廿五日他界、廿七才、

守房

（裏書12）『寛文元年生□同年八月廿一日補祢宜』

常住神殿守宮内丞、

宝永五戊子年八月十日他界、

生歳四十八才、

『延宝五巳年生、

『貞享三寅年生、

---

10 守富妻真鶴女、文録(禄)三年七十五歳他界、

11 守統妻北京藤井猶子政子、慶長十一年他界、

12 菅原永通父永吉母清因亀藤

守房妻亀藤、享保十伍子年十二月三日他界、

守知　寛保元年申三月廿四卒、妻とよ元文四午三月四日卒、四十五歳、

守詮　同四年卒、

守政　宝暦四甲戌十二月三卒、六十四才、

婦利子

とめ子

よし子　享保十八十月十日卒、

いち子

守胤

『貞享二丑年十月七日初参』
常住神殿守内蔵丞、
享保廿乙卯八月二日、歳五十九才、

守理

守房末子

宝永酉（二年）年九月廿六日初参』
常住神殿守宮内、
寛保二壬戌年八月廿三日
行年五十七才他界、

守寿

宅春日直西一丁経葬

『享保十四年酉生、
同十五戌年六月五日初参、
寛政二年十一月十八日』
常住神殿守内蔵権助

守旧

宅春日西方一丁葬

『宝暦十一巳年生、
同十一巳年十二月九日初参』
常住神殿守兼一臈、
宮内守旧
文政九戌年正月廿六日
行年六拾六歳、

守之

兼一臈、
寛政十一年二月、七十《行年》才、

守正

守栄

守長

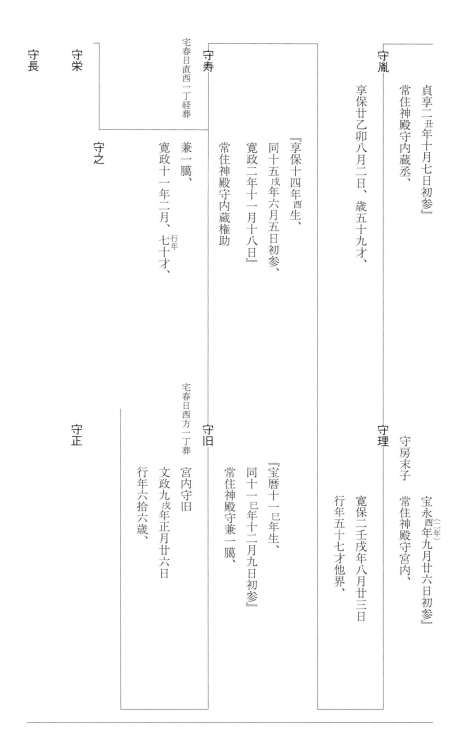

2 「大宮家系図」

孝元天皇

第三皇子 彦太忍信命 ― 屋主忍雄命 ― 武雄心命

六代帝大臣 武内宿祢 寿三百三十才 ― 三代大臣 木菟宿祢 寿百二十八才 ― 五帝大臣 真鳥宿祢 寿三百二才 ―

二代臣 塩手臣 ― 大口臣 ― 大納言正三位 大人 ― 従五位 園益 ―

又鮪 茲寐臣 ― 久比臣 ― 真咋臣 ― 小豆臣 ―

正五下治部大輔 清人 ― 従四位 清長 ― 従四位備前守 清貞 天長八九十八 藤浪祢宜始

├ 正五位 清光
├ 従五位宮内大輔 清武 貞観十四九十四
└ 従五位民部大輔 清景

清武 ― 従五位下大蔵少輔、元都□〔努カ〕清貞ト云、入家 清延 延喜九十六 ― 従五位下宮内少輔 清兼 天暦八九十

清光曽孫、備前国小島社正八幡宮□□□（付箋）『社務也』、永延二年御堂関白通〔道〕長公ノ猶子トナリテ清兼跡嗣、

正五位木工介正暦三八十八 清国 元清定ト云 ― 従五位宮内大輔 光則 長元九百二

（成巻第一巻1号）

蔵人頭 光仲 長久二九十六 ― 従五位下左衛門丞 利貞 永保二七十二 承暦四年庚申八月十日、（付箋）『自寺門命利貞於』□□□□□□飛鳥山天神勧請ス、 ― 宮内丞 利長 保安四七十四

（付箋）『守』 備前□ 利国 仁安二七十 ― 内蔵正 利良 治承二五十六 ― 左衛門大輔（ママ） 利重 元久元□ （付箋）『迄 是□京□ 師住ス』

正五位宮内少輔 吉守 ― 従五位内蔵□ 永守 ― 従五□兵□ 守安

正五位宮内大輔 守職 ― 正五□□□ 神守 ― 従五位薩摩□ 豊守

□内蔵権□ 徳守 ― 宮内丞 守資 ― 内蔵丞 守国

宮内丞□内蔵権助ニ任ス 守家 ― 宮内大輔ニ任 守富 ― 宮内丞 守統

内蔵権助 守根 ― 宮内丞 守通 ― 宮内丞 守尚

宮内丞 守房 ― 内蔵丞 守胤 ― 宮内 守理

内蔵 守寿 ― 宮内 守旧
　　　　　└ 内記家嗣当職不就 守之 ―

（第百三括9号）

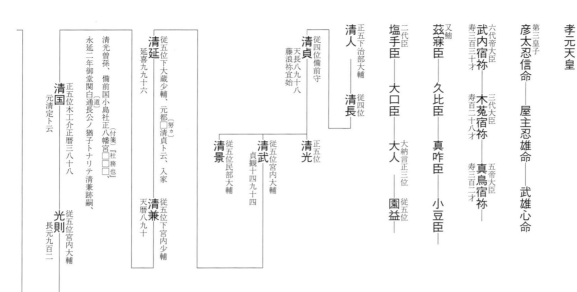

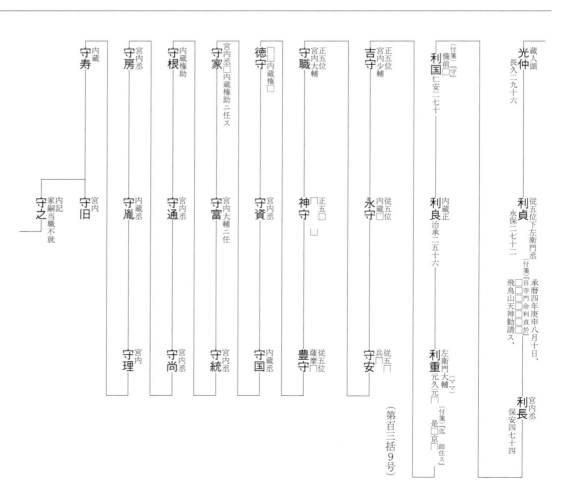

3 「祖先遺号録写」

(外題)「大宮遺号録　　三尺八寸二分五厘(方朱印)「藤浪／屋印」

祖先遺号録写

(朱書)「貞観元」
□□□(貞観元)

(朱書)「六代帝大臣」
□□□(代帝大)

(朱書)「武内宿祢」　　(朱書)「清人」
□□□(武内宿)　　□□(清人)

藤井祖先遺号録、千数百年経過故虫多食、将及散乱所、守慶痛之、所々取纏更加修覆、本紙納文庫、新設写以換之畢、

于時明治廿年七月日　　守慶(草名)

六代帝大臣

武内宿祢

二世孫春日祢宜
藤井祖
従四位上備前守　**清貞**　清貞妻紀真人子、民部少輔未守妹柳糸女、
天長八年九十八才卒、　承和八年九十二才卒、

都努朝臣清貞后延改入家、
従五下大蔵少輔　**清延**　・清延妻清光女奈都、
延喜九年九十六才卒、　延喜十九年百三才卒、

十一世孫　**清人**
正五位下式部大輔

清貞二男
従五位上宮内大輔　**清武**　・清武妻藤原少輔局東女、貞観九年八十九才卒、
貞観十四年九十四才卒、

従五位下　・無妻カ
宮内少輔　**清兼**
天暦八年九十才卒、

清貞嫡子清光曽孫入家、元清定ト云、

正五位上
木工助　清国　・清国妻藤原主税頭女延子、
正暦三年八十八才卒、　長徳二年九十才卒、

従五位下
蔵人頭　光仲　・光仲妻備前国上道郡荒野庄村主貫忠女也、
長久二年九十二才卒、　正暦五年四十才卒、名胤子、
・妾穂波一子永ム、治暦元年八十才卒、

宮内丞　利長　・利長妻京住左衛門尉女也、静子、
保安四年七十四才卒、　大治四年七十五才卒、

従五位上
内蔵正　利良《ヨシ》　・利良妻備前国正八幡神主女也、
治承二年五十六才卒、　吉美女、建久五年六十五才卒、

常住兼一臈神殿守本名吉元字新藤五、分家秀能井ヨリ入家、
正五位下宮内少輔　吉守　・吉守妻利重女真女、
建長元己酉三月六日八十四才卒、　弘長元年八月十一日九十四才卒、

常住兼二臈神殿守本名守氏、字春徳、元守氏ト云、　・守安妻北京四条人也、浄女、
従五位下兵部大輔　守安　延慶元年三月十七日八十一才卒、
弘安二年五月廿七日五十五才卒、

常住兼一臈神殿守　字弁才　・神守妻賀茂ウナミ殿(別筆)「宇三殿カ」女也、抬女、
正五位下薩摩守　神守　永和二年二月廿七日七十三才卒、
至徳元年十月十三日九十六才卒、実ハ九十二才也

従五上
宮内大輔　光則　・光則妻備前国小嶋八幡神主女也、
長元九年百二才卒、　磯子、長和三年七十五才卒、

従五位下
左衛門丞　利貞　・利貞妻官人遠江介女満岐子、
永保二年七十二才卒、　嘉保元年八十才卒、

従五位下
備前守　利国　・利国妻式部大夫女富士女、
仁安二年七十才卒、　文治元年八十五才卒、

常住神殿守　従五位下
左衛門大輔　利重　・利重妻津守女也、小萩、
元久元年五十三才卒、　正治二年四十六才卒、

常住神殿守
従五位下内蔵頭　永守　・永守妻少輔局善女、
仁治二年七月廿六日五十三才卒、　弘安十年九十六才卒、

常住兼二臈神殿守本名守元、字春満、　・守職妻出雲国白浜八幡神主女也、阿古女、
従五位下内蔵権助　守職《モト》　元応元年七月廿八日六十才卒、
元徳二庚午三月十五日七十三才卒、　・父守職息女菊一女、観応二年六月三日卒、

常住兼二臈神殿守　字春徳
従五位上薩摩守　豊守　・豊守妻北京四条人也、目世女、
応永五年九月四日六十六才卒、　応永十六年七十才卒、

常住神殿守　字弁才
従五位下内蔵権助　徳守《ノリ》
応永廿六年五十三才卒、

・徳守妻北京蔵人大夫女也、綾子、
正長元年五十四才卒、

常住兼一臈神殿守▨
内蔵丞　守国
文明九年八月廿二日六十一才卒、

・守国妻近衛殿家史（ママ）宮内大輔女也、常磐子、
文亀二年八十一才卒、

常住神殿守従五位下　字藤徳
宮内大輔　守富《ヨシ》
天正三年六十六才卒、

・守富妻真鶴子
文録〔禄〕三年七十五才卒、

常住神殿守従五位下
内蔵大助（ママ）　守根《モト》
慶長十六年八月六日五十一才卒、

・守根妻北京賀茂社家人也、岩女、
寛永十五年六十九才卒、

常住神殿守　守根子、守通弟
宮内丞　守尚《ヒサ》
寛文元年巳（ママ）七月廿五日廿七才卒、

・守尚妻近衛殿大夫加賀助女、時尾《ステ》、
元録〔禄〕十六年六十七才卒、

常住神殿守
内蔵丞　守胤
享保廿乙卯年八月二日五十九才卒、

・守胤妻おき　明和七寅十二月十八日卒、

常住神殿守▨▨本名守祐、字春命、祐トモ云、
宮内丞　守資
長禄元年七十才卒、

・守資妻北京右近少将女万里子、
応仁二年七十三才卒、

常住兼四臈神殿守従五位下　字五郎
内蔵権助　守家
弘治元年乙卯閏十月十八日七十八才卒、

守家妻鷹子、
天文十八年七十八才卒、

常住神殿守兼三臈
従五位下
治部少輔　守統《ムネ》
慶長廿年（追筆）「元和元年ナル」五月十三日八十一才卒、

守統妻北京藤井家猶子政子、
慶長十一年五十九才卒、

常住神殿守
宮内丞　守通
慶安二年十一月廿日四十一才卒、

・無妻、

永通─┬─母清因
　　　└─父永吉

常住神殿守
宮内丞　守房
宝永五戊子年八月十日四十八才卒、

・守房妻亀藤女、享保十五子年十二月三日卒、

常住神殿守　守房子、守胤弟
宮内　守理《マサ》　無妻
寛保二壬戌年八月廿三日五十七才卒、

守房子
・守知　寛保元申（朱書）「酉」年三月廿四日卒、
・守詮　寛保四年卒、
・久四郎　宝暦四甲戌十二月三日卒、六十四才、
　称守政ト、
・ふり子
・とめ子
・よし子　享保十八（朱書）「七」年十月十日卒、
・いち

・守知妻とよ　元文四年三月四日卒、四十五才、

常住神殿守兼一臈　守房子、守知嫡子也、
内蔵権助　守寿《ナガ》
寛政十一未年二月朔日七十才卒、
・守寿妻吟女　寛政三亥年十一月廿四日五十八才卒、
・父守寿きそ女　文政十一子年十一月九日六十九才卒、

当職不嗣　守壽子、守旧弟
内記　守之《ユキ》
文政十三年寅三月十六日卒、
・守之妻南都法蓮町足代助衛門女也、ふじ女
天保九戌年三月朔日四十六才卒、
守之子　宗房字栄三郎
嘉永四年四月五日二十五才卒、
同　・よし女大阪汐見仁平方行ク、
明治十三年八月廿一日五十五才、
同　・孝女大阪中嶋政左衛門方へ行ク、
明治十八年十月十五日六十九才卒、
同二男守矩　藤井称シ明治三十一年五月二十一日七十九才卒、

当職不嗣、分家建ル、　守之子、
内記明治五年七月五日免神勤、　守和《カツ》　守和妻元翁、大正五年四月二十六日卒、八十六才、
明治八亥年七月十五日五十一才卒、
墓在白毫寺宅春日西凡一丁ロコフ山、

嘉永二酉年三月十四日生、
宮内　守慶
明治五年七月五日王政改□ノ□ニ被免家職、
大正九年九月九日脳出血病没、
七十三歳卒、高円山奈良市営墓地埋ル、

守慶子織女
守慶二男守広《セキ》幼名広治郎
守慶四女恵意《エイ》女
守慶四男守朋
守慶嫡孫守秀嫡子守孝《タカ》

常住神殿守兼一臈
宮内　守旧《ヒサ》　無妻
文政九戌年四月廿六日六十六才卒、

常住神殿守兼一臈　守之子
内蔵明治五年七月五日免神勤　守栄《ヨシ》
明治六年八月七日五十六才卒、
・守栄妻祢宜中垣万之丞女也、安枝女、
明治三年三月一日六十三才卒、
后妻添下郡々山藩士鎮目一二女、国翁、
文政九年十二月一日生、
明治四十三年七月十七日亡、八十五才、

明治五年七月五日免神勤、　守栄子、
舎人　守正　・無妻、
明治十五年九月十九日二十八才卒、

明治五壬申年七月七日生死、白毫寺春日直西埋、字ロコウ山、
明治七年四月廿五日生、
同廿一年三月九日卒、行年十五才、墓在于高円山白毫寺、々院ヨリ西南凡二丁、字八王子艮新設ク、方三間、
明治廿二年（ママ）己丑年四月廿一日生、
同三十二年五月九日前九時卒、行年十一歳、高円山艮埋ル、
明治十四年辛巳五月三日生、
明治四十二年十二月三十一日前九時卒、行年二十九才、高円山埋ル、
大正元年十一月二十七日生、
同八年六月五日卒、行年八歳、高円山埋ル、

注

(1) 墓碑銘による。

(2) 「日記録」、大宮守慶が明治五年から同八年の祠掌の執務を記録したもの。守慶は嘉永二年(一八四九)三月十四日生まれ、大正九年(一九二〇)九月九日に七三歳で死去。

(3) 伝聞では、祖父守秀は四歳のときに氷室神社に来たという。守秀は明治十一年生まれなので、同十四年に氷室神社に居を移したのであろう。

(4) 伝聞による。くにの没年は祖霊社のくにの御霊代による。

(5) 『大宮武麿旧蔵書目録』(奈良女子大学附属図書館、二〇〇一年)解説、五七～五九頁。

(6) 注(5)に同じ、六一～六二頁。ここで、守長の署名が武麿のことであることを考証している。享年七五歳。

(7) 注(5)に同じ。

(8) 『大和志料』上巻、添上郡、神社、春日神社の項、一五四～一五七頁。永島福太郎氏が「春日社などにも祈禱をこめられたといわれる」と書いている(奈良市一九九四「元弘の乱」の項)のは、大宮家文書のこの部分を念頭に置いた記述である。

(9) 『大和志料』上巻、添上郡、神社、春日神社の項、一五八～一六三頁。

(10) 『大和志料』下巻、高市郡、村里、田井兵庫荘の項、三九三～三九五頁。未整理「甲函藤乃下陰壱」。

(11) 渡辺澄夫氏は、大和国田井兵庫荘について、清水正健編『荘園志料』(帝都出版社、一九三三年)では大乗院領山辺郡田井荘と同郡兵庫荘とを比定しているが、『大和志料』の比定を正しいとしなければならないと述べている。

(12) 論文中では「備前国上道郡荒野庄領地図」として紹介されている。

(13) 論文中では「大宮家所蔵の荒野庄地図」として紹介されている。

(14) 『大和古文書聚英』の三二号文書に「後宇多上皇院宣」として紹介されている。

(15) 右同書の三三号文書に「西園寺公衡御教書」として紹介されている。

(16) 一九〇～一九二頁。「和州十市城主及越後上杉氏」と題する巻子本(未整理「甲函五十九号」)などの史料を参照した上での叙述であろう。

(17) 『平安遺文　古文書編　第六巻』(東京堂、一九六三年)二八二七号文書。『平安遺文　古文書編　第七巻』(東京堂、一九六三年)三二一七号文書。

(18) 同書解説の一二頁。また、藪中五百樹氏も論文の中で紹介している(藪中二〇〇一・二〇〇二)。なお、いずれも「氷室神社蔵興福寺堂舎図」と紹介していのは、大宮家が明治時代より氷室神社社掌であったためであるが、文書の伝来からは大宮家文書とすべきものである。

(19) 稲葉氏は、未整理「甲函六五号藤乃下陰共」を国立公文書館(旧内閣文庫)所蔵の大乗院文書(古文書二四函四一二号)と校合している。

(20) この史料は大宮守人氏の論文(大宮一九八三)でも紹介している。また同論文では天文三年(一五三四)十二月二十二日の春日社神人職補任状(成巻第二十五巻1号)も写真入りで紹介している。

(21) 天文二年の阿弥陀堂焼失については、阿弥陀堂関係の文書を写し一巻とした「野田阿弥陀堂記」(未整理「甲函五六号」)による。

(22) 摂津国垂水東牧中時枝名関連の文書一五通のうち、『吹田市史　第四巻　史料編1』(一九七六年)に一二通、『摂津市史　史料編1』(一九八四年)に一〇通、『新修茨木市史　第四巻　史料編　古代中世』(二〇〇三年)に九通掲載する。

(23) 近世の神宮寺遷宮関係史料は、未整理ではあるが慶長十八年(一六一三)から天明四年(一七八四)まで九点を数える。

(24) 『大宮武麿旧蔵書目録』(奈良女子大学附属図書館、二〇〇一年)解説、三〇頁、三四頁。

参考文献

奈良県・斉藤美澄編　一九一四　『大和志料』上巻　奈良県教育会

西岡虎之助　一九三六　「中世荘地の干拓拡張」『歴史教育』第一〇巻一〇号

豊田　武　一九三六　「荘園内の市場」『歴史学研究』第七巻五号

永島福太郎編　一九四二　『大和古文書聚英』奈良県図書館協会

永島福太郎　一九四四　『奈良文化の伝流』中央公論社

永島福太郎　一九四八　『中世文芸の源流』河原書店

永島福太郎　一九六三　『奈良』吉川弘文館

永島福太郎　一九六八　「春日信仰―春日大社のあゆみ―」『奈良　春日野』文　大佛次郎・永島福太郎、写真　入江泰吉、淡交社

勝野隆信　一九六六　『僧兵』日本歴史新書増補版　至文堂

服部幸雄　一九六八　『歌舞伎成立の研究』Ⅳ第五「南都禰宜衆の芸能活動」風間書房

渡辺澄夫　一九六九　『増訂畿内庄園の基礎構造』上　吉川弘文館

秋元信英　一九七二A　「中世の春日社神殿守をめぐる法と制度」『國學院大學日本文化研究所紀要』第二九輯

秋元信英　一九七二B　「「大宮文書」よりみたる中世春日社領庄園の諸様相と神殿守」上『國學院大學日本文化研究所紀要』第三〇輯

秋元信英　一九七三A　「「大宮文書」よりみたる中世春日社領庄園の諸様相と神殿守」下『國學院大學日本文化研究所紀要』第三一輯

秋元信英　一九七三B　「中世の春日社神宮寺修造と常住神殿守」『日本歴史』第二九八号

大宮守人　一九八三　「中世春日社本社神人の祭祀組織」『奈良県立民俗博物館紀要』第七号

奈良市教育委員会　一九八五　『奈良市古文書調査報告書』一

稲葉伸道　一九八六　「公家新制と寺辺新制―興福寺寺辺新制を中心に」『名古屋大学文学部研

究論集』史学第三二号（『中世寺院の権力構造』岩波書店、一九九七年に再録）
村岡幹生　一九八九　「近世初頭の春日神人」『日本史研究』第三二七号
村岡幹生　一九九一　「中世春日社の神人組織」『立命館文学』第五二一号
松村和歌子　一九九二　「近世における春日の燈籠奉納と管理」『近畿民俗』第一三三号
丹生谷哲一　一九九三　「春日神人小考」『日本中世の身分と社会』塙書房
奈良市史編集審議会編　一九九四　『奈良市史通史二』奈良市
松尾恒一　一九九八　「中世、春日社神人の芸能」『神主と神人の社会史』思文閣出版
奈良市教育委員会　二〇〇〇　『奈良市歴史資料調査報告書』一六―鏑木家・中條家・大宮家（奈良町関係）史料―　奈良市教育委員会
奈良市教育委員会　二〇〇一　『奈良市歴史資料調査報告書』一七―鏑木家・橋本家・大宮家所蔵奈良奉行所関係絵図―　奈良市教育委員会
奈良県立同和問題関係史料センター編　二〇〇一　『奈良の被差別民衆史』奈良県教育委員会
藪中五百樹　二〇〇一　「鎌倉時代に於ける興福寺の造営と瓦（上）」『仏教芸術』第二五八号
藪中五百樹　二〇〇二　「興福寺坊舎の位置と変遷」『藤澤一夫先生卒寿記念論文集』藤澤一夫先生卒寿記念論文集刊行会
大東延和　二〇〇三　「春日の神々に仕えた社家の歴史」『春日大社年表』春日大社発行
松村和歌子　二〇〇三　「春日の神人（祢宜）について」『春日大社年表』春日大社発行
内田澪子　二〇〇四　「大宮家蔵『御巡礼記』解題・翻刻―『建久御巡礼記』の一伝本―」『巡礼記研究』第一集
松村和歌子　二〇〇四　「春日神人の基本的把握」『奈良学研究』第六号
宮本圭造　二〇〇五　『上方能芸史の研究』
奈良県立同和問題関係史料センター編　二〇〇五　『大和国中世被差別民関係史料　奈良県同和問題関係史料第十集』奈良県教育委員会
奈良市教育委員会　二〇〇六　『奈良市歴史資料調査報告書』二二―大宮家所蔵　春日若宮祭礼大宿所関係史料
奈良市教育委員会　二〇〇七　『奈良市歴史資料調査報告書』二三―大宮家文書目録（成巻文書）―　奈良市教育委員会
吉川聡・桑原文子　二〇〇七　「大宮家文書の原本調査から」『奈良文化財研究所紀要二〇〇七』
松村和歌子　二〇〇八　「中世春日社の社司と祈禱」『国立歴史民俗博物館研究報告第百四十二集　宗教者の身体と社会』
小山靖憲・田中文英　二〇〇九　『新修豊中市史　通史Ⅰ』「第三章　一節・二節」豊中市史編纂委員会
松村和歌子　二〇〇九　「辰市郷祭礼と春日社司―元禄五年辰市郷祭禮正預頭役之記を中心に」『奈良学研究』第一一号
松村和歌子・遠藤基郎　二〇一二　「大宮家文書の鎌倉時代神木動座関係文書」『鎌倉遺文研究』第二九号
松村和歌子・藤原重雄　二〇一三　「東京大学史料編纂所所蔵「弘長三年若宮神主中臣祐賢記（『春日社旧記』の内巻六）」『東京大学史料編纂所研究紀要』第二三号

春日大社 常住神殿守 大宮家文書目録

二〇一五年一二月一〇日　初版第一刷発行

編　者　独立行政法人国立文化財機構 奈良文化財研究所 編
　　　　奈良市教育委員会

発行者　西村明高

発行所　株式会社 法藏館
　　　　京都市下京区正面通烏丸東入
　　　　郵便番号　六〇〇-八一五三
　　　　電話　〇七五-三四三-〇〇三〇(編集)
　　　　電話　〇七五-三四三-五六五六(営業)

印刷　株式会社明新社　製本　新日本製本株式会社

ISBN978-4-8318-5191-8 C3021